Informe Final
de la Trigésima Novena
Reunión Consultiva
del Tratado Antártico

REUNIÓN CONSULTIVA
DEL TRATADO ANTÁRTICO

Informe Final
de la Trigésima Novena
Reunión Consultiva
del Tratado Antártico

Santiago, Chile
23 de mayo - 1 de junio de 2016

Volumen I

Secretaría del Tratado Antártico
Buenos Aires
2016

Publicado por:

Secretariat of the Antarctic Treaty
Secrétariat du Traité sur l' Antarctique
Секретариат Договора об Антарктике
Secretaría del Tratado Antártico

Maipú 757, Piso 4
C1006ACI Ciudad Autónoma
Buenos Aires - Argentina
Tel: +54 11 4320 4260
Fax: +54 11 4320 4253

Este libro también está disponible en: *www.ats.aq* (versión digital)
y para compras en línea.

ISSN 2346-9889
ISBN (vol. I): 978-987-4024-24-4
ISBN (obra completa): 978-987-4024-20-6

Índice

VOLUMEN I

VOLUMEN II

SEGUNDA PARTE. MEDIDAS, DECISIONES Y RESOLUCIONES (cont.)

TERCERA PARTE. INFORMES Y DISCURSOS DE APERTURA Y CIERRE

CUARTA PARTE. DOCUMENTOS ADICIONALES DE LA XXXIX RCTA

1. Documentos adicionales

Resumen de la conferencia del SCAR

Presentaciones en el Grupo de Trabajo Especial en ocasión del 25.° Aniversario del Protocolo al Tratado Antártico sobre Protección del Medio Ambiente

2. Lista de documentos

Documentos de trabajo

Documentos de información

Documentos de antecedentes

Documentos de la Secretaría

3. Lista de participantes

Partes Consultivas

Partes no Consultivas

Observadores, Expertos e Invitados

Secretaría del País Anfitrión

Secretaría del Tratado Antártico

Siglas y abreviaciones

ACAP	Acuerdo sobre la Conservación de Albatros y Petreles
AMP	Área Marina Protegida
ANC	Autoridad Nacional Competente
ASOC	Coalición Antártica y del Océano Austral
BP	Documento de Antecedentes
CCFA	Convención para la Conservación de las Focas Antárticas
CCRVMA	Convenio para la Conservación de los Recursos Vivos Marinos Antárticos y/o Comisión para la Conservación de los Recursos Vivos Marinos Antárticos
CCRWP	Programa de trabajo de respuesta para el cambio climático
CEE	Evaluación Medioambiental Global
CMNUCC	Convención Marco de las Naciones Unidas sobre Cambio Climático
COI	Comisión Oceanográfica Intergubernamental
COMNAP	Consejo de Administradores de Programas Antárticos Nacionales
CPA	Comité para la Protección del Medio Ambiente
EIA	Evaluación del Impacto Ambiental
Fondos del	
FIDAC	Fondos internacionales de indemnización de daños debidos a la contaminación por hidrocarburos
GCI	Grupo de Contacto Intersesional
GSPG	Grupo Subsidiario sobre Planes de Gestión
IAATO	Asociación Internacional de Operadores Turísticos en la Antártida
IEE	Evaluación Ambiental Inicial
IP	Documento de Información
IPCC	Grupo Intergubernamental de Expertos sobre Cambio Climático
OACI	Organización de Aviación Civil Internacional
OHI	Organización Hidrográfica Internacional
OMI	Organización Marítima Internacional
OMM	Organización Meteorológica Mundial
OMT	Organización Mundial del Turismo
PNUMA	Programa de las Naciones Unidas para el Medio Ambiente
RCC	Centros de Coordinación de Rescates
RCTA	Reunión Consultiva del Tratado Antártico

RETA	Reunión de Expertos del Tratado Antártico
SAR	Búsqueda y salvamento
SCAR	Comité Científico de Investigación Antártica
SC-CAMLR	Comité Científico de la CCRVMA
SEII	Sistema electrónico de intercambio de información
SMH	Sitio y Monumento Histórico
SOLAS	Convenio Internacional para la Seguridad de la Vida Humana en el Mar
SOOS	Sistema de Observación del Océano Austral
SP	Documento de Secretaría
STA	Sistema del Tratado Antártico o Secretaría del Tratado Antártico
UAV	Vehículo aéreo no tripulado
UICN	Unión Internacional para la Conservación de la Naturaleza
WP	Documento de Trabajo
ZAEA	Zona Antártica Especialmente Administrada
ZAEP	Zona Antártica Especialmente Protegida

PRIMERA PARTE
Informe Final

1. Informe Final

Informe Final de la Trigésima Novena Reunión Consultiva del Tratado Antártico

Santiago, Chile, 23 de mayo al 1 de junio de 2016

(1)   Conforme al Artículo IX del Tratado Antártico, los representantes de las Partes Consultivas (Alemania, la Argentina, Australia, Bélgica, Brasil, Bulgaria, Chile, China, Ecuador, España, Estados Unidos de Norteamérica, la Federación de Rusia, Finlandia, Francia, India, Italia, Japón, Noruega, Nueva Zelandia, los Países Bajos, Perú, Polonia, Sudáfrica, Suecia, Ucrania, el Reino Unido de Gran Bretaña e Irlanda del Norte, la República de Corea, la República Checa y Uruguay) se reunieron en Santiago entre el 23 de mayo y el 1 de junio de 2016, con el propósito de intercambiar información, realizar consultas, así como de considerar medidas para promover los principios y objetivos del Tratado y recomendarlas a sus Gobiernos.

(2)   En la Reunión también estuvieron presentes las delegaciones de las siguientes Partes Contratantes del Tratado Antártico, que no son Partes Consultivas: Belarús, Canadá, Colombia, Malasia, Mónaco, Portugal, Rumania, Suiza, Turquía y Venezuela.

(3)   De conformidad con las Reglas 2 y 31 de las Reglas de procedimiento, asistieron a la reunión los Observadores de la Comisión para la Conservación de los Recursos Vivos Marinos Antárticos (CCRVMA), el Comité Científico de Investigación Antártica (SCAR) y el Consejo de Administradores de los Programas Antárticos Nacionales (COMNAP).

(4)   Asimismo, de acuerdo con la Regla 39 de las Reglas de Procedimiento, la Reunión contó con la presencia de Expertos pertenecientes a las siguientes organizaciones internacionales y organizaciones no gubernamentales: la Coalición Antártica y del Océano Austral (ASOC), la Asociación Internacional de Operadores Turísticos en la Antártida (IAATO), la Organización Hidrográfica Internacional (OHI), el Grupo Intergubernamental de Expertos sobre el Cambio Climático (IPCC) y la Organización Meteorológica Mundial (OMM).

(5)   Chile, en su carácter de país anfitrión, cumplió con los requisitos en materia de información respecto de las Partes Contratantes, los Observadores y los Expertos mediante circulares, cartas y un sitio web exclusivo de la Secretaría.

Tema 1: Apertura de la Reunión

(6)   El 23 de mayo de 2016, se inauguró oficialmente la Reunión. En nombre del Gobierno anfitrión, y de conformidad con las Reglas 5 y 6 de las Reglas de Procedimiento, el jefe de la Secretaría del país anfitrión, embajador Patricio Powell, dio por inaugurada la Reunión y propuso la candidatura del embajador Alfredo Labbé, director general de Política Exterior, como Presidente de la XXXIX RCTA. La propuesta fue aceptada.

(7)   El presidente dio una cordial bienvenida a Chile a las Partes, los Observadores y los Expertos en pleno. Señaló la importancia del Sistema del Tratado Antártico como mecanismo de cooperación entre los Estados, y puso de relieve su evolución durante los pasados 55 años, desde la entrada en vigor del Tratado Antártico. El embajador Labbé se refirió, además, a los nuevos desafíos medioambientales que enfrentan las Partes en la dirección y protección conjunta de la Antártida, y expresó sus esperanzas de que la XXXIX RCTA resultase una reunión fecunda y constructiva.

(8)   Los Delegados guardaron un minuto de silencio como muestra de respeto por el fallecimiento del Sr. David Wood y del Dr. Malcolm Laird. El Sr. Wood, un ciudadano australiano-canadiense, fue un piloto de helicópteros que participó en diversas expediciones del Programa Antártico Nacional, y que trabajó durante muchos años en la División Antártica Australiana. El Dr. Laird, de Nueva Zelandia, participó en su primera expedición a la Antártida en 1960. Había recibido la Medalla Polar y había contribuido realizando un importante mapeo geológico de la región del Mar de Ross.

(9)   El Hon. Heraldo Muñoz Valenzuela, ministro de Relaciones Exteriores de Chile, se unió a la Reunión junto al ministro de Defensa Nacional de Chile, Hon. José Antonio Gómez Urrutia, y a los subsecretarios de ambas carteras. El ministro Muñoz dio una cordial bienvenida a los Delegados y señaló que la XXXIX RCTA señalaba el 55.° aniversario de la entrada en vigor del Tratado Antártico. Si bien reconoció que la cooperación internacional en torno a la Antártida era anterior al Tratado, puso de relieve que, desde su firma, el Tratado había constituido un modelo de efectiva cooperación internacional. Destacó el compromiso de Chile para el fortalecimiento del Sistema del Tratado Antártico y el desarrollo científico en la Antártida, e

informó que el país está trabajando en la construcción de un Centro Antártico Internacional que apunta a proporcionar apoyo logístico desde Punta Arenas, y que las obras finalizarían en 2019. Tras señalar que la temperatura en la península Antártica había experimentado un aumento de tres grados durante los últimos 50 años, subrayó las implicaciones del calentamiento de la región antártica para todo el planeta y la importancia de realizar un estudio permanente del clima antártico. El ministro Muñoz subrayó la importancia de centrarse en la conservación del medioambiente antártico y subrayó que Chile consideraba que las Partes debían trabajar para desarrollar un sistema representativo de áreas marinas protegidas. Hizo notar que las Partes estaban unidas por una larga historia en común respecto de la Antártida, y recordó la extraordinaria operación liderada por el piloto chileno, Luis Pardo, en rescate de los sobrevivientes de la expedición de Ernest Shackleton en 1916. El ministro Muñoz destacó que deberían abordarse en forma conjunta muchos de los desafíos que seguían enfrentándose en la Antártida y, tras señalar la gran concentración de estaciones en la península Antártica, destacó el potencial de una mayor sinergia entre ellas. Afirmó que esta era importante para mejorar el desarrollo de la ciencia y reducir la huella humana en la Antártida. Por último, deseó a las Partes una provechosa Reunión y las alentó a seguir trabajando en pro de la protección de la Antártida.

Tema 2: Elección de autoridades y creación de Grupos de Trabajo

(10) La Sra. Xiao-mei Guo, jefe de la Delegación de China, país anfitrión de la XL RCTA, fue elegida vicepresidente. De acuerdo con la Regla 7 de las Reglas de Procedimiento, el Dr. Manfred Reinke, Secretario Ejecutivo de la Secretaría del Tratado Antártico, actuó como Secretario de la Reunión. El embajador Patricio Powell, Jefe de la Secretaría del país anfitrión, actuó como subsecretario. El Sr. Ewan McIvor, de Australia, desempeñó la función de presidente del Comité para la Protección del Medio Ambiente.

(11) Se establecieron tres Grupos de Trabajo:
- Grupo de Trabajo 1, sobre Políticas y Asuntos Jurídicos e Institucionales;
- Grupo de Trabajo 2, sobre Operaciones, Ciencia y Turismo;
- Grupo de Trabajo 3, sobre el 25.º Aniversario del Protocolo al Tratado Antártico sobre Protección del Medio Ambiente.

(12) Se eligieron los siguientes presidentes para los Grupos de trabajo:
- Grupo de Trabajo 1: Dr. René Lefeber, de los Países Bajos;

- Grupo de Trabajo 2: Sr. Máximo Gowland, de la Argentina, y Profesora Jane Francis, del Reino Unido;
- Grupo de Trabajo 3: Embajador Francisco Berguño, de Chile.

Tema 3: Aprobación del programa y asignación de temas

(13) Se aprobó el siguiente programa:

1. Apertura de la Reunión
2. Elección de autoridades y creación de Grupos de Trabajo
3. Aprobación del programa y asignación de temas
4. Funcionamiento del Sistema del Tratado Antártico: Informes de las Partes, Observadores y Expertos
5. Informe del Comité para la Protección del Medio Ambiente
6. Funcionamiento del Sistema del Tratado Antártico
    a. Solicitud de Venezuela de convertirse en Parte Consultiva
    b. Asuntos generales
7. Funcionamiento del Sistema del Tratado Antártico: Asuntos relacionados con la Secretaría
8. Responsabilidad
9. Prospección biológica en la Antártida
10. Intercambio de información
11. Asuntos educacionales
12. Plan de Trabajo Estratégico Plurianual
13. Seguridad de las operaciones en la Antártida
14. Inspecciones realizadas en virtud del Tratado Antártico y el Protocolo sobre Protección del Medio Ambiente
15. Asuntos científicos, cooperación y facilitación científica
16. Efectos del cambio climático para la gestión del Área del Tratado Antártico
17. Turismo y actividades no gubernamentales en el Área del Tratado Antártico, incluidos los asuntos relativos a las Autoridades competentes
18. 25° Aniversario del Protocolo al Tratado Antártico sobre Protección del Medio Ambiente
19. Preparativos para la XL Reunión
20. Otros asuntos
21. Aprobación del Informe Final
22. Clausura de la Reunión

(14)   La Reunión aprobó la siguiente asignación de los temas del programa:

- Sesión plenaria: Temas 1, 2, 3, 4, 5, 19, 20, 21 y 22.
- Grupo de Trabajo 1: Temas 6, 7, 8, 9, 10, 11 y 12.
- Grupo de Trabajo 2: Temas 13, 14, 15, 16 y 17.
- Grupo de Trabajo 3: Tema 18.

(15)   La Reunión también decidió asignar los borradores de los instrumentos que surjan del trabajo del Comité para la Protección del Medio Ambiente y de los Grupos de Trabajo a un grupo de redacción jurídica para la consideración de sus aspectos jurídicos e institucionales.

Tema 4: Funcionamiento del Sistema del Tratado Antártico - Informes de las Partes, Observadores y Expertos

(16)   Conforme a la Recomendación XIII-2, la Reunión recibió los informes de los gobiernos depositarios y secretarías.

(17)   Estados Unidos, en su carácter de Gobierno Depositario del Tratado Antártico y su Protocolo del Medio Ambiente, informó sobre la situación del Tratado Antártico y el Protocolo al Tratado Antártico sobre Protección del Medio Ambiente (Documento de información IP 42). Durante el año pasado, se produjo una adhesión al Tratado. No se produjeron adhesiones al Protocolo. Con respecto al Tratado, el 13 de octubre de 2015 Islandia depositó su instrumento de adhesión. Estados Unidos señaló que en ese momento eran 53 las Partes del Tratado y 37 las Partes adherentes al Protocolo.

(18)   Las Partes felicitaron a Islandia por su adhesión al Tratado Antártico. Al señalar que este año marca el 25.° aniversario del Protocolo Ambiental, varias Partes expresaron sus esperanzas de que en el transcurso del presente año se produzcan nuevas adhesiones y alentaron a las demás Partes que estén considerando su adhesión al Protocolo a que lo hagan.

(19)   Australia, en su carácter de Gobierno Depositario de la Convención para la Conservación de los Recursos Vivos Marinos Antárticos (CCRVMA), informó que desde la XXXVIII RCTA no se habían producido nuevas adhesiones a la Convención. Señaló que hasta la fecha la Convención contaba con 36 Partes (Documento de información IP 44).

(20)   Australia, en su carácter de Gobierno Depositario del Acuerdo sobre la Conservación de Albatros y Petreles (ACAP), informó que, desde la

XXXVIII RCTA, no se habían registrado nuevas adhesiones al Acuerdo y que este contaba con 13 Partes (Documento de información IP 43). Señaló que los comentarios recibidos en la Quinta Reunión de las Partes, celebrada en España entre el 4 y el 9 de mayo de 2015, indicaron que una serie de países estaban avanzando en materia de su adhesión al ACAP. Subrayó que el Acuerdo compartía los objetivos de conservación de otros instrumentos del Sistema del Tratado Antártico y alentó a todas las Partes que no eran miembros del ACAP a considerar su adhesión al Acuerdo.

(21) El Reino Unido, en su carácter de Gobierno Depositario de la Convención para la Conservación de las Focas Antárticas (CCFA), informó que no se habían recibido solicitudes de adhesión a la Convención, como tampoco ningún instrumento de adhesión, desde la XXXVIII RCTA (Documento de información IP 2). El Reino Unido alentó a todas las Partes Contratantes de la CCFA a que presentaran sus informes oportunamente.

(22) El Secretario Ejecutivo de la CCRVMA ofreció un resumen de los resultados de la Trigésima Cuarta Reunión de la CCRVMA, celebrada en Hobart, Australia, entre el 19 y el 30 de octubre de 2015 (Documento de información IP 5). Dicha Reunión fue presidida por el Sr. Dmitry Gonchar (Federación de Rusia). Participaron veintitrés Miembros, dos Estados adherentes y doce Observadores provenientes de organizaciones no gubernamentales, incluidas organizaciones industriales. Los resultados clave con interés para la RCTA incluyeron la implementación del Acuerdo para la publicación de los datos del sistema de observación de buques (VMS) de la CCRVMA con objeto de apoyar las iniciativas de búsqueda y salvamento (iniciativas SAR) en el área de distribución de la CCRVMA, una iniciativa comenzada en un taller sobre SAR realizado en asociación con la XXXVI RCTA. Tras señalar que los resultados correspondientes a 2015 del Comité Científico de la CCRVMA (SC-CAMLR) se presentarían a la XIX Reunión del CPA, el Secretario Ejecutivo informó sobre la cosecha de austromerluza y kril en las pesquerías sometidas a la autoridad de la CCRVMA durante la temporada 2014-2015; el trabajo permanente en relación con las áreas marinas protegidas; la menor tasa de la que se tenía registro acerca de la mortalidad incidental de aves marinas en las pesquerías bajo la órbita de la CCRVMA; el cambio climático; las iniciativas de creación de capacidades para científicos en las primeras etapas de sus carreras profesionales y los resultados de un Simposio de la CCRVMA para marcar el 35.º Aniversario de la aprobación de la Convención, presidido conjuntamente por Chile, Australia y Estados Unidos, y celebrado en Chile entre el 6 y el 8 de mayo de 2015.

(23) El SCAR presentó el Documento de Información IP 20, *Informe Anual del Comité Científico de Investigación Antártica (SCAR) para el Sistema del Tratado Antártico correspondiente al período 2015-2016* e hizo referencia al Documento de Antecedentes BP 02, donde se destacaban algunas publicaciones científicas recientes de la comunidad de investigación del SCAR, desde la última RCTA, que podrían ser de interés para los delegados. Destacó varios ejemplos de sus actividades, que incluían la participación en el Proyecto Desafíos de la Hoja de Ruta Antártica en 2015. Esta iniciativa, liderada por el COMNAP, representó el segundo paso del Proyecto de Búsqueda Sistemática de Horizontes Científicos del SCAR para la Antártida y el Océano Austral. Ambas iniciativas fueron el tema de la conferencia científica del SCAR durante la RCTA de este año (Documento de Antecedentes BP 3). Mediante una consulta amplia, que incluyó al COMNAP, el SCAR desarrolló, además, el Código de Conducta del SCAR para la realización de actividades en los medioambientes geotérmicos terrestres en la Antártida, (Documento de Trabajo WP 23). El SCAR también puso de relieve su participación en las reuniones de *Antarctica and the Strategic Plan for Biodiversity 2011-2020: The Monaco Assessment* [Plan Estratégico para la Diversidad Biológica 2011-2020: la evaluación de Mónaco] (véase el Documento de Información IP 38) y el informe "Conferencia de las Partes (COP21) de la Convención Marco de las Naciones Unidas sobre el cambio climático (CMNUCC) 2015" en París. Destacó también la entrega de una serie de becas que incluyeron la versión 2015 del premio Tinker-Muse otorgado a la Dra. Valérie Masson-Delmotte, de Francia. El SCAR preparó una actualización del Informe sobre el cambio climático y el medioambiente antártico (Documento de Información IP 35) y presentó un informe de progreso relacionado con la Geoconservación (Documento de Información IP 31) como avance de un informe completo sobre este tema para su presentación en la Reunión del CPA de 2018.

(24) El SCAR indicó que la XXXIV Reunión de los delegados del SCAR y la Conferencia Abierta de Ciencias se realizarían en Kuala Lumpur, Malasia, el próximo 20 de agosto. En dicha conferencia, el SCAR realizaría un evento "Wikibomb" destinado a aumentar la visibilidad de las mujeres investigadoras antárticas y a incentivar a las niñas de todo el mundo para que sigan carreras científicas. El SCAR informó, además, que se encontraba trabajando en los planes para el XII Simposio de Biología del SCAR, que se celebraría en julio de 2017 en Bélgica, y para la Conferencia POLAR2018, que se realizaría en Davos, Suiza, junto con la reunión del Comité Científico

Internacional del Ártico. Además, señaló el nombramiento de la Dra. Jenny Baeseman como su nueva directora ejecutiva.

(25) El COMNAP presentó el Documento de Información IP 10, *Informe anual de 2015/2016 del Consejo de Administradores de los Programas Antárticos Nacionales (COMNAP)* y afirmó que actualmente era una asociación internacional compuesta por 30 Programas Antárticos Nacionales y tres programas de observadores. El COMNAP coordinó este año una serie de talleres que incluyeron el Taller sobre los Desafíos del Hielo Marino, Desafíos de la Hoja de Ruta Antártica (ARC) y pronto coordinará el III Taller sobre Búsqueda y Salvamento (SAR), conforme a la Resolución 4 (2013) de la RCTA. Informó que los resultados publicados de los talleres sobre los Desafíos del Hielo Marino y ARC están disponibles para su descarga en el sitio web del COMNAP. El informe del COMNAP destacaba una serie de proyectos en curso. Hizo una mención especial del Proyecto del Catálogo de la Infraestructura de las Estaciones, que se trataba de una completa base de datos de instalaciones antárticas destinada a mejorar la puesta en común de información para la colaboración científica; el Proyecto ARC, una iniciativa de la comunidad que identificó requisitos críticos de la comunidad de investigación de la Antártida en términos de tecnología, infraestructura y acceso en el mediano y largo plazo, así como el estado de desarrollo de dichos requisitos críticos y su costo; el Grupo de Trabajo sobre Sistemas Aéreos No Tripulados (UAS), que confeccionó un borrador de manual sobre UAS para someterlo a debate.

(26) En relación con el Artículo III-2 del Tratado Antártico, la Reunión recibió informes de otras organizaciones internacionales.

(27) La OHI presentó el Documento de Información IP 4, *Informe de la Organización Hidrográfica Internacional* (OHI), centrado en las limitaciones de los conocimientos hidrográficos de la Antártida y sus consiguientes riesgos para las operaciones científicas y marítimas. La OHI reiteró que el 90 % de las aguas antárticas se mantenían sin estudio y que eso representaba un gran riesgo de que se produjeran incidentes marítimos. Instó a las Partes a garantizar que todas sus embarcaciones utilizaran sensores de profundidad y pusieran esa información a disposición de las agencias hidrográficas a fin de mejorar la elaboración de cartas hidrográficas. La OHI alentó a las Partes a participar en la próxima reunión del Comité Hidrográfico en la Antártida (CHA), que se realizará en Tromsø, Noruega, entre el 28 y el 30 de junio de 2016, y a contribuir de manera efectiva en sus actividades de conformidad con la Resolución 5 (2014). Asimismo, señaló que la sede de la reunión se había trasladado a Noruega debido al terremoto sufrido por Ecuador en abril pasado. Además, expresó

su solidaridad hacia ese país por las pérdidas y daños sufridos, y agradeció a Noruega por su disposición para organizar la reunión.

(28) La Argentina afirmó que durante los próximos tres años se proponía finalizar la cartografía de las áreas de bahía Marguerite, las islas Orcadas del Sur y la isla Marambio (Seymour), con lo que completaría los nueve mapas con los que se había comprometido ante la OHI.

(29) La OMM presentó el Documento de Información IP 11, *Informe anual de la OMM de 2015-2016*, que describía sus actividades para dicho período. La OMM señaló que en abril de 2016 la temperatura global había sido la más alta registrada para el mes de abril desde el inicio del registro de las temperaturas en 1880 y que este era el duodécimo mes consecutivo en que se había observado dicho fenómeno. Recalcó que esto creaba un fuerte impulso para que las Partes tomaran medidas frente al cambio climático. Observó que, en mayo de 2015, el Congreso Meteorológico Mundial había aprobado las Actividades polares y de alta montaña como una de las siete prioridades de la OMM para el período 2016-2019 y señaló la auspiciosa participación con las Partes del Tratado Antártico en el ámbito de la investigación del clima.

(30) El IPCC presentó el Documento de Información IP116, *Recent Findings of IPCC on Antarctic Climate Change and Relevant Upcoming Activities* [Conclusiones recientes del IPCC sobre el cambio climático y próximas actividades relevantes], en el que se identificó información relevante para la zona antártica contenida en su Quinto Informe de Evaluación. Informó acerca de su aceptación a una invitación extendida por el COP 21 de la Convención Marco de las Naciones Unidas sobre Cambio Climático (CMNUCC) para preparar un Informe Especial sobre los impactos del calentamiento mundial de 1,5.°C sobre los niveles preindustriales para 2018. El IPCC agradeció a las Partes por su participación en la reunión para determinar los objetivos para el Informe Especial que se realizará en agosto de 2016, en Ginebra. Señaló, además, que durante su 43ª sesión, había aprobado la preparación de un Informe Especial sobre Cambio climático, desertificación, degradación del suelo, manejo sustentable del terreno, seguridad alimentaria y flujos de gases de efecto invernadero en ecosistemas terrestres y un Informe Especial sobre Cambio climático, océanos y criosfera. El IPCC agradeció a Mónaco por su apoyo financiero al Informe Especial sobre Cambio climático, océanos y criosfera, y señaló que la reunión para determinar los objetivos se realizaría en algún momento entre noviembre y diciembre de 2016. El IPCC extendió una invitación a todos los Gobiernos para que designaran a expertos con el fin de que prestaran asistencia en la preparación de los informes especiales.

(31)   La ASOC presentó el Documento de información IP 123, *Informe de la Coalición Antártica y del Océano Austral*. Se refirió a su participación en diversos Grupos de contacto intersesional (GCI) y su asistencia a las reuniones relevantes a la protección medioambiental de la Antártida en el transcurso del año pasado. Afirmó sentirse alentada al observar que tantas Partes han declarado su compromiso permanente con el espíritu del Protocolo Ambiental. Puso de relieve que el 25.° Aniversario del Protocolo y su prohibición a las actividades relativas a los recursos minerales invitaban a celebrar y reflexionar. La ASOC se refirió a su esperanza en cuanto a que el audaz y vanguardista pensamiento de las Partes en el pasado podía servir de inspiración para los encargados de formular las normativas que afectarían a la Antártida y al Océano Austral durante los próximos 25 años.

(32)   La IAATO presentó el Documento de Información IP 112, *IAATO Overview of Antarctic Tourism: 2015-16 Season and Preliminary Estimates for 2016-17* [Panorama del Turismo Antártico: Temporada antártica 2015-2016 y cálculos preliminares para la temporada 2016-2017]. Tras señalar que en 2016 la organización también celebraba su 25.° aniversario, la IAATO reiteró su misión de promover y defender la visita responsable y segura para el medioambiente del Área del Tratado Antártico. Señaló que todos los operadores de buques de pasajeros con fines comerciales sujetos al convenio SOLAS que realizaban actividades de turismo en el Área del Tratado Antártico eran actualmente miembros de la IAATO, con excepción de un buque de bandera japonesa, no perteneciente a la IAATO, que había viajado a través de la península Antártica en enero de 2016, sin desembarcos. La IAATO informó que en la temporada 2015-2016 se observó un total de 38.478 visitantes, lo que representó un aumento de aproximadamente un 5 % respecto de la temporada anterior.

Tema 5: Informe del Comité para la Protección del Medio Ambiente

(33)   El Sr. Ewan McIvor, presidente del Comité para la Protección del Medio Ambiente presentó el informe de la XIX Reunión del CPA. El CPA había considerado 38 Documentos de Trabajo y 51 Documentos de Información. Además, se presentaron 5 Documentos de la Secretaría y 4 Documentos de Antecedentes, de conformidad con los temas del programa del CPA. El Presidente del CPA puso de relieve aquellos temas en los que el CPA había acordado proporcionar asesoramiento específico a la RCTA, si bien alentó a todas las Partes a que revisaran el Informe del CPA en su integridad.

Deliberaciones estratégicas sobre el futuro trabajo del CPA (Tema 3 del programa del CPA)

(34) El presidente del CPA informó que el Comité había considerado un informe presentado por la Argentina acerca del GCI establecido durante la XVIII Reunión del CPA con el propósito de crear una publicación sobre el 25.º Aniversario del Protocolo del Medio Ambiente. El Comité acordó informar a la RCTA sobre lo siguiente: había refrendado la publicación en ocasión del 25.º Aniversario del Protocolo al Tratado Antártico sobre Protección del Medio Ambiente y acordado remitirlo a la RCTA para su consideración; además, había recomendado que la publicación saliera al público el 4 de octubre de 2016, al cumplirse la fecha exacta del Aniversario de la firma del Protocolo, utilizándose los mecanismos de difusión identificados durante el GCI, así como cualquier otro mecanismo que pudiera surgir tras las deliberaciones del CPA.

(35) El Presidente del CPA señaló, además, que el Comité había actualizado su Plan de Trabajo Quinquenal a fin de incorporar las acciones que pudieran haber surgido durante la Reunión.

Funcionamiento del CPA (Tema 4 del programa del CPA)

(36) El Presidente del CPA informó que el Comité había considerado los elementos relativos al medioambiente de un informe presentado por Australia sobre el GCI establecido durante la XXXVIII RCTA para revisar los requisitos de intercambio de información. El Comité acordó informar a la RCTA acerca de los cambios específicos que había recomendado respecto de los elementos de intercambio de información sobre planes de contingencia ante derrames de petróleo y otras emergencias y los elementos del intercambio de información relativos a las IEE y CEE.

(37) El Comité había considerado, además, el documento WP 10 presentado por Australia, Japón, Nueva Zelandia, Noruega, el SCAR, España y Estados Unidos en el que se informó sobre la operación del Portal de Medioambientes Antárticos. El Comité reafirmó la importancia del desarrollo del Portal como una fuente de información confiable y no sesgada para su uso de manera voluntaria como apoyo para sus debates. El Comité también aceptó considerar en mayor profundidad los temas adicionales para los resúmenes informativos que deberían incluirse en el Portal, la futura gestión del Portal y la forma de seleccionar representantes que integren el Grupo Editorial.

(38)   Tras reflexionar sobre la importancia las políticas basadas en la ciencia para la zona antártica, la Reunión expresó su apoyo al desarrollo del Portal de Medioambientes Antárticos y su esperanza de que el Portal sea un vehículo para una mayor cooperación entre el CPA y la RCTA. Debido a que el Portal está centrado en las prioridades del CPA, el Presidente del CPA señaló que la Partes podrían informar, además, los futuros contenidos del Portal proponiendo temas para los resúmenes informativos. La Reunión recibió de buen grado los aportes cada vez mayores de los científicos y del CPA, y el papel que desempeña el Portal de Medioambientes Antárticos en su respaldo a la función de asesoramiento del CPA sobre la implementación del Protocolo Ambiental.

(39)   Nueva Zelandia alentó a todas las Partes a adoptar una estrategia basada en las mejores prácticas recomendables respecto de los requisitos de intercambio de información del Protocolo. Nueva Zelandia recordó la Resolución 3 de 2015 en relación con el Portal de Medioambientes Antárticos y agradeció la recomendación del Taller realizado en conjunto por el CPA y el SC-CAMLR, donde se alentó el uso del Portal.

(40)   La Argentina, si bien reconocía la utilidad del Portal de Medioambientes Antárticos, hizo notar la necesidad de una mayor apertura y representatividad en las contribuciones relativas al contenido y expresó su interés en contribuir para lograr ese equilibrio.

Cooperación con otras organizaciones (Tema 5 del programa del CPA)

(41)   El Presidente del Comité informó que el Comité había examinado el informe del taller conjunto realizado por el CPA y el SC-CAMLR sobre Vigilancia y Cambio Climático en Punta Arenas, Chile, entre el 19 y el 20 de mayo de 2016. El Comité había expresado que estaba de acuerdo sobre lo valioso que resultaba el taller para aumentar la cooperación y la puesta en común de información entre ambos Comités. El CPA había reconocido, además, la importancia de realizar un seguimiento de los avances logrados en la implementación de las recomendaciones emanadas del taller y recibió de buen grado la información acerca de que el SCAR ya estaba llevando adelante, o planificando para el futuro cercano, trabajos en concordancia con las prioridades establecidas en el Programa de Trabajo de Respuesta para el Cambio Climático (CCRWP).

(42)   Tras haber señalado que el Plan de Trabajo Estratégico Plurianual de la RCTA otorgaba prioridad a la consideración de los resultados del taller,

el Comité había acordado informar a la RCTA que había acogido de buen grado el informe del taller conjunto del CPA y el SC-CAMLR sobre Cambio Climático y Vigilancia, y que había refrendado las recomendaciones emanadas de este.

(43)   Australia subrayó la importancia de la investigación y el seguimiento del cambio climático a través del SCAR, el Programa de Integración del Clima y la Dinámica del Ecosistema en el Océano Austral (ICED) y el Sistema de Observación del Océano Austral (SOOS), según lo reflejado en el Informe del CPA, y señaló que sería conveniente proporcionar recursos a dichos programas a fin de respaldar los objetivos comunes del CPA y el SC-CAMLR. Noruega citó su trabajo realizado junto con la Federación de Rusia en el mar de Barents con el propósito de integrar una perspectiva equilibrada del océano en la planificación de todas las actividades humanas. Noruega consideró que las iniciativas y la colaboración conjuntas serían precursoras en el desarrollo de una gestión integrada de los océanos dentro del Sistema del Tratado Antártico.

(44)   La Reunión agradeció a los coordinadores del taller y, tras recordar el primer taller realizado en conjunto por el CPA y el SC-CAMLR en 2009, felicitó al CPA por su promoción de una comprensión de la vigilancia del medioambiente y el cambio climático, objetivos comunes para el CPA y el SC-CAMLR. La Reunión señaló que el taller era un buen ejemplo del valor de la cooperación entre los diferentes componentes del Sistema del Tratado Antártico y puso de relieve la conveniencia para el Sistema del Tratado Antártico de integrar el importante y valioso trabajo de seguimiento científico a cargo del SCAR y de otros órganos especializados.

Efectos del cambio climático para el medioambiente: Enfoque estratégico (Tema 7 del programa del CPA)

Enfoque estratégico

(45)   El Presidente del CPA informó que el Comité había acogido de buen grado un conjunto de documentos que destacaban la importancia de comprender y abordar las implicaciones del cambio climático, y que, a través del CCRWP, contribuiría a su trabajo en esa materia. El Presidente del CPA señaló, además, que se habían incorporado al CCRWP muchas de las recomendaciones emanadas de la Reunión de Expertos del Tratado Antártico (RETA) de 2010 sobre los Efectos del Cambio Climático para la Gestión y gobernanza del Área del Tratado Antártico.

Implementación y examen del Programa de Trabajo de Respuesta para el Cambio Climático

(46) El Presidente del CPA informó que el Comité había revisado los avances logrados en relación con las acciones identificadas en el CCRWP acordado en la XVIII Reunión del CPA y aprobadas en virtud de la Resolución 4 (2015), que había debatido las opciones de gestión y apoyo a la implementación del CCRWP y que había actualizado el CCRWP. El Comité había agradecido la oferta del SCAR y de la OMM de proporcionar informes en la XX Reunión del CPA sobre sus actividades de investigación y seguimiento relevantes al CCRWP y había expresado que estaba de acuerdo en solicitar a los programas externos relevantes, como el SOOS y el ICED, que proporcionaran información similar acerca de la forma en la que podían contribuir sus actividades.

(47) Tras señalar la solicitud de la RCTA en la Resolución 4 (2015) de recibir actualizaciones anuales sobre la implementación del CCRWP, el Comité había aceptado informar a la RCTA las medidas que ya se estaban tomando a fin de abordar las diversas tareas o acciones identificadas en el CCRWP para 2016, así como que había acordado alentar a los Programas Antárticos Nacionales, al SCAR, a la OMM y a organizaciones de expertos externos relevantes para que apoyaran y facilitaran las actividades de investigación y seguimiento identificadas en el CCRWP. Asimismo, el Comité había aceptado informar que había actualizado el CCRWP para que reflejara las acciones que se habían realizado e incorporar algunas nuevas modificaciones menores y que había acordado coordinar los debates informales intersesionales para respaldar la posterior consideración, durante la XX Reunión del CPA, de los mejores medios para gestionar y apoyar la implementación del CCRWP.

(48) El Presidente del CPA señaló también que el Comité había reflexionado sobre la importancia de incorporar asesoramiento científico de alta calidad y actualizado en sus deliberaciones sobre las implicaciones ambientales del cambio climático en el Área del Tratado Antártico y había acordado que sería conveniente contar con medios directos para aprovechar la experiencia del IPPC. Con referencia a la Regla 4c de las Reglas de Procedimiento del CPA aprobadas en virtud de la Decisión 4 (2011), el Comité acordó proponer que la RCTA autorizara al IPCC como Observador del CPA.

(49) La Reunión felicitó al CPA por centrarse en el CCRWP y lo alentó a continuar su trabajo sobre mecanismos innovadores para implementar el programa de trabajo. La Reunión aceptó considerar de manera anual los progresos

logrados en relación con el CCRWP y agregarlo a su Plan de Trabajo Estratégico Plurianual. La Reunión acogió con beneplácito las contribuciones de la OMM al Comité y respaldó los esfuerzos del CPA por alentar a los Programas Antárticos Nacionales, a la OMM y a otros expertos a apoyar y facilitar las actividades de seguimiento identificadas en el CCRWP.

(50) La Reunión refrendó la admisión del IPCC como Observador del CPA (Decisión 1 [2016] *Observadores del Comité para la Protección del Medio Ambiente*) y expresó que esperaba con interés sus futuras contribuciones. El IPCC expresó su sincero agradecimiento a las delegaciones e instó a las Partes a contribuir en su reunión para determinar los objetivos de su Informe Especial sobre los Océanos y la Criósfera, que se llevará a cabo en Mónaco, en diciembre de 2016.

Evaluación del impacto ambiental (EIA) (Tema 8 del programa del CPA)

Proyectos de Evaluación Medioambiental Global

(51) El Presidente del CPA informó que el Comité había considerado el Proyecto de CEE preparado por Italia para la propuesta de construcción y operación de una pista de aterrizaje de grava en la zona de la Estación Mario Zucchelli en la bahía Terra Nova, Tierra Victoria, Antártida, el informe de un GCI encabezado por Francia para la revisión del Proyecto de CEE y los documentos presentados por Italia, en los que había presentado más información a modo de respuesta inicial a los puntos planteados por el GCI. El Comité había agradecido el compromiso de Italia a la hora de responder a los asuntos planteados y, en caso de que Italia decidiese continuar con la actividad propuesta, había alentado a dicho país para que tomara en consideración el asesoramiento del CPA en su preparación de la CEE final obligatoria.

(52) El CPA expresó que estaba de acuerdo en informar a la RCTA que el Proyecto de CEE cumplía en forma general con los requisitos contenidos en el Artículo 3 del Anexo I al Protocolo al Tratado Antártico sobre Protección del Medioambiente. Informó que si Italia decidía continuar con la actividad propuesta, debía proporcionar más información o aclaración en la CEE final obligatoria, según lo establecido en el Documento de Trabajo WP 21 de esta reunión, a fin de facilitar una evaluación global de la actividad propuesta. La información proporcionada en el Proyecto de CEE respaldó la conclusión acerca de que era probable que los efectos producidos por la construcción y operación de una pista de aterrizaje de grava no fueran ni mínimos ni

transitorios, y que el Proyecto de CEE, a rasgos generales, era claro y estaba bien estructurado y presentado, aunque se recomendaron algunas mejoras en la cartografía y en las figuras.

Otros asuntos relacionados con la Evaluación del Impacto Ambiental

(53)   El Presidente del CPA informó que el Comité había considerado varios documentos que contenían información relevante para la comprensión y gestión de los aspectos medioambientales del uso de vehículos aéreos no tripulados (UAV) en la Antártida. El Comité había reconocido las ventajas del uso de UAV como apoyo de la investigación y el seguimiento, y había señalado la constante necesidad de comprender, desde un punto de vista científico, el impacto medioambiental del uso de UAV y, en ese sentido, señaló que esperaba con interés el resumen del SCAR sobre el estado de los conocimientos en relación con el impacto de los UAV en la vida silvestre durante la XX Reunión el CPA. Tras señalar que la RCTA también estaba considerando el uso de UAV en la Antártida, el Comité expresó que estaba de acuerdo en informar a la RCTA su reconocimiento de la utilidad de las Directrices del COMNAP para la certificación y operación de sistemas aéreos no tripulados en la Antártida (Documento de Trabajo WP 14). El Comité había reconocido también la necesidad de elaborar una guía sobre los aspectos medioambientales del uso de UAV y que comenzaría a trabajar para elaborar dicha guía durante la XX Reunión del CPA.

(54)   La Reunión agradeció al CPA por su información acerca del uso de UAV, recibió de buen grado las Directrices del COMNAP, y expresó que esperaba con interés el asesoramiento del SCAR para ayudar a las Partes a sacar provecho de esta tecnología práctica de manera segura y racional en el aspecto medioambiental.

(55)   El Reino Unido señaló que el debate sobre el uso de UAV había tratado temas relevantes tanto para el CPA como para la RCTA y recomendó que en el futuro se considerara la posibilidad de realizar sesiones conjuntas entre expertos del CPA y de la RCTA a fin de analizar los asuntos de interés común, como las CEE, las inspecciones y el uso de UAV.

(56)   El Presidente del CPA expresó su respaldo respecto a un enfoque de mayor cooperación hacia los asuntos de interés común entre la RCTA y el CPA y se refirió a la conveniencia de que los representantes de la RCTA participaran junto con sus colegas del CPA en los debates intersesionales del CPA previstos en torno al uso de UAV.

(57) El Presidente del CPA informó que el Comité había considerado un informe presentado por Australia y el Reino Unido acerca del GCI establecido en la XVII Reunión del CPA (2014), que se mantuvo durante la XVIII Reunión del CPA (2015), con el fin de examinar los Lineamientos para la Evaluación del Impacto Ambiental en la Antártida. Informó que el Comité había finalizado la revisión de los Lineamientos luego de la incorporación de algunas modificaciones menores sugeridas durante la Reunión. El Comité también había considerado las políticas generales y otros asuntos planteados durante el trabajo intersesional y señaló que requerían de una minuciosa consideración. Agradeció al Reino Unido por su oferta de trabajar con los Miembros interesados en desarrollar un documento para respaldar en mayor profundidad el debate sobre estos asuntos durante la XX Reunión del CPA.

(58) Tras examinar el informe del GCI que se estableció para revisar los Lineamientos para la Evaluación del Impacto Ambiental en la Antártida, el Comité había refrendado una revisión de dichos Lineamientos y había acordado continuar su labor sobre las consideraciones acerca de políticas más generales. Señalando que los actuales Lineamientos habían sido aprobados en virtud de la Resolución 4 (2005), el Comité había aceptado remitir a la RCTA, para su aprobación, un Proyecto de Resolución para la revisión de los Lineamientos.

(59) La Reunión aprobó la Resolución 1 (2016) *Lineamientos revisados para la Evaluación de Impacto Ambiental en la Antártida* y puso de relieve la importancia de los Lineamientos para la implementación permanente del Protocolo.

(60) En su reflexión acerca de que la EIA constituía uno de los instrumentos más importantes del Protocolo, el Reino Unido alentó al CPA a mantener informada a la RCTA sobre sus deliberaciones en materia de políticas generales y otros asuntos relativos a las EIA. Nueva Zelandia señaló que habían transcurrido diez años desde la actualización de los Lineamientos e instó a las Partes a considerar la actualización de dichos instrumentos con mayor regularidad a fin de apoyar la implementación del Protocolo.

Planes de Protección y Gestión de Zonas (Tema 9 del programa del CPA)

Planes de Gestión

(61) El Presidente del CPA informó que el Comité había considerado documentos en los que se presentaron ocho planes de gestión revisados para Zonas

Antárticas Especialmente Protegidas (ZAEP). El Comité había expresado también que estaba de acuerdo en informar a la RCTA que el actual Plan de Gestión para la ZAEP 166, Puerto Martin, Tierra Adelia, debería extenderse durante un nuevo período de cinco años.

(62) El Presidente del CPA señaló, además, que el Comité había recordado el debate que se realizó en la XIV Reunión del CPA (2011), cuando se consideró un documento presentado por el Reino Unido donde se presentaron los resultados del seguimiento realizado en la ZAEP 107, isla Emperor. Tras un minucioso examen, y con el apoyo del Reino Unido, el Comité había decidido, sin embargo, que el estado de ZAEP debía mantenerse por cinco años más. El Comité alentó también a otros Miembros a proporcionar todos los datos de seguimiento relevantes a fin de ayudar con la posterior evaluación.

(63) El Comité había analizado la conveniencia de elaborar una guía sobre las propuestas de revocación de la designación de ZAEP para la consideración del Comité y agradeció la oferta de Noruega de liderar los trabajos para notificar la consideración posterior de este asunto en la XX Reunión del CPA.

(64) Asimismo, el Presidente del CPA informó que el Comité había considerado un documento que informaba sobre los debates informales intersesionales liderados por China sobre su propuesta de designar una Zona Antártica Especialmente Administrada (ZAEA) para proteger los valores científicos y medioambientales en la zona del Domo A. El Comité había acogido con beneplácito la oferta de China de liderar los futuros debates informales para considerar las opciones de gestión del Domo A.

(65) La Reunión celebró los aciertos del Grupo Subsidiario sobre Planes de Gestión (GSPG) a la hora de respaldar la eficacia del CPA y agradeció el desarrollo de planes de gestión para respaldar la protección de zonas. Tras poner de relieve la priorización de este asunto en el CCRWP, Nueva Zelandia instó al CPA a seguir priorizando el desarrollo de zonas representativas de cada región biogeográfica y de zonas con probabilidad de convertirse en refugio de especies en riesgo.

(66) La Reunión agradeció a España por convertirse en administrador conjunto de la ZAEP 126.

(67) Siguiendo la recomendación del CPA, la Reunión aprobó las siguientes Medidas sobre las Zonas Protegidas:

- Medida 1 (2016) *Zona Antártica Especialmente Protegida n.° 116 (valle New College, playa Caughley, cabo Bird, isla de Ross): Plan de Gestión revisado.*

- Medida 2 (2016) *Zona Antártica Especialmente Protegida n. ° 120 (archipiélago Punta Géologie, Tierra Adelia): Plan de Gestión revisado.*

- Medida 3 (2016) *Zona Antártica Especialmente Protegida n.° 122 (Alturas de Arrival, península Hut Point, isla de Ross): Plan de Gestión revisado.*

- Medida 4 (2016) *Zona Antártica Especialmente Protegida n.° 126 (península Byers, isla Livingston, islas Shetland del Sur): Plan de Gestión revisado.*

- Medida 5 (2016) *Zona Antártica Especialmente Protegida n. ° 127 (isla Haswell y criadero contiguo en hielo fijo de pingüinos emperador): Plan de Gestión revisado.*

- Medida 6 (2016) *Zona Antártica Especialmente Protegida n.° 131 (glaciar Canadá, lago Fryxell, valle Taylor, Tierra Victoria): Plan de Gestión revisado.*

- Medida 7 (2016) *Zona Antártica Especialmente Protegida n.° 149 (cabo Shirreff e isla San Telmo, isla Livingston, islas Shetland del Sur): Plan de Gestión revisado.*

- Medida 8 (2016) *Zona Antártica Especialmente Protegida n.° 167 (isla Hawker, Tierra de la Princesa Isabel): Plan de Gestión revisado.*

(68) La Reunión expresó también su acuerdo en extender durante un nuevo período de cinco años el actual Plan de Gestión para la ZAEP n.° 166, Puerto Martin, Tierra Adelia.

Sitios y Monumentos Históricos

(69) El Presidente del CPA informó que el Comité había recordado la decisión que había tomado durante su XVIII Reunión (2015) con relación a que las futuras propuestas de nuevas designaciones de Sitios y Monumentos Históricos (SMH) debían dejarse en espera hasta que se establecieran nuevas guías sobre metodologías de protección del patrimonio histórico en la Antártida. El Comité había considerado una serie de documentos acerca de este asunto y había acordado presentar a la RCTA una propuesta de modificación de la Lista de Sitios y Monumentos Históricos para su aprobación a través de una Medida.

(70) Al aceptar la recomendación del CPA, la Reunión aprobó la Medida 9 (2016), *Lista revisada de sitios y monumentos históricos antárticos: Incorporación de un poste de madera histórico al Sitio y Monumento Histórico n.° 60 (Mojón Corbeta Uruguay) en la isla Marambio (Seymour), península Antártica.*

(71) El Comité había acordado postergar dos propuestas de incorporación a la Lista de SMH para su posterior consideración tras la elaborar una guía sobre metodologías de protección del patrimonio histórico en la Antártida como los restos históricos con data anterior a 1958 en las cercanías de la estación Marambio y la galería histórica de la estación antártica King Sejong. El Comité había acordado que a los restos históricos en las cercanías de la estación Marambio se les aplicaría la protección provisional conferida a sitios con data anterior a 1958, de acuerdo con la Resolución 5 (2001).

(72) El Comité había aceptado establecer un GCI para trabajar durante los períodos intersesionales 2016-2017 y 2017-2018 con el objetivo de desarrollar material de orientación para que las Partes evaluaran metodologías de conservación para la gestión de los objetos del patrimonio antártico.

(73) La Reunión consideró que la gestión del patrimonio antártico era un aspecto importante del Anexo V y acogió con beneplácito el desarrollo de un nuevo material de orientación basado en las metodologías de conservación más relevantes, según lo previsto por el CPA. Noruega se refirió al valor que tenía la priorización de los asuntos relativos a la gestión del patrimonio por parte del CPA y subrayó la importancia que tenía para el Sistema del Tratado Antártico la elaboración de políticas en esta materia. El Reino Unido alentó la participación de expertos en patrimonio, con o sin antecedentes de trabajo en la Antártida, para prestar asesoramiento sobre mejores prácticas. La Argentina señaló su interés de contribuir a los debates y subrayó la necesidad de seguir prestando protección provisional a los sitios que la necesitan.

Directrices para sitios

(74) El Presidente del CPA mencionó que el Comité había considerado la propuesta de Directrices para sitios preparada por la Argentina, Estados Unidos, la IAATO, el Reino Unido y Ucrania para las islas Yalour, archipiélago de Wilhelm, y la propuesta de Directrices para sitios preparada por Chile, la IAATO y el Reino Unido para punta Wild, isla Elefante. El Comité había acordado remitir a la RCTA las siguientes nuevas Directrices para sitios a los fines de su aprobación: islas Yalour, archipiélago de Wilhelm, y punta Wild, isla Elefante.

(75) La Reunión agradeció el trabajo realizado por el CPA sobre el desarrollo de Directrices para sitios, y señaló que se trataba de un valioso trabajo que reducía al mínimo el riesgo de que dichos sitios sufrieran los efectos ocasionados por los visitantes. Durante la Reunión, Ecuador y España señalaron que el Comité había apoyado la recomendación de que debía mantenerse cerrado el sendero

inferior de la isla Barrientos y que el Comité había alentado a Ecuador y a España a continuar realizando un seguimiento a largo plazo para evaluar la recuperación de la vegetación en ambos senderos y a seguir informando sobre su estado. En particular, Australia elogió la prudencia y consideración en el enfoque del CPA con relación a la gestión de la isla Barrientos.

(76) Mediante su aprobación de la Resolución 2 (2016), *Directrices de Sitios para Visitantes,* la Reunión consideró y aprobó dos nuevas Directrices para sitios.

Otros asuntos relacionados con el Anexo V

(77) El presidente del CPA señaló que el Comité había considerado un documento presentado por el Reino Unido donde se proponía una revisión de la Guía para la Presentación de Documentos de Trabajo que encerraran propuestas relativas a Zonas Antárticas Especialmente Protegidas, a Zonas Antárticas Especialmente Administradas o a Sitios y Monumentos Históricos para facilitar la recopilación de nueva información sobre la forma en que se integraban las zonas protegidas dentro de los actuales instrumentos sobre criterios ambientales y geográficos sistemáticos. Tras las deliberaciones, el Comité había acordado informar a la RCTA su recomendación de modificar la "Plantilla A: Nota de remisión de un Documento de Trabajo sobre una ZAEP o ZAEA" adjunta a la Guía para la Presentación de Documentos de Trabajo que contengan propuestas relativas a Zonas Antárticas Especialmente Protegidas, a Zonas Antárticas Especialmente Administradas o a Sitios y Monumentos Históricos, aprobada en virtud de la Resolución 5 (2011), a fin de incluir las preguntas nuevas y modificadas.

(78) El Presidente del CPA señaló que el Comité había considerado un documento presentado por el SCAR en el que se presentaba el *Código de Conducta del SCAR para la realización de actividades en los medioambientes geotérmicos terrestres en la Antártida,* y reconocido el valor del Código de Conducta en el apoyo de la planificación y realización de las actividades en zonas geotérmicas terrestres a fin de disminuir al mínimo los riesgos para el alto valor científico y medioambiental de dichas zonas. El Comité había refrendado el Código de Conducta y expresado su acuerdo en remitir a la RCTA, para su aprobación, un Proyecto de Resolución para fomentar la difusión y uso de dicho Código.

(79) Habiendo aceptado la recomendación del CPA, la Reunión aprobó la Resolución 3 (2016) *Código de Conducta para la realización de actividades en los medioambientes geotérmicos terrestres en la Antártida.* El Comité felicitó cordialmente al SCAR por su trabajo en el Código de Conducta.

(80) El Presidente del CPA señaló, además, que el Comité había expresado su agradecimiento a Birgit Njåstad (Noruega) por su excelente labor en la coordinación del GSPG durante los últimos cuatro años y designó a Patricia Ortúzar (Argentina) en el cargo de coordinadora del GSPG.

(81) La Reunión expresó también sus sinceros agradecimientos a Birgit Njåstad por su trabajo de coordinación del GSPG y felicitó a Patricia Ortúzar por su nombramiento como coordinadora del GSPG.

(82) Al poner de relieve la importancia de las AMP y los desafíos que encierra el procesamiento de la información requerida para la implementación de AMP, la Argentina agradeció la ayuda recibida de la ASOC en torno a la creación de capacidades relativas al procesamiento de datos sobre AMP para los miembros de su Dirección Nacional del Antártico y del Instituto Antártico Argentino.

Conservación de la flora y fauna antárticas (Tema 10 del programa del CPA)

Cuarentena y especies no autóctonas

(83) El Presidente del CPA informó que el Comité había considerado un informe presentado por el Reino Unido sobre el GCI establecido durante la XVIII Reunión del CPA (2015) para la revisión del Manual sobre Especies No Autóctonas del CPA. El Comité había refrendado el Manual revisado, que fue examinado de manera exhaustiva por el GCI, y había expresado su acuerdo en incorporar a su Plan de Trabajo Quinquenal como tema con prioridad uno: Introducción de especies no autóctonas, una serie de acciones recomendadas por el GCI. El Comité había refrendado una revisión del Manual sobre Especies No Autóctonas del CPA. Al señalar que la versión actual del Manual se había aprobado de conformidad con la Resolución 6 (2011), el Comité acordó remitir dicha versión a la RCTA para que se aprobara un Proyecto de Resolución con el fin de revisar el Manual y fomentar su difusión y uso.

(84) Al aceptar la recomendación del CPA, la Reunión aprobó la Resolución 4 (2016) *El Manual sobre Especies No Autóctonas del Comité para la Protección del Medio Ambiente.*

Informes sobre inspecciones (Tema 12 del programa del CPA)

(85) El Presidente del CPA informó que, en este tema del programa, el Comité había considerado documentos que informaban sobre inspecciones realizadas por China durante diciembre de 2015 y que había acogido de buen grado las

conclusiones generales en cuanto a que las seis estaciones inspeccionadas cumplían con lo establecido en el Protocolo Medioambiental. De igual manera, el Comité había considerado documentos que informaban sobre inspecciones realizadas por la Argentina y Chile durante febrero de 2016 y había acogido favorablemente las conclusiones generales en cuanto a que las cinco estaciones inspeccionadas cumplían en forma satisfactoria los requisitos del Protocolo Ambiental.

Elección de autoridades (Tema 14 del programa del CPA)

(86)   El Presidente del CPA señaló que el Comité había expresado su agradecimiento a Birgit Njåstad, de Noruega, por su sobresaliente labor como vicepresidente del CPA durante los últimos cuatro años. El Comité había elegido a Patricia Ortúzar, de la Argentina, para ocupar el cargo de vicepresidente del CPA, y al Sr. Ewan McIvor, de Australia, para desempeñarse en el cargo de presidente del CPA durante un segundo período de dos años.

(87)   La Reunión felicitó al Sr. McIvor por su nombramiento como presidente del CPA por un segundo período. Agradeció también a la Dra. Polly Penhale, de Estados Unidos, vicepresidente del Comité, por su constante apoyo al Presidente del CPA, y felicitó a la Sra. Patricia Ortúzar, de la Argentina, por haber sido nombrada vicepresidente del CPA.

(88)   La Reunión agradeció cordialmente a Birgit Njåstad, de Noruega, por su participación y sobresaliente trabajo como Vicepresidente del CPA durante los últimos cuatro años.

Preparativos para próxima Reunión (Tema 15 del programa del CPA)

(89)   Noruega agradeció al Comité por el excelente trabajo realizado y se refirió a la necesidad de analizar con mayor detenimiento una estructura de reunión que permitiera disponer de tiempo suficiente para que las Partes consideraran el Informe del CPA, así como su asesoramiento.

(90)   El Presidente del CPA señaló que el Comité había aprobado un Programa preliminar para la XX Reunión del CPA, el cual reflejaba el programa de su XIX Reunión.

(91)   La Reunión agradeció al Sr. McIvor por su informe exhaustivo acerca del trabajo del CPA y por su inspirado liderazgo del CPA.

Tema 6a: Funcionamiento del Sistema del Tratado Antártico - Solicitud de Venezuela de convertirse en Parte Consultiva

(92) Venezuela informó a la Reunión que había presentado formalmente al Gobierno Depositario del Tratado Antártico una solicitud para obtener carácter Consultivo, de acuerdo con las directrices vigentes. Además, señaló que ha sido Parte No Consultiva desde 1999 y que desde 2008 había participado en actividades científicas en la Antártida de manera ininterrumpida.

(93) Japón y Ecuador respaldaron la solicitud de la República Bolivariana de Venezuela para obtener la condición de Parte Consultiva del Tratado Antártico. Japón insistió en que un aumento de las Partes Consultivas contribuía directamente a la difusión de los principios del Tratado Antártico y el Protocolo al Tratado Antártico sobre Protección del Medio Ambiente. Japón acogió la integración de Venezuela como Parte Consultiva y expresó su deseo de continuar cooperando con otras Partes en la región antártica.

(94) Tras acoger de buen grado los aportes de Venezuela a la investigación antártica, la Reunión alentó a ese país a continuar desarrollando sus planes y estrategias para obtener el carácter Consultivo. Varias Partes ofrecieron colaborar con Venezuela en pos de este objetivo.

(95) Varias Partes sugirieron que debería desarrollarse un conjunto de criterios para determinar si era adecuado conferir carácter Consultivo a una Parte.

(96) La Reunión recordó las Directrices sobre notificaciones relativas al carácter Consultivo que se aprobaron en la XIV RCTA, además de la Decisión 4 (2005) sobre el mismo tema, aprobada en la XXVIII RCTA, y expresó que estaba de acuerdo en que resultaría conveniente revisar las actuales Directrices existentes y considerar si se necesitaba orientación adicional o actualizada sobre las condiciones que debía cumplir una Parte que aspiraba a obtener carácter Consultivo.

(97) La Reunión decidió establecer un GCI sobre los Criterios para la obtención del carácter Consultivo bajo los siguientes términos de referencia:

- Revisar el procedimiento vigente para obtener el carácter de Parte Consultiva, incluida la Decisión 4 (2005).
- Revisar las Directrices sobre notificaciones con respecto al carácter Consultivo.
- Considerar si las nuevas directrices, o las directrices actualizadas, proporcionarían mayor claridad en cuanto a la concesión del carácter

de Parte Consultiva, conforme al Artículo IX, párrafo 2 del Tratado Antártico, en el cual se estipula lo siguiente: "[que la] Parte Contratante demuestre su interés en la Antártida mediante la realización en ella de investigaciones científicas importantes, como el establecimiento de una estación científica o el envío de una expedición científica".

- Considerar otras recomendaciones de Partes Contratantes que desean obtener el carácter de Parte Consultiva.
- Informar a la RCTA.

(98) Asimismo, se acordó lo siguiente:

- Únicamente se invitaría a las Partes Consultivas a formular comentarios.
- El Secretario Ejecutivo abriría el foro de la RCTA para el GCI y le brindaría su apoyo.
- Chile, Nueva Zelandia y Uruguay actuarían como coordinadores conjuntos.

Tema 6b: Funcionamiento del Sistema del Tratado Antártico - Asuntos generales

(99) El Reino Unido presentó el Documento de Trabajo WP 5, *Revisión de la "Guía para la presentación de Documentos de Trabajo que contengan propuestas relativas a Zonas Antárticas Especialmente Protegidas, Zonas Antárticas Especialmente Administradas o a Sitios y Monumentos Históricos"*, y señaló que el documento se había presentado ante el CPA con relación al tema del programa 9e, Protección de zonas y Planes de gestión: Otros asuntos relacionados con el Anexo V. En el documento se propusieron algunas modificaciones a la Plantilla A.

(100) La Reunión señaló que el CPA había aprobado las modificaciones a la Guía. La Reunión aprobó la Resolución 5 (2016), *Guía revisada para la presentación de Documentos de Trabajo que contengan propuestas relativas a Zonas Antárticas Especialmente Protegidas, Zonas Antárticas Especialmente Administradas o Sitios y Monumentos Históricos*.

(101) El Reino Unido presentó el Documento de Trabajo WP 7, *Reglas de procedimiento de la RCTA relativas a las consultas intersesionales*, preparado en conjunto con Estados Unidos. El documento subraya la falta de claridad y orientación para el Secretario Ejecutivo en cuanto a qué personas de contacto consideraba cada una de las Partes Consultivas que era apropiado contactar durante una consulta intersesional formal. Los proponentes propusieron que la RCTA evaluara lo siguiente: si era apropiado que el Secretario Ejecutivo considerara contactos a las personas designadas en virtud de la

Recomendación XIII-1 como personas designadas por la Parte Consultiva conforme a las Reglas 46 y 47 de las Reglas de Procedimiento de la RCTA; si se debía recomendar al Secretario Ejecutivo que considerara contactos tanto al Representante (es decir, el Jefe de Delegación) como a su Suplente, en virtud de las Reglas de Procedimiento 46 y 47; y si se debía recomendar al Secretario Ejecutivo que solicitara el asesoramiento específico de cada Parte Consultiva a fin de mantener una lista independiente de personas de contacto, de conformidad con las Reglas 46 y 47.

(102) La Reunión agradeció al Reino Unido y a Estados Unidos y subrayó la importancia de contar con una buena comunicación durante las consultas intersesionales, para lo que se necesitaba identificar un punto de contacto confiable. La Reunión decidió que se actualizarían los párrafos pertinentes de las Reglas de Procedimiento de la Reunión Consultiva del Tratado Antártico (véase la Decisión 2 [2016] *Reglas de Procedimiento Revisadas de la Reunión Consultiva del Tratado Antártico*). La Reunión acordó que cada Parte notificaría al Secretario Ejecutivo acerca de su Representante y cualquier representante suplente, de acuerdo con la Regla revisada 46(a), en un plazo de dos semanas después de la finalización de la RCTA.

(103) Australia presentó el Documento de Trabajo WP 19, *Lograr mayor concientización sobre la labor de las Partes del Tratado Antártico mediante la publicación temprana del informe de la RCTA*. Australia propuso que las Partes Consultivas se comprometieran a poner a disposición del público, en el sitio web de la Secretaría, una versión preliminar del informe de cada RCTA dentro de los tres meses posteriores a la finalización de la Reunión. Este plazo coincidiría con el calendario de publicación de las Medidas, Decisiones y Resoluciones y ayudaría a lograr una mayor concientización sobre la importante labor de las Partes a la hora de dirigir y gestionar el Área del Tratado Antártico. El documento sugería realizar cambios en los Procedimientos para la presentación, traducción y distribución de documentos para la RCTA y el CPA.

(104) Las Partes acogieron de buen grado el documento presentado por Australia y consideraron valiosa la publicación de una versión preliminar del Informe dentro de los tres meses posteriores a la finalización de la Reunión. Varias Partes pusieron de relieve los beneficios de la publicación de un Informe preliminar de manera simultánea a la publicación de las Medidas, Decisiones y Resoluciones y señalaron el interés público en las RCTA.

(105) En respuesta a las preguntas formuladas por las Partes, el Secretario Ejecutivo declaró que un Informe preliminar no supondría mayores costos y que solo se

realizaban cambios editoriales después de la aprobación del Informe Final de cada RCTA. El Secretario Ejecutivo también señaló que la traducción a los cuatro idiomas oficiales del Tratado y su corrección por parte de expertos se realizarían antes de la publicación del Informe preliminar, y que el formato y el diseño finales eran aspectos que consumían más tiempo.

(106) La Reunión se manifestó de acuerdo en cuanto a que se debía publicar una versión preliminar del Informe dentro de los tres meses posteriores a la finalización de la Reunión, decidió que se actualizarían los párrafos pertinentes del Anexo *Procedimientos para la Presentación, traducción y distribución de documentos para la RCTA y el CPA* presentes en las Reglas de Procedimiento de la Reunión Consultiva del Tratado Antártico (véase la decisión 2 [2016] *Reglas de Procedimiento Revisadas de la Reunión Consultiva del Tratado Antártico*).

(107) El Reino Unido presentó el Documento de Trabajo WP 38, *Reiteración del continuo compromiso con la prohibición de actividades relativas a los recursos minerales antárticos con fines distintos a la investigación científica. Prohibición de actividad minera en la Antártida*, patrocinado en conjunto con la Argentina, Australia, Bélgica, Chile, España, la República Checa, Finlandia, Francia, Alemania, Italia, Japón, República de Corea, Países Bajos, Nueva Zelandia, Noruega, Polonia, Sudáfrica, España, Suecia, Reino Unido y Uruguay. El documento señaló que se presentaba esta propuesta a la luz del 25° aniversario del Protocolo. Observó que la sección más reconocida del Protocolo era la prohibición de las actividades relacionadas con los recursos minerales, en virtud del Artículo 7, conocida también como la "prohibición minera". Señaló que esta obligación, con aplicación a todas las Miembros del Protocolo, solía malinterpretarse. La prohibición minera no expiraba en 2048, y llegado ese momento, solo podía reconsiderarse. Esta malinterpretación podía abordarse, al menos en parte, mediante la aprobación de una Resolución. Asimismo, el 25.° aniversario constituía el marco en el que las Partes podían reafirmar su compromiso con el Artículo 7, dada su importancia en el contexto de la protección del medioambiente.

(108) La Reunión agradeció cordialmente el documento y el Proyecto de Resolución. Las Partes reconocieron el Artículo 7 como uno de los pilares del Protocolo de Protección del Medio Ambiente y reiteraron su firme compromiso con la protección de la Antártida y su medioambiente para las futuras generaciones.

(109) La Reunión señaló que existía una confusión y una malinterpretación extendidas con respecto a la fecha de expiración del Artículo 7 y la prohibición

de la actividad minera en la Antártida. Varias Partes subrayaron la necesidad de garantizar que se le diera más publicidad para reafirmar que la prohibición de las actividades mineras en la Antártida continuaría después de 2048.

(110) Tras notar la necesidad de una Resolución y, habiendo hecho un análisis más detenido, la Reunión aprobó la Resolución 6 (2016) *Reiteración del continuo compromiso con la prohibición de actividades relativas a los recursos minerales antárticos con fines distintos a la investigación científica. Apoyo a la prohibición de la minería en la Antártida.*

(111) La Federación de Rusia presentó el Documento de Trabajo WP 39 rev. 1, *"Apertura" de la vía de entrada a la Antártida.* Tras señalar que la mayoría de las rutas marítimas y aéreas hacia la Antártida pasaban a través de los puertos y aeropuertos que servían como vía de entrada a la Antártida, instó a las Partes a cargo de las operaciones de dichos puertos y aeropuertos a considerar el problema descrito en el documento en relación con los tránsitos de los participantes de los Programas Antárticos Nacionales hacia la Antártida y desde ella. Invitó a las Partes a encontrar una solución positiva al problema.

(112) Luego del análisis y de tomar en cuenta las inquietudes respecto del tránsito de los participantes de los Programas Antárticos Nacionales, las Partes que controlaban los puntos de tránsito de las vías de entrada respondieron de manera positiva y declararon que estaban dispuestas a resolver el asunto del tránsito para los demás Programas Antárticos Nacionales caso por caso, de ser necesario.

(113) Noruega presentó el Documento de Trabajo WP 50, *Mejora de la interacción entre el CPA y la RCTA,* preparado en conjunto con Australia. Se invitó a las Partes a considerar si se podía lograr un acuerdo mediante el cual los documentos solo pudieran presentarse ante el CPA o la RCTA; que los documentos presentados ante el CPA y la RCTA debían especificar con claridad cuáles de los temas debían ser tratados por la RCTA y cuáles, por el CPA; que los Presidentes pudieran coordinar con antelación sus planes para el programa; que los Presidentes pudieran revisar los documentos a medida que estos eran presentados y, según corresponda, pudieran instar al autor (o autores) a presentar el documento ante otro foro de debate de la Reunión y la actualización del Manual de la Secretaría para la presentación de documentos ante la RCTA y el CPA de modo que incluyera ya directrices generales sobre estas cuestiones.

(114) Las Partes enfatizaron la necesidad de fortalecer la relación entre el CPA y la RCTA. Varias de ellas expresaron sus inquietudes frente a la posibilidad de que, al evitar la presentación conjunta de documentos ante el CPA y la RCTA,

el sistema perdiera flexibilidad y que, en algunos casos, la presentación conjunta de documentos ante ambos órganos era necesaria. Se reconoció la coordinación entre los Presidentes de cada uno de los Grupos como un factor importante para determinar el mejor uso del tiempo disponible durante la reunión. Las Partes señalaron que el CPA ya utilizaba un programa comentado y solicitaron que se adoptara un enfoque similar para los demás Grupos de Trabajo, en el que el programa, así como el resumen de los documentos, se pusieran a disposición antes a fin de facilitar la preparación de las sesiones.

(115) La Reunión acordó que los documentos que se presentaran tanto a la RCTA como al CPA debían, en la medida de lo posible, indicar de manera clara cuáles eran las cuestiones o los asuntos que se debatirían en la RCTA y en la Reunión del CPA, respectivamente, lo que brindaría a los Presidentes la oportunidad de analizar más a fondo y coordinar por adelantado sus planes para el programa. También se acordó que los Presidentes de los Grupos de Trabajo debían revisar los documentos a medida que eran presentados y, según correspondiera, solicitar al autor (o autores) que presentara(n) el documento ante otro foro de debates de la Reunión. Se acordó que sería conveniente que los Presidentes coordinaran sus planes para el programa con antelación a cada RCTA. Después de un análisis más detenido, la Reunión acordó que estas recomendaciones tendrían como consecuencia una revisión del Anexo a las Reglas de Procedimiento para la Reunión Consultiva del Tratado Antártico titulada *Procedimientos para la presentación, traducción y distribución de documentos para la RCTA y el CPA*. La Reunión aprobó la Decisión 2 (2016) *Reglas de Procedimiento Revisadas de la Reunión Consultiva del Tratado Antártico (2016)*.

(116) La Reunión analizó la conveniencia de contar con programas comentados para cada Grupo de Trabajo. Las Partes acordaron que sería positivo para todos los participantes de la reunión contar con un programa comentado y un resumen de los documentos, distribuido por los respectivos Presidentes de los Grupos de Trabajo y la Secretaría de la RCTA, como preparación para la reunión. Esto constituiría un apoyo para la eficacia y permitiría coordinar la secuencia de los debates entre la RCTA y el CPA. El Secretario Ejecutivo confirmó que esto podría hacerse en conjunto con los Presidentes de los respectivos Grupos de Trabajo. La Reunión acordó reflejar esto en el *Programa de la Secretaría 2016/2017*.

(117) El Reino Unido señaló que sería práctico para el trabajo de la RCTA recibir un informe de la Secretaría del Tratado Antártico que mencionara las Medidas

que todavía no entraban en vigor. Se acordó que la Secretaría del Tratado Antártico prepararía un Documento de la Secretaría con la información contenida en el informe del Gobierno Depositario sobre el estado de dichas Medidas, pero que este, de preferencia, sería más "amigable". Las Partes enfatizaron que la información que contuviera el Documento de la Secretaría debía mantener un carácter objetivo e imparcial. La Reunión acordó reflejar esto en el *Programa de la Secretaría 2016/2017*.

(118) La ASOC presentó el Documento de Información IP 79, *An Unprecedented Achievement: 25 Years of the Environmental Protocol* [Un logro sin precedentes: 25 años del Protocolo de Protección del Medio Ambiente]. La ASOC reflexionó sobre los resultados positivos del Protocolo de Protección del Medio Ambiente e instó a las Partes a profundizar la implementación del Protocolo. Las Partes acogieron el documento y señalaron que el Protocolo era un paso fundamental para el Sistema del Tratado Antártico y que su fortaleza radicaba en el hecho de que había sido diseñado para adaptarse a circunstancias cambiantes y que contaba con la flexibilidad jurídica para abordar los problemas medioambientales contemporáneos.

Tema 7: Funcionamiento del Sistema del Tratado Antártico: Asuntos relacionados con la Secretaría

(119) El Secretario Ejecutivo presentó el Documento de Secretaría SP 3 Rev. 1, *Informe de la Secretaría 2015/2016*, en el que se brindaron los detalles de las actividades de la Secretaría durante el Ejercicio Económico correspondiente a 2015/2016 (1 de abril de 2015 a 31 de marzo de 2016). Informó que, tras la invitación a presentar propuestas para los servicios de traducción e interpretación que se brindarían durante la XXXIX RCTA, se adjudicó un contrato de tres años a la empresa ONCALL, de Australia. Se señaló que la Secretaría organizó un concurso literario para estudiantes de las escuelas de la Argentina y Chile en ocasión de la conmemoración del 25.° Aniversario del Protocolo de Protección Ambiental.

(120) El Secretario Ejecutivo puso al corriente a la Reunión sobre los problemas relativos a la coordinación y los contactos, las tecnologías informáticas, la publicación del Informe Final de la XXXVIII RCTA, la información disponible al público, el personal y los asuntos financieros. Señaló que no se produjeron cambios en el personal de la Secretaría durante el período 2014-2015. Explicó que se habían introducido mejoras en el Sistema Electrónico de Intercambio de Información (SEII) y alentó a las Partes a que presentaran sus informes de

manera oportuna. Informó un retraso en las contribuciones de Brasil y Ucrania e invitó a estas Partes a enviarlas tan pronto como fuera posible.

(121) El Secretario Ejecutivo presentó el Documento de Secretaría SP 4, *Programa de la Secretaría 2016/2017*. El documento establecía las actividades propuestas para la Secretaría en el Ejercicio Económico 2016/2017 (1 de abril de 2016 al 31 de marzo de 2017). Hizo referencia al Documento de Trabajo WP 17, *Informe sobre el grupo de contacto intersesional creado para revisar los requisitos de intercambio de información*, y señaló que la Secretaría implementaría los cambios solicitados. Con respecto a los asuntos relativos al personal, el Secretario Ejecutivo propuso la promoción de Anna Balok y de Viviana Collado al nivel de salario G4, de conformidad con la Regulación 5.5 del Reglamento del personal.

(122) El Secretario Ejecutivo presentó también el Documento de Secretaría SP 5 *Perfil presupuestario quinquenal prospectivo para 2016-2020*, que proporcionaba el perfil presupuestario de la Secretaría para el período 2016-2020. Señaló que el perfil presupuestario no presentaba cambios importantes y mantenía un aumento nominal nulo en las contribuciones correspondientes al período. Indicó que durante este período período quinquenal no se habían solicitado aumentos de salario.

(123) La Reunión agradeció al Secretario Ejecutivo por su pormenorizado informe y reconoció el importante trabajo llevado a cabo por la Secretaría en apoyo de la gobernanza general de la Antártida. Algunas Partes alentaron a las Partes involucradas a abordar el asunto de los pagos morosos tan pronto como fuera posible.

(124) Tras nuevas deliberaciones, la Reunión aprobó la Decisión 3 (2016), *Informe, programa y presupuesto de la Secretaría*.

(125) Chile presentó el Documento de Trabajo WP 42, *Procedimiento revisado para la selección y el nombramiento del Secretario Ejecutivo de la Secretaría del Tratado Antártico,* preparado en conjunto con la Argentina y Estados Unidos. Chile señaló que, dado que el mandato del Secretario Ejecutivo concluiría en agosto de 2017, era necesario implementar un procedimiento adecuado para la selección y el nombramiento de un nuevo Secretario Ejecutivo. Esto permitiría que la Reunión nombre a un nuevo Secretario Ejecutivo en la XL RCTA en Beijing, China.

(126) La Reunión agradeció esta propuesta. Con relación a las consultas de algunas Partes sobre los criterios de selección propuestos y los procedimientos para la clasificación de los candidatos, Chile aseguró a la Reunión que el

procedimiento propuesto era el mismo que se había utilizado en la XXXII RCTA. Tras nuevas deliberaciones, Chile confirmó que la selección del candidato elegido se realizaría por consenso. La Reunión accedió a dejar en claro en la Decisión que los candidatos debían entregar un CV junto con el formulario normalizado de postulación.

(127) La Reunión aprobó la Decisión 4 (2016) *Procedimiento para la selección y el nombramiento del Secretario Ejecutivo de la Secretaría del Tratado Antártico.*

Tema 8: Responsabilidad

(128) Estados Unidos, en su carácter de Gobierno Depositario del Tratado Antártico y su Protocolo al Tratado Antártico sobre Protección del Medio Ambiente, confirmó que 12 Partes Consultivas habían comunicado su aprobación del Anexo VI.

(129) Las Partes ofrecieron información actualizada sobre el estado de su ratificación del Anexo VI y sobre la implementación de este Anexo en su legislación nacional. De las Partes que habían aprobado el Anexo VI (Australia, Finlandia, Italia, los Países Bajos, Nueva Zelandia, Noruega, Perú, Polonia, la Federación de Rusia, Sudáfrica, España Suecia y el Reino Unido), fueron cinco (Finlandia, los Países Bajos, Noruega, la Federación de Rusia y Suecia) las que informaron que la aplicación del Anexo VI en sus respectivas legislaciones nacionales se encontraba a la espera de que el Anexo VI entrara en vigor.

(130) Varias Partes informaron encontrarse en proceso de implementar el Anexo VI en su legislación nacional. Algunas Partes indicaron que la implementación podría completarse en el curso del actual período legislativo.

(131) Algunas Partes expresaron su preocupación por la falta general de progresos en relación con la entrada en vigor del Anexo VI.

(132) La Reunión expresó su acuerdo en realizar un seguimiento de la implementación del Anexo VI.

(133) Las Partes que ya habían aprobado el Anexo VI al Protocolo, así como aquellas que lo habían implementado o que se encontraban en proceso de implementarlo en sus respectivas legislaciones nacionales, ofrecieron compartir sus experiencias con las demás Partes, y habían sido alentadas a hacerlo a través del Sistema Electrónico de Intercambio de Información (SEII).

(134) En relación con los problemas relativos a seguros, el Secretario Ejecutivo informó a la Reunión que se había invitado a los Fondos internacionales

de indemnización de daños debido a la contaminación por hidrocarburos (FIDAC) a asistir a esta RCTA. Tras la aceptación inicial, los FIDAC rechazaron la invitación.

(135) El Reino Unido señaló que Grupo Internacional de Asociaciones de Protección e Indemnización (GIAPI) había demostrado interés en los problemas relativos a responsabilidad en la Antártida y había debatido sobre estos temas de manera regular. Se sugirió que la secretaría del GIAPI podía proporcionar asesoramiento relacionado con las actividades marítimas, lo que podría ser apropiado para la siguiente RCTA. La IAATO señaló que podía impulsar este debate entre sus miembros.

(136) La Reunión solicitó que el Secretario Ejecutivo renovara la invitación a los FIDAC, invitara al P&I Club a asistir a una RCTA futura, e informara a estos organismos que la RCTA agradecería sus comentarios y asesoramiento sobre los problemas relacionados con los seguros, de conformidad con al Anexo VI del Protocolo.

Tema 9: Prospección biológica en la Antártida

(137) Recordando la Resolución 7 (2005) *Prospección biológica en la Antártida*, Resolución 9 (2009) *Recolección y uso de material biológico antártico* y Resolución 6 (2013) *Prospección Biológica en la Antártida*, Bélgica alentó a las Partes a informar sobre sus actividades relacionadas con los recursos biológicos y genéticos en la Antártida. Recordó a las Partes que los problemas relacionados con la prospección biológica se abordaron en otros foros internacionales, incluida en la Organización de Naciones Unidas, y destacó la importancia de progresar de manera colectiva en la RCTA sobre estas materias.

Tema 10: Intercambio de información

(138) Australia presentó el Documento de Trabajo WP 17, *Informe del grupo de contacto intersesional creado para revisar los requisitos de intercambio de información*. En el documento, se recordaba a las Partes que en la XXXVIII RCTA se acordó realizar algunos cambios y aclaraciones a los Requisitos de intercambio de Información, los que se reflejaron en la Decisión 6 (2015). La Reunión identificó los temas pendientes, que fueron abordados por el GCI. Australia informó que el GCI había llevado adelante un debate

para revisar la información cuyo intercambio era exigida en la actualidad, centrado especialmente en los temas que, conforme a la XXXVIII RCTA, requerían atención; consideró si algunos se debían modificar, actualizar, describir de manera diferente, volver obligatorios (en los casos que en ese entonces fueran descritos como opcionales) o eliminar; consideró el cronograma para el intercambio de información acerca de estos temas; consideró la manera en la que cada tema podía ajustarse de mejor forma en las categorías de información de pretemporada, información anual e información permanente; y consideró si la información podía intercambiarse de mejor manera recurriendo a otros mecanismos (por ejemplo, aquellos administrados por el COMNAP).

(139) Japón agradeció la iniciativa de Australia para que el GCI introdujera mejoras al actual SEII. Entre la información que se intercambiaría, la información relativa a los planes de investigación sería de especial importancia para la colaboración internacional en materia de investigación, lo que promovía el Artículo III del Tratado. En consulta con otros foros tales como los del SCAR, el COMNAP, la CCRVMA y los comités de investigación de cada Parte, el SEII debía contribuir a llevar adelante una operación segura y racionalizada de las actividades de investigación en la Antártida, a la colaboración internacional en materia de investigación y a la puesta en común de plataformas de investigación, lo que incluía las estaciones antárticas y los buques. Japón expresó su intención de seguir trabajando con este GCI sobre el SEII.

(140) La Reunión agradeció el trabajo del GCI, reconoció el papel de Australia a la hora de encabezar los debates durante el período intersesional y reconoció, además, la importancia del intercambio de información como pilar del Sistema del Tratado Antártico. Tras destacar la utilidad del SEII, algunas Partes señalaron que su efectividad dependía, en gran parte, de la participación activa e instaron a las Partes a que se involucraran proactivamente en su uso.

(141) Tras subrayar el asesoramiento del CPA con respecto al intercambio de información sobre asuntos medioambientales, la Reunión decidió actualizar el Anexo de la Decisión 6 (2015). La Reunión aprobó la Decisión 6 (2016), *Intercambio de información*. Las consideraciones relativas a las modificaciones de los requisitos para el intercambio de información, adjuntados a la Decisión, figuran en el Apéndice 4 de este Informe. La Reunión señaló que si quedaban asuntos pendientes relacionados con el funcionamiento el SEII, estos se considerarían durante la próxima RCTA.

(142) Brasil presentó el Documento de Información IP 74, *Regulations and Procedures for Vessels Proceeding to Antarctica* [Reglamentos y procedimientos para buques que se dirijan a la Antártida], que hacía referencia a las reglamentaciones establecidas por el Gobierno brasileño en relación con los buques y los ciudadanos que llegaban a la Antártida desde Brasil. Presentó también el Documento de Información IP 75, *Reconstruction and Foundation Stone of the New Brazilian Station in Antarctica* [Reconstrucción y establecimiento de los cimientos de la nueva estación brasileña en la Antártida], relacionado con la reconstrucción de la estación antártica Comandante Ferraz, dañada por un incendio en 2012. Brasil señaló que, debido a los esfuerzos dedicados a la reconstrucción, los recursos destinados a sus actividades científicas debieron limitarse, y solicitó la cooperación y solidaridad de las Partes para apoyar a sus científicos. Finalmente, Brasil presentó el Documento de Información IP 73 *XXXIV Antarctic Operation* [XXXIV Operación antártica], donde se informaba acerca de la operación antártica XXXIV (OPERANTAR XXXIV). Los buques *Almirante Maximiano* y *Ary Rongel* partieron a la Antártida desde la base naval de Rio de Janeiro en octubre de 2015 y regresaron en marzo de 2016.

(143) En relación con este tema se presentó también el siguiente documento:

- Documento de Antecedentes BP 7, *Measures under the Protocol on Environmental Protection to the Antarctic Treaty: Implementing Legislation of the Kingdom of the Netherlands* [Medidas en virtud del Protocolo al Tratado Antártico sobre Protección del Medio Ambiente: implementación de la legislación del Reino de los Países Bajos] (Países Bajos).

Tema 11: Asuntos educacionales

(144) Bulgaria presentó el Documento de Trabajo WP 24, *Primer informe del Grupo de contacto intersesional sobre educación y difusión,* preparado en conjunto con Bélgica, Brasil, Chile, Portugal y el Reino Unido. El GCI recomendó que la RCTA reconociera la utilidad del foro sobre educación y difusión; asesorara a las Partes para promover el uso del foro a fin de proporcionar información sobre sus actividades en lo referido a la educación y la difusión; evaluara las actividades y los eventos internacionales claves relacionados con la educación y la difusión en los que podían participar las Partes; promoviera el uso de materiales educativos ya disponibles en el Foro; promoviera el uso del foro para lograr que una mayor cantidad de Partes se involucrara en materia de educación y difusión; analizara la evaluación de

otras fuentes confiables de materiales educativos; y asesorara a las Partes para que, a través de sus actividades de educación y difusión, promuevan no solo la Antártida y la investigación antártica, sino también el Tratado Antártico y el Protocolo Ambiental. Bulgaria destacó la participación activa en el foro de las Partes, los Expertos y los Observadores.

(145) La Reunión agradeció a Bulgaria por encabezar el GCI y enfatizó la importancia de las actividades de educación y difusión. Algunas Partes se refirieron a sus propios esfuerzos nacionales por promover la educación y la difusión relacionadas con la Antártida. La IAATO agradeció a las Partes por la invitación a participar en el GCI. Varias Partes expresaron su deseo de que el GCI continuara su labor y alentaron a las demás Partes a contribuir en sus debates. La Reunión reconoció la utilidad del Foro sobre educación y difusión, y alentó a las Partes a que lo utilizaran, incluso en referencia a los eventos y actividades internacionales, además de utilizar los materiales educativos disponibles en el foro. Se instó a las Partes a proporcionar la traducción de este material educativo en los idiomas del Tratado.

(146) España presentó el Documento de Trabajo WP 20, *Mejora de la visibilidad de la Antártida por medio de actividades de educación y difusión*, preparado en conjunto con Bélgica, Bulgaria, Chile, Italia, Portugal y el Reino Unido. En el documento se ponía de relieve la importancia de lograr los objetivos establecidos en la Medida 1 (2003) respecto de la difusión de la información sobre el Sistema del Tratado Antártico. También se proponía crear una sección dentro del sitio web de la Secretaría para permitir que las Partes interesadas tuvieran acceso a material educativo y de difusión diseñado para el público en general. La propuesta supuso la participación voluntaria de las Partes, con la correspondiente exención de responsabilidad para aclarar que las contribuciones de las Partes solamente reflejaban la visión de cada Parte participante. La sección de educación y difusión del sitio web posibilitaría que las Partes interesadas compartieran sus actividades de educación y difusión, e incluyeran enlaces a proyectos y materiales existentes en sus respectivas páginas web.

(147) La Reunión agradeció a los proponentes por el documento. Con respecto a la inquietud acerca de que la exención de responsabilidad referida a la neutralidad de las contribuciones de las Partes pudiese no quedar lo suficientemente clara, el Reino Unido aclaró que la sección del sitio web de la Secretaría dedicada a la educación y difusión contaría con un enlace a los sitios web de las Partes individuales y que no incluiría, en sí mismo, el material de la Partes. Se sugirió que el GCI considerara con mayor detenimiento la propuesta sobre educación y difusión.

(148) La Reunión accedió a continuar la labor del GCI sobre Educación y difusión durante un nuevo período intersesional, y acordó los siguientes términos de referencia:

- impulsar la colaboración a nivel nacional e internacional en materia de educación y difusión;
- Identificar las actividades y los eventos internacionales claves relacionados con la educación y la difusión para lograr la posible colaboración de las Partes del Tratado Antártico;
- compartir los resultados de las iniciativas de educación y difusión que demuestran el trabajo de las Partes del Tratado Antártico sobre gestión del Área del Tratado Antártico;
- enfatizar las iniciativas de protección ambiental en curso que se informaron a través de observaciones y resultados científicos que refuercen la importancia del Tratado Antártico y su Protocolo de Protección del Medio Ambiente;
- promover las actividades relativas a educación y difusión a cargo de Expertos y Observadores, y alentar la cooperación con estos grupos;
- promover la posibilidad de crear una sección sobre educación y difusión antárticas en el sitio web de la STA;
- realizar el seguimiento y compartir la información sobre las actividades de educación y difusión relativas a las celebraciones del 25.° aniversario del Protocolo de Madrid que se realizarán en 2016.

(149) Asimismo, se convino lo siguiente:

- los Observadores y Expertos que participaban en la RCTA serían invitados a hacer sus contribuciones;
- el Secretario Ejecutivo abriría el foro de la RCTA para el GCI y le brindaría su apoyo a este último;
- Bulgaria se desempeñaría como coordinador y presentaría un informe ante la próxima RCTA sobre los avances del GCI.

(150) Portugal presentó el Documento de Información IP 7, *POLAR WEEKS: an Education and Outreach Activity to Promote Antarctic Science and the Antarctic Treaty System* [SEMANAS POLARES: una actividad de educación y difusión para promover la ciencia antártica y el Sistema del Tratado Antártico], preparado en conjunto con Brasil, Bulgaria, Francia y el Reino Unido. El documento presentó las SEMANAS POLARES, una actividad de educación y difusión realizado por la Asociación de Jóvenes Científicos Polares y Polar Educators International. Las SEMANAS POLARES tienen

como objetivo reunir a los científicos polares, educadores y sus estudiantes con el fin de compartir información sobre las regiones polares, además de promover el Sistema del Tratado Antártico desde una perspectiva educativa. Señaló que las SEMANAS POLARES se habían utilizado como herramienta para promover las actividades educativas de varias naciones del Tratado y que había ejemplos que demostraban su impacto educativo.

(151) Colombia presentó el Documento de Información IP 25, *Campaña Educación Marítima "Todos somos Antártida" Programa Antártico Colombiano - PAC*. En ese documento se describían las actividades de la campaña educativa y de difusión de Colombia "Todos somos Antártida". La campaña tuvo como objetivo generar conciencia en Colombia acerca de la Antártida, especialmente dentro de las comunidades científicas y educativas. Entre las actividades se incluyeron talleres, documentales, cursos, seminarios y conferencias.

(152) La Federación de Rusia presentó el Documento de Información IP 67, *Russian Initiative on Declaring 2020 the Year of Antarctica* [Iniciativa de Rusia para declarar el año 2020 como el Año de la Antártida]. El documento tomó en consideración la gran importancia histórico-geográfica y política del 200° aniversario del descubrimiento de la Antártida por parte de diferentes exploradores. La Federación de Rusia alentó a todas las Partes a unirse a la propuesta para declarar el año 2020 como Año de la Antártida, a participar en los preparativos y a realizar eventos especiales con motivo del aniversario.

(153) Chile presentó cuatro documentos: Documento de Información IP 87, *Programa educativo "Científicos Polares por un Día": abriendo un Laboratorio Antártico a los niños*; Documento de Información IP 89, *Cuentos antárticos: una semilla de identidad;* Documento de Información IP 90, *Nuevo mapa educativo de la Antártica con uso de Realidad Aumentada*; y Documento de Información IP 98, *XV Encuentro de Historiadores Antárticos Latinoamericanos: "Rescatando el Pasado para Entregarlo a las Futuras Generaciones"*. Chile destacó el trabajo realizado en temas educativos, tales como el mapa educativo de la Antártida, la publicación de un libro para niños inspirado en la ciencia antártica, un programa educativo para niños y un taller sobre la historia de la Antártida.

(154) Chile también presentó el Documento de Información IP 88, *Diálogos Antárticos Chile-Bulgaria: Arte y Cultura*, en conjunto con Bulgaria. En este documento se informó sobre las actividades conjuntas relacionadas

con la cultura polar y el arte que el Instituto Antártico Chileno y el Instituto Antártico de Bulgaria organizaron en Punta Arenas.

(155) Chile también presentó el Documento de Información IP 99, *EAE & JASE Expedición Antártica Escolar / Joint Antarctic School Expedition* [EAE & JASE Expedición Antártica Escolar/Joint Antarctic School Expedition], preparado en conjunto con Estados Unidos. En este documento se proporcionó información sobre la expedición científica educativa para profesores y estudiantes de educación secundaria durante la temporada antártica 2015-2016, organizada por el Instituto Antártico Chileno y la Fundación Nacional de Ciencias de Estados Unidos.

(156) También se presentaron los siguientes documentos de información, los que se consideraron como presentados en este tema:

- Documento de Información IP 17, *Libro Digital: Aprendemos en la Antártida* (Venezuela).
- Documento de Información IP 19, *Video 15 años de Venezuela en la Antártida* (Venezuela).

(157) En relación con este tema del programa se presentó el siguiente Documento de Antecedentes:

- Documento de Antecedentes BP 4, *The book Belarus in Antarctic: On the Tenth Anniversary on the Beginning of Scientific and Expeditional Research* [El libro de Belarús sobre la Antártida: sobre el Décimo Aniversario de la investigación científica y expedicionaria] (Belarús).

Tema 12: Plan de Trabajo Estratégico Plurianual

(158) La Reunión consideró el Plan de Trabajo Estratégico Plurianual aprobado en la XXXVIII RCTA (Documento de Secretaría SP 10). En el documento se consideró la forma de impulsar cada tema prioritario durante los próximos años y la necesidad de eliminar algunas prioridades actuales y de agregar otras.

(159) La Reunión acordó insertar los siguientes temas de alta prioridad:

- la implementación del Programa de Trabajo de Respuesta para el Cambio Climático (CCRWP) del CPA;
- las inspecciones conjuntas;

- la modernización de las estaciones antárticas en el contexto del cambio climático (con orientación adicional por parte del COMNAP);
- los relevamientos hidrográficos en la Antártida;
- el seguimiento de los visitantes a los sitios.

(160) La Reunión también acordó continuar su trabajo sobre seguridad marítima y aérea, por lo que solicitó que la Secretaría participara junto con la OACI y la OMI durante el período intersesional.

(161) El representante de la OHI sugirió que sería útil examinar con mucho mayor detalle el impacto del estado de los relevamientos hidrográficos y las cartas náuticas que cubren las aguas antárticas. Se propuso que la OHI considere organizar un seminario similar al que se ofreció durante la XXXI RCTA, realizada en Ucrania, en 2008. Chile y Ecuador apoyaron la consideración de la propuesta de la OHI. La Reunión acordó integrar una nueva prioridad relacionada con los relevamientos hidrográficos en la Antártida y aceptó considerar el asunto en 2018.

(162) Belarús propuso que el debate centrado en el uso de UAV, que se menciona en el Plan de Trabajo Estratégico Plurianual, debe distinguir entre vehículos aéreos no tripulados y vehículos submarinos autónomos operados por cable o por control remoto. La Reunión acordó que el COMNAP primero debía informar sobre el uso de vehículos submarinos autónomos por parte de los Programas Antárticos Nacionales.

(163) La Reunión reconoció las inquietudes de algunas de las partes en relación con la actual implementación del Plan de Trabajo Estratégico Plurianual y, de acuerdo con el enfoque que utilizó el CPA, acordó que: la Secretaría prepararía un Documento de la Secretaría que tendría como anexo el Plan de Trabajo Estratégico Plurianual del año anterior; cada Presidente plantearía el Plan de Trabajo Estratégico Plurianual en relación con el cierre de cada tema del programa y cada Presidente ingresaría los datos a los temas del Plan de Trabajo Estratégico Plurianual relacionados únicamente con los temas de su programa. La Reunión también hizo hincapié en que la decisión de ingresar datos en los programas comentados de la próxima reunión permitiría a la RCTA considerar los asuntos de una manera más estructurada.

(164) Luego del debate, la Reunión aprobó la Decisión 6 (2016), *Plan de Trabajo Estratégico Plurianual para la Reunión Consultiva del Tratado Antártico*.

Tema 13: Seguridad de las operaciones en la Antártida

Seguridad

(165) El COMNAP presentó el Documento de Información IP 52, *Search & Rescue (SAR) Workshop III* [Taller de Búsqueda y Salvamento (SAR) III], el cual proporcionó información sobre el próximo Taller SAR III, organizado por el Instituto Antártico Chileno (INACH) y DIRECTEMAR Chile, el 1 y 2 de junio de 2016, en Valparaíso, Chile. El objetivo general del taller sería continuar mejorando la coordinación y la respuesta de SAR en la Antártida, como seguimiento de los talleres de 2008 y 2009. Las inscripciones indicaron que habría un total de 54 participantes, incluidos los representantes de los cinco Centros de Coordinación de Rescates (RCC), responsables de la coordinación y la respuesta de SAR sobre porciones del Área del Tratado Antártico, los Programas Antárticos Nacionales, la IAATO, la CCRVMA y otros. El COMNAP haría públicos los resultados del taller.

(166) Estados Unidos presentó el Documento de Información IP 37, *Search and Rescue (SAR) Initiatives Affecting Antarctica* [Iniciativas de Búsqueda y Salvamento (SAR) que afectan a la Antártida], el cual proporcionó un resumen de cuatro iniciativas internacionales que tuvieron un impacto importante sobre los requisitos y capacidad de respuestas de SAR, además del equipo utilizado por los servicios de SAR, los Programas Antárticos Nacionales y la industria comercial. La naturaleza evolutiva tanto de los servicios de SAR como de la presencia humana en el Área del Tratado Antártico requieren la colaboración y coordinación constante de todas las partes interesadas para garantizar que las operaciones antárticas de SAR conserven su eficacia y eficiencia. Estados Unidos proporcionó mayores detalles sobre las siguientes cuatro iniciativas de SAR internacionales: el Código Internacional para buques que operen en aguas polares (Código Polar) señalando que entraría en vigencia el 1 de enero de 2017; el Sistema mundial de socorro y seguridad aeronáuticos (GADSS), el sistema de búsqueda y salvamento orbital terrestre de media altitud (MEOSAR); y el Taller sobre SAR en la Antártida.

(167) El COMNAP agradeció a Estados Unidos por el Documento de Información IP 37, que contiene información importante relacionada con los servicios de SAR e hizo notar que el orador principal del III Taller de SAR del COMNAP pertenecería a la Secretaría internacional de Cospas-Sarsat, que presentaría información sobre el sistema MEOSAR mencionado en el

Documento de Información IP 37. Después de este taller, el COMNAP hará pública toda la información sobre el MEOSAR.

(168) Chile presentó el Documento de Información IP 94, *Casos de Búsqueda y Salvamento en el Área de la península Antártica, Período 2015/2016*, en el cual se resumieron las acciones de SAR que proporcionó el Servicio de Búsqueda y Salvamento (MRCC) de Chile durante el período 2015/2016. Si bien informó que no se habían producido casos de incidentes de SAR, se habían presentado siete casos de evacuaciones médicas. Chile enfatizó que el aumento de las actividades de logística, ciencia y turismo en la península Antártica tendría como consecuencia una mayor cantidad de incidentes de esta naturaleza, los cuales probablemente afectarían a los Programas Antárticos Nacionales de la región.

(169) La Reunión agradeció al COMNAP, a Estados Unidos y a Chile por presentar sus documentos y subrayó el valor de las operaciones de SAR y la cooperación internacional en la Antártida. Varias Partes resaltaron la importancia de un debate más profundo sobre los problemas relacionados con la seguridad en la Antártida y felicitaron al COMNAP por su liderazgo en la organización del taller de SAR.

(170) La OHI acogió las iniciativas de SAR e hizo hincapié en que la disponibilidad de cartas náuticas era un factor fundamental para reducir los riesgos en las operaciones marítimas. Se sugirió la conveniencia de contar por adelantado con acceso a información sobre las ubicaciones en las que se realizarán operaciones, lo que habilitaría a la OHI a centrar sus esfuerzos en dichas áreas.

(171) La CCRVMA informó que, en su esfuerzo por apoyar las actividades de SAR, recientemente había firmado un acuerdo con los cinco CCSM que operaban en la Antártida con el propósito de implementar un sistema mediante el cual los CCSM pudieran acceder rápidamente a los datos del sistema de observación de buques (VMS).

(172) El Reino Unido agradeció a varias Partes por su ayuda en una evacuación médica que realizó British Antarctic Survey desde la estación Halley durante la anterior temporada invernal. Reconoció en especial el apoyo brindado Noruega y el ofrecido por la Argentina y Chile e informó que la operación había sido exitosa y que la persona afectada se había recuperado. La Federación de Rusia agradeció a Chile por proporcionar ayuda médica a uno de los miembros de su equipo, a quien se había tenido que evacuar hacia Punta Arenas, y enfatizó que este era un buen ejemplo de la forma en

la que los esfuerzos conjuntos de las Partes podían salvar vidas. Australia agradeció a las Partes por sus condolencias ante el fallecimiento del Sr. David Woods y destacó la ayuda recibida de China e India. Expresó también su agradecimiento a China, Estados Unidos y Japón por su ayuda después de la encalladura del *Aurora Australis* cerca de la Estación Mawson e indicó que su ayuda constituía una muestra característica del espíritu de cooperación que era común en la Antártida.

Operaciones: Aire

(173) El COMNAP presentó el Documento de Trabajo WP 14, *Grupo de Trabajo del COMNAP sobre sistemas aéreos no tripulados (GT-UAS)* y recordó a la Reunión que dicho documento ya había sido debatido por el CPA, pero que el debate se había centrado en los problemas medioambientales relativos a la materia en cuestión. El GT-UAS elaboró y presentó el Manual del Operador de UAS en la Antártida. El COMNAP señaló que los UAV eran una herramienta que tenía muchos beneficios: apoyo científico, operaciones, logística, seguridad para la vida humana, lo que, entre otras cosas, significaba que no participaban seres humanos a bordo de estos dispositivos, y situaciones tales como su empleo para comprender las condiciones del hielo marino antes del avance de los buques hacia las zonas de hielo. Se informó que los UAV reducían el impacto medioambiental general en su apoyo a las actividades científicas, ya que se reducían el uso de combustibles fósiles, así como sus emisiones asociadas. El COMNAP señaló que el Manual sobre UAS que se presentó era un documento dinámico. Recomendó a la RCTA que respaldara la conveniencia de contar con dicho Manual y que instara a las Partes a tener en cuenta la orientación no obligatoria que este proporcionaba. El COMNAP indicó que debía considerarse al Manual como un documento dinámico y que, a medida que evolucionaran las tecnologías relativas a los UAV, también deberían hacerlo las recomendaciones y los apéndices que se incluyeran en el documento.

(174) La Reunión expresó su agradecimiento al COMNAP por el Documento de Trabajo e hizo notar la utilidad del Manual del Operador de UAS, al tiempo que expresó su apoyo general por el uso de UAV para propósitos científicos y resaltó sus beneficios tanto para la ciencia como para otras operaciones en la Antártida. Muchas Partes reconocieron la necesidad de realizar nuevas investigaciones relacionadas con los riesgos para la seguridad y el impacto al medioambiente del uso de UAS. Algunas de las Partes declararon que ya habían aprobado normativas nacionales sobre el uso UAS y que era

importante que las legislaciones nacionales estuvieran armonizadas con el trabajo realizado por la RCTA. Diversas partes alentaron al COMNAP a continuar su trabajo en el desarrollo del Manual.

(175) España presentó el Documento de Información IP 28, *Operación de UAV/ RPAS en la Antártida: Normativa aplicada por España*, en el cual se presentó un informe sobre la política del Comité Polar Español respecto al uso de UAV y de Sistemas de aeronaves dirigidas por control remoto (RPAS) en el trabajo científico y técnico, para su aplicación durante la Campaña Polar Española. En el documento se indicó que esta política se basaba en las actuales normativas españolas y en la orientación del COMNAP sobre el uso de UAV. España expresó su reconocimiento por el trabajo realizado por el COMNAP.

Operaciones: Marítimas

(176) La ASOC presentó el Documento de Información IP 82, *Progress on the Polar Code* [Progresos logrados en relación con el Código Polar], en el que se ofrecía una breve actualización sobre los progresos logrados respecto a la protección del Océano Austral frente a los riesgos asociados a los buques que operaban en la región. La ASOC recomendó que las Partes del Tratado Antártico colaboraran con sus colegas que asistieran a la 96.° Sesión del Comité de Seguridad Marítima para garantizar que exista un apoyo generalizado en la MSC 96 para la Fase 2 (Paso 2) del trabajo en el Código Polar. También recomendó a las Partes que consideraran las amenazas planteadas por las actividades de navegación, así como las medidas de protección del medioambiente que seguían sin ser contempladas en el Código Polar, y su priorización, y que tomaran medidas al respecto. Además, recomendó a las Partes que revisaran las posibles oportunidades para reducir los riesgos de colisiones y encallamientos y que protegieran las zonas vulnerables mediante el uso de las medidas de la OMI. La ASOC declaró que las Partes debían hacer un seguimiento constante del trabajo en el Código Polar para garantizar que las reglas resultantes cumplieran con las normas establecidas en el Protocolo Ambiental, incluido su Anexo IV.

(177) La Argentina presentó el Documento de Información IP 109, *XVIII Patrulla Antártica Naval Combinada 2015-2016*, en el cual se reseñaron las actividades de la 18.° Patrulla Antártica Naval Combinada, realizada en conjunto con Chile entre el 15 de noviembre y el 31 de marzo de 2016. El propósito principal de la Patrulla era llevar a cabo operaciones de búsqueda y salvamento y brindar ayuda en incidentes de navegación, pero incluyó,

además, tareas de protección del medioambiente antártico, cooperación con la logística de los Programas Antárticos Nacionales y entrega de ayuda médica y de datos meteorológicos de navegación. La Argentina presentó también el Documento de Información IP 110, *Incorporación de nuevas unidades para SAR a las operaciones marítimas y de protección del medio ambiente en el área antártica*, en el cual se informaba sobre la adquisición de cuatro nuevas unidades navales por parte de la Armada Argentina, las cuales ayudarían en la Patrulla Antártica Combinada con Chile.

(178) Chile presentó el Documento de Información IP 93, *Ayudas a la Navegación en la península Antártica por parte de Chile*. En él se proporcionó un resumen histórico sobre la *Red de ayudas a la navegación marítima* de Chile, que había garantizado la seguridad en la navegación alrededor de la península Antártica y facilitado el contacto entre las bases, estaciones y refugios que se ubican en el territorio antártico. También presentó el Documento de Información IP 95, *Guías y Recomendaciones elaboradas por Chile para las Actividades de Buceo en la Antártica*, y alentó a las Partes a considerar el establecimiento de criterios de seguridad en común para el buceo y la preparación de quienes participaran (estaciones, empresas y operadores turísticos) para responder ante situaciones de emergencia. Chile presentó, además, el Documento de Información IP 97, *Cooperación del Servicio Hidrográfico y Oceanográfico de la Armada de Chile (SHOA) en la Elaboración de Cartografía Náutica en el Área Antártica (Programa 2010-2020)*, en el cual se reseñaba el programa de relevamientos hidrográficos en la Antártida del Servicio Hidrográfico y Oceanográfico de la Armada de Chile (SHOA) que había comenzado en 2010 y concluiría en 2020.

(179) Colombia presentó el Documento de Información IP 50, *Contribución de Colombia a la Seguridad Marítima en la Antártica*, su aporte a la seguridad marítima en la Antártida mediante el desarrollo de modelos de simulación del hielo marino y de derrames de petróleo, además de un componente hidrográfico para actualizar las cartas de navegación internacionales. Se hizo notar que los resultados del proyecto habían respaldado la realización de investigaciones científicas en la Antártida y la próxima expedición de Colombia a la Antártida en 2016/2017, en la cual Colombia continuaría el desarrollo de estudios de variabilidad interanual de las olas y el nivel del mar, los avances en la comprensión de las condiciones oceanográficas y meteorológicas del estrecho de Gerlache y la obtención de datos batimétricos. Colombia, por medio de su Autoridad Marítima, solicitó su admisión como miembro de la Comisión Hidrográfica sobre la Antártida (CHA).

(180) Nueva Zelandia apoyó una mayor participación en el desarrollo del Código Polar y señaló que era importante que todas las Partes se comprometieran enteramente con los temas relacionados con el impacto medioambiental de los buques sujetos y no sujetos al Convenio SOLAS.

(181) La Federación de Rusia presentó el Documento de Información IP 68, *Russian hydrographic studies in the Southern Ocean in the season 2015-2016* [Estudios hidrográficos rusos en el Océano Austral durante la temporada 2015/2016], en el que se reseñaban los estudios hidrográficos realizados por ese país en el Océano Austral desde 1956 hasta 2016 a bordo de los buques *Georgy Sarychev, Faddey Bellingshausen, Admiral Vladimirsky* y *Akademik Fedorov.*

(182) La OHI felicitó a Colombia, Chile y la Federación de Rusia por su trabajo en pos del avance de la hidrografía internacional e invitó a todas las Partes a colaborar con los servicios hidrográficos a fin de proteger la seguridad de la vida humana y los sistemas marinos. También invitó a las autoridades rusas a presentar a la OHI los resultados de su trabajo.

Operaciones: Estaciones

(183) Belarús presentó el Documento de Información IP 22, *La formación de la infraestructura antártica bielorrusa – el estado actual y las perspectivas*, en el cual se resumían las actividades relacionadas con infraestructura realizadas durante el período 2006-2015 por ocho expediciones antárticas bielorrusas. Belarús también informó a las Partes sobre la construcción de la primera instalación de la estación de investigación de Belarús en la Antártida entre diciembre de 2015 y febrero de 2016, e hizo hincapié en que las máximas prioridades de Belarús en la Antártida para 2016-2020 incluirían aumentar el desarrollo de la infraestructura de las estaciones de investigación, la realización de investigaciones científicas, las actividades de protección medioambiental, la vigilancia del ecosistema en la Antártida y la expansión y profundización de la cooperación científica y logística internacional. Belarús agradeció a la Federación de Rusia y a India por haber colaborado con apoyo logístico y ayuda.

(184) Alemania reiteró su agradecimiento a Chile por su continuo apoyo logístico y se refirió a las diversas interacciones positivas entre la base antártica chilena General Bernardo O'Higgins y la base antártica alemana GARS O'Higgins, ubicada a treinta metros de distancia.

(185) También se presentaron los siguientes documentos, que fueron considerados como presentados en este tema:

- Documento de Información IP 30, *Modernisation of GONDWANA-Station, Terra Nova Bay, northern Victoria Land* [Modernización de la Estación GONDWANA, Bahía de Terra Nova, Tierra Victoria del Norte] (Alemania). En este documento se informaba sobre la modernización de la estación Gondwana, llevada a cabo durante la temporada 2015-2016, para mejorar las condiciones de trabajo, aumentar la factibilidad de mantenimiento y la eficacia de operación de la estación y reducir de manera considerable el impacto medioambiental y la huella humana de la estación. Alemania expresó su aprecio a Italia y a la República de Corea por su apoyo en la modernización de su estación.

- Documento de Información IP 47, *Upgrade of the SANAE IV Base Systems* [Modernización de los sistemas de base de SANAE IV] (Sudáfrica). En el documento se destacaron los planes de Sudáfrica de implementar una actualización integral de algunos de sus sistemas de base en su base SANAE IV.

- Documento de Información IP 100, *Recuperación de la infraestructura y mejoramiento medioambiental para la Base O'Higgins. Un esfuerzo nacional para mejorar el apoyo a la investigación científica antártica* (Chile).

(186) En relación con este tema del programa se presentaron también los siguientes documentos:

- Documento de Antecedentes BP 9, *Australia's New Antarctic Icebreaker* [El nuevo rompehielos antártico de Australia] (Australia).

- Documento de Antecedentes BP 10, *Polish sailing yacht accident at King George Island (Antarctic Peninsula) – update on the successful rescue operation* [Accidente de yate con vela polaco en la isla Rey Jorge (isla 25 de Mayo) (península Antártica): actualización sobre el éxito de la operación de rescate] (Polonia).

- Documento de Antecedentes BP 11, *Aplicación del Plan de Manejo Ambiental en la Estación Maldonado* (Ecuador).

- Documento de Antecedentes BP 12, *Seguridad en las operaciones ecuatorianas en la Antártida* (Ecuador).

- Documento de Antecedentes BP 13, *XX Campaña Ecuatoriana a la Antártida* (Ecuador).

- Documento de Antecedentes BP 14, *Uso de drones para la generación de cartografía en la isla Greenwich – Antártida* (Ecuador).

- Documento de Antecedentes BP 16, *Generación de cartografía oficial en el sector de la isla Greenwich-Punta Fort William-Glaciar Quito-Punta Ambato, e islas Aledañas* (Ecuador).

- Documento de Antecedentes BP 18, *Refugio Antártico Ecuatoriano (RAE): Desarrollo y aplicación de eco-materiales en el proyecto y construcción de un prototipo habitable de emergencia* (Ecuador).

Tema 14: Inspecciones realizadas en virtud del Tratado Antártico y el Protocolo sobre Protección del Medio Ambiente

(187) China presentó el Documento de Trabajo WP 22 *Inspección realizada por la República Popular China de acuerdo con el Artículo VII del Tratado Antártico y el Artículo XIV del Protocolo de Protección del Medio Ambien*te y se refirió al Documento de Información IP 48, *Report of the Antarctic Treaty Inspections undertaken by the People's Republic of China in accordance with Article VII of the Antarctic Treaty and Article 14 of the Environmental Protocol: April 2016* [Informe de las inspecciones del Tratado Antártico realizadas por la República Popular China de acuerdo con el Artículo VII del Tratado Antártico y el Artículo XIV del Protocolo de Protección del Medio Ambiente: abril de 2016]. El documento informó que China había designado a siete observadores para realizar las inspecciones de la estaciones de la Federación de Rusia, la República de Corea, Uruguay y Chile en la isla Rey Jorge (isla 25 de Mayo) entre el 25 y el 28 de diciembre de 2015. Como resultado de las inspecciones, China formuló una serie de recomendaciones de carácter general. China agradeció a las Partes inspeccionadas por su ayuda y cordial acogida durante las inspecciones.

(188) La Reunión felicitó a China por sus exitosas inspecciones, y las Partes cuyas bases fueron inspeccionadas agradecieron las recomendaciones reseñadas en el exhaustivo informe presentado por China sobre las inspecciones.

(189) La Argentina presentó el Documento de Trabajo WP 44, *Recomendaciones generales de las inspecciones conjuntas realizadas por Argentina y Chile en virtud del Artículo VII del Tratado Antártico y el Artículo 14 del Protocolo de Protección Ambiental*, preparado conjuntamente con Chile. La Argentina también hizo referencia al Documento de Información IP 72, *Informe del Programa de inspecciones conjuntas realizadas por Argentina y Chile en virtud del Artículo VII del Tratado Antártico y el Artículo 14 del Protocolo de Protección Ambiental*, preparado también en conjunto con Chile. Este documento informaba sobre las inspecciones del Tratado

Antártico realizadas en conjunto entre el 16 y el 18 de febrero de 2016, que abarcaron cinco estaciones antárticas y un refugio. En el documento se describió la metodología utilizada durante las inspecciones y se presentó una serie de recomendaciones de carácter general surgidas de la actividad, subrayándose el valor de informes anteriores sobre inspecciones y la información actualizada del SEII, así como la entrega de una lista de verificación A completa ("Estaciones antárticas permanentes e instalaciones asociadas", descripta en la Resolución 3 [2010]) preparada por los líderes de la estación al momento de la inspección, la cual resultó ser una herramienta muy práctica.

(190) La Reunión agradeció a la Argentina y a Chile por el exhaustivo informe sobre sus inspecciones conjuntas. Las Partes cuyas estaciones fueron inspeccionadas agradecieron las recomendaciones formuladas por la Argentina y Chile.

(191) La Reunión reiteró que las inspecciones que se realizaban en la Antártida eran un aspecto valioso del Sistema del Tratado Antártico. Las Partes señalaron que las inspecciones y las recomendaciones derivadas de ellas eran útiles y dignas de consideración, ya que ayudaban a mejorar tanto las instalaciones como los procedimientos, así como el cumplimiento de las disposiciones medioambientales del Protocolo por parte de las estaciones antárticas.

(192) Algunas Partes expresaron su opinión en cuanto a que se necesitaba una mayor cooperación e información para facilitar un proceso de inspección más eficaz, y subrayaron el valor de que las inspecciones conjuntas fueran realizadas por equipos equilibrados de observadores. Se señaló la forma reiterada en que se inspeccionaban las estaciones de fácil acceso y muy cercanas entre sí, y se indicó que la alta frecuencia de las inspecciones imponían una carga para dichas estaciones y que posiblemente produjeran interrupciones en los programas científicos. Para evitar la repetición de las inspecciones y garantizar la inspección de otras estaciones, se formularon recomendaciones en torno a la necesidad de contar con más información relativa a inspecciones anteriores. Algunas Partes recomendaron que se utilizara más ampliamente el SEII y que las Partes ingresaran información actualizada y completa a dicho sistema. Se recomendó, además, que la Secretaría preparara una lista completa de todas las instalaciones en la Antártida para su sitio web, junto con la información relativa a inspecciones anteriores (por año y por Parte a cargo de la inspección), con enlaces a los informes de inspección pertinentes (reconociendo que esto podría requerir que los informes de inspección se segmentaran en archivos separados para cada instalación).

(193) Estados Unidos señaló la importancia del régimen de inspecciones y, si bien reconoció la carga que imponían estas inspecciones y su intento de dar aviso con dos días de antelación a su realización, indicó que era necesario tener en cuenta que las Partes tenían el derecho, en virtud del Tratado Antártico y del Protocolo, de llevar a cabo inspecciones sin dar un aviso anticipado, ya que no era un requisito legal. Por otro lado, dependía de cada Parte determinar las estaciones o zonas de la Antártida que deseaban visitar.

(194) Para agilizar las inspecciones, también se consideró importante la mayor disponibilidad de información. El acceso a informes anteriores garantizaría que, durante las próximas inspecciones, se consideraran las correspondientes recomendaciones. La Argentina mencionó que el Catálogo del COMNAP sobre la infraestructura de las estaciones, una vez finalizado, será un práctico recurso para la preparación de las inspecciones.

(195) La Reunión instó a las Partes a mantener actualizada la información sobre las estaciones antárticas en el SEII.

(196) La República de Corea presentó el Documento de Información IP 102, *Rethinking Antarctic Treaty inspections; patterns, uses and scopes for improvements* [Replanteamiento de las inspecciones de Tratado Antártico: patrones, usos, y perspectivas de mejoramiento], que proponía la elaboración de un nuevo modelo más cooperativo mediante el cual las inspecciones se realizarían de manera más colaborativa e inclusiva y cada Parte contribuiría a su particular manera.

(197) La Reunión agradeció a la República de Corea por la presentación del documento y por los interesantes cuestionamientos formulados en relación con las inspecciones realizadas en virtud del Tratado Antártico y el Protocolo Ambiental. Diversas Partes pusieron de relieve que el mecanismo de inspecciones era un componente fundamental del Sistema del Tratado Antártico y expresaron su voluntad de potenciar aún más la colaboración y la participación. Algunas Partes reiteraron que el derecho de cada Parte Contratante a realizar inspecciones es algo que está consagrado en el Tratado. Ninguna recomendación sobre la realización de inspecciones podía menoscabar el derecho establecido en el Tratado y el Protocolo a realizar inspecciones. Otros puntos planteados respecto a esta materia se centraron en la forma en la que podrían realizarse las inspecciones multilaterales con mayor eficacia, la forma de dar mayor coherencia al mecanismo de inspecciones y la importancia de mejorar el intercambio de información.

(198) La Reunión expresó su acuerdo en establecer un GCI para considerar la práctica de realizar inspecciones en virtud del Tratado Antártico y el Protocolo Ambiental con el fin de:

- describir la práctica de inspecciones estipulada en el Artículo VII del Tratado Antártico y del Artículo 14 del Protocolo Ambiental;
- intercambiar las diferentes perspectivas relativas a la práctica de realizar dichas inspecciones y explorar las opciones para mejorar su eficaz organización, incluido el fomento de la cooperación para realizar las inspecciones, según corresponda;
- entregar al Grupo de Trabajo 2, durante la XL RCTA, un informe que incluya toda recomendación que se acuerde.

(199) Asimismo, se acordó lo siguiente:

- que los Observadores y Expertos que participaran en la RCTA serían invitados a aportar sus contribuciones;
- el Secretario Ejecutivo abriría el foro de la RCTA para el GCI y asistiría al GCI; y
- los Países Bajos, la República de Corea y Estados Unidos actuarían como coordinadores conjuntos e informarían, ante la próxima RCTA, sobre los avances logrados por el GCI.

(200) En relación con este tema del programa, se presentaron también los siguientes documentos:

- Documento de Antecedentes BP 5, *Follow-up to the Recommendations of the Inspection Teams to Maitri Station* [Seguimiento de las recomendaciones derivadas de los equipos de inspección de la estación Maitri] (India).
- Documento de Antecedentes BP 15, *Preparación de la Estación Ecuatoriana "Pedro Vicente Maldonado" para la Inspección Ambiental* (Ecuador).

Tema 15: Asuntos científicos, cooperación científica y facilitación

Cooperación científica y estrategia

(201) El COMNAP presentó el Documento de Información IP 51, *COMNAP Antarctic Roadmap Challenges (ARC) Project Outcomes* [Resultados del proyecto Desafíos de la Hoja de Ruta Antártica (ARC) del COMNAP], que proporcionó un resumen de las tecnologías, la infraestructura y los

requisitos de acceso cruciales destinados a prestar apoyo a las futuras investigaciones antárticas, tales como las identificadas en el Proyecto de Búsqueda Sistemática de Horizontes Científicos del SCAR. El proyecto ARC es un esfuerzo comunitario que requerirá de la cooperación internacional para lograr resultados. Los resultados completos del proyecto están publicados y pueden descargarse desde el sitio web del COMNAP.

(202) El SCAR felicitó al COMNAP por emprender y liderar esta iniciativa tan importante.

(203) Portugal informó a la Reunión acerca de un pequeño simposio que se realizaría durante la próxima Conferencia Abierta de Ciencias del SCAR que se celebrará en Kuala Lumpur y que apunta a destacar la pertinencia que tiene para el Sistema del Tratado Antártico y el Protocolo Ambiental la actividad científica realizada por la comunidad internacional de científicos antárticos del SCAR.

(204) Portugal presentó el Documento de Información IP 8, *Assessment of trace element contamination within the Antarctic Treaty Area* [Evaluación de la contaminación por oligoelementos dentro del Área del Tratado Antártico], preparado conjuntamente con Chile, Alemania, la Federación de Rusia y el Reino Unido. En dicho documento, se reseña la evaluación de oligoelementos en muestras de suelo y musgo recolectadas en la península Fildes y dentro de la ZAEP 150, isla Ardley. El documento informó que ciertas muestras recolectadas en algunas zonas de la península Fildes, que habían estado sometidas a la constante y prolongada actividad humana, mostraban un enriquecimiento de oligoelementos en comparación con los niveles de trasfondo. Los autores alentaron a las Partes a compartir sus datos de seguimiento de todo el Área del Tratado Antártico a fin de ayudar a informar las investigaciones y el desarrollo de políticas con relación al seguimiento en el futuro.

(205) Francia presentó el Documento de Información IP 26, *POLAR.POD: Observatory of the Southern Ocean - An unprecedented international maritime exploration and data exchange* [POLAR.POD: Observatorio del Océano Austral, una exploración e intercambio de datos marítimos internacionales sin precedentes], donde se describió la iniciativa privada POLAR.POD dirigida por el explorador francés Jean-Louis Etienne. Como notó que no se había estudiado lo suficiente el Océano Austral a través de los métodos de observación tradicionales, Francia explicó que POLAR.POD apuntaba a complementar la serie actual de instrumentos de investigación con una gran capacidad de alojamiento de sensores oceanográficos y atmosféricos,

así como a poner a disposición de la comunidad científica todos los datos de manera gratuita. Francia informó, además, que la estación flotante se operaría con energía eólica, gracias a lo cual produciría cero emisiones y no generaría ningún impacto sobre las aguas antárticas. El proyecto ya cuenta con la participación de más de 100 investigadores provenientes de todo el mundo, y todas las Partes interesadas pueden participar en él.

(206) En respuesta a una pregunta formulada por el Reino Unido en relación con la definición jurídica de POLAR.POD, Francia dejó en claro que se clasificaría como buque.

(207) El SCAR presentó el Documento de Información IP 32, *Report on the 2015-2016 activities of the Southern Ocean Observing System (SOOS)* [Informe sobre las actividades del período 2015-2016 del Sistema de Observación del Océano Austral (SOOS)], donde se informó sobre el Plan Quinquenal de Implementación del SOOS y se compartieron algunos hitos claves y actividades realizadas durante el período 2015-2016. El SCAR expresó sus agradecimientos a Australia por su respaldo como anfitrión de la Secretaría del SOOS.

(208) Chile presentó el Documento de Información IP 84, *Cooperación Científica Chile – Corea (Ciencia KOPR-I-NACH)*, que informó sobre las actividades realizadas en el Primer Taller Científico de Chile y la República de Corea, celebrado en Punta Arenas en febrero de 2016. Presentó, además, el Documento de Información IP 85, *Programa Nacional de Ciencia Antártica de Chile: Análisis crítico 2000-2015*, que informó sobre los avances logrados por el Programa Nacional de Ciencia Antártica de Chile durante los últimos 15 años, y el Documento de Información IP 86, *Seminarios Científicos en Base Escudero: creando espacios para la colaboración científica en Antártica*, que informó sobre los seminarios científicos realizados en la base Profesor Julio Escudero, en la península Fildes, en 2015 y 2016. También presentó el Documento de Información IP 91, Ilaia. información para la colaboración internacional más allá del sur, que informó sobre el diario Ilaia, creado en 2014 con la finalidad de facilitar el intercambio de información entre los Programas Antárticos Nacionales y de promover la colaboración científica internacional.

(209) Australia presentó el Documento de Información IP 111, *Australian Antarctic Strategy and 20 Year Action Plan* [Estrategia antártica de Australia y Plan de Acción a 20 años]. Australia resaltó algunos elementos claves de su estrategia y plan, que incluyeron la adquisición de un nuevo rompehielos de primera clase para realizar actividades de investigación y reabastecimiento que reemplazaría

al *Aurora Australis*; la consolidación de una fuente de financiamiento nueva y estable para apoyar un Programa Antártico Australiano activo; el objetivo de establecer la posición de Australia, en cuanto a liderazgo científico en la Antártida, para respaldar un Sistema del Tratado Antártico robusto y eficaz; y los esfuerzos por conseguir el estatus de Tasmania como principal puerta de entrada a la Antártida Oriental para la ciencia y las operaciones.

(210) Rumania presentó el Documento de Información IP 124 rev. 1, *Proposal for a Cooperation of Romania with Argentina and Australia in Antarctica* [Propuesta para la colaboración antártica entre Rumania, la Argentina y Australia] y el Documento de Información IP 125 rev. 1, *Prospectives of Romania cooperation with Australia in Antarctica* [Perspectivas de Rumania para la cooperación con Australia en la Antártida], que informaron sobre propuestas de colaboración científica con Australia y la Argentina en la Antártida Occidental y Oriental.

(211) La República de Corea presentó el Documento de Información IP 21, *Report from Asian Forum of Polar Sciences to the ATCM XXXIX* [Informe a la XXXIX RCTA sobre el Foro Asiático de Ciencias Polares], que informó sobre los avances del Foro Asiático de Ciencias Polares (AFoPS) desde la XXXVIII RCTA. Recordando que el AFoPS existía desde hacía 11 años y que se dedicaba a la investigación y cooperación sobre asuntos polares, Corea puso de relieve los planes de la organización para la próxima década, los que se proponían seguir avanzando y fortaleciendo la cooperación en asuntos científicos polares entre sus cinco Miembros (China, India, Japón, Malasia y la República de Corea). La República de Corea también señaló que el AFoPS contaba con un número creciente de observadores, entre los que se incluían Tailandia, Indonesia, Filipinas, Vietnam y Sri Lanka.

(212) La Federación de Rusia presentó el Documento de Información IP 66, *Solution of the problem of influence of Freon clathrate hydrates in the drilling fluid on lake water purity in the deep borehole at the Russian Vostok station* [Solución al problema de la influencia de hidratos de clatrato de freón presente en los fluidos de perforación sobre la pureza del agua lacustre del pozo profundo en la estación Vostok de Rusia]. Refiriéndose a sus inquietudes respecto de la formación de hidratos de clatrato en los fluidos de perforación del núcleo de hielo, la Federación de Rusia presentó los resultados de experimentos realizados en el Instituto Petersburg de Física Nuclear. Los resultados revelaron que una penetración limpia de la capa de superficie del lago Vostok utilizando fluido de silicona en el límite del agua lacustre inhibía la formación de hidratos de clatrato.

(213) Se señaló que las Partes debían alentar a la comunidad internacional de expertos en el ámbito de los muestreos subglaciales a colaborar y participar en esta materia a fin de lograr el mejor asesoramiento científico posible.

(214) Japón presentó el Documento de Información IP 117, *Japan's Antarctic Research Highlights 2015–16* [Puntos destacados de la investigación antártica de Japón durante el período 2015-2016], que informó sobre las actividades de investigación realizadas por la Expedición de Investigación Antártica Japonesa (JARE) en la zona de la estación antártica Syowa, perteneciente a ese país. Japón destacó tres aspectos de su programa: PANSY, el mayor radar atmosférico de la Antártida ubicado en la estación Syowa, que comenzó con el pleno funcionamiento de su sistema para realizar la primera campaña internacional de observaciones basada en una combinación de simulaciones del modelo general de circulación y observaciones simultáneas realizadas por diversos radares Mesosfera, estratosfera y troposfera/Dispersión incoherente (MST/IS) en todo el mundo; la perforación intermedia del núcleo de hielo con el objeto de reconstruir las variaciones pasadas del clima en la Tierra de la Reina Maud; y levantamientos topográficos geomorfológicos y geológicos en el sector central de la Tierra de la Reina Maud para reconstruir la variabilidad pasada de las capas de hielo antárticas. Japón agradeció a Noruega por el apoyo brindado a sus actividades en la zona de la estación Troll.

(215) Colombia presentó el Documento de Información IP 24, *II Expedición Científica de Colombia a la Antártica Verano Austral 2015/2016 "Almirante Lemaitre"*, en el que se presentaron los principales resultados de la Segunda Expedición Científica Colombiana a la Antártida en 2015-2016, con un aumento de 9 a 15 proyectos de investigación. Presentó, además, el Documento de Información IP 46, *Programa de Investigación en Mamíferos Marinos Antárticos: Con especial atención hacia Cetáceos Migratorios a aguas colombianas*, en el que se trató el uso de técnicas satelitales de etiquetado, y el Documento de Información IP 49, *III Expedición Científica de Colombia a la Antártica Verano Austral 2016/2017 "Almirante Padilla"*, que trataba sobre la tercera expedición científica colombiana a la Antártida para la temporada 2016-2017. Colombia expresó sus agradecimientos a la Argentina, Chile, Ecuador e Italia por el respaldo ofrecido a sus expediciones.

(216) Malasia presentó el Documento de Información IP 63, *Malaysia's Activities and Achievements in Antarctic Research and Diplomacy* [Actividades y logros de Malasia en el campo de la investigación y la diplomacia antárticas]. El documento informó sobre las actividades y los logros de Malasia en el campo de la investigación y la diplomacia antárticas, lo que incluyó

la investigación científica realizada, el apoyo a iniciativas científicas, la organización de reuniones antárticas y la colaboración internacional con otros Programas Antárticos Nacionales.

(217) En relación con este tema del programa, también se presentaron los siguientes documentos, que se consideraron como presentados:

- Documento de Información IP 40, *United Kingdom's Antarctic Science: Summary of British Antarctic Survey Science Priorities 2016-20* [Ciencia antártica del Reino Unido: resumen de las prioridades científicas de British Antarctic Survey para 2016-2020]. Este documento ofreció una descripción general de las prioridades científicas de British Antarctic Survey.

Expediciones

(218) Ucrania presentó el Documento de Información IP 29, *The experience of a joint Ukrainian-Turkish Expedition to the Antarctic Vernadsky Station* [La experiencia de la expedición realizada conjuntamente por Ucrania y Turquía a la estación antártica Vernadsky], que se preparó en conjunto con Turquía en 2016. Este documento informó sobre la primera expedición realizada en conjunto por Ucrania y Turquía en 2015-2016. Las actividades se llevaron a cabo en la estación antártica Vernadsky y en las zonas colindantes. Ucrania señaló que la experiencia podía ser de interés para las Partes No Consultivas que no contaban con estaciones antárticas pero que se esforzaban por realizar una "sustancial actividad de investigación científica" como requisito previo para lograr el estatus Consultivo. Turquía agradeció a Ucrania por el respaldo y cooperación ofrecidos durante la expedición.

(219) Australia presentó el Documento de Información IP 54, *Australian Antarctic Science Programme: highlights of the 2015/16 season* [Programa científico antártico australiano: puntos destacados de la temporada 2015-2016], que destacaba los logros de ese país en relación con su Plan Científico Estratégico Antártico. Entre los logros se incluyeron los siguientes: los estudios de la capa de hielo realizados al alero del proyecto ICECAP II; la importante expedición de investigación científica marina realizada hacia Kerguelen Axis; la investigación del ajuste isostático glacial realizada en la Antártida Oriental; y el uso de un vehículo submarino de operación remota utilizado en la medición de las propiedades físicas y biológicas del hielo fijo. El programa se centró en la investigación estratégica y se diseñó para orientar las políticas medioambientales y la gestión de la conservación de Australia, y contribuyó a algunos asuntos globales a través de organismos internacionales.

(220) Chile presentó el Documento de Información IP 96, *Monitoreo Ambiental en Bahía Fildes. Programa de Observación del Ambiente Litoral de Chile (P.O.A.L.)* El documento destacó el trabajo de seguimiento del medio marino realizado por la Marina de Chile para evaluar las tendencias de algunos contaminantes en el marco del Programa de Observación del Ambiente Litoral de Chile.

(221) En relación con este tema del programa, también se presentaron los siguientes documentos, que se consideraron como presentados:

- Documento de Información IP 16, *Boletín Antártico Venezolano* (Venezuela). En este documento se analizó el Informe Antártico de Venezuela, en el que se celebraron los 15 años de la adhesión de ese país al Tratado Antártico. El informe describió las principales iniciativas, tales como las expediciones e investigaciones científicas, el material tecnológico e informativo, y la colaboración internacional que había apoyado estas iniciativas.

- Documento de Información IP 18, *IX Campaña Venezolana a la Antártida* (Venezuela). En este documento se presentó información acerca de la 9.ª campaña de Venezuela a la Antártida, gracias a la colaboración bilateral con el Instituto Antártico Chileno (INACH). La campaña se consideró exitosa y se espera que concluya en 2019.

- Documento de Información IP 55, *Belgian Antarctic Research Expedition BELARE 2015-2016* [Expedición de investigación antártica belga BELARE 2015-2016] (Bélgica). En este documento, se presentaron las actividades realizadas en la estación Princesa Isabel durante la temporada 2015-2016. La Secretaría Polar Belga administrará de manera directa la estación Princesa Isabel y las expediciones antárticas belgas y, recientemente organizó con éxito la campaña BELARE 15-16.

Clima

(222) La OMM presentó el Documento de Información IP 13, *The Polar Challenge: towards a new paradigm for long-term under-ice observations* [El Desafío Polar: hacia un nuevo paradigma de las observaciones bajo hielo a largo plazo]. La OMM señaló que, pese a los avances obtenidos en el modelado numérico, la fiabilidad de los pronósticos del clima ártico y antártico a largo plazo tenía graves limitaciones debido a la falta de observaciones sistemáticas realizadas in situ en el hielo marino y bajo este. El Programa Mundial de Investigación Meteorológica y la Fundación Príncipe Alberto II de Mónaco, junto con otros copatrocinadores, estaban trabajando en la

promoción en conjunto de un Desafío Polar con el propósito de recompensar al primer equipo que completara una misión continua de 2000 kilómetros en un vehículo submarino autónomo (AUV) bajo el hielo marino. La OMM destacó que la competencia se realizaría desde 2016 hasta al menos 2019 y que se recibirían inscripciones en cualquier momento durante dicho período. La OMM alentó la participación de las Partes.

(223) La OMM presentó también el Documento de Información IP 14, *Polar Regional Climate Centres and Polar Climate Outlook Fora (PRCC – PCOF)* [Centros Meteorológicos Polares Regionales y Foros Polares de Perspectivas Climáticas (PRCC – PCOF)]. El documento señaló que los Centros Meteorológicos Polares Regionales (RCC) eran centros de excelencia que generaban, en el aspecto operacional, productos relativos al clima regional que incluían seguimiento y pronóstico en apoyo de las actividades meteorológicas regionales y nacionales. La OMM expresó su interés en un taller exploratorio sobre la Antártida, tal como el que se había llevado a cabo respecto del Ártico y de regiones de alta montaña, con la participación de comunidades de usuarios, de investigación y de operación. El taller podría explorar los objetivos comunes a nivel técnico y mejorar la comprensión acerca de la necesidad, y la forma y función idóneas, de un Centro Meteorológico Polar Regional.

(224) La OMM presentó el Documento de Información IP 15, *The Year of Polar Prediction* [El Año de la Predicción Polar]. Tras notar las importantes lagunas de conocimiento que existen en el alcance de las observaciones y la comprensión de procesos en los polos, la OMM señaló que estaba realizando importantes esfuerzos por abordar el problema de las rezagadas capacidades de pronóstico medioambiental en la región. Un elemento clave de estas actividades fue el Año de la Predicción Polar (YOPP), cuya fase principal abarca desde mediados de 2017 hasta mediados de 2019. La misión del YOPP apunta a posibilitar mejoras importantes en las capacidades de predicción medioambiental de para las regiones polares y que vaya más allá mediante la coordinación un intenso período de actividades de observación, modelado, predicción, verificación, participación de los usuarios y educación. La OMM señaló que, si bien estaba más centrado en el alcance, el YOPP aprovechaba el legado del Año Polar Internacional. El Instituto Alfred Wegener puso en marcha una Oficina de Coordinación Internacional de Predicción Polar en Bremerhaven, Alemania. La OMM remitió a las Partes al sitio web del YOPP para obtener más información: *http://www.polarprediction.net.*

(225) La OMM presentó el Documento de Información IP 34, *The Antarctic Observing Network (AntON) to facilitate weather and climate information* [La Red de Observación Antártica (AntON) para ayudar a obtener información sobre el tiempo y el clima], preparado en conjunto con el SCAR. Tras señalar que la Antártida era una zona del mundo con una gran escasez de datos, la OMM destacó que la AntON contaba con estaciones meteorológicas tanto automáticas como manuales que ya se encontraban operando en la Antártida y en las islas subantárticas. La OMM recomendó que las Partes del Tratado tomaran en cuenta la necesidad de la red AntON y de los metadatos asociados, de conformidad con las prácticas de la OMM; que notificaran a la AntON (AntON@wmo.int) si se observaban cambios en relación con las estaciones o plataformas de la región antártica donde se recopilaban datos; que proporcionaran a la AntON, siempre que fuera posible, los metadatos relativos al lugar (sitio o buque) de donde fue recopilada la información y a su relación con la meteorología y demás aspectos (como la profundidad de la nieve); y que garantizaran que las aeronaves que operaban en la Antártida proporcionaran observaciones meteorológicas, ya sea a través del AMDAR o de la compilación de dicha información en boletines, y su posterior envío a su centro local del Sistema de Información o del Sistema Mundial de Telecomunicación de la OMM.

(226) La Reunión expresó su agradecimiento a la OMM por el conjunto de documentos y acogió con beneplácito las contribuciones. Se recordó a las Partes que proporcionaran información sobre el tiempo y clima a la OMM siempre que fuera posible.

(227) La Federación de Rusia presentó el Documento de Información IP 70, *Current Russian results of studies of climate variability at present and in the past* [Resultados actuales de estudios rusos sobre la variabilidad climática presente y pasada]. En este documento se presentaron las contribuciones de la Expedición Antártica Rusa al seguimiento del estado del medioambiente en la Antártida. Las observaciones meteorológicas, de altura, oceanográficas y satelitales del hielo marino antártico son elementos permanentes de la actividad de las estaciones antárticas rusas y, en los últimos años, se han complementado con la información producida por las estaciones meteorológicas automáticas, las observaciones del estado de la capa de permafrost a través de perforaciones y el seguimiento del albedo global por medio de métodos astronómicos. La Federación de Rusia señaló que las conclusiones indicaban que la tendencia del calentamiento en la capa subsuperficial de la atmósfera estaba acompañada por un aumento en la extensión del hielo marino en la zona antártica. La direccionalidad

múltiple de esos procesos naturales señalaban la existencia de una compleja estructura de mecanismos de causa-efecto que determinaban los cambios climáticos. Teniendo en cuenta la precaria red de seguimiento del clima en la zona antártica, los materiales relativos a la evaluación del albedo global del planeta podrían constituir los datos más ricos en información sobre la evaluación de la variabilidad climática.

(228) En relación con este tema del programa, se presentaron también los siguientes documentos:

- Documento de Antecedentes BP 1, *Scientific and Science-related Cooperation with the Consultative Parties and the Wider Antarctic Community* [Cooperación científica y en asuntos relativos a la ciencia con las Partes Consultivas y la comunidad antártica más amplia] (República de Corea).

- Documento de Antecedentes BP 6, *Twenty years of Ucrania in Antarctica: main achievements and prospects* [Veinte años de Ucrania en la Antártida: principales logros y perspectivas] (Ucrania).

- Documento de Antecedentes BP 17, *Niveles de concentración de metales pesados y efectos del cambio climático en macrohongos y macrolíquenes, estación Maldonado-Antártida* (Ecuador).

- Documento de Antecedentes BP 19, *Desarrollo del Programa Nacional Antártico del Perú* (Perú).

- Documento de Antecedentes BP 20, *Actividades del Programa Nacional Antártico de Perú, Período 2015-2016* (Perú).

Tema 16: Efectos del cambio climático para la gestión del Área del Tratado Antártico

(229) El SCAR presentó el Documento de Información IP 35, *Antarctic Climate Change and the Environment– 2016 Update* [El cambio climático y el medioambiente en la Antártida: actualización 2016]. Además de informar acerca de los efectos físicos del cambio climático sobre el medioambiente, la actualización también aportó detalles sobre la investigación del impacto biológico y ecológico de esos cambios. El documento desarrolló el material del informe sobre el cambio climático y el medioambiente en la Antártida (Informe ACCE), que publicó el SCAR en 2009, con una actualización de los puntos claves que surgieron en 2013 y actualizaciones anuales proporcionadas a la RCTA.

(230) El IPCC presentó el Documento de Información IP 116, *Recent Findings of IPCC on Antarctic Climate Change and Relevant Upcoming Activities* [Descubrimientos recientes del IPCC sobre el cambio climático y próximas actividades pertinentes]. En este documento se informó sobre el aporte del Grupo de Trabajo I al Quinto Informe de Evaluación (AR5) del IPCC, en el que se concluyó que la capa de hielo antártico estaba perdiendo masa, con una tasa de pérdida de hielo promedio que superaba con creces la del período 2002-2011. También se descubrió que las plataformas de hielo flotantes que se encontraban alrededor de la península Antártica continuaban una tendencia a largo plazo de retroceso y colapso parcial en respuesta al cambio en las temperaturas de la atmósfera. Se informó, además, sobre la preparación de dos nuevos Informes Especiales, incluido uno sobre el cambio climático, los océanos y la criósfera.

(231) La OMM presentó el Documento de Información IP 12, *WMO Climate-related Activities in the Antarctic Region* [Actividades de la OMM relacionadas con el clima en la región antártica]. En este documento se proporcionaron actualizaciones para las Partes sobre las actividades pertinentes de la OMM relacionadas con el clima en la Antártida. Entre esas actividades se incluyeron la prestación de varios servicios climáticos para la región antártica y proyectos de investigación del clima relativos al balance de masa de la plataforma de hielo, al nivel del mar, al Océano Austral, al hielo marino, al permafrost, a la intercomparación de modelos, al redimensionamiento de experimentos, a la predictibilidad del clima polar y al derretimiento del hielo y sus consecuencias globales.

(232) Las Partes agradecieron al SCAR, al IPCC y a la OMM por sus aportes y señalaron la importancia de la elaboración de informes científicos para la Reunión. Se señaló que los informes científicos debían elaborarse teniendo en cuenta los sectores normativos. Ecuador expresó su inquietud respecto de los efectos del cambio climático en su país y ofreció ayuda adicional para continuar las observaciones del clima en la Antártida. Australia indicó que estaba llevando a cabo una revisión de su evaluación de riesgos sobre el impacto del cambio climático en la infraestructura australiana de la Antártida, y que estaba dispuesto a ayudar a otros países a realizar evaluaciones de riesgos similares.

(233) El Reino Unido presentó el Documento de Información IP 41, *The Future of Antarctica Forum* [Foro sobre el Futuro de la Antártida], el cual se presentó en conjunto con la Argentina, la ASOC y la IAATO y está copatrocinado por ellos mismos. En el documento se informó acerca de los resultados del primer

Foro sobre el Futuro de la Antártida, que coordinó la organización científica y de educación Oceanites, Inc. con sede en Estados Unidos y que se realizó entre el 28 de febrero y el 9 de marzo de 2016 en la península Antártica.

(234) El Reino Unido señaló que este Foro se realizó 10 años después de que el RU liderara la primera visita con la ayuda de directrices para sitios, y que fue extremadamente útil observar los cambios experimentados por los distintos sitios, en especial a la luz de los efectos causados por el cambio climático que se habían detectado en la región de la península Antártica Occidental, que mostraba signos de un rápido calentamiento. Durante el Foro se llevó adelante una amplia gama de debates, y estuvieron presentes las principales partes interesadas en la Antártida, incluidos representantes de las industrias turísticas y pesqueras, quienes participaron activamente en los debates y dejaron en claro que compartían objetivos comunes.

(235) Es importante destacar que todas las partes interesadas presentes estuvieron de acuerdo en la importancia de la observación constante de la vulnerable región de la península Antártica y le plantearon a Oceanites, debido a los 22 años que lleva el Inventario de sitios antárticos observando esta región, el desafío de "distinguir los efectos directos e interactivos del cambio climático, la pesca, el turismo y las operaciones nacionales sobre los ecosistemas de la región de la península Antártica a fin de lograr una mejor gestión del medioambiente".

(236) Oceanites aceptó el desafío de recopilar y analizar los datos pertinentes con ayuda de los participantes del Foro, y fue alentado a mantener informada a la RCTA en cuanto al progreso de esta iniciativa. A su vez, expresó que esperaba, con la ayuda de la IAATO y la Asociación de Compañías de Pesca Responsable de Kril (ARK), que los análisis pudieran ayudar a la gestión de la pesca de kril en los alrededores de los puntos de reproducción y alimentación de pingüinos.

(237) La ASOC se mostró complacida de participar en el foro y opinó que era valioso mantener debates informales con las distintas partes interesadas en la Antártida. Consideró que sería útil para el proyecto propuesto por Oceanites avanzar de manera que pudiera comprenderse mejor el impacto de las actividades humanas en la región de la península.

(238) La IAATO señaló que se encontraba muy complacida de participar en el Foro y que una de sus empresas miembro había ayudado a facilitar la logística para el Foro. Además, indicó que valoraba en gran medida la realización de ese Foro que permitía a una amplia gama de partes interesadas debatir sobre la evolución

del Sistema del Tratado Antártico en el siglo XXI. La IAATO destacó también que la gestión medioambiental basada en datos probatorios era extremadamente valiosa, que se sentía alentada por el potencial de los trabajos realizados y que seguiría apoyando la labor del Foro y de Oceanites en el futuro.

(239) La ASOC presentó el Documento de Información IP 78, *Antarctic Climate Change, Ice Sheet Dynamics and Irreversible Thresholds: ATCM Contributions to the IPCC and Policy Understanding* [El cambio climático, la dinámica de la capa de hielo y umbrales irreversibles en la Antártida: contribuciones de la RCTA al IPCC y conceptos normativos comunes]. En el documento se puso de relieve un informe generado por la Iniciativa Internacional para el Clima de la Criosfera titulado "Thresholds and Closing Windows", que abordaba el riesgo del irreversible cambio climático de la criósfera. La ASOC recalcó que para maximizar la posibilidad de evitar esos impactos irreversibles en la Antártida, era imprescindible que la comunidad científica de la Antártida comunicara sus investigaciones más recientes y precisas a los gobiernos y sectores normativos mediante su participación en los informes de evaluación del IPCC y la producción de un informe de evaluación rápida de manera coordinada con el SCAR.

(240) Con referencia al Documento de Secretaría SP 7, el Reino Unido señaló que la Secretaría no había solicitado comentarios sustanciales de la OACI o la OMI durante el período intersesional, sino que simplemente los había invitado a asistir a la RCTA. El Reino Unido recomendó que se presentara una solicitud más detallada y sustancial a la Secretaría en el próximo Plan de Trabajo Estratégico Plurianual a fin de solicitarle participar, junto a la OACI y la OMI, en los debates de la RCTA sobre asuntos relacionados con la seguridad aérea y marítima, además de invitar a ambos organismos a proporcionar respuestas por escrito con información acerca de los aspectos de su trabajo que pudieran ser pertinentes para la labor de la RCTA.

Tema 17: Turismo y actividades no gubernamentales en el Área del Tratado Antártico

Revisión de las políticas sobre turismo

(241) Nueva Zelandia presentó el Documento de Trabajo WP 28, *Informe del Grupo de contacto intersesional "Desarrollo de un enfoque estratégico en torno al turismo y las actividades no gubernamentales gestionados de manera responsable en lo medioambiental"*, preparado en conjunto con

India. En el documento se señaló que el GCI había identificado áreas de prioridad y deficiencias dentro del actual marco de gestión del turismo, las cuales se habían reconocido en otros GCI y documentos de trabajo anteriores que abordaban el turismo (por ejemplo, XXXI RCTA - Documento de Trabajo WP 51, XXXII RCTA - Documento de Trabajo WP 10 y Resolución 7 (2009), XXXVII RCTA - Documento de Trabajo WP 24 y XXXVIII RCTA - Documento de Información IP 104 rev.1). El informe del GCI describió los temas generales que se debatieron en el grupo y recomendó a la RCTA lo siguiente: considerar su informe; aceptar trabajar en el desarrollo de una visión común sobre el turismo antártico durante la XL RCTA; realizar una revisión integral de los avances en la implementación de las recomendaciones del Estudio sobre Turismo del CPA de 2012; y acordar un Plan de Trabajo Plurianual para implementar las áreas de trabajo pendientes centradas en el turismo. Nueva Zelandia recalcó la necesidad de que las Partes lograran un acuerdo en cuanto a una visión común para el progreso del turismo en la Antártida con el fin de considerar de mejor manera las medidas efectivas que puedan gestionar su constante crecimiento y diversificación, e invitó a las Partes a proporcionar comentarios sobre elementos específicos de la visión estratégica para su consideración en la XL RCTA.

(242) La Reunión agradeció a Nueva Zelandia e India por liderar el GCI y por identificar algunos de los problemas y desafíos fundamentales relacionados con las actividades turísticas en la Antártida. Tras reconocer que el turismo en la Antártida continuaría desarrollándose, la Reunión se refirió a la dificultad de predecir sus posibles efectos en el futuro. Las Partes expresaron su acuerdo respecto de que existía la necesidad de ser proactivos y desarrollar vías de avance para tratar los problemas relacionados con el turismo. La Reunión manifestó su acuerdo en la conveniencia de desarrollar un enfoque estratégico común para la gestión del turismo en la Antártida. Varias Partes señalaron que la Resolución 7 (2009), *Principios generales del turismo antártico*, ofrecía un marco general para dicho enfoque. Varias Partes pusieron de relieve la necesidad de continuar mejorando los actuales mecanismos de gestión del turismo, lo que incluía su adecuada supervisión y aplicación, así como un control sistemático. Otras Partes consideraron que, de implementarse plenamente, las actuales normativas sobre el turismo posiblemente fueran suficientes para una gestión adecuada. A este respecto, se enfatizó que las Directrices de Sitios para Visitantes han probado ser exitosas. Aunque algunas Partes sugirieron la posibilidad de definir un sistema de cupos u otro sistema para regular y limitar la cantidad de turistas, otras opinaron que eso no era necesario. Algunas Partes opinaron que, en ese momento,

era más importante centrarse en acciones específicas y en cómo mejorar los actuales procedimientos, en lugar de debatir de manera general. La Reunión felicitó a la IAATO por sus aportes y esfuerzos a este respecto.

(243) Diversas Partes expresaron su inquietud sobre el posible aumento del turismo masivo y la diversificación de las actividades, en especial aquellas relacionadas con el turismo aventura extremo. Se señaló que muchas de esas actividades representaban un riesgo grave para la vida humana, incluso para los equipos de SAR que podrían necesitarse para colaborar en operaciones de rescate, y que podrían perturbar también las actividades de los Programas Antárticos Nacionales. Además, se hizo notar que esas actividades podrían ocasionar impactos en el medioambiente antártico. A este respecto, varias Partes consideraron la posibilidad de restringir las autorizaciones para el turismo aventura en tierra.

(244) Estados Unidos indicó que podría resultar adecuado el uso de nuevas herramientas o normativas sobre el turismo si se demostrara de manera clara su necesidad. Sin embargo, desde ese punto de vista, se necesita un enfoque equilibrado que tenga en cuenta que el turismo es una actividad legal y aceptable. Aunque la IAATO contribuye mucho a la gestión del turismo, son las Partes, en última instancia, las que deben definir la regulación. En opinión de Estados Unidos, la base para el desarrollo de un enfoque estratégico hacia el turismo debería radicar en la protección del medioambiente y en ofrecer garantías para la seguridad.

(245) Varias Partes recordaron la Resolución 7 (2014) y resaltaron la importancia de la entrada en vigor de la Medida 4 (2004), e instaron a las otras Partes proceder en consecuencia. Varias Partes notaron la necesidad de que existiera una mejor comunicación entre las autoridades competentes nacionales. Algunas Partes señalaron también que, pese a que el turismo era una actividad legítima y aceptada, debía operar dentro de un marco de concientización y educación. Las Partes también hicieron notar la necesidad de adoptar un enfoque precautorio, la importancia de abordar los efectos acumulativos del turismo y la necesidad de desarrollar métodos de monitoreo eficaces y sistemáticos para sitios y expediciones autorizadas. Por último, algunas Partes sugirieron implementar un nuevo sistema de fijación de impuestos para los turistas que viajan a la Antártida como medio de generar un ingreso colectivo que se podría usar para mejorar la protección medioambiental y estudiar el impacto medioambiental del turismo. La Reunión señaló que el CPA estaba trabajando en la Recomendación 3 en relación con la vulnerabilidad de los sitios. Sin embargo, a fin de prepararse para los trabajos del próximo año

en esta materia, la Reunión solicitó que la Secretaría proporcionara una actualización respecto del estado actual de las recomendaciones del Estudio sobre Turismo del CPA (2012) y sobre la factibilidad de implementación de la base de datos a la que se hacía referencia en la Recomendación 1. A este respecto, se señaló que, pese a la información proporcionada por la IAATO, no existía un panorama integral y preciso del turismo en la Antártida.

(246) La IAATO presentó el Documento de Información IP 106, *Towards Developing a Strategic Approach to Environmentally Managed Tourism and Non–Governmental Activities: An Industry Perspective* [Desarrollo de un enfoque estratégico en torno al turismo y las actividades no gubernamentales gestionados de manera responsable en lo medioambiental: una perspectiva de la industria]. Este documento tenía como objetivo identificar las cuestiones prioritarias y las deficiencias relacionadas con el turismo en la Antártida. En especial, recalcó la importancia de implementar los acuerdos alcanzados en anteriores RCTA, tales como la Medida 4 (2004) y la Medida 15 (2009), en las legislaciones nacionales. La IAATO señaló que, aunque consideraba la Recomendación XVIII-1 (1994) como una piedra angular, todavía no entraba en vigor, y sugirió que la RCTA considerara actualizar las Directrices para que quienes organizaban y realizaban actividades turísticas y no gubernamentales en la Antártida tuvieran en cuenta los acuerdos alcanzados desde 1994. La IAATO recalcó que el objetivo de su estrategia era llevar a cabo un turismo seguro y responsable en la Antártida. También señaló la importancia de garantizar una evaluación cuidadosa de las nuevas actividades turísticas antes de que se realizaran a fin de evitar los impactos que no fueran menores o transitorios, y rechazó la noción de que las estructuras permanentes se destinaran solamente al apoyo de actividades no gubernamentales en la Antártida. La IAATO sugirió, además, que podría ser valioso realizar de manera periódica un análisis de "fortalezas, oportunidades, debilidades y amenazas" (FODA) completo para las actividades turísticas y no gubernamentales dentro de la Antártida.

(247) El Reino Unido presentó el Documento de Trabajo WP 11, *Personas sujetas a la jurisdicción de las Partes del Tratado Antártico que participan en expediciones no gubernamentales no autorizadas en la Antártida*. Durante las sesiones del Grupo de Trabajo Especial sobre Autoridades Competentes que se llevaron a cabo durante la XXXVIII RCTA (2015), se recomendó considerar en mayor profundidad el asunto de los ciudadanos de las Partes del Tratado Antártico que participaban en actividades no autorizadas en la Antártida (Informe Final de la XXXVIII RCTA, párrafo 287). El Reino Unido presentó el Documento de Trabajo WP 11 para estimular el debate en

cuanto a si la RCTA debía desarrollar una postura más clara y coherente con respecto a las personas que participaban en actividades no autorizadas en la Antártida sin ser los operadores u organizadores de dichas actividades. El Reino Unido sugirió que había lecciones por aprender a partir de las acciones que había tomado la CCRVMA en 2009, cuando aprobó el régimen de la Medida de Conservación 10-08 para fomentar el cumplimiento por parte de los ciudadanos de la Partes Contratantes, la cual reconocía la posibilidad de que ciudadanos de las Partes Contratantes de la CCRVMA apoyaran o participaran en actividades de pesca ilegal, no declarada y no reglamentada utilizando embarcaciones con banderas de Estados que no contaban con licencia para pescar en el área de distribución de la CCRVMA. El Reino Unido señaló también que la RCTA podría considerar la posibilidad y las maneras de instar a las Partes Consultivas a realizar acciones para verificar si sus ciudadanos participaban en actividades o expediciones sin autorización en la Antártida y, de ser necesario, podría establecer medidas adecuadas para su aplicación contra dichas personas.

(248) La Reunión agradeció al Reino Unido por el documento y reconoció la importancia de ese complejo asunto. Varias Partes intercambiaron información relacionada con sus reglamentaciones nacionales y con la forma en que estas se aplicaban a los ciudadanos que participaban en actividades no autorizadas en la Antártida. Algunas Partes informaron sobre las dificultades prácticas que representaban esas acciones, en especial en el caso de los ciudadanos que participaban en actividades que organizaban y operaban otras Partes. La mayoría de las Partes consideró que, debido a la complejidad que suponía el procesamiento de personas que participaban en actividades no autorizadas dentro de su jurisdicción, los operadores u organizadores de dichas actividades en la Antártida debían ser considerados legalmente responsables, a la vez que reconocían que eso significaba que las personas que participaban en dichas actividades no enfrentarían, en la mayoría de los casos, sanciones legales. La Reunión expresó su acuerdo en la conveniencia de que las Partes compartieran sus experiencias y los progresos alcanzados con respecto al procesamiento de las personas que participaron en actividades ilegales en la Antártida dentro de sus jurisdicciones, y recalcó la necesidad de mejorar el intercambio de información entre las autoridades competentes. Con respecto al procesamiento efectivo, algunas Partes señalaron que debían evitarse los vacíos jurídicos.

(249) Estados Unidos presentó el Documento de Trabajo WP 41 rev. 1, *Consideraciones sobre las actividades no gubernamentales y de turismo con participación de transporte combinado de aeronaves y cruceros en*

la Antártida. A partir de la información proporcionada por la IAATO, en este documento se señaló la necesidad de considerar los problemas medioambientales y de seguridad que podían guardar relación con el aumento que se observó en el transporte aéreo y marítimo a la Antártida. Esa faceta relativamente nueva del turismo presentó dificultades debido tanto a la probabilidad del aumento de cantidad de visitas a ciertos sitios como a la participación de varias autoridades competentes en los diferentes componentes o segmentos involucrados en una única expedición aérea o marítima. En opinión de Estados Unidos, el menor tiempo necesario para cada viaje puede cuestionarse frente a los impactos medioambientales y los problemas de seguridad asociados al aumento del tráfico marítimo, del tiempo que pasan los buques entre escalas en la Antártida y del desembarco de pasajeros en la isla Rey Jorge (isla 25 de Mayo) y sus alrededores y en la península Antártica. Como resultado, Estados Unidos opinó que podía ser positiva una revisión de la comunicación y la coordinación entre las diversas Partes involucradas en actividades aéreas y marítimas. Esa comunicación podría garantizar un proceso de evaluación del impacto ambiental más completo e identificar otras consideraciones, como la seguridad. Estados Unidos también consideró que las recomendaciones contenidas en su Documento de Trabajo WP 25, *Beneficios de la comunicación entre autoridades competentes para el turismo y las actividades no gubernamentales*, estaban relacionadas con aquellas del Documento de Trabajo WP 41 rev. 1.

(250) La Reunión agradeció a Estados Unidos por la presentación de este útil documento sobre un importante tema que generaba problemas significativos medioambientales y de seguridad. Varias Partes señalaron la importancia de considerar este problema a la luz de los debates relacionados con el enfoque estratégico hacia el turismo.

(251) Algunas Partes expresaron su inquietud con respecto a la autorización de estas expediciones combinadas y recalcaron que, en muchos casos, había al menos dos Partes involucradas en los procesos de autorización y que eso podría tener como consecuencia resquicios inesperados para la evaluación de actividades, por ejemplo, durante los traslados con uso de diferentes medios de transporte. También pusieron de relieve la dificultad que enfrentaban las autoridades competentes para evaluar esos casos de manera correcta, ya que las autoridades solo recibían información parcial sobre la actividad y, por lo tanto, no podían examinarla en su totalidad.

(252) También se expresaron inquietudes respecto del posible aumento de las actividades aéreas y marítimas en el futuro, incluidos algunos aspectos

logísticos, tales como las operaciones de repostaje, aprovisionamiento y reabastecimiento de las embarcaciones; la gestión de los desechos; y las consideraciones relacionadas con el control del tránsito aéreo. Asimismo, se plantearon preocupaciones acerca del aumento de los impactos acumulativos y las consecuencias para las EIA. Otra inquietud que se expresó hacía referencia a la posibilidad del aumento exponencial del turismo en la Antártida a causa del transporte aéreo, lo que traería aparejada la necesidad de aviones de mayor porte y podría, además, requerir la ampliación de las infraestructuras y pistas de aterrizaje actuales. Algunas Partes indicaron que, pese a que el turismo marítimo y aéreo estaba en aumento, se trataba de un modelo comercial riesgoso para los operadores debido a su alta dependencia de las condiciones climáticas. La Reunión resaltó la importancia de mejorar las comunicaciones y el intercambio de información entre las autoridades competentes, en especial cuando el turismo y las actividades no gubernamentales incluyeran la participación de diversas Partes del Tratado Antártico.

(253) La IAATO informó que, pese a la importancia del aumento de las actividades que incluían transporte aéreo y marítimo combinado, en especial si se lo comparaba con otros tipos de turismo, seguían representando una porción menor del mercado. Algunas Partes indicaron que eso podría cambiar en el futuro. La IAATO hizo notar que había establecido un grupo de trabajo para estimular la cooperación y la comunicación en esta materia, y reafirmó que, en ese momento, existían varias consideraciones prácticas con respecto al acceso aéreo, ya que dependía mucho de las condiciones climáticas y de las limitaciones de las pistas de aterrizaje, y también señaló que, durante la temporada anterior, un porcentaje muy pequeño de operadores había cumplido con su calendario previsto de vuelo de regreso. Por último, informó que el operador chileno DAP se había unido de manera reciente a la IAATO.

(254) Alemania presentó el Documento de Información IP 36, *Antarctic Tourism Study: Analysis and Enhancement of the Legal Framework* [Estudio sobre el turismo en la Antártida: análisis y mejoras del marco legal], en el cual se evaluó el marco regulatorio y jurídico del turismo en la Antártida y se propusieron modificaciones a la luz de su futura evolución. El documento señaló que el estudio había identificado una serie de vacíos y deficiencias en el actual marco regulatorio del turismo, el cual carecía de mecanismos para abordar con eficacia sus impactos. Luego propuso utilizar el potencial completo de los instrumentos y las normativas ya existentes dentro del STA, además de una gama de recomendaciones para mejorar su capacidad regulatoria, y sugirió la prohibición y limitación de ciertos tipos de turismo.

(255) La Reunión agradeció a Alemania por la presentación de este valioso documento y por los esfuerzos depositados por ese país en el estudio anexo que había encomendado, que fue considerado como un valioso aporte para el debate, en especial con respecto al desarrollo de un enfoque estratégico hacia el turismo.

(256) En relación con este tema del programa, también se presentaron los siguientes documentos que se consideraron como presentados:

- Documento de Información IP 118, A*ssessing New Activities Checklist* [Lista de verificación para la evaluación de actividades nuevas] (IAATO). En este documento se presentó una lista de verificación aprobada durante la Reunión Anual de la IAATO de 2016 para la evaluación de nuevas actividades.

Autoridades competentes

(257) Estados Unidos presentó el Documento de Trabajo WP 25, *Beneficios de la comunicación entre autoridades competentes para el turismo y las actividades no gubernamentales*, en el que se sugirió que la comunicación y coordinación eficaces entre múltiples autoridades competentes podía impulsar la realización correcta de EIA y el otorgamiento adecuado de permisos o autorizaciones para las actividades no gubernamentales y turísticas. En el documento se señaló que, cuando una o más expediciones que involucraban la autorización de distintas Partes se encontraban desconectadas en el aspecto normativo, existía el peligro de que se produjeran brechas y errores en el proceso, y se enfatizó que en esos casos sería especialmente positivo que las autoridades competentes pudieran comunicarse de manera fluida.

(258) Noruega presentó el Documento de Trabajo WP 35, *Mecanismos de comunicación: autoridades nacionales competentes*, preparado en conjunto con Francia, Nueva Zelandia, los Países Bajos y el Reino Unido. Los autores del documento recordaron que, durante la XXXVIII RCTA, el Grupo de Trabajo Especial sobre asuntos relativos a las Autoridades Competentes había llegado a la conclusión de que existía la necesidad de desarrollar varios instrumentos y procesos para mejorar la comunicación entre las autoridades competentes, Noruega propuso a la RCTA establecer una lista de contactos para las autoridades competentes y para los RCC y subirla al sitio web de la STA. También se propuso crear un foro de debates para las autoridades competentes en el sitio web de la STA partiendo de la misma interfaz de los foros de la RCTA y del CPA. Noruega recalcó la necesidad de un sistema sencillo, actualizado y transparente, e hizo notar que la lista de contactos existente no estaba actualizada.

(259) La Reunión agradeció a los proponentes de los documentos y demostró un amplio apoyo hacia sus propuestas. Señaló la necesidad de una comunicación eficaz entre las autoridades competentes, sobre todo en aquellos casos en los que participaban operadores de más de una Parte a la hora de otorgar permisos o autorizaciones para una actividad, en los casos de informes de actividades ilegales y en aquellos casos en los que las Partes autorizaban actividades que podían tener un impacto directo sobre otra Parte.

(260) La Reunión debatió sobre el mejor modo de optimizar la coordinación y comunicación entre las autoridades competentes. Señaló que no siempre era claro cuál de las autoridades competentes era responsable de permitir o autorizar una actividad no gubernamental propuesta, y señaló las complejidades que surgían, por ejemplo, cuando se había contactado al menos a dos autoridades competentes en relación con la autorización para una misma actividad. Varias Partes informaron casos reales que permitieron ilustrar dichas complejidades. La Reunión indicó que, en algunas ocasiones, las actividades se definían como una actividad o un conjunto de pequeñas subactividades diferentes y, por esa razón, resaltó la importancia de garantizar que se consideraran, de manera adecuada, todos los aspectos de una actividad, a la vez que se evitara la repetición innecesaria de esos procesos.

(261) La Reunión consideró que la comunicación oportuna entre las autoridades competentes podía ayudar a resolver muchos de los problemas relativos al turismo y las actividades no gubernamentales antes de que estos se intensificaran. Se recordó la Resolución 3 (2004), que alentaba a las Partes a intercambiar información sobre actividades que pudieran tener consecuencias para otras Partes y a consultar a las Partes pertinentes, según correspondiera, durante el proceso de evaluación de las actividades y, cuando correspondiera, antes de tomar cualquier decisión para autorizar una actividad u otorgar un permiso para proceder. Esta Resolución también recomendaba proponer a la Secretaría un único punto de contacto que se encargara de administrar la información referida al turismo y las actividades no gubernamentales en la Antártida. La Reunión señaló la importancia de que las Partes implementaran las recomendaciones contenidas en esta Resolución.

(262) La Reunión expresó su acuerdo en crear una lista de contactos de las autoridades competentes y subirla al sitio web de la STA de modo que fuera fácil de encontrar y estuviera públicamente disponible. También le asignó a la Secretaría la tarea de distribuir por medios electrónicos un recordatorio anual para que las Partes actualizaran la información de contacto de sus autoridades competentes.

(263) La Secretaría informó a la Reunión que contaba con la capacidad y la flexibilidad para organizar la base de datos de contactos a fin de incluir información pormenorizada sobre los puntos de contacto de las autoridades competentes, de conformidad con lo recomendado por las Partes. Se señaló que la Secretaría requería instrucciones más claras y detalladas de las Partes con respecto a las solicitudes específicas para realizar cambios en el sitio web. La Secretaría también manifestó estar preparada para proporcionar a la Reunión toda la información que fuera solicitada y considerada importante para los posteriores debates.

(264) La Reunión aceptó crear un subforo en el sitio web de la Secretaría mediante el cual las autoridades competentes pudieran intercambiar información sobre autorizaciones, permisos y otras cuestiones importantes relativas al turismo. También se logró un acuerdo en relación con la necesidad de mejorar la claridad de la lista de información sobre Puntos de Contacto Nacionales, así como su acceso, en el sitio web de la Secretaría.

Tendencias y patrones

(265) El Reino Unido presentó el Documento de Información IP 34, *Recopilación de datos y elaboración de informes sobre la actividad de yates en la Antártida en 2015/2016*, preparado conjuntamente con la Argentina, Chile y la IAATO. El informe consolidó la información aportada por la Argentina, Chile, la IAATO y el Reino Unido que daba cuenta de los yates avistados en la Antártida o que indicaron su intención de viajar hacia la Antártida durante la temporada 2015-2016. El informe señaló que, de los 41 yates avistados en la Antártida o que indicaron su intención de viajar a la región durante la temporada 2015-2016, un poco menos de la mitad eran miembros de la IAATO, 16 no eran miembros de la IAATO pero contaban con la autorización de una de las Partes para viajar a la Antártida, una embarcación fue avistada en la Antártida pese a que se le había denegado la autorización, se infirió que dos embarcaciones no contaban con autorización para viajar a la Antártida y el estado de la autorización de cuatro yates más era poco claro.

(266) La Reunión agradeció al Reino Unido, la Argentina, Chile y la IAATO por su trabajo al proporcionar el informe sobre la actividad relativa a los yates. Se alentó a las Partes a utilizar el SEII, ya que facilitaba la verificación e identificación de las embarcaciones y también el acceso a los, muchas veces, complicados requisitos de información que enfrentaban las autoridades competentes. La Reunión agradeció a la Secretaría por la herramienta para presentar informes resumidos a través del SEII y por la información apta

para búsquedas sobre la actividad de los yates puesta a disposición en el sitio web de la Secretaría del Tratado Antártico.

(267) En el caso de la llegada a la Antártida de yates no identificados y sin verificar, algunas Partes proporcionaron aclaraciones, en tanto que otras señalaron que seguían recabando información sobre los ciudadanos o embarcaciones de bandera nacional antes de poder tomar medidas. Las Partes también expresaron su voluntad de garantizar que se investigara de manera adecuada cada incidente relacionado con la actividad no autorizada de yates. Varias Partes reiteraron el valor que representaba una lista clara de contactos de autoridades competentes para el seguimiento de los yates.

(268) La Reunión señaló que, incluso con la completa cooperación y colaboración de las autoridades competentes, algunos propietarios y operadores de yates continuaban burlando las normativas y medidas de gestión vigentes. Se expresó un rechazo unánime por las actividades no autorizadas de yates en la Antártida, sobre todo por parte de propietarios y operadores de yates que intencionalmente se valían de tecnicismos para evitar el control de sus operaciones.

(269) La IAATO presentó el Documento de Información IP 104 rev. 1, *Patterns of Tourism in the Antarctic Peninsula Region: a 20-year analysis* [Patrones de turismo en la región de la península Antártica: análisis de 20 años], preparado conjuntamente con Estados Unidos. Se identificaron tres tendencias turísticas principales: que las actividades turísticas se habían concentrado en una cantidad muy pequeña de sitios principalmente libres de hielo que comprendían una superficie total de 200 hectáreas; que era probable que la cantidad de turistas aumentara en los mercados de habla no inglesa; y que el turismo en la Antártida se veía influenciado intensamente por las fuerzas socioeconómicas globales y que, en el futuro, tales proyectos deberán tener en cuenta dichos impactos. La IAATO también presentó el Documento de Información IP 105, *Report on IAATO Operator Use of Antarctic Peninsula Landing Sites and ATCM Visitor Site Guidelines, 2015-16 Season* [Informe sobre el uso de los sitios de aterrizaje de la península Antártica por parte de operadores de la IAATO y Directrices de Sitios para Visitantes de la RCTA, temporada 2015-2016], en el cual se aportaron estimaciones sobre el turismo en la Antártida, proporcionadas por los operadores de la organización, correspondientes a la temporada 2016-2017, así como datos estadísticos extraídos de los informes posteriores a las visitas realizadas durante la recién concluida temporada 2015-2016 y un resumen de los patrones de turismo en la región de la península Antártica.

(270) La Reunión agradeció a la IAATO y a Estados Unidos por la información proporcionada y señaló con interés los resultados del análisis de 20 años de la IAATO. En respuesta a una pregunta, la IAATO confirmó que la naturaleza altamente concentrada del turismo en la Antártida facilitaba la gestión de los sitios visitados a través de un estrecho monitoreo y de instrumentos tales como las directrices para sitios. La IAATO confirmó también que varios sitios alcanzaban ahora las cantidades máximas de visitantes diarios de manera periódica.

(271) Después de un debate sobre la necesidad de mejorar la vigilancia de los sitios de visita, la Reunión acordó incluir esto como un tema en su Plan de Trabajo Estratégico Plurianual. La Reunión aceptó encomendar al CPA la tarea de desarrollar una serie de estimaciones más probables de los niveles críticos estimados que permitieran orientar los esfuerzos de monitoreo, tal como se detalla en la Recomendación 7 del Estudio sobre Turismo del CPA de 2012.

(272) La Argentina presentó el Documento de Información IP 108, *Informe sobre flujos de visitantes y de buques de turismo antártico que operaron en el puerto de Ushuaia durante la temporada 2015/16*. En este documento se informó acerca de la cantidad de pasajeros y embarcaciones que zarparon desde el puerto de Ushuaia hacia la Antártida durante la temporada 2015-2016. El informe incluyó la cantidad de cruceros, las nacionalidades de los pasajeros, la cantidad promedio de tripulación por embarcación, el personal a cargo de los cruceros y los registros de las embarcaciones. Las conclusiones señalaron un ligero aumento en la cantidad de pasajeros, embarcaciones y cruceros en la temporada 2015-2016.

(273) La IAATO presentó el Documento de Información IP 112, *IAATO Overview of Antarctic Tourism: 2015-16 Season and Preliminary Estimates for 2016-17* [Panorama del turismo antártico de la IAATO: temporada antártica 2015-2016 y cálculos preliminares para la temporada 2016-2017]. La IAATO proporcionó las estimaciones del turismo en la Antártida suministradas por sus operadores para la temporada 2016-2017 y los datos estadísticos de los informes posteriores a las visitas de la recién concluida temporada 2015-2016. Señaló que los pasajeros de Estados Unidos, Australia y China constituían el mayor contingente de visitantes. Esas cifras representaban solamente a quienes viajaban con empresas miembros de la IAATO y no incluían a las personas que participaban en proyectos de investigación con apoyo de operadores de la organización.

(274) En relación con este tema del programa, también se presentaron los siguientes documentos, que se consideraron como presentados:

- Documento de Información IP 92, *Taller Nacional de Turismo Antártico, Punta Arenas*, 5 de abril 2016 (Chile). En este documento se presentaron los resultados del Taller Nacional de Turismo Antártico que se realizó en el Instituto Antártico Chileno, en Punta Arenas. El debate permitió compartir perspectivas institucionales, la evaluación del estado actual de las actividades turísticas y sus tendencias a futuro, y el establecimiento de las prioridades nacionales para el turismo en la Antártida.

Sitios

(275) Francia presentó el Documento de Información IP 1, R*einstalling the memorial plaque of Le Pourquoi Pas? on Petermann Island (Charcot's cairn 1909, HSM 27)* [Reinstalación de la placa conmemorativa del Le Pourquoi Pas? en la Isla Petermann (Mojón de rocas Charcot de 1909, SMH n.º 27)], preparado conjuntamente con la IAATO. Francia informó que, tras ser informado de que la placa conmemorativa ubicada en el SMH 27 con la lista de la tripulación del buque de Jean-Baptiste Charcot se había encontrado en el suelo, había establecido un plan en colaboración con la IAATO para reinstalar la placa. Los trabajos culminaron de manera exitosa el 13 de enero de 2016. Francia agradeció a la IAATO por su colaboración.

(276) La Argentina presentó el Documento de Investigación IP 101, *Análisis de las medidas de manejo de la Política de Gestión del Turismo para la Base Científica Brown*, en el cual se proporcionó un análisis de las actividades de gestión del turismo que se implementaron en la estación Brown a partir de la temporada 2013-2014, con un énfasis especial en los resultados exitosos que se obtuvieron durante el primer año de implementación de estas actividades de gestión. La IAATO agradeció a la Argentina por la aplicación de dichas medidas en la estación Brown. La Argentina también presentó el Documento de Información IP 114, *Áreas de interés turístico en la región de la Península Antártica e Islas Orcadas del Sur. Temporada 2015/2016*, en el cual se informó sobre la distribución de las visitas de turistas en la península Antártica y en la región de las islas Orcadas del Sur de acuerdo con los viajes realizados por buques que operaron a través de puerto de Ushuaia durante la temporada de verano 2015-2016. La Argentina señaló que se identificaron ocho zonas de visitas en la península Antártica y en la región de las islas Orcadas del Sur y resaltó que las más visitadas fueron el lado oeste de la península Antártica central y las islas Shetland del Sur, seguidas por la zona sudoeste.

(277) Bélgica presentó el Documento de Información IP 56, *Developing a blue ice runway at Romnoes in Dronning Maud Land* [Desarrollo de una pista de aterrizaje de hielo azul en Romnoe, Tierra de la Reina Maud]. En el documento se informó sobre la construcción de una pista de aterrizaje de hielo azul en Romnoe, Tierra de la Reina Maud, en las cercanías de la estación belga Princesa Isabel, por parte de un operador privado. Se indicó que el operador, ALCI, había expresado su intención de presentar una IEE o una CEE en la XXXVIII RCTA, pero que no había estado en condiciones hacerlo. Las Partes cuestionaron si las actividades que se habían realizado durante las últimas temporadas contaban con la cobertura de un permiso o una autorización de una Parte del Tratado Antártico: el operador había realizado un vuelo de prueba en la pista de aterrizaje durante la temporada 2014-2015 y se habían previsto trabajos de preparación durante la temporada 2015-2016, pero se detuvieron. Aunque Bélgica reconoció las posibles ventajas que el proyecto representaría para la estación belga Princesa Isabel y para la red DROMLAN (Red Aérea de la Tierra de la Reina Maud) en su conjunto, consideró que se debían abordar de manera adecuada las siguientes inquietudes, entre otras: la posible carga que representaría para las actividades realizadas en la estación Princesa Isabel, así como sus consecuencias; la presentación de una CEE o, al menos, una IEE para que la RCTA pudiera evaluar dicha pista de aterrizaje; el sistema de autorización o permiso que se aplicaría; y si se aplicarían a la pista de aterrizaje las normativas específicas sobre turismo. Mediante este documento, Bélgica invitó a las demás Partes a unirse en una reflexión sobre el desarrollo del proyecto y sus posibles consecuencias, incluidas las que podrían afectar al medioambiente.

(278) La Reunión agradeció a Bélgica por presentar este útil documento y reconoció las inquietudes formuladas. Puso de relieve la importancia de garantizar que los operadores privados cumplieran con los actuales procedimientos y normativas. Varias Partes enfatizaron la necesidad de que, en casos como este, se garantizara un intercambio de información directo y transparente entre las Partes y los operadores turísticos.

(279) Sudáfrica informó que no contaba con los procedimientos necesarios en sus reglamentaciones nacionales para permitir o autorizar dichas actividades, pero garantizó a las Partes que había realizado una revisión completa de los permisos para las actividades no gubernamentales permitidas por otras Partes. Sudáfrica informó que todas las demás actividades del operador privado contaban con un permiso entregado por la Federación de Rusia y que, cuando se le informó acerca de la totalidad de las actividades que se

realizaban en Romnoe, le había recordado al operador privado los requisitos del Protocolo Ambiental. También señaló que ALCI confirmó la suspensión de todas sus actividades relacionadas con la pista de aterrizaje.

(280) La Federación de Rusia resaltó que el proyecto DROMLAN tenía una naturaleza intergubernamental y que el desempeño de los operadores aéreos se evaluaba de manera anual. Enfatizó que, por varias razones, DROMLAN había decidido que era necesario construir una pista de aterrizaje de reserva en Romnoe, pero que no se pretendía que fuese una pista de aterrizaje principal. La red DROMLAN había aceptado el desarrollo del proyecto y del vuelo de prueba durante la temporada 2014-2015. La Federación de Rusia confirmó también su participación en el vuelo de prueba como consultor de ALCI. Debido a que la explotación de la pista de aterrizaje no requería de la construcción de infraestructura, la Federación de Rusia consideró que esta no causaría un impacto considerable en el medioambiente. La Federación de Rusia recalcó su compromiso de proporcionar transporte seguro en la zona de la Tierra de la Reina Maud.

(281) Las Partes intercambiaron más información acerca del desarrollo de la pista de aterrizaje de hielo azul. Señalaron, con inquietud, que existían variadas inferencias contradictorias sobre la naturaleza de dichas actividades y la forma en la que se habían autorizado, además de un alto grado de confusión al momento de adjudicar responsabilidades. Noruega confirmó que DROMLAN no había otorgado su aprobación al proyecto. Varias Partes destacaron que, pese a que la pista de aterrizaje de hielo azul no requería la construcción de infraestructura, el simple aterrizaje de una aeronave y la descarga de pasajeros podrían causar un impacto medioambiental que debía tenerse en cuenta. Otras inquietudes expresadas por las Partes incluyeron: el hecho de que no se hubieran otorgado los permisos necesarios para el proyecto y que no se siguieran los procedimientos de autorización establecidos por el STA; el hecho de que no se hubieran realizado las correspondientes CEE o EIA; que DROMLAN no contaba con los derecho legales para autorizar la actividad o permitir que se construyera dicha pista de aterrizaje; la posibilidad de que la pista de aterrizaje se utilizara como un sitio de aterrizaje turístico, aparte de su uso para el programa nacional; que no se hubiera solicitado ninguna autorización para realizar el aterrizaje de prueba; y que este caso podía sentar un inquietante precedente. Pese a que algunas Partes sugirieron que el CPA debía considerar este asunto, otras Partes fueron enfáticas en cuanto a que la RCTA era el foro adecuado para considerarlo y cuestionaron la razón por la que no se había presentado el tema ante la Reunión con anterioridad.

(282) La Reunión aceptó la oferta de Bélgica y Noruega de investigar más a fondo la construcción de la pista de aterrizaje de hielo azul antes de que se llevaran a cabo nuevas actividades en el marco de este proyecto, y de informar a la XL RCTA al respecto.

(283) La IAATO presentó el Documento de Información IP 121, *IAATO Wildlife Watching Guidelines for Emperor Penguins and Leopard Seals* [Directrices de observación de la vida silvestre de la IAATO para los pingüinos emperador y las focas leopardo], en el que se presentaron dos nuevos conjuntos de directrices de la IAATO sobre observación de la vida silvestre: uno relativo a los pingüinos emperador y otro sobre las focas leopardo. También se presentó un breve instructivo animado que se creó para complementar el actual instructivo de carácter obligatorio, y se remitió a las Partes al Documento de Información IP 107, How to be a Responsible Antarctic Visitor: IAATO's New Animated Briefings [Cómo ser un visitante responsable de la Antártida: nuevos instructivos animados de la IAATO].

(284) La Reunión agradeció a la IAATO y expresó su apoyo por el desarrollo de directrices para la observación de la vida silvestre. Varias Partes felicitaron a la IAATO por la útil animación y resaltaron la calidad de la presentación.

Tema 18: 25.° Aniversario del Protocolo al Tratado Antártico sobre Protección del Medio Ambiente

(285) El presidente, el embajador Francisco Berguño, abrió el Simposio de celebración del 25.° aniversario del Protocolo Ambiental el 30 de mayo de 2016 y dio la bienvenida a los participantes. Recordó que, en la XXXVIII RCTA, se acordó realizar un simposio para celebrar y debatir acerca de los logros relativos al papel del Protocolo Ambiental como marco para el progreso de la protección del medioambiente en la Antártida y para centrarse en garantizar que el Protocolo fuera un instrumento perdurable. Agradeció a Noruega por liderar el trabajo de preparación del Simposio (Documento de Trabajo WP 49, XXVIII RCTA - Documento de Trabajo WP 44).

(286) Durante la Reunión, el Honorable Bob Hawke, anterior primer ministro de Australia, hizo uso de la palabra en video y declaró que la ratificación del Protocolo Ambiental era un logro notable de importancia internacional. Destacó que la apertura de la Antártida a la minería, que estuvo en negociaciones durante la década anterior a la firma del Protocolo Ambiental, habría sido un crimen contra la vida silvestre antártica. Señaló que, al trabajar

juntas, las Partes se embarcaron en una nueva dirección, donde la protección del medioambiente antártico como reserva natural consagrada a la paz y a la ciencia era una prioridad. Tras mencionar la creciente demanda mundial en cuanto a los recursos minerales, señaló que la inclusión el Artículo 7 del Protocolo, que prohibía toda actividad relacionada con los recursos minerales distinta de la investigación científica, fue la decisión correcta. El Sr. Hawke reflexionó sobre la naturaleza singular de la Antártida, los atributos que le confieren importancia científica y sus significativas maravillas naturales. Consideró que la Antártida merecía la máxima protección, por lo que instó a las Partes No Consultivas que aún no habían suscrito el Protocolo a que lo hicieran. Tras mencionar la común y errónea interpretación de que la prohibición de la actividad minera expiraría en 2048, hizo un llamado a las Partes a reafirmar su compromiso con la prohibición permanente de las actividades relativas a recursos mineros en la Antártida.

(287) El Honorable Edgardo Riveros, subsecretario de relaciones exteriores de Chile, hizo uso de la palabra durante la reunión y confirmó el lugar fundamental que ocupa el Protocolo Antártico en el Sistema del Tratado Antártico. Al señalar que su negociación e implementación iniciaron una nueva fase del Sistema del Tratado Antártico que había dejado atrás las expectativas sobre explotación de recursos minerales, afirmó que las Partes habían tomado la decisión correcta. Recordó que, cuando las Partes se reunieron en Viña del Mar para comenzar las negociaciones en 1990 (RCETA X, RCETA XI-1), el objetivo era acordar un instrumento internacional que redujera la huella de las actividades humanas en el continente. El Protocolo resultante puso al Tratado Antártico en camino a una mayor protección medioambiental e instó a las Partes a seguir renovando su compromiso con ese camino. El Honorable Edgardo Riveros felicitó a la RCTA por reservar un día completo a la conmemoración del 25.° aniversario de firma del Protocolo. Señaló que, entre los desafíos actuales se incluían los siguientes: la falta de comprensión pública del Sistema del Tratado Antártico y de la prohibición de la actividad minera por parte del Protocolo Ambiental; el aumento de la cantidad de turistas y visitantes no gubernamentales a la Antártida; y el lento proceso de aprobación del Anexo VI sobre responsabilidades emanadas de emergencias medioambientales. Para finalizar, incentivó a las Partes a que adoptaran un firme compromiso político con el Protocolo como pieza central fundamental del Sistema del Tratado Antártico.

(288) Tras los discursos inaugurales, la Reunión aprobó la Declaración de Santiago sobre el 25.° Aniversario de la Firma del Protocolo al Tratado Antártico sobre Protección del Medio Ambiente (véase el Apéndice 1).

Tema 1: El Protocolo como sobresaliente acuerdo marco mundial para la conservación y protección medioambientales

(289) El Sr. Evan Bloom, de Estados Unidos, realizó una presentación sobre "La historia del Protocolo, su visión subyacente y sus efectos". Hizo referencia al singular y extraordinario medioambiente antártico y a su papel como el principal laboratorio científico del mundo, que ha contribuido en particular a nuestra comprensión del cambio climático. Las Partes del Tratado Antártico tomaron una decisión sabia cuando dejaron atrás el enfoque de la Convención para la Reglamentación de las Actividades sobre Recursos Minerales Antárticos (CRAMRA) y decidieron negociar y aprobar el Protocolo. El Tratado Antártico nunca se concibió como un instrumento para la protección del medioambiente. La Convención sobre la Conservación de los Recursos Marinos Vivos Antárticos (CCRVMA) fue y aún es un instrumento ambiental, ya que fue uno de los primeros tratados en seguir un enfoque basado en el ecosistema hacia la gestión de las pesquerías, pero era necesario algo más. En 1991, a solo dos años de que la CRAMRA quedara sin efecto, la RCTA acordó el Protocolo. Su piedra angular es el Artículo 7, que prohíbe toda actividad relativa a los recursos minerales distinta de la investigación científica, lo cual fue un paso decisivo para la protección del medioambiente. En el marco del Protocolo, se incluyen muchas otras disposiciones y anexos que abordan, entre otros, las evaluaciones del impacto ambiental, la gestión de residuos y el establecimiento de zonas protegidas. El Anexo VI sobre responsabilidad, si bien no ha entrado aún en vigor, presenta un enfoque único hacia la responsabilidad y refleja medios prácticos para proteger el medioambiente antártico. El Comité para la Protección del Medio Ambiente tiene también una importante función dentro del Sistema del Tratado, ya que proporciona asesoramiento y recomendaciones claves. El Sr. Bloom instó a las Partes a aprovechar esta oportunidad de mirar hacia el futuro y pensar en formas innovadoras de mantener los más elevados niveles de vigilancia y protección del medioambiente. En el futuro, las presiones sobre el medioambiente antártico solo aumentarán. Los retos son muchos: el cambio climático, las especies no autóctonas, los efectos de las actividades tanto gubernamentales como no gubernamentales. Las amenazas para el medio marino también aumentan y precisan de atención, ya sea a través del Protocolo o de la CCRVMA. El Protocolo de Madrid es un extraordinario logro para la diplomacia internacional. Es un régimen que ha cumplido sus promesas pese a las dificultades aún presentes. El Sr. Bloom afirmó que todas las Partes podían sentir orgullo en el aniversario de

este singular acuerdo que ha estado, y seguirá estando, al servicio de altos ideales, los cuales materializó en 1991.

(290) La Sra. Therese Johansen, de Noruega, dio una presentación sobre "El Protocolo en comparación con otros acuerdos marco medioambientales globales y regionales". Tras señalar su énfasis en los conocimientos científicos, en el enfoque ecosistémico de la gestión y en el marco para la cooperación y coordinación intersectoriales, la Sra. Johansen hizo referencia al Protocolo Ambiental como el pilar medioambiental del Sistema del Tratado Antártico. La Sra. Johansen afirmó que el marco del Protocolo Antártico se utilizó como modelo e inspiración para otros acuerdos marco medioambientales globales y regionales, entre los que se incluía la *Convención para la Protección del Medio Ambiente Marino del Atlántico del Nordeste* (la Convención OSPAR). Indicó que las relaciones institucionales entre la RCTA, el CPA, la CCRVMA, la OMI y las autoridades competentes eran mecanismos probados y comprobados para la eficaz cooperación internacional. La Sra. Johansen elogió el Protocolo Ambiental e hizo referencia a su marco institucional como la "regla de oro" de la protección del medioambiente.

(291) El Sr. Olivier Guyonvarch, de Francia, leyó un mensaje del Honorable Michel Rocard, ex primer ministro de Francia y embajador de los Polos. En su mensaje, el Sr. Rocard señaló que el 25.° aniversario del Protocolo Ambiental era un momento para renovar el llamado a las Partes a alentar a nuevos signatarios del Protocolo Ambiental. Destacó los valores en los que se basa el Protocolo Ambiental e instó a las Partes a renovar de manera incesante estos valores dentro del Sistema del Tratado Antártico. El Embajador Rocard propuso, además, un Día Internacional de la Antártida para difundir entre el público información sobre la Antártida.

(292) La Reunión agradeció al Sr. Evan Bloom y a la Sra. Therese Johansen y al Sr. Olivier Guyonvarch por sus presentaciones. Las Partes recordaron el contexto histórico del Protocolo Ambiental y elogiaron el desarrollo de un marco único y previsor dedicado a la protección del medioambiente antártico. Las Partes manifestaron que el Protocolo Ambiental fue un pilar del Sistema del Tratado Antártico y un hito de la protección medioambiental que era digno de celebración. Varias Partes se refirieron al anterior desarrollo de la CCRVMA y la CCFA, e indicaron el rol de dichos instrumentos en el fortalecimiento de la protección medioambiental en el Sistema del Tratado Antártico.

(293) La Reunión reconoció el importante logro de la prohibición de las actividades relativas a los recursos minerales en la Antártida y elogió la flexibilidad y amplitud de los Anexos del Protocolo para abordar los nuevos desafíos que

se enfrentaban en la Antártida. También destacó la importancia de garantizar que el Protocolo Ambiental se mantuviera como un instrumento legal flexible, capaz de adaptarse a los desafíos futuros. Algunas Partes señalaron que la lenta ratificación del Anexo VI demostraba las dificultades de adaptar el marco del Protocolo Ambiental a las circunstancias actuales y futuras.

(294) Señalando su contexto histórico, las Partes alentaron la renovación del entusiasmo hacia la protección del medioambiente, tal como se demostró con la firma del Protocolo Ambiental. También señalaron la importancia de garantizar la necesidad de seguir dependiendo de la evidencia científica y cultivando la capacidad científica a través de las generaciones.

Tema 2: Eficacia del Protocolo

(295) El Dr. José Retamales, de Chile, dio una presentación titulada "Un análisis del Protocolo al Tratado Antártico sobre Protección del Medio Ambiente y sus anexos". Tras señalar que la fase inicial del Tratado Antártico se había centrado en estabilizar los riesgos para la seguridad del continente y que la segunda fase abordó la regulación de los recursos del continente, el Dr. Retamales recalcó que el Protocolo ponía la protección medioambiental en el centro de la atención del Sistema del Tratado Antártico. El Dr. Retamales recordó que, a comienzos de la década de 1970, las contribuciones científicas sobre evaluaciones medioambientales incentivaron a las Partes a dar prioridad al proceso de EIA en las negociaciones del Protocolo. Asimismo, destacó que la colaboración logística y científica constante fue fundamental para reducir al mínimo los impactos medioambientales relativos a las actividades humanas. El Dr. Retamales subrayó que el Protocolo Ambiental facilitó la protección de todas las especies vivas, incluidas aquellas que eran invisibles, y recalcó que la investigación científica y la comunicación sobre biodiversidad eran claves para lograr una mayor comprensión de aquello que se debía proteger. Reconociendo la importancia del kril como una especie fundamental y como un recurso marino vivo, el Dr. Retamales informó acerca de investigaciones que sugerían que era probable que el kril no sobreviviera a la cada vez mayor acidificación del océano. Subrayó también la importancia de comprender mejor los impactos del cambio climático sobre el medioambiente antártico e indicó que Chile había cumplido con siete de los nueve señalizadores de vulnerabilidad ante los efectos adversos del cambio climático identificados en el Artículo 4 de la CMNUCC.

(296) El Dr. Aleks Terauds presentó un documento titulado "La efectividad del Protocolo desde el punto de vista de un científico" en nombre del SCAR. El

Dr. Terauds identificó diferentes actividades humanas actuales y futuras que suponían una amenaza al medioambiente antártico, entre las que se incluían las actividades relativas a los recursos minerales, el cambio climático y la introducción de especies no autóctonas. Puso de relieve la importancia de la protección que confería el Protocolo Ambiental, desde la designación del Área del Tratado Antártico como reserva natural consagrada a la paz y a la ciencia, hasta las protecciones específicas descriptas en los Anexos. Señaló que el SCAR había reconocido el desafío de proporcionar cada vez más asesoramiento científico al Tratado mediante el establecimiento de grupos específicos para dar respuesta de manera más rápida a los requisitos del Tratado, por lo que se encontraba en buena posición para responder a las crecientes demandas del Protocolo. El Dr. Terauds indicó que, desde el punto de vista científico, el foco que hacía el Protocolo Ambiental en los principios medioambientales proporcionaba la oportunidad de utilizar la ciencia como guía para las actividades. En este sentido, recalcó que el SCAR había elaborado con éxito varios códigos de conducta para orientar la gestión de las actividades y asistir a los Programas Antárticos Nacionales en relación con la protección del medioambiente, e informó sobre el desarrollo de directrices y marcos para contribuir a la implementación de los desafíos específicos que presentaban los requisitos de los Anexos. El Dr. Terauds finalizó reiterando la importancia del CPA y su relación directa con la ciencia a través de las Partes y del SCAR. Además, señaló que el SCAR seguiría asesorando al CPA sobre temas prioritarios, de acuerdo con los requisitos del Protocolo, y que fortalecería sus relaciones con el COMNAP y con los Programas Antárticos Nacionales con el objetivo de mejorar los resultados científicos.

(297) El Dr. Yves Frenot, de Francia, en su carácter de vicepresidente del COMNAP, presentó en nombre del COMNAP el documento titulado "Implementación del Protocolo Ambiental: la perspectiva de un operador sobre su impacto en el apoyo de la ciencia", redactado en conjunto con el profesor Kazuyuki Shiraishi de Japón, un presidente del COMNAP, y Michelle Rogan-Finnemore, secretaria ejecutiva del COMNAP. Centrado en la contribución del COMNAP al desarrollo de los requisitos del Protocolo, el documento proporcionó ejemplos prácticos de la respuesta del COMNAP a los requisitos de EIA y la gestión de residuos presentados en el Protocolo. Reflexionando más ampliamente, el Dr. Frenot señaló que la colaboración internacional efectiva podría ser el mejor mecanismo de protección medioambiental en apoyo de los principios e ideales del Tratado Antártico y el Protocolo Ambiental. Enfatizó que el COMNAP ya estaba mirando al futuro, en particular mediante los Desafíos de la Hoja de Ruta Antártica (ARC), que

identificaba los requisitos tecnológicos y operativos que eran cruciales para apoyar las próximas actividades científicas. El Dr. Frenot enfatizó que las actividades de las Partes en la Antártida debían considerarse en el contexto de la seguridad para la vida humana y la protección del medioambiente.

(298) El Dr. Frenot señaló que, antes del Protocolo, el SCAR y el COMNAP habían desarrollado directrices sobre mejores prácticas para la evaluación medioambiental. El Dr. Frenot recalcó la alta demanda de recursos para los Programas Antárticos Nacionales que deseaban desarrollar infraestructura para apoyar la ciencia en la Antártida y señaló que tendrían que implementar las actividades conforme a las disposiciones de las CEE. Tras poner de relieve el papel del COMNAP en el desarrollo del formulario de informe de gestión de residuos, el Dr. Frenot indicó que la información recopilada había ofrecido una útil perspectiva del ámbito de la gestión de residuos y de las diferentes prácticas de los diversos Programas Antárticos Nacionales, que incluían procesos sofisticados para reducir, clasificar y reciclar los residuos. El Dr. Frenot mencionó los desafíos específicos que presentaba el Artículo 1 del Anexo III al Protocolo Ambiental en relación con la gestión o la limpieza de los sitios históricos de desechos y destacó los costos, las dificultades logísticas, los riesgos al medioambiente, los problemas de seguridad y las susceptibilidades de naturaleza política.

(299) El Dr. Ricardo Roura, de la ASOC, realizó una presentación sobre las "Perspectivas de las OANG con respecto al Protocolo Ambiental Antártico", preparado en conjunto con Claire Christian, de la ASOC. El Dr. Roura señaló la manera en que los objetivos, las designaciones y los principios del Protocolo habían cumplido, en diferentes grados, con los principios sobre la Antártida promovidos por las Organizaciones Ambientalistas No Gubernamentales (OANG) a fines de las décadas de 1970 y 1980. Enfatizando que la implementación del Protocolo había sido un continuo de éxitos y dificultades, destacó cómo la implementación del Protocolo Ambiental se había convertido en un componente clave para la mayoría de las operaciones en la Antártida y cómo los conceptos y objetivos contemplados en el Protocolo Ambiental se compartían con otros organismos del Tratado Antártico. El Dr. Roura enumeró algunos de los éxitos del Protocolo, entre los que se incluían la prohibición de la minería (Artículo 7), la protección del medioambiente durante la planificación y realización de actividades (Artículos 3 y 8), la creación del CPA (Artículo 11), la ampliación de las inspecciones en cumplimiento con el Protocolo (Artículo 14) y los anexos específicos sobre temas claves relativos a las operaciones antárticas y al medioambiente. También enumeró los desafíos, entre los que se incluían

el reconocimiento de los valores de la vida silvestre en la mayoría de las operaciones, la aplicación de un enfoque precautorio, las medidas tomadas frente los impactos acumulativos de las actividades, el aumento de la vigilancia del medioambiente, la falta de un régimen completo de zonas protegidas y las dificultades en la implementación de los criterios de cumplimiento de las diferentes Partes. El Dr. Roura enfatizó que, durante al menos los próximos 25 años, las Partes tendrán que mantener los éxitos de los primeros 25 años y abordar los desafíos constantes, como la mayor cantidad actividades y participantes en la Antártida, el aumento de la presión medioambiental terrestre y marina, y el cambio climático. Para concluir, el Dr. Roura presentó dos modelos según los cuales se podía considerar el Protocolo en la Reunión: como un conjunto de reglas sobre temas específicos o como un principio orientador. Tras recalcar que el Protocolo debía ser más que la suma de sus partes, el Dr. Roura instó a que se utilizara un enfoque basado en el pensamiento estratégico, guiado por la visión del Protocolo, hacia protección del medioambiente, y en el desarrollo de mayores sinergias entre los distintos participantes, operadores e instrumentos.

(300) La Dra. Kim Crosbie, de la IAATO, realizó una presentación referida a "Los efectos del Protocolo sobre Protección del Medio Ambiente Antártico desde el punto de vista de la IAATO", en nombre de la IAATO. La Dra. Crosbie enfatizó la importancia del enfoque integral del Protocolo hacia la gestión ambiental de todas las actividades realizadas en el Área del Tratado Antártico. Como una reflexión en cuanto a que la IAATO se fundó el mismo año en que se negoció el Protocolo Ambiental, la Dra. Crosbie destacó el significativo impacto del Protocolo en las actividades y operaciones de la IAATO e indicó que el proceso de EIA se había tornado útil como un marco común para los operadores de la IAATO. La Dra. Crosbie también destacó que el rol de los requisitos sobre bioseguridad contenidos en el Anexo II tuvo un impacto importante para los operadores de la IAATO. Señalando que la misión principal de la IAATO era garantizar que el impacto en el medioambiente fuera mínimo o transitorio, la Dra. Crosbie mencionó también el objetivo de la IAATO de crear embajadores de la zona antártica. Tras referirse a la forma en que todos los operadores de la IAATO les enseñaban a sus clientes sobre el Tratado Antártico y los principios del Protocolo Ambiental, la Dra. Crosbie destacó la manera en que los visitantes tomaban esos principios y los aplicaban a otras áreas de la conservación mundial. Para concluir, la Dra. Crosbie elogió a las Partes por su constante trabajo e hizo notar la función fundamental que tenía la conservación de la zona antártica para la conservación mundial.

(301) La presentación del profesor Rüdiger Wolfrum, de Alemania se centró en el Anexo VI sobre Responsabilidad emanada de emergencias ambientales. El profesor Wolfrum indicó que el Anexo VI agregaba una protección efectiva al medioambiente antártico y que el Protocolo Ambiental y sus anexos habían proporcionado el punto de partida para los reglamentos de la Autoridad Internacional de los Fondos Marinos relativos a las actividades mineras en el lecho marino profundo. En relación con los avances del derecho internacional consuetudinario, la jurisprudencia del tribunal y el *Proyecto de artículos sobre la responsabilidad del Estado por hechos internacionalmente ilícitos* de la Comisión de Derecho Internacional, el Profesor Wolfrum recomendó que las Partes analizaran y discutieran si el Anexo VI debía ampliarse para incluir los ecosistemas dependientes dentro del régimen, en lugar de mantenerse restringido al Área del Tratado Antártico. El profesor Wolfrum mencionó que, cuando consideraran el cambio climático, la interdependencia de los medioambientes fuera del Área del Tratado Antártico y la responsabilidad, las Partes debían tomar en consideración la *Convención de las Naciones Unidas sobre el Derecho del Mar* y sus interacciones con el Sistema del Tratado Antártico. Destacó que las acciones de los ciudadanos se podían atribuir al Estado, pese al común malentendido sobre la jurisdicción bajo el Sistema del Tratado Antártico, y que eso recalcaba aún más importancia de las disposiciones sobre responsabilidad del Protocolo Ambiental. Señaló, además, que existía otra idea errónea en cuanto a que no podía cuantificarse el daño medioambiental en términos económicos. El profesor Wolfrum concluyó que el Sistema del Tratado Antártico debía procurar mantenerse a la delantera del derecho ambiental internacional.

(302) Andrew Wright, Secretario Ejecutivo de la CCRVMA, felicitó a las Partes en ocasión del 25.° aniversario de la firma del Protocolo. La CCRVMA destacó el compromiso de sus Miembros con la implementación efectiva del Protocolo Ambiental. Indicó que el cambio climático y sus implicaciones para el ecosistema antártico presentaban dificultades para el SC-CAMLR al momento de incluir precauciones cuando brindaba asesoramiento científico a la CCRVMA. La CCRVMA indicó que una mayor cooperación entre el SC-CAMLR y el CPA desde 2009 había sentado una sólida base con la que ambos organismos podían asegurarse de brindar el mejor asesoramiento científico disponible a las Partes y los Miembros. La CCRVMA señaló su interés en fortalecer su relación con el CPA para abordar los desafíos prioritarios de la ciencia y la protección medioambiental en el futuro. La CCRVMA incentivó a las Partes a centrarse en seguir fortaleciendo los programas de investigación científica y aumentar la capacidad científica en

el Sistema del Tratado Antártico a fin de comprender mejor los cambios que impactan el medioambiente antártico.

(303) Las Partes recalcaron que el funcionamiento eficaz del Sistema del Tratado Antártico dependía de la cooperación de sus componentes y que la eficacia del Protocolo dependía de la forma en que se integraran los principios medioambientales en el trabajo de dichos componentes. Las Partes también reflexionaron con respecto a la importancia de la cooperación e interacción entre las Partes, los Observadores y los Expertos durante los períodos intersesionales y en las RCTA, y debatieron sobre la forma en que se debía seguir avanzando al respecto.

(304) Varias Partes destacaron la importancia de basar las actuales y futuras decisiones de gestión en la mejor evidencia científica disponible y señalaron que eso podría facilitarse con una mayor colaboración científica, el desarrollo de capacidades y un aumento de la asignación de recursos para la ciencia en el mediano y largo plazo.

(305) La Reunión instó a las Partes No Consultivas a ratificar el Protocolo y sus Anexos. También agradeció el anuncio de Suiza mediante el cual el país señalaba que se encontraba en el proceso de ratificación del Protocolo Ambiental. Japón también alentó a las Partes No Consultivas a que se volvieran Partes Consultivas e indicó la importante necesidad de mejorar la apertura y transparencia del Sistema del Tratado Antártico.

Tema 3: El Comité para la Protección del Medio Ambiente

(306) Ewan McIvor, presidente del Comité para la Protección del Medio Ambiente, hizo una presentación sobre "El funcionamiento del Comité para la Protección del Medio Ambiente". Señaló que el CPA tenía la importante responsabilidad de asesorar a las Partes sobre las mejores formas de proteger el medioambiente antártico. El Sr. McIvor destacó algunas de las dificultades que influían en el funcionamiento del CPA, entre las que se incluían el volumen de trabajo cada vez mayor, la necesidad de mantener el ritmo con la complejidad creciente del trabajo debido a los cambios medioambientales y los cambios en las actividades humanas, y el desarrollo de prácticas medioambientales. Para mejorar su eficacia, el CPA creó actividades intersesionales, tales como los GCI, los órganos subsidiarios y talleres, las herramientas de planificación estratégica (entre las que se incluía el Plan de Trabajo Quinquenal con elementos prioritarios), las herramientas de planificación y los lineamientos para la revisión de CEE, ZAEA, ZAEP

y Especies especialmente protegidas, y la colaboración estrecha con Observadores y Expertos.

(307) Con el fin de garantizar que el Comité se mantuviera bien posicionado para ayudar a las Partes, el Sr. McIvor sugirió que las Partes podían considerar las siguientes posibilidades:

- Aumentar el nivel de compromiso de sus representantes en las reuniones anuales del CPA y durante las actividades intersesionales.
- Ampliar la membresía del CPA a través del fomento de nuevas adhesiones al Protocolo.
- Desarrollar a los representantes del CPA del futuro.
- Promover y apoyar las actividades científicas que apuntan a una mayor comprensión y un mejor tratamiento de los desafíos medioambientales que enfrenta la Antártida.
- Considerar la entrega de retroalimentación sobre las prioridades del Comité, en especial con respecto a la gobernanza y la gestión de la región antártica.
- Poner a disposición recursos financieros o de otro tipo para apoyar las actividades del CPA.

(308) La Reunión agradeció al Sr. McIvor por su presentación y acogió de buen grado sus recomendaciones tendientes a garantizar que el CPA se mantuviera bien posicionado para ayudar a las Partes. Indicando que el CPA había sido el eje central de la RCTA, la Reunión acordó que aumentaría su participación en el CPA y que ayudaría al Comité a gestionar sus prioridades.

(309) Algunas Partes también identificaron la necesidad de reevaluar la estructura de la RCTA y determinar la forma en que el CPA podía mejorar los debates de la RCTA.

(310) Al reflexionar sobre la importancia de la cooperación en todos los aspectos de la actividad antártica, varias Partes citaron ejemplos específicos de la forma en que trabajar junto al personal de otros Programas Antárticos Nacionales mejoró su capacidad. La Reunión instó a las Partes a implementar un intercambio más sistemático de personal para mejorar la cooperación, la comprensión y el intercambio de conocimientos entre las Partes, especialmente entre las Partes con mayor experiencia y capacidad, y los nuevos Miembros del Sistema del Tratado Antártico.

Tema 4: Los próximos 25 años

(311) El Sr. Rodolfo A. Sánchez, de la Argentina, realizó una presentación sobre "El futuro de la gestión ambiental en la Antártida", que se centró en los desafíos para la gestión medioambiental que enfrentarían los Programas Antárticos Nacionales en los siguientes años debido a presiones internas y externas. Esos desafíos incluían encontrar formas de gestionar los problemas de financiamiento, la diversificación de los proveedores de servicios al utilizar operadores privados, el rápido desarrollo de nuevas tecnologías, los impactos del cambio climático en el Área del Tratado Antártico y la posibilidad de modificar las prioridades de los programas antárticos, los amplios y diversos programas científicos, la dependencia de los combustibles fósiles en las operaciones y la pasividad institucional y estructural. Tras reflexionar sobre las opciones disponibles para abordar los desafíos futuros, el Sr. Sánchez mencionó las opciones estratégicas, incluida la certificación ISO 14001, que permitirían que los Programas Antárticos Nacionales establecieran objetivos y metas y los sometieran a una evaluación constante. También propuso considerar las nuevas tecnologías para mejorar la infraestructura y reducir la huella humana en la Antártida, mejorar la cooperación internacional y el intercambio de conocimientos en términos de gestión medioambiental, eliminar la disparidad de los niveles de implementación entre los diferentes países mediante estrategias innovadoras de cooperación, así como utilizar de mejor manera las herramientas de observación y control de las operaciones antárticas. El Sr. Sánchez destacó que las mejoras en la tecnología fomentarían una mejor eficiencia energética e indicó que también abrirían áreas de la Antártida que no se encontraban abiertas antes. En conclusión, el Sr. Sánchez le recordó a la Reunión que era necesario fomentar la implementación de mejores normas medioambientales basadas en la cooperación mutua, que los desafíos medioambientales solo se cumplirían si se progresaba de manera colectiva en lugar de individual y que debía mantenerse informada a la sociedad acerca de las actividades de las Partes en la Antártida y su compromiso de proteger el medioambiente antártico.

(312) En su presentación sobre el futuro del Protocolo Ambiental, la Sra. Jillian Dempster, de Nueva Zelandia, recordó que el Protocolo había fortalecido una visión ambiciosa y firme del futuro de la Antártida. La Sra. Dempster indicó que el Protocolo tenía como objetivo ser una herramienta dinámica interactiva capaz de responder a los desafíos que enfrentaba el medioambiente antártico, como la actividad humana en aumento en la Antártida y el cambio

climático. Destacó las áreas clave que requerían la atención de las Partes al planificar los siguientes 25 años. En primer lugar, se necesitaba una gestión sabia del medioambiente antártico para garantizar que no se desgastaran los valores del Protocolo ni de la zona antártica para la ciencia. Para garantizar que el Protocolo se implementara de manera efectiva, la Sra. Dempster identificó la necesidad de actualizar los Anexos continuamente y mantenerlos alineados con las prácticas recomendables y utilizó el ejemplo del Anexo IV, sobre Prevención de la contaminación marina, que debía considerarse y, posiblemente, actualizarse a fin de reflejar la entrada en vigor del Código Polar el 1 de enero de 2017. También debía considerarse la inclusión de otros anexos para responder a los desafíos nuevos y emergentes. En segundo lugar, la Sra. Dempster destacó la necesidad de un Sistema del Tratado Antártico que perdurara en el tiempo mediante la inversión en el régimen de gobernanza. También señaló que eso podía implicar que las Partes solicitaran a la Secretaría tareas cada vez más complejas, lo que implicaría una posible mayor demanda de inversión para la Secretaría. Destacó que era importante garantizar que los programas de la RCTA y del CPA se mantuvieran flexibles y coherentes en todos los diferentes mecanismos de la Reunión para que pudieran abordar las exigencias de los nuevos desafíos y garantizar una eficaz gobernanza de la Antártida. Por último, la Sra. Dempster enfatizó las responsabilidades de las Partes hacia la comunidad internacional. Recalcó que la sociedad civil tenía expectativas respecto de las Partes, y que estas debían comunicar sus logros y dificultades de forma proactiva.

(313) Al mirar en retrospectiva los últimos 25 años, la Sra. Jane Rumble, del Reino Unido, reflexionó sobre si el Protocolo sería adecuado para los siguientes 25 años. Consideró que el Protocolo Ambiental era adecuado para su propósito y que, mediante sus Anexos, podía adaptarse para hacer frente a los cambios de forma proactiva. Señaló los rápidos cambios que afectaban al continente, tales como el aumento en la temperatura mundial, el crecimiento de la población y la disminución de la biodiversidad, además del aumento de las actividades científicas, pesqueras, turísticas y de otro tipo en el Área del Tratado Antártico, e incentivó a las Partes a ser proactivas y a pensar a futuro en relación con las mejoras del Protocolo Ambiental. La Sra. Rumble se refirió a varios aspectos de los Anexos. Agradeció el informe de Estados Unidos, que establecía que pronto entraría en vigor el Anexo II modificado, y expresó que era importante para el actual trabajo en materia de especies no autóctonas. Indicó que el Anexo I fue una piedra angular del Protocolo, pero mencionó que, durante los últimos 25 años, se habían llevado adelante varios procedimientos nacionales de las Partes

para la realización de EIA que iban más allá de los requisitos contenidos en el Anexo I. Si bien celebró la cantidad de zonas protegidas delimitadas y declaradas desde 1966, señaló la necesidad de una gestión más eficaz de las zonas protegidas, con un rango de objetivos más amplio. Por último, puso de relieve que no todas las Partes habían ratificado el Anexo VI o el requisito del Protocolo en cuanto a reparación y remediación. Al tiempo que alentó a la Reunión a celebrar el Protocolo Ambiental e informar a las partes interesadas sobre sus logros, instó a las Partes a evitar la complacencia y a garantizar una protección completa del medioambiente antártico.

(314) La Reunión agradeció a los presentadores y señaló que la implementación completa del Protocolo sería esencial para garantizar que la zona antártica se mantuviera como una reserva natural consagrada a la paz y a la ciencia, y destacó la conveniencia de que las Partes compartieran sus experiencias pasadas en cuanto a la implementación del Protocolo como una forma de facilitar las mejoras en el futuro. La Reunión señaló que lo que más preocupaba y motivaba a las Partes era el futuro del medioambiente antártico. Las Partes se comprometieron a garantizar que el continente antártico pasara a futuras generaciones en las mismas condiciones en que lo recibieron, si no en mejores condiciones. Por lo tanto, ahora les corresponde a las Partes del Protocolo seguir atentas para identificar los desafíos futuros y abordarlos de forma oportuna.

(315) Varias Partes también expresaron sus puntos de vista sobre las mejores maneras de promover la protección del medioambiente antártico en el futuro. Estados Unidos sugirió que reunir un amplio espectro de partes interesadas en la zona antártica sería la forma más eficaz de crear políticas efectivas. Además, alentó a las Partes a seguir abordando los problemas concretos, incluso mediante la presentación de Documentos de Trabajo, de modo que el CPA y la RCTA pudieran considerar en detalle los problemas específicos. Los Países Bajos expresaron su esperanza de que, en el futuro, la Antártida siguiera siendo un espacio natural. Destacaron la necesidad de centrarse en el fortalecimiento de las herramientas y, posiblemente, de introducir evaluaciones medioambientales estratégicas en el futuro. Chile instó a las Partes a continuar promoviendo la cooperación científica y logística, sobre todo en zonas donde muchos Programas Antárticos Nacionales realizaban actividades científicas. En respuesta a una recomendación planteada por Francia, la Reunión expresó su acuerdo en cuanto a la conveniencia de intercambiar experiencias sobre el Sistema del Tratado Antártico en otros foros internacionales.

(316) La ASOC agradeció a los presentadores y señaló que concluir el Simposio con un debate sobre la implementación futura del Protocolo había resultado muy provechoso. Tras señalar el acuerdo general de las Partes en cuanto a que el Protocolo Ambiental debía progresar y mejorar, la ASOC puso de relieve la importancia de encontrar formas prácticas de lograrlo. Indicó que el enfoque centrado en examinar los Anexos específicos y considerar la forma de mejorarlos o de perfeccionar su implementación había resultado particularmente útil. La ASOC fue enfática al recomendar que las Partes presentaran propuestas específicas relacionadas con cada uno de los Anexos durante la próxima Reunión. Indicó también que, durante el Simposio, se habían presentado varios ejemplos de posibles propuestas, que incluían propuestas de nuevas zonas protegidas, una revisión del Anexo sobre Contaminación marina en comparación con el Código Polar o el uso de las EIA para abordar el seguimiento posterior de las actividades. La ASOC reconocía que todavía había muchos desafíos por enfrentar e instó a las Partes a ser proactivas y a dar ahora los primeros pasos para abordar esos desafíos.

(317) Tras reflexionar sobre esta discusión, los presentadores destacaron el valor de una eficaz transferencia y gestión del conocimiento, la necesidad de mejorar la cooperación internacional sobre temas medioambientales y de realizar actividades de difusión en beneficio del público en general, y la importancia de alentar una participación más diversa en los debates intersesionales.

Tema 5: Otros asuntos

(318) Argentina presentó el Documento de Trabajo WP 46 rev. 1, *Informe del Grupo de contacto intersesional sobre el Desarrollo de una publicación en ocasión del 25.º aniversario del Protocolo de Madrid*. El GCI fue creado durante la XVIII Reunión del CPA y se le encomendaron las siguientes tareas: establecer un pequeño Grupo de autores para avanzar en el proceso de redacción de la publicación; elaborar una publicación imparcial, breve, concisa y en línea que incluyera herramientas visuales y dinámicas; identificar los diferentes medios de difusión para su publicación; y presentar el proyecto de publicación a la XIX Reunión del CPA para su consideración y aprobación. La Argentina señaló que el proyecto de publicación adjunto había sido considerado, modificado y aprobado por la XIX Reunión del CPA.

(319) La Reunión agradeció a la Argentina por su trabajo de preparación del Informe y por liderar el GCI.

(320) La Federación de Rusia presentó el Documento de Información IP 69, *Preconditions for adopting the Protocol on Environmental Protection to the Antarctic Treaty* [Condiciones previas para la aprobación del Protocolo al Tratado Antártico sobre Protección del Medio Ambiente], donde se presentó la inquietud en vista de que algunas Partes Consultivas no contaban con procedimientos nacionales establecidos para la consideración preliminar de las actividades propuestas en la Antártida. En el documento, se señaló que esa situación creaba condiciones para que dichas Partes estuvieran facultadas a organizar diferentes tipos de actividades no gubernamentales, incluso las Partes que sí habían implementado esos procedimientos. Asimismo, se indicó que ese problema había surgido por la ausencia de un seguimiento real de ese tipo de actividades en los países donde se encontraban los últimos puertos del trayecto hacia la Antártida. La Delegación de Rusia indicó que había planteado ese asunto varias veces en anteriores RCTA, pero que no habían recibido el apoyo de todas las Partes del Tratado.

(321) Con relación a este tema del programa, también se presentó el siguiente documento, que se consideró como presentado:

- Documento de Información IP 9, *25th Anniversary of the Protocol on Environmental Protection to the Antarctic Treaty: South African Accomplishments* [25.º Aniversario del Protocolo al Tratado Antártico sobre Protección del Medio Ambiente: logros sudafricanos] (Sudáfrica). En este documento se destacaron algunos de los logros más importantes de Sudáfrica en su compromiso con la protección del medioambiente antártico.

Tema 19: Preparativos para la XL Reunión

a. Fecha y lugar

(322) La Reunión agradeció la amable invitación extendida por el gobierno de China para organizar la XL RCTA en Beijing, con fecha tentativa a partir del 15 de mayo de 2017.

(323) A los fines de la planificación futura, la Reunión tomó nota del siguiente cronograma posible para las próximas RCTA:

2018, Ecuador.

2019, República Checa.

b. Invitación a las organizaciones internacionales y no gubernamentales

(324) De conformidad con las prácticas establecidas, la Reunión acordó que debían extenderse invitaciones a las siguientes organizaciones que tenían interés científico o técnico en la Antártida a fin de que enviaran a sus expertos para asistir a la XL RCTA: la Secretaría del ACAP, la ASOC, el IPCC, la IAATO, la Organización de Aviación Civil Internacional (OACI), la OHI, la OMI, la COI, el Fondo Internacional de Indemnización de los Daños Causados por la Contaminación por Hidrocarburos (FIPOL), la Unión Internacional para la Conservación de la Naturaleza (UICN), el Grupo Internacional de Asociaciones de Protección e Indemnización (GIAPI), el PNUMA, la CMNUCC, la OMM y la Organización Mundial del Turismo (OMT).

c. Preparación del Programa para la XL RCTA

(325) La Reunión aprobó el Programa Preliminar para la XL RCTA (véase el Apéndice 2).

d. Organización de la XL RCTA

(326) De acuerdo con la Regla II de las Reglas de Procedimiento, la Reunión decidió proponer los mismos Grupos de Trabajo de esta Reunión para la XL RCTA. La Reunión acordó designar a la Sra. Therese Johansen, de Noruega, como presidente del Grupo de Trabajo 1 durante 2017. Acordó también designar a la profesora Jane Francis, del Reino Unido, y al Sr. Máximo Gowland, de la Argentina, como copresidentes del Grupo de Trabajo 2 durante 2017.

(327) La Reunión acordó que el Grupo de Trabajo 1 desarrollaría los procedimientos para la elección de presidentes y copresidentes de los Grupos de Trabajo.

e. Conferencia del SCAR

(328) Teniendo en cuenta la valiosa serie de conferencias que dio el SCAR en diversas RCTA, la Reunión decidió invitar al SCAR a dar otra conferencia sobre los asuntos científicos pertinentes para la XL RCTA.

Tema 20: Otros asuntos

(329) En cuanto a las referencias incorrectas al estado territorial de las islas Malvinas, Georgias del Sur y Sándwich del Sur formuladas en documentos

relacionados con esta Reunión Consultiva del Tratado Antártico, la Argentina rechazó cualquier referencia a estas islas como una entidad separada de su territorio nacional, lo que les atribuía un estatus internacional que no tenían. Las islas Malvinas, Georgias del Sur y Sándwich del Sur, así como los espacios marítimos circundantes, son parte integrante del territorio nacional argentino, están bajo ocupación británica ilegal y son objeto de una disputa reconocida por las Naciones Unidas sobre soberanía entre la República Argentina y el Reino Unido de Gran Bretaña e Irlanda del Norte.

(330) En respuesta, el Reino Unido manifestó que no tenía duda alguna respecto de su soberanía sobre las islas Falkland, Georgias del Sur y Sándwich del Sur y sobre sus zonas marítimas circundantes, como era de conocimiento de todos los delegados.

(331) La Argentina rechazó la declaración del Reino Unido y reiteró su bien conocida posición legal.

(332) Venezuela felicitó al Presidente por la concisa y cortés manera en que había conducido la Reunión, y agradeció a Ecuador y a Japón por su apoyo a Venezuela durante el proceso de solicitud para obtener el estatus de Parte Consultiva. Venezuela reiteró su compromiso con la protección del medioambiente antártico, con la preservación de la Antártida como continente consagrado a la paz y con la paz mundial. Venezuela declaró que presentaría ante la Secretaría del Tratado Antártico un documento con información relativa a su solicitud, el cual, conforme a lo solicitado por ese país, debía ser distribuido a las Partes Consultivas y No Consultivas del Tratado.

Tema 21: Aprobación del Informe Final

(333) La Reunión aprobó el Informe Final de la XXXIX Reunión Consultiva del Tratado Antártico. El presidente de la Reunión, el embajador Alfredo Labbé, pronunció las palabras de cierre.

Tema 22: Clausura de la Reunión

(334) La Reunión se clausuró el miércoles 1 de junio a las 13:31 horas.

2. Informe de la XIX Reunión del CPA

Índice

Informe de la Décima Novena Reunión del Comité para la Protección del Medio Ambiente

Santiago, Chile, 23 al 27 de mayo de 2016

(1) De conformidad con el Artículo 11 del Protocolo al Tratado Antártico sobre Protección del Medio Ambiente, los Representantes de las Partes del Protocolo (Alemania, Argentina, Australia, Belarús, Bélgica, Brasil, Bulgaria, Canadá, Chile, China, Ecuador, España, los Estados Unidos, la Federación de Rusia, Finlandia, Francia, India, Italia, Japón, Nueva Zelandia, Noruega, Mónaco, los Países Bajos, Perú, Polonia, Portugal, el Reino Unido, la República Checa, la República de Corea, Rumania, Sudáfrica, Suecia, Ucrania, Uruguay, y Venezuela), se reunieron en Santiago, Chile, entre el 23 y el 27 de mayo de 2016, con el propósito de proporcionar asesoramiento y formular recomendaciones a las Partes en relación con la implementación del Protocolo.

(2) De conformidad con la Regla 4 de las Reglas de Procedimiento del CPA, asistieron también a la Reunión los siguientes Observadores:

- Partes Contratantes del Tratado Antártico que no son Partes al Protocolo: Colombia, Malasia, Suiza y Turquía;
- el Comité Científico de Investigación Antártica (SCAR), el Comité Científico de la Convención sobre la Conservación de los Recursos Marinos Vivos (SC-CAMLR), y el Consejo de Administradores de Programas Antárticos Nacionales (COMNAP); y
- organizaciones científicas, medioambientales y técnicas: la Coalición Antártica y del Océano Austral (ASOC), la Asociación Internacional de Operadores Turísticos Antárticos (IAATO), la Organización Hidrográfica Internacional (OHI), y la Organización Meteorológica Mundial (OMM).

Tema 1: Apertura de la Reunión

(3) El Presidente del CPA, Sr. Ewan McIvor (Australia), declaró abierta la Reunión el lunes 23 de mayo de 2016, y agradeció a Chile por organizar la Reunión en la ciudad de Santiago y por ser su país anfitrión.

(4) El Presidente del CPA señaló que esta Reunión se realizaba durante el año que conmemora el 25° Aniversario de la aprobación del Protocolo al Tratado Antártico sobre Protección del Medio Ambiente, el 4 de octubre de 1991. El

Presidente del CPA puso de relieve la importante función del CPA en apoyar a las Partes en la continuación de su trabajo de lograr su objetivo común de proteger de manera integral el medioambiente antártico, y expresó sus agradecimientos a los Miembros y Observadores por sus constantes esfuerzos en este sentido.

(5) El Presidente resumió el trabajo realizado durante el período intersesional, señalando que se habían emprendido todas las acciones derivadas de la XVIII Reunión del CPA con resultados previstos para la XIX Reunión del CPA (Documento de Información IP 115).

Tema 2: Aprobación del programa

(6) El Comité aprobó el siguiente programa y confirmó la asignación de 38 Documentos de trabajo (WP), 51 Documentos de información (IP), 4 Documentos de la Secretaría (SP) y 4 Documentos de antecedentes (BP), a los temas del programa:

1. Apertura de la Reunión

2. Aprobación del programa

3. Deliberaciones estratégicas sobre el trabajo futuro del CPA

4. Funcionamiento del CPA

5. Cooperación con otras organizaciones

6. Reparación y remediación del daño al medioambiente

7. Implicaciones del cambio climático para el medio ambiente

    a. Enfoque estratégico

    b. Implementación y examen del Programa de Trabajo de Respuesta al Cambio Climático

8. Evaluación del Impacto Ambiental (EIA)

    a. Proyectos de Evaluación Medioambiental Global

    b. Otros asuntos relacionados con la Evaluación del Impacto Ambiental

9. Protección de zonas y planes de gestión

    a. Planes de Gestión

    b. Sitios y Monumentos Históricos

    c. Directrices para sitios

    d. Protección y gestión del espacio marino

e. Otros asuntos relacionados con el Anexo V

10. Conservación de la flora y fauna antárticas

    a. Cuarentena y especies no autóctonas

    b. Especies especialmente protegidas

    c. Otros asuntos relacionados con el Anexo II

11. Vigilancia ambiental e informes sobre el estado del medio ambiente

12. Informes sobre inspecciones

13. Asuntos generales

14. Elección de autoridades

15. Preparativos para la próxima Reunión

16. Aprobación del Informe

17. Clausura de la Reunión

Tema 3: Deliberaciones estratégicas sobre el trabajo futuro del CPA

(7) La Argentina presentó el Documento de Trabajo WP 46 rev. 1, *Informe del Grupo de contacto intersesional sobre el Desarrollo de una publicación en ocasión del 25.º Aniversario del Protocolo de Madrid.* El GCI se creó durante la XVIII Reunión del CPA, y se le encomendaron las siguientes tareas: 1) establecer un pequeño Grupo de autores para desarrollar el proceso de redacción de la publicación; 2) desarrollar una publicación neutra, breve, concisa y en línea que incluya herramientas visuales y dinámicas; 3) identificar los distintos medios para difundir la publicación; y 4) presentar el proyecto de publicación a la XIX Reunión del CPA para su análisis y aprobación. EL GCI recomendó que el Comité:

- considere el proyecto de publicación y cree un mecanismo de consulta entre los Miembros a fin de completar la redacción antes del 25° Aniversario de la firma del Protocolo;

- analice los distintos medios de difusión surgidos a partir del Término de referencia 3;

- sugiera que los Miembros y las organizaciones no gubernamentales afines implementen las formas de difusión que requieran de iniciativa voluntaria;

- apruebe las formas de difusión que requieran el acuerdo general de los Miembros;

- comience a distribuir la publicación el 4 de octubre de 2016, día del Aniversario de la firma del Protocolo Ambiental.

(8) La Argentina agradeció cordialmente a las personas que participaron en la preparación del proyecto de publicación durante el período intersesional, entre ellos los presidentes anteriores del CPA: el Prof. Olav Ornhein de Noruega, el Dr. Tony Press de Australia, el Dr. Neil Gilbert de Nueva Zelandia y el Dr. Yves Frenot de Francia; al actual presidente del CPA, el Sr. Ewan McIvor, además del Sr. Rodolfo Sánchez de la Argentina.

(9) El Comité agradeció a la Argentina y a los participantes del GCI por el excelente proyecto de publicación, y en especial el trabajo de la coordinadora del GCI, la Sra. Patricia Ortúzar, y de los autores de la publicación. Luego de la incorporación de algunas modificaciones menores sugeridas durante la Reunión, el Comité refrendó la publicación.

(10) El Comité reconoció la importancia de la comunicación de los valores del Tratado Antártico y el Protocolo Ambiental a una audiencia general, y apoyó las opciones identificadas por el GCI para difundir la publicación. Algunos de los Miembros ofrecieron contribuir a la difusión de la publicación mediante, por ejemplo, la traducción del material a otros idiomas que no sean los idiomas oficiales del Tratado y adaptar la publicación para audiencias específicas, que incluyan niños, a quienes participan en operaciones antárticas y a los científicos. El Comité agradeció a la IAATO su intención de incorporar la publicación a sus actividades de difusión. El Comité también apoyó la idea de realizar un evento para difundir la publicación el 4 de octubre de 2016.

Asesoramiento del CPA a la RCTA sobre un Simposio para celebrar el 25.° Aniversario del Protocolo al Tratado Antártico sobre Protección del Medioambiente

(11) El Comité refrendó la publicación para celebrar el 25.° Aniversario del Protocolo al Tratado Antártico sobre Protección del Medio Ambiente y aceptó remitirlo a la RCTA para su consideración.

(12) El Comité recomendó que la publicación saliera al público el 4 de octubre de 2016, al cumplirse la fecha exacta del Aniversario de la firma del Protocolo, y que se utilicen los mecanismos de difusión identificados durante el GCI, así como cualquier otro mecanismo que pudiera surgir tras las deliberaciones del CPA.

Plan de trabajo quinquenal del CPA

(13) El Comité consideró el Plan de trabajo quinquenal del CPA aprobado en su XVIII Reunión (Documento de Secretaría SP 2) y, en conformidad con el acuerdo alcanzado durante su XV Reunión (2012), consideró brevemente el plan de trabajo al término de cada tema del programa.

(14) El Comité revisó y actualizó su Plan de trabajo quinquenal (Apéndice 1). Entre los principales cambios se encuentran actualizaciones para reflejar las acciones que se acordaron durante la Reunión, incluidas las acciones derivadas del Programa de Trabajo de Respuesta para el Cambio Climático (CCRWP) y del segundo taller conjunto del CPA y el Comité Científico de la Comisión para la Conservación de los Recursos Vivos Marinos Antárticos (SC-CAMLR).

(15) Para asistir en la actualización del Plan de trabajo quinquenal en las próximas reuniones, el Comité instó a los Miembros a identificar las relaciones claras entre los documentos de las reuniones y las acciones que se identifican en el Plan y, según corresponda, las propuestas que incluyan futuros trabajos, a fin de proporcionar los textos adecuados para incluir en el Plan.

Tema 4: Funcionamiento del CPA

(16) Nueva Zelandia presentó el Documento de Trabajo WP 10, *Portal de medioambientes antárticos*, preparado en conjunto con Australia, Japón, Noruega, el SCAR, España y los Estados Unidos. El documento registró los beneficios que ofrece el Portal y revisó los avances logrados desde la XVIII Reunión del CPA, además de señalar que el Portal fue transferido a la Universidad de Canterbury, Christchurch, Nueva Zelandia, y que la Fundación Tinker ha proporcionado fondos externos durante tres años para su financiamiento.

(17) Nueva Zelandia señaló que se han publicado varios artículos desde la XVIII Reunión del CPA, entre otros, sobre la vulnerabilidad de los hábitats marinos frente al cambio climático (con relevancia para el Tema 9d del programa del CPA); la foca de Ross (con relevancia para el Tema 10b del programa del CPA); cambios en la distribución de los pingüinos en la Península Antártica y el Arco de Scotia (con relevancia para los Temas 10c y 11 del programa del CPA) y predicción del clima antártico (con relevancia para el Tema 7 del programa del CPA).

(18) El Comité felicitó a los proponentes por el progreso logrado en el Portal de Medioambientes Antárticos desde la XVIII Reunión del CPA. También agradeció el apoyo brindado por la Fundación Tinker y la Universidad de Canterbury.

(19) El Comité expresó su agradecimiento a Francia por el generoso apoyo ofrecido en la traducción del contenido del Portal, así como a los Miembros del Comité por su participación en el Grupo Editorial.

(20) El Comité reafirmó la importancia del desarrollo del Portal como una fuente de información confiable, apolítica y de alta calidad, además de aumentar al máximo y de manera voluntaria, el aprovechamiento de la información que contiene el Portal de Medioambientes Antárticos como apoyo para sus debates.

(21) Nueva Zelandia respondió a las preguntas que surgieron sobre: cómo evitar la repetición de la información; cómo se puede mantener la calidad y la neutralidad de la información; cómo asegurarían los proponentes un adecuado equilibrio geográfico de los autores del contenido del Portal de Medioambientes Antárticos; qué desafíos enfrenta el Portal de Medioambientes Antárticos; y hasta qué punto se usa en la actualidad el Portal de Medioambientes Antárticos. Nueva Zelandia reiteró que el Portal es un recurso único, y que satisface una necesidad que, en la actualidad, no satisfacen otras fuentes. Enfatizó que el Portal proporciona resúmenes revisados por expertos sobre el estado actual de los conocimientos plasmados en la literatura revisada por expertos, y que en los artículos publicados no se expresan opiniones ni se formulan recomendaciones. Nueva Zelandia informó que el Portal se usa ampliamente y ha recibido 5000 visitas en el transcurso de los últimos 12 meses. Recalcó que se realizarían esfuerzos constantes para asegurar una representación geográfica amplia, pero que la naturaleza voluntaria de los aportes convierte este punto en un desafío continuo.

(22) El SCAR recordó al Comité que la calidad de los artículos que se publican en el Portal se asegura con un riguroso proceso editorial que incluye una revisión de dos etapas por parte de expertos científicos, además del Grupo Editorial.

(23) El Comité reconoció la utilidad de fomentar la participación más amplia de los científicos en el Portal de Medioambientes Antárticos, lo que incluye asegurar un equilibrio geográfico adecuado de los autores. El Comité señaló que algunos resúmenes actuales y previstos eran relevantes para los asuntos que se debaten en el seno del Comité. Alemania recomendó la preparación de resúmenes informativos sobre el impacto medioambiental de los vehículos aéreos no tripulados (UAV) y el ruido submarino.

(24) El Comité instó a considerar más profundamente las diferentes opciones para la gestión futura del Portal de Medioambientes Antárticos, lo que incluye considerar la posibilidad de que la Secretaría del Tratado Antártico aloje el Portal.

(25) El Comité respaldó las recomendaciones contenidas en el Documento de Trabajo WP 10, y acordó lo siguiente:

- reafirmar la importancia del desarrollo del Portal como una fuente de información confiable, apolítica y de alta calidad;

- aumentar al máximo, de forma voluntaria, el uso de la información que contiene el Portal como apoyo para los debates del Comité;

- informar al Grupo Editorial acerca de los resúmenes informativos que desea que se elaboren para su publicación en el Portal (p. ej., a través del Plan de trabajo quinquenal, o del CCRWP);

- continuar alentando a los científicos para que trabajen junto al SCAR en la preparación de artículos para su publicación en el Portal;

- considerar y formular recomendaciones para la RCTA con respecto a las distintas opciones de gestión del Portal en el futuro, de conformidad con la Resolución 3 (2015); y

- reflexionar acerca de cómo seleccionar representantes para que formen parte del Grupo Editorial.

(26) Australia presentó el Documento de trabajo WP 17, *Informe sobre el grupo de contacto intersesional creado para revisar los requisitos de intercambio de información*. Se encomendó al GCI la revisión de los elementos de información cuyo intercambio se exige en la actualidad, y la formulación de recomendaciones sobre si seguía siendo conveniente que las partes intercambien información sobre estos temas; si alguno de estos debía modificarse, actualizarse, describirse de manera diferente, hacerse obligatorio (allí donde actualmente se definan como optativos), o eliminarse; la calendarización del intercambio de información sobre estos temas; la forma en que cada tema se ajustaría de mejor manera a las categorías de información de pretemporada, anual, y permanente; y si podía intercambiarse mejor la información a través de otros mecanismos.

(27) Australia recomendó que el Comité: 1) considere el informe del GCI en referencia al intercambio de información relacionada con los asuntos medioambientales; 2) formule asesoramiento para la RCTA sobre cualquier cambio que pudiera recomendarse; 3) identifique todo trabajo adicional que surja del informe del GCI, y 4) considere la forma en que se puede avanzar en ese trabajo.

(28) El Comité agradeció a Australia por coordinar el GCI y acogió con beneplácito el informe presentado.

(29) Los Miembros plantearon sus inquietudes en relación con la dificultad y el nivel de detalle de la información intercambiada y señalaron la necesidad de un examen crítico de la forma en que el intercambio de información estaba evolucionando. Asimismo, observaron que podía ser importante para obtener una mejor percepción acerca de la forma en que los miembros activos usan la herramienta del SEII como fuente de información, considerar preguntas tales como el tipo de información que buscan los miembros, quién la usa y si es necesario el grado de detalle que se exige actualmente. Con el fin de destacar las incoherencias del SEII actual, algunos Miembros también hicieron hincapié en la importancia de establecer un estándar de intercambio de información para todas las Partes y las organizaciones relevantes.

(30) El Comité consideró los elementos de información relacionados con temas ambientales y concluyó que:

- Con respecto al intercambio de información sobre "Planes de contingencia para los derrames de petróleo y otras emergencias", el CPA acordó recomendar cambios para: aclarar que este requisito está vinculado con incidentes medioambientales; admitir una descripción del alcance de la cobertura del plan; garantizar que la entrega de un vínculo hacia un plan sea opcional; y eliminar el tema "informe de implementación". Además, el CPA observó que también puede intercambiarse información a través de un mecanismo de comunicación establecido por el COMNAP destinado a informar sobre incidentes y la posible implementación de planes de contingencia (para incidentes relacionados con el Programa Antártico Nacional [PAN]), y que está disponible la opción de elaborar informes caso a caso para el CPA allí donde se ha invocado un plan de contingencia para incidentes no relacionados con el PAN.

- Con respecto a la información intercambiada sobre Evaluaciones Medioambientales Iniciales (IEE) y Evaluaciones Medioambientales Globales (CEE), el CPA acordó recomendar que los cambios incluyan un nuevo elemento de información opcional para indicar "el período o duración de la actividad"; y modificar la calendarización de la entrega de información sobre IEE y CEE a fin de alentar la entrega "tan pronto como finalicen los procesos nacionales, al tiempo que se mantiene la fecha límite para que las Partes presenten la información". El CPA también señaló que en algunos casos la Autoridad Competente enmendó, actualizó o modificó la IEE de una actividad, y que actualmente los requisitos de intercambio de información no incluyen la puesta en común de información acerca de dichas actualizaciones.

- El CPA observó que, si bien los actuales requisitos de intercambio de información sobre "flora y fauna: recolección o intromisión perjudicial" cumplen con los requisitos del Protocolo, continuarán arrojando datos sobre especies, sitios y años que no se pueden cotejar fácilmente dado que algunas Partes están sujetas a procedimientos nacionales relativos a una misma especie presente en diferentes sitios y *viceversa*.

- Con relación a los requisitos de intercambio de información sobre planes de gestión de residuos, el GCI señaló que el análisis más profundo respecto de qué información sería más útil para el CPA y, por ende, qué información pormenorizada podría exigirse, debía tener lugar en el marco de las consideraciones futuras del CPA sobre los temas relativos a la gestión de residuos.

- En cuanto al requisito de intercambio de información en relación con la "Gestión y eliminación de los residuos: inventario de actividades pasadas", el GCI señaló que el análisis en mayor profundidad de este requisito debería tener lugar en el marco de las discusiones futuras del CPA sobre inventarios de actividades pasadas.

- Con respecto al intercambio de información sobre "Protección y gestión de zonas: visitas a las Zonas Especialmente Protegidas (información sobre permisos), el CPA señaló que el GCI consideró la posibilidad de incluir copias de los informes posteriores a las visitas a las ZAEP entre los requisitos de intercambio de información, pero que es posible que aquellos informes, que se exigen en los planes de gestión, no se encuentren siempre en todos los idiomas oficiales del Tratado. El CPA señaló que el tema puede ameritar un debate más profundo de su parte, y animó a los miembros interesados a considerar este tema y presentar propuestas, según resulte conveniente.

- En lo referente con el tema "cambios o daños a una ZAEP, ZAEA o SMH", el CPA señaló que existe la opción de que una de las Partes proporcione información, según sea necesario, sobre cualquier informe relativo a cambios o daños a una ZAEA o ZAEP.

Asesoramiento del CPA a la RCTA acerca del intercambio de información sobre asuntos medioambientales

(31) El CPA recomendó las siguientes modificaciones a los temas relativos al intercambio de información sobre planes de contingencia para los derrames de petróleo y otras emergencias:

- modificación de la descripción del tema a fin de agregar el siguiente texto subrayado: "derrames de petróleo y otras emergencias medioambientales";

- incorporación de un elemento opcional para describir el "alcance/ cobertura del plan (p. ej., derrame de petróleo originado en un barco, derrame de petróleo originado en una estación, incidente con sustancias químicas originado en una estación, etc.)", en caso de que dicha información no se haya especificado en el título;

- conservar el elemento "vínculo", pero hacerlo "opcional"; y

- eliminar el elemento "informe de implementación".

(32) El CPA recomendó la modificación de los elementos de intercambio de información sobre IEE y CEE de la siguiente manera:

- incluir un nuevo elemento de información opcional para indicar el "período o duración de la actividad"; y

- modificar la calendarización de la entrega de información sobre IEE y CEE para alentar la entrega "tan pronto como finalicen los procesos nacionales, al tiempo que se mantiene la fecha límite para que las Partes presenten la información".

Tema 5: Cooperación con otras organizaciones

(33) El Observador del SC-CAMLR presentó el Documento de Información IP 6, *Informe del observador del SC-CAMLR ante la Décima Novena Reunión del Comité para la Protección del Medio Ambiente*, que se centra en los cinco asuntos de interés común para el CPA y el SC-CAMLR de acuerdo con lo identificado en 2009 en su primer taller conjunto: a) Cambio climático y medioambiente marino de la Antártida; b) Biodiversidad y especies no autóctonas en el medioambiente marino de la Antártida; c) Especies antárticas que requieren protección especial; d) Gestión de espacios marinos y zonas protegidas; e) Vigilancia del ecosistema y el medioambiente. Señaló que debido a los cambios que se están produciendo en el medioambiente en lo referente al clima y los cambios en el entramado trófico de la Antártida, puede ser necesario implementar una gama de medidas cautelares para garantizar que se cumpla con el Artículo II de la Convención de la CCRVMA. En especial, el SC-CAMLR acordó que es necesario prestar atención a la creación de series temporales prolongadas y diseñar estudios científicos que puedan predecir o revelar de manera temprana los cambios

en la función del ecosistema, y que debían adoptarse enfoques de gestión que hayan funcionado en un contexto de cambio climático. El SC-CAMLR consideró una gama de temas relacionados con la biodiversidad dentro de la gestión de espacios marinos y zonas protegidas, y señaló que el CPA se mantiene como el organismo principal en los asuntos relativos a las especies no autóctonas. El SC-CAMLR reconoció que los parámetros actuales del Programa de Seguimiento del Ecosistema de la CCRVMA (CEMP) estaban proporcionando índices de respuesta de predadores a escalas de tiempo y espacio diferentes, y que esto beneficiaría el desarrollo de enfoques de gestión por retroalimentación para las pesquerías de kril. Se adjudicaron fondos del Grupo de Gestión del Fondo Especial del CEMP a un abanico de iniciativas de investigación relacionadas con la gestión por retroalimentación. El informe completo de la XXXIV Reunión del SC-CAMLR está disponible en *https://www.ccamlr.org/en/sc-camlr-xxxiv*.

(34) El COMNAP presentó el Documento de Información IP 10, *Informe anual de 2015/2016 del Consejo de Administradores de los Programas Antárticos Nacionales (COMNAP)* y destacó los temas con relevancia particular para los debates del CPA. Primero, el proyecto de Catálogo de la infraestructura es una herramienta que ayudaría a apoyar una mayor colaboración en la Antártida y, por lo tanto, ayudaría a la reducción del impacto ambiental de las actividades científicas en la Antártida. Este catálogo estaría disponible hacia fines de 2016 en el sitio web del COMNAP. Segundo, el trabajo del COMNAP sobre el uso de UAS en la Antártida, según lo informado en el Documento de Trabajo WP 14 del COMNAP, es un proyecto en evolución que se modificará para reflejar la información publicada sobre la respuesta de la vida silvestre ante el uso de UAS en la Antártida a medida que se ponga a disposición la información.

(35) El SCAR presentó el Documento de Información IP 20, Informe Anual del Comité Científico de Investigación Antártica (SCAR) para el Sistema del Tratado Antártico correspondiente al período 2015-2016, e hizo referencia al Documento de Antecedentes BP 2, donde se destacan algunas publicaciones científicas recientes de la comunidad de investigación del SCAR desde la última RCTA que podrían ser de interés para los delegados. El SCAR destacó varios ejemplos de sus actividades, que incluían la participación en el proyecto Desafíos de la hoja de ruta antártica en 2015. Esta iniciativa, liderada por el COMNAP, representó el segundo paso del primer Proyecto de búsqueda sistemática de horizontes científicos del SCAR para la Antártida y el Océano Austral. Ambas iniciativas son el tema de la conferencia científica del SCAR durante la RCTA de este año (Documento de Antecedentes BP 3

rev. 1). Otras actividades incluyen la participación del SCAR en una reunión internacional sobre biodiversidad y expertos sobre la Antártida llamada "Antárctica and the Strategic Plan for Biodiversity 2011-2020: The Monaco Assessment' [Plan Estratégico para la Diversidad Biológica 2011-2020: la evaluación de Mónaco] (Documento de Información IP 38). Mediante una consulta amplia, que incluyó el COMNAP, el SCAR desarrolló además el Código de Conducta del SCAR para la realización de actividades en los medioambientes geotérmicos terrestres en la Antártida, que se presenta a la consideración del CPA (Documento de Trabajo WP 23). El SCAR destacó también su participación en la Conferencia de las Partes (COP21) de la Convención Marco de las Naciones Unidas sobre el Cambio Climático (CMNUCC) 2015 en París, y la adjudicación de cuatro becas, entre las que se incluyen la Beca de biodiversidad Príncipe Alberto II de Mónaco y una beca ofrecida por el SCAR y el COMNAP. El SCAR también otorgó dos Programas de profesor visitante y volvió a entregar el Premio Tinker-Muse 2015, que se otorgó a la Dra. Valerie Masson-Delmontte. El SCAR preparó una actualización del Informe sobre el cambio climático y el medioambiente antártico (Documento de Información IP 35) y proporcionó un informe de progreso relacionado con la geoconservación (Documento de Información IP 31) como avance de un informe completo sobre este tema en la Reunión del CPA de 2018.

(36) El SCAR indicó que la XXXIV Reunión de los delegados del SCAR y la Conferencia Abierta de Ciencias se realizarían en Kuala Lumpur, Malasia, en agosto de 2016. En la reunión, se publicará la síntesis del SCAR sobre la comprensión científica de la acidificación del Océano Austral. Además, en esta conferencia, el SCAR realizará un evento "Wikibomb" como forma de aumentar la visibilidad de las mujeres investigadoras antárticas y de incentivar a las niñas de todo el mundo para que sigan carreras científicas. El SCAR también informó sobre: el XII Simposio Internacional sobre las Ciencias de la Tierra Antártica (ISAES) realizado con éxito en Goa, India, en 2015; sus planes para el XII Simposio de Biología del SCAR, que se realizará en Bélgica, en julio de 2017; y la Conferencia POLAR2018 que se realizará en Davos, Suiza, en conjunto con el Comité Científico Internacional del Ártico. El SCAR señaló, además, la nominación de la Dra. Jenny Baeseman como su nueva Directora Ejecutiva.

(37) El Comité agradeció al SCAR por facilitar su trabajo brindando asesoramiento de alta calidad, y agradeció la oportunidad de poder hablar sobre el nuevo plan estratégico del SCAR.

(38) Malasia informó al Comité que el proceso de organización de la XXXIV Reunión del SCAR y la Conferencia Abierta de Ciencias está avanzando, y solicitó a los Miembros que insten a sus comunidades científicas a participar.

(39) La OMM presentó el Documento de Información IP 15, *The Year of Polar Prediction* [El Año de la Predicción Polar]. El Año de la Predicción Polar (2017-2019) apuntaría a posibilitar mejoras importantes en las capacidades de predicción ambiental al menos en las regiones polares al coordinar un período de observación intensa, trazado de modelos, predicción, verificación y actividades de educación y participación de los usuarios. También apuntaría a abordar las capacidades de pronóstico ambiental rezagadas en los polos, centrándose en las escalas de tiempo de hora a temporada (Proyecto de predicción polar) y de temporada a centenario (Polar Climate Predictability Initiative [Iniciativa de predictibilidad del clima polar]). La OMM también refirió al Comité al sitio web del Año de la Predicción Polar: *www.polarprediction.net.*

(40) En apoyo de esta iniciativa de la OMM, la IAATO destacó que sería útil que los miembros implementen el Código Polar de la OMI. Además, la IAATO y Francia destacaron que el trabajo realizado durante el Año de la Predicción Polar sería útil para la planificación operativa en condiciones de hielo marino difíciles. El Comité expresó su cordial apoyo a la iniciativa de la OMM, y señaló que el Año de la Predicción Polar contribuiría a mejorar la comprensión acerca de las implicaciones ambientales del cambio climático en la zona del Tratado Antártico.

(41) La OMM presentó el Documento de Información IP 34, *The Antarctic Observing Network (AntON) to facilitate weather and climate information* [La Red de Observación Antártica (AntON) para ayudar a obtener información sobre el tiempo y clima], preparado en conjunto con el SCAR. Al referirse a la escasez de los datos sobre la Antártida, la OMM reflexionó sobre la importancia de maximizar el uso de todos los datos meteorológicos y otros datos recolectados para las investigaciones sobre meteorología, clima, y otras actividades operacionales. La OMM y el SCAR apuntaron a optimizar la diseminación y el uso de estos datos mediante la Red de Observación Antártica (AntON), que recopila metadatos de las estaciones climáticas automáticas y vigiladas que participan y que actualmente están en funcionamiento en la Antártida y en las islas subantárticas. Además de llevar una lista de los sitios meteorológicos operativos de la Antártida, la OMM y el SCAR, a través de la British Antarctic Survey, también realizaron

el seguimiento de los informes meteorológicos de los buques que operan en aguas antárticas. La OMM también solicitó a los operadores de aeronaves en la Antártida que proporcionen observaciones meteorológicas para su uso en el pronóstico del clima.

(42) El Comité agradeció a la OMM y al SCAR, y expresó su apoyo a la Red de Observación Antártica. Junto con señalar que las observaciones meteorológicas desde barcos y aeronaves contribuyen a la iniciativa, la IAATO señaló que seguiría instando a sus miembros a participar en la Red de Observación Antártica. El Reino Unido indicó que la British Antarctic Survey seguiría participando en la Red de Observación Antártica.

Taller conjunto del CPA y el SC-CAMLR (Punta Arenas, Chile, 19-20 de mayo de 2016)

(43) El Reino Unido y Estados Unidos presentaron el Documento de Trabajo WP 53, *Informe del taller conjunto del CPA y el SC-CAMLR sobre vigilancia y cambio climático, Punta Arenas, Chile, 19-20 de mayo de 2016*, preparado por los coordinadores conjuntos, al cual se hace referencia en el Documento de Información IP 77, *Introduction from Co-Conveners of the Joint CEP/SC-CAMLR Workshop* (Punta Arenas, Chile, 19-20 May 2016 [Introducción de los coordinadores conjuntos al taller conjunto del CPA y el SC-CAMLR, Punta Arenas, Chile, 19-20 de mayo de 2016). El ámbito general del taller era identificar los efectos del cambio climático que, según se consideraba, tenían mayor probabilidad de generar un impacto sobre la conservación de la Antártida, e identificar las actuales y potenciales fuentes de datos de investigación y seguimiento con relevancia para el CPA y el SC-CAMLR, teniendo en cuenta que estas eran dos de las cinco áreas comunes de interés identificadas en el primer taller conjunto del CPA y el SC-CAMLR, realizado en 2009.

(44) El Comité agradeció a las coordinadoras conjuntas del taller, la Dra. Susie Grant (Reino Unido) y la Dra. Polly Penhale (Estados Unidos) por su trabajo al dirigir la planificación del taller, así como por presidirlo y por la rápida preparación de su informe a fin de que pudiese ser considerado durante la XIX Reunión del CPA. El Comité expresó, además, su gratitud al Gobierno de Chile por ser el anfitrión de dicho taller en Punta Arenas.

(45) El Comité expresó su acuerdo en cuanto al valor del taller conjunto para aumentar la cooperación y la puesta en común de información sobre el cambio climático, la vigilancia del medioambiente y otros asuntos de interés común entre ambos Comités.

(46) Japón expresó sus inquietudes acerca de las relaciones entre los resultados del taller y sus Términos de referencia.

(47) Bélgica y el SCAR recordaron al Comité la existencia del Comité Permanente sobre la Gestión de datos Antárticos (SCADM, por sus siglas en inglés), a cargo de la coordinación y la gestión de datos en representación de la comunidad del SCAR. Bélgica y el SCAR pusieron de relieve la capacidad del portal sobre biodiversidad, *biodiversity.aq*, y del Directorio Antártico Maestro para apoyar el intercambio de datos recomendado en el informe.

(48) China llamó la atención de los Miembros del CPA en torno a la importancia de que exista transparencia en la recopilación, procesamiento y uso de los datos y de la información. En relación con las Recomendaciones 14 y 15, China señaló, además, que el trabajo del CPA y del SC-CAMLR de respuesta para el cambio climático debería centrarse en la totalidad de la zona abarcada por el Tratado / la Convención, e incluso ser más amplio, en lugar de centrarse únicamente en la protección de zonas.

(49) El Comité refrendó las 16 recomendaciones que emanaron del taller conjunto del CPA y el SC-CAMLR, según lo reseñado en el Documento de Trabajo WP 53, e hizo notar que dichas recomendaciones se considerarían también en ocasión de la Reunión del SC-CAMLR más adelante durante este año. El Comité reconoció la importancia de realizar un seguimiento de los progresos en la implementación de estas recomendaciones.

(50) El Comité señaló que las recomendaciones 1 a 4 están estrechamente alineadas con las acciones que se priorizan en el actual Programa de Trabajo de Respuesta para el Cambio Climático (CCRWP), y alentó la posterior incorporación de estas recomendaciones en las actualizaciones del CCRWP y del Plan de trabajo quinquenal del CPA. En relación con estas recomendaciones, el SCAR señaló que ya se estaban realizando o planificando para el futuro cercano trabajos en este sentido, en concordancia con las prioridades establecidas en el CCRWP.

- **Recomendación 1**: Alentar al SC-CAMLR y al CPA para que reconozcan, alienten y respalden, en la medida de lo posible, las contribuciones que el SCAR y los programas como el ICED y el SOOS, así como los programas nacionales, pueden hacer a su trabajo sobre cambio climático y el seguimiento asociado.

- **Recomendación 2**: Alentar la articulación de cuestiones claras que deben abordarse en los programas científicos a fin de obtener el mejor asesoramiento científico relevante para los objetivos del CPA y del SC-CAMLR.

- **Recomendación 3**: Identificar y transmitir las necesidades comunes de investigación y seguimiento asociadas al cambio climático al SCAR, el ICED y el SOOS, y a otros programas similares, utilizando el proceso que se reseña en el Cuadro 2 del Documento de Trabajo WP 53.

- **Recomendación 4**: Alentar la producción periódica de resúmenes de alto nivel sobre los resultados y los progresos logrados por los programas e informes tales como el Informe ACCE del SCAR, el ICED, el SOOS, etc. con el fin de asistir al CPA y al SC-CAMLR en su comprensión del estado actual de los conocimientos y en la formulación de las cuestiones que ayudarán a lograr progresos en el trabajo sobre el cambio climático.

(51) El Comité señaló que las recomendaciones 5 a 10 se refieren a acciones que facilitarán el trabajo tanto del CPA como del SC-CAMLR sobre el cambio climático, y observó que aquellas recomendaciones que se refieren específicamente al SC-CAMLR se considerarían durante los debates que se llevarán a cabo más adelante durante el año.

- **Recomendación 5**: Alentar la flexibilidad en la composición de las delegaciones nacionales de acuerdo con los temas relevantes del programa a fin de permitir que el SC-CAMLR, el CPA y el SCAR sostengan diálogos sobre temas específicos.

- **Recomendación 6**: Considerar la invitación de expertos a los grupos de trabajo de la CCRVMA (especialmente el GT-EMM para los debates relativos al cambio climático), lo que incluye el aporte adecuado del SCAR y de programas como el ICED y el SOOS.

- **Recomendación 7**: Promover el desarrollo de jóvenes científicos al fomentar la participación en los programas de becas de la CCRVMA y el SCAR, con el objetivo específico de contribuir con investigaciones relevantes para el cambio climático.

- **Recomendación 8**: Alentar una mejor visibilidad de los metadatos de la CCRVMA para facilitar su capacidad de detección y la exploración de los datos relevantes para los temas de interés común, lo que incluye especialmente los datos del CEMP.

- **Recomendación 9**: Reconocer que el intercambio de datos no se trata únicamente de compartir los productos de investigaciones ya recolectados, también se necesita información sobre los planes futuros de recolección de datos complementarios con objeto de facilitar los esfuerzos conjuntos y evitar la repetición de esfuerzos.

- **Recomendación 10**: Alentar el uso del Portal de Medioambientes Antárticos para proporcionar resúmenes acordes con las políticas sobre los temas de interés común para los miembros de ambos Comités. Podría instarse al SC-CAMLR a solicitar la inclusión de temas o redactar los resúmenes, en su debido momento.

(52) El Comité indicó que las Recomendaciones 11 y 12 precisan del desarrollo de más contribuciones científicas, y alentó la participación del SCAR y sus programas asociados, así como la de otras organizaciones y programas relevantes, según corresponda.

- **Recomendación 11**: Reconocer la importancia de usar información de referencia inicial común, y recomendar que se envíe la información resumida, como las actualizaciones del Informe sobre Cambio Climático y Medioambiente Antártico (Informe ACCE) del SCAR, a ambos Comités según el tema del programa de cambio climático.

- **Recomendación 12**: Seguir considerando el desarrollo adecuado de las zonas de referencia científica con el objetivo de comprender los impactos del cambio climático, utilizando las actuales herramientas disponibles para el CPA y el SC-CAMLR.

(53) El Comité señaló que las Recomendaciones 13 a 15 se relacionan con el trabajo que está realizando el SC-CAMLR, y que acogería de buen grado las nuevas actualizaciones a este trabajo a medida que se desarrolla.

- **Recomendación 13**: Promover el trabajo constante liderado por la Argentina, Chile y otros Miembros sobre el desarrollo de las AMP en la planificación del Dominio 1 (Península Antártica), reconociendo la especial relevancia de la investigación del cambio climático y el establecimiento de zonas de referencia en esta región sometida a rápidos cambios.

- **Recomendación 14**: Reconocer que los datos de los procesos de planificación de AMP integrarán y pondrán a disposición una cantidad importante de información que mejorará la toma de decisiones y será relevante para el trabajo del CPA y SC-CAMLR en una gama de temas adicionales.

- **Recomendación 15**: Reconocer que la investigación y el seguimiento dentro de los sistemas de zonas protegidas de la RCTA y CCRVMA se beneficiarán con los programas integrados y coordinados dentro de las respectivas regiones, lo que incluye la comunidad más amplia de científicos interesados (SCAR, ICED, SOOS o programas nacionales).

(54) Por último, el Comité señaló su acuerdo sobre la importancia de que se realicen futuras reuniones conjuntas y que exista comunicación intersesional entre el CPA y el SC-CAMLR.

- **Recomendación 16**: Fomentar la realización de reuniones con mayor frecuencia y regularidad entre el SC-CAMLR y el CPA, por lo menos una vez cada cinco años. Fomentar también la comunicación más frecuente sobre temas comunes de interés en el período de transición antes de la siguiente reunión conjunta, incluso mediante foros en línea y el uso de acceso remoto, según convenga.

(55) El Comité refrendó también la recomendación contenida en el documento en cuanto a que deberían realizarse nuevos talleres con una frecuencia de al menos 5 años, y alentó a los Miembros a mantener una comunicación más frecuente sobre los temas de interés común durante el período anterior a la próxima reunión conjunta.

Asesoramiento del CPA a la RCTA sobre los resultados del taller conjunto del CPA y el SC-CAMLR sobre cambio climático y vigilancia

(56) El Comité expresó su acuerdo en informar a la RCTA su favorable acogida del informe del taller conjunto del CPA y el SC-CAMLR sobre cambio climático y vigilancia, y que había refrendado las recomendaciones emanadas de este.

Nominación de los Representantes del CPA para otras organizaciones

(57) El Comité nominó a las siguientes personas:

- Dr. Kevin Hughes (Reino Unido) como representante del CPA en la XXXIV Reunión de los delegados del SCAR, a realizarse en Kuala Lumpur, Malasia, entre el 29 y el 30 de agosto de 2016;
- Dr. Yves Frenot (Francia) como representante del CPA en la XXVIII Reunión General Anual del COMNAP, a realizarse en Goa, India, entre el 16 y el 18 de agosto de 2016; y
- La Dra. Polly Penhale (Estados Unidos) como representante del CPA ante la XXXV Reunión del SC-CAMLR, a realizarse en Hobart, Australia, entre el 17 y el 21 de octubre de 2016.

(58) En relación con este tema del programa se presentaron también los siguientes documentos:

- Documento de referencia BP 2, *The Scientific Committee on Antarctic Research Selected Science Highlights for 2015/16* [Puntos científicos destacados por el Comité Científico de Investigación Antártica para 2015/2016] (SCAR).

- Documento de referencia BP 3 rev. 1, *Resumen de la conferencia del SCAR: Consideración del futuro de las investigaciones científicas en la Antártida* (SCAR).

Tema 6: Reparación y remediación del daño al medioambiente

(59) En relación con este tema del programa se presentó el siguiente documento:

- Documento de Información IP 76, *Environmental Remediation in Antarctica* [Remediación Medioambiental en la Antártida] (Brasil).

Tema 7: Implicaciones del cambio climático para el medio ambiente

7a) Enfoque estratégico

(60) El SCAR presentó el Documento de Información IP 35, *Antarctic Climate Change and the Environment – 2016 Update* [El cambio climático Antártico y el Medioambiente: actualización 2016], el cual proporcionó una actualización sobre los últimos avances importantes en la comprensión del cambio climático en el Continente Antártico y el Océano Austral. Además de informar acerca de los efectos físicos del cambio climático sobre el medioambiente, la actualización también entregó detalles sobre la investigación del impacto biológico y ecológico de estos cambios. El documento desarrolló el material del informe sobre Cambio Climático y Medioambiente Antártico (Informe ACCE), que publicó el SCAR en 2009, con una actualización de los puntos clave que surgieron en 2013.

(61) El Comité agradeció al SCAR por sus constantes actualizaciones del Informe ACCE y reiteró la importancia de las actividades de investigación del SCAR en el esfuerzo por comprender y abordar las implicaciones medioambientales del cambio climático para la protección y la gestión de la zona del Tratado Antártico. El Comité también consideró que los descubrimientos científicos que se presentaron en el Documento de Información IP 35 recalcaban la importancia del trabajo del CPA para implementar el CCRWP.

(62) La OMM se refirió al informe más reciente del IPCC y señaló la importancia de tomar en cuenta los cambios producidos por la naturaleza, además de los

producidos por el hombre, a fin de crear modelos correctos para el clima pasado y futuro. La OMM declaró que el aumento en la extensión del hielo marino de la zona antártica no contradice la tendencia del calentamiento global, y que esto se encuentra bien documentado en los documentos publicados, así como en el Informe ACCE del y sus actualizaciones asociadas. EL COMNAP reconoció que el aumento del hielo marino en la zona antártica conlleva implicaciones importantes para el apoyo científico, y remitió al Comité al informe del Taller sobre los desafíos del hielo marino del COMNAP.

(63) La OMM presentó el Documento de Información IP 12, *WMO Climate-related Activities in the Antarctic Region* [Actividades de la OMM relacionadas con el clima en la Región Antártica], una actualización sobre las actividades pertinentes relacionadas con el clima que se realizaron como parte del Programa Mundial de Investigación Meteorológica de la OMM. Al señalar la importancia de su trabajo para el trabajo del CPA, la OMM recalcó sus esfuerzos para aumentar la conciencia sobre el estado general de la criósfera mediante la Vigilancia de la Criósfera Global, mejorar la comprensión de la predicción del clima polar y aprovechar las agencias espaciales para observar las regiones polares sobre las que se tiene poca información.

(64) La ASOC presentó el Documento de Información IP 78, *Antarctic Climate Change, Ice Sheets Dynamics and Irreversible Thresholds: ATCM contributions to the IPCC and Policy Understanding. Highlighting the significant challenge of communicating the threat of irreversible, long-term changes to the global climate system* [El cambio climático antártico, la dinámica de la capa de hielo antártica y umbrales irreversibles: Contribuciones de la RCTA al IPCC y conceptos normativos comunes. Puesta en relieve de los importantes desafíos que presenta la comunicación de la amenaza de cambios irreversibles y de largo plazo al sistema climático mundial]. La ASOC instó a la comunidad científica antártica a aportar al Informe Especial del IPCC sobre las implicaciones del calentamiento global de 1,5 °C y el Informe especial sobre los océanos y la criósfera. La ASOC recomendó que los Miembros, en conjunto con el SCAR y otras organizaciones científicas, respondan de manera oportuna mediante un informe de evaluación rápida.

(65) El SCAR recalcó que el resumen de la investigación solicitado por la ASOC guardaba coherencia con las actividades de investigación en curso y previstas. El SCAR señaló, además, que considerará cuál es la mejor manera de realizar aportes para los informes especiales del IPCC.

(66) El Comité agradeció a la ASOC por su documento y acogió con beneplácito la intención del SCAR de contribuir al informe especial. También instó a los Miembros a considerar la realización de aportes mediante sus propios procesos nacionales.

(67) La ASOC presentó el Documento de Información IP 81, *Antarctic Climate Change Report Card* [Tarjeta informativa del cambio climático antártico], que presentaba un resumen de las conclusiones científicas y los eventos climáticos destacables relacionados con el cambio climático debido a causas antropogénicas en la Antártida. La ASOC señaló que las conclusiones relativas al cambio climático y acidificación del océano eran concluyentes, y que el impacto del cambio climático era algo real y posiblemente sustantivo tanto para la Antártida como para el resto del mundo. La ASOC reconoció que la ciencia sobre el cambio climático en la Antártida es fundamental para comprender el impacto del cambio climático mundial, e instó a los Miembros a continuar su financiamiento de la ciencia sobre el cambio climático en la Antártida. La ASOC identificó el rango de las implicaciones del cambio climático en la protección del medioambiente y la gestión en la Antártida, incluida la necesidad de establecer zonas protegidas, por lo que acogió el trabajo del CCRWP.

(68) El Reino Unido presentó el Documento de Información IP 64, *Report on the activities of the Integrating Climate and Ecosystem Dynamics in the Southern Ocean (ICED) Programme* [Informe del Programa Integración del Clima y la Dinámica del Ecosistema en el Océano Austral (ICED)], un informe sobre el programa multidisciplinario internacional establecido en 2008 para mejorar la comprensión sobre los cambios en el Océano Austral y sus implicaciones para los ecosistemas y la gestión.

(69) El Comité acogió de buen grado el documento, y consideró que las actividades del programa ICED eran relevantes para su trabajo sobre el cambio climático, según lo identificado en el Programa de trabajo de respuesta para el cambio climático, y tal como se recalcó durante el taller conjunto del CPA y el SC-CAMLR.

(70) Se señaló que toda la provechosa y sustancial información proporcionada en el conjunto de documentos relativos al clima demuestra la importancia de mantener el enfoque en el cambio climático como una importante contribución al cambio general de la Antártida, y su relevancia en el contexto de la gobernanza y gestión del continente (por ejemplo, a través de los procesos de EIA, de considerar el riesgo del cambio climático al planificar y llevar a cabo actividades en la Antártida, de difundir información sobre

el cambio climático antártico a los foros medioambientales mundiales, y de alentar la coordinación y accesibilidad de todos los datos de investigación relevantes al clima producidos en la Antártida).

(71) El Comité se refirió al Documento de Secretaria SP 7, *Actions taken by the CEP and the ATCM on the ATME recommendations on Climate Change* [Medidas tomadas por el CPA y la RCTA acerca de las Recomendaciones de la RETA sobre el cambio climático] y señaló que muchas de las recomendaciones de la RETA sobre el cambio climático (2010) se han incorporado al CCRWP.

7b) Implementación y examen del Programa de Trabajo de Respuesta para el Cambio Climático

(72) El Comité revisó el Programa de trabajo de respuesta para el cambio climático (CCRWP) acordado en la XVIII Reunión del CPA y aprobado como la Resolución 4 (2015) (Documento de Secretaría SP 2). El Comité consideró las acciones identificadas para la XIX Reunión del CPA y señaló que ya se estaban tomando medidas para abordarlas en su mayoría, lo que incluye el trabajo constante del GSPG para desarrollar orientación sobre las ZAEA (Documento de Trabajo WP 31), el trabajo intersesional en la revisión del Manual sobre Especies No Autóctonas (Documento de Trabajo WP 13), la revisión de los Lineamientos sobre la Evaluación de Impacto Ambiental (Documento de Trabajo WP 15) y los resúmenes informativos que se encuentran disponibles actualmente en el Portal de Medioambientes Antárticos, así como aquellos que se prevén. El Comité también señaló que el SC-CAMLR, el SCAR y programas como el Sistema de Observación del Océano Austral (SOOS) y el programa Integración del Clima y la Dinámica del Ecosistema en el Océano Austral (ICED) ya están realizando actividades relevantes para el CCRWP.

(73) Además, el Comité señaló que el CCRWP incluía varias solicitudes de investigación y seguimiento nuevas y en curso. El Comité instó a los Programas Antárticos Nacionales, al SCAR, la OMM y a los programas de expertos externos relevantes a apoyar y facilitar estas actividades de investigación y seguimiento.

(74) El Comité actualizó el CCRWP (Apéndice 2) y acogió las ofertas del SCAR y la OMM de proporcionar informes a la XX Reunión del CPA sobre sus actividades de investigación y seguimiento relevantes para el CCRWP. El Comité también aceptó que debe solicitar a los programas externos

pertinentes, incluidos el SOOS y el ICED, que proporcionen información similar sobre cómo sus actividades pueden contribuir a los asuntos que identifica el CCRWP.

(75) El Comité señaló que administrar el CCRWP durante la reunión anual del CPA probablemente no fuera suficiente para lograr la comunicación necesaria con los observadores y los grupos de expertos, y expresó su acuerdo en cuanto a que un grupo dedicado, ya sea un GCI que sesione de manera regular, o un organismo subsidiario (con un coordinador y participantes dedicados, de conformidad con la Regla 10 de las Reglas de Procedimiento del CPA), sería la manera más efectiva de lograr la participación de dichas partes interesadas en el trabajo, y además permitiría contar con un abanico de pericias y conocimientos puestos a disposición para el seguimiento de la comunicación del CCRWP.

(76) El Comité observó que era necesario continuar el debate acerca de la forma en que funcionaría dicho grupo, lo que incluía la forma de trabajar en los cuatro idiomas oficiales del Tratado para garantizar una amplia participación de los Miembros, y señaló al mismo tiempo que existe un precedente de la operación eficaz de un organismo subsidiario.

(77) El Comité consideró la forma de revisar y gestionar el CCRWP de manera constante, e identificó los siguientes términos de referencia posibles para que cualquier mecanismo establecido revise, actualice y mantenga el CCRWP:

- supervisar y coordinar la comunicación entre los Miembros, el SCAR y otras partes interesadas sobre las acciones que se identifican en el CCRWP a fin de facilitar su implementación;
- proporcionar informes sobre la implementación del CCRWP para cada Reunión del CPA;
- revisar anualmente el CCRWP para su consideración por parte del CPA.

(78) El Comité señaló la conveniencia y la importancia de que existan comunicaciones claras y eficaces con los Observadores y las organizaciones de expertos en cuanto a las tareas y las solicitudes de información que se les remitan.

(79) El Comité acogió favorablemente la oferta de Nueva Zelandia de encabezar los debates intersesionales informales sobre el inicio de la coordinación del CCRWP, lo que incluye su comunicación y la preparación de las actualizaciones recomendadas del CCRWP, además de las opciones para establecer un grupo subsidiario a cargo de la revisión y la gestión del CCRWP para la XX Reunión del CPA.

Asesoramiento del CPA a la RCTA sobre la implementación de un Programa de trabajo de respuesta para el cambio climático (CCRWP)

(80) Con respecto a la solicitud de la RCTA en la Resolución 4 (2015) de recibir actualizaciones anuales sobre la implementación del Programa de trabajo de respuesta para el cambio climático, el Comité acordó informar a la RCTA sobre lo siguiente:

- ya se están tomando medidas para abordar varias de las tareas/acciones que se identificaron en el CCRWP para 2016;

- se acordó instar a los Programas Antárticos Nacionales, al SCAR, a la OMM y a las organizaciones de expertos externos relevantes a apoyar y facilitar las actividades de investigación y seguimiento identificadas en el CCRWP;

- se actualizó el CCRWP a fin de reflejar las acciones que se realizaron, e incorporar otras modificaciones menores; y

- se acordó coordinar debates intersesionales informales a fin de apoyar la consideración en mayor profundidad de los mejores medios para gestionar y apoyar la implementación del CCRWP durante la XX Reunión del CPA.

(81) Al reflexionar sobre la importancia de incorporar asesoría científica de alta calidad y actualizada en sus deliberaciones sobre las implicaciones ambientales del cambio climático en la zona del Tratado Antártico, lo que incluye la implementación del CCRWP, el Comité acordó que sería valioso tener medios directos para aprovechar la experiencia del IPCC.

Asesoramiento del CPA a la RCTA sobre la aprobación del IPCC como Observador del CPA

(82) Con referencia a la Regla 4c de las Reglas de Procedimiento del CPA aprobadas en virtud de la Decisión 4 (2011), el Comité acordó proponer que la RCTA apruebe al IPCC como Observador del CPA.

Tema 8: Evaluación del Impacto Ambiental (EIA)

8a) Proyectos de evaluación medioambiental global

(83) Italia presentó el Documento de Trabajo WP 43, *Proyecto de Evaluación Medioambiental Global para la construcción y operación de una pista*

de aterrizaje de grava en la zona de la estación Mario Zucchelli, Tierra Victoria, Antártida. Este documento se produjo en respuesta a los informes acerca de los planes de Italia de construir una pista de aterrizaje de grava, según lo presentado en anteriores reuniones del CPA (Documento de Trabajo WP 43 de la XVIII Reunión del CPA, Documento de Información IP 57 de la XVII Reunión del CPA, Documento de Información IP 80 de la XVI Reunión del CPA y Documento de Información IP 41 de la XV Reunión del CPA). El documento señaló que los beneficios que se obtendrían de la construcción de la pista de aterrizaje, que incluyen una gestión más confiable y rentable de las operaciones científicas y logísticas italianas, además de mejoras en la seguridad y cooperación con los programas antárticos vecinos, compensarían sus impactos ambientales. Italia también entregó una explicación pormenorizada de algunos de los aspectos de ingeniería de la investigación del sitio, entre los que se incluyó una evaluación aeronáutica, una tipificación geofísica y un estudio de la morfología del terreno que abarcó el movimiento de los glaciares.

(84) Francia presentó el Documento de Trabajo WP 21, *Informe del grupo de contacto intersesional de composición abierta para considerar el proyecto de CEE para la "Propuesta de construcción y operación de una pista de aterrizaje de grava en la zona de la Estación Mario Zucchelli en la bahía Terra Nova, Tierra Victoria, Antártida".* Francia señaló que los participantes del GCI hicieron comentarios favorables sobre varios aspectos de la actividad propuesta. El GCI informó al Comité que, en general, el proyecto de CEE estaba claro, bien estructurado y bien presentado, y que, en términos generales se ajustaba a los requisitos del Artículo 3 del Anexo I del Protocolo. Además, informó al Comité que las concusiones sobre el proyecto de CEE, en cuanto a que es probable que los impactos de la actividad propuesta sean mayores que mínimos o transitorios, estaba respaldada adecuadamente por la información que contenía. Por lo tanto, el GCI sugirió que en caso de que Italia decidiese proceder con la actividad propuesta, habría una serie de aspectos sobre los cuales debería entregarse más información en el CEE final.

(85) Italia presentó el Documento de Información IP 58, *The Initial Responses to the Comments on the Draft Comprehensive Environmental Evaluation for the construction and operation of a gravel runway in the area of Mario Zucchelli Station, Terra Nova Bay, Antarctica* [Respuestas iniciales a los comentarios sobre el Proyecto de Evaluación Medioambiental Global para la construcción y operación de una pista de aterrizaje de grava en la zona de la estación Mario Zucchelli, bahía Terra Nova, Antártida], además del Documento de Información IP 61, *Initial Environmental Evaluation for the*

extension to the Boulder Clay site of the access road to Enigma Lake, Mario Zucchelli Station, Terra Nova Bay, Victoria Land, Antarctica [Evaluación medioambiental inicial de la extensión del sitio del Pavimento Boulder de la carretera de acceso al lago Enigma, estación Mario Zucchelli, bahía Terra Nova, Tierra Victoria, Antártida]. El Documento de Información IP 58 proporcionó las respuestas iniciales a los comentarios realizados por los participantes del GCI al que se hace referencia en el Documento de Trabajo WP 21. Este incluye una programación de la construcción e información pormenorizada relacionada con el personal necesario, así como información sobre las aves y los invertebrados presentes en la zona, e indica algunos posibles impactos directos en la flora y fauna, además de los riesgos presentados por las especies no autóctonas. Italia también presentó resultados sobre el impacto acumulativo e indirecto de las actividades, y proporcionó información pormenorizada sobre las medidas de mitigación.

(86) El Comité agradeció a Italia por el proyecto de CEE, y a Francia por coordinar el GCI, y expresó su apoyo hacia las conclusiones y recomendaciones del GCI. Junto con señalar la importancia de los procesos de EIA como un componente importante de la protección medioambiental en virtud del Protocolo Ambiental, el Comité instó a participar más ampliamente en los futuros GCI establecidos para la revisión de los proyectos de CEE.

(87) Varios Miembros con actividades e instalaciones en la bahía Terra Nova y la región más amplia expresaron su compromiso de trabajar en colaboración con Italia con el objetivo de maximizar la cooperación internacional y los beneficios científicos de las instalaciones propuestas.

(88) Varios Miembros reiteraron que los aspectos del proyecto de CEE ameritaban mejoras o mayor atención, y cuestionaron los motivos por los que los impactos de la construcción de la carretera de acceso a la pista de aterrizaje propuesta se evaluaron mediante una IEE separada (presentada a la XIX Reunión del CPA como Documento de Información IP 61), en lugar de evaluarse dentro del alcance del proceso de evaluación de CEE.

(89) La ASOC señaló que, al aumentar las rutas hacia la zona, la pista de aterrizaje propuesta crearía impactos ambientales más amplios en la región. La ASOC expresó sus reservas con respecto a la propuesta, y recomendó que, si se construye la pista de aterrizaje, Italia debería considerar la protección de otras zonas de la región cuyos valores sean comparables a los de la zona asociada con la pista de aterrizaje.

(90) El Comité agradeció el compromiso de Italia en cuanto a responder a los asuntos planteados por el GCI y los Miembros del CPA, e instó a Italia a que, si decide continuar con la actividad propuesta, tome en consideración el asesoramiento del CPA en su preparación de la CEE final obligatoria.

Asesoramiento del CPA a la RCTA sobre el proyecto de CEE preparado por Italia para la "Propuesta de construcción y operación de una pista de aterrizaje de grava en la zona de la Estación Mario Zucchelli en la bahía Terra Nova, Tierra Victoria, Antártida"

(91) Después del análisis que se llevó a cabo del proyecto de CEE preparado por Italia sobre la "Propuesta de construcción y operación de una pista de aterrizaje de grava en la zona de la Estación Mario Zucchelli en la bahía Terra Nova, Tierra Victoria, Antártida", y de conformidad con los Procedimientos para la consideración por el CPA de proyectos de CEE en el período entre sesiones, el CPA informó a la RCTA lo siguiente:

1) El proyecto de CEE cumplió en forma general con los requisitos contenidos en el Artículo 3 del Anexo I al Protocolo al Tratado Antártico sobre Protección del Medioambiente;

2) Si Italia decidía continuar con la actividad propuesta, había ciertos aspectos para los que se debía proporcionar más información o aclaración en la CEE final obligatoria, según lo establecido en el Documento de Trabajo WP 21 de esta Reunión, a fin de facilitar una evaluación global de la actividad propuesta. En particular, se llamó la atención de la RCTA sobre la recomendación de proporcionar mayor información acerca de lo siguiente:

   a. el personal requerido durante la etapa de construcción (cantidad, alojamiento, etc.), además de un calendario claro del plan de trabajo que abarque los cuatro años de su construcción;

   b. información sobre algunos aspectos del estado de referencia inicial, especialmente relativa a los invertebrados, y que incluya todas las especies de aves presentes en la zona (no solo los pingüinos de Adelia y las skúas), p. ej., mediante la cartografía completa de las aves antes del comienzo de la construcción.

   c. los posibles impactos directos sobre la flora y la fauna, el entorno y los medioambientes lacustres, además del riesgo de especies no autóctonas; en especial, se debería proporcionar información acerca de los impactos relacionados con la carretera, las canteras, el polvo y el ruido producido por el trabajo de construcción;

d. la inclusión de todos los aspectos de la actividad en el ámbito de la CEE, lo que incluye la construcción y operación de la carretera hacia el sitio de la pista de aterrizaje;

e. los impactos acumulativos e indirectos que pueden surgir como producto de las actividades actuales y demás actividades previstas en la zona, incluida la cooperación logística; y

f. las medidas de mitigación relacionadas con la gestión del combustible, las especies no autóctonas, la perturbación de la vida silvestre, y la capacitación del personal de la construcción.

3) La información proporcionada en el proyecto de CEE respaldó la conclusión de que era probable que el impacto de construir y operar la pista de aterrizaje propuesta sea mayor que mínimo o transitorio.

4) El proyecto de CEE en general era claro, estaba bien estructurado y bien presentado, aunque se recomendaron mejoras en algunos de los mapas y las figuras.

8b) Otros temas relacionados con la evaluación de impacto ambiental

Vehículos aéreos no tripulados (UAV)

(92) El Comité recordó que, tras los debates iniciales sostenidos durante la XVII Reunión del CPA (2014), y luego del análisis en profundidad durante la XVIII Reunión del CPA (2015), había considerado iniciar el trabajo de desarrollo de orientaciones para los aspectos medioambientales del uso de UAV en la Antártida.

(93) El COMNAP recordó a la Reunión su Documento de Trabajo WP 22, presentado a la XXXVIII RCTA, donde se exploraban los riesgos y beneficios del uso de UAV en la Antártida, y presentó luego el Documento de Trabajo WP 14, *Grupo de Trabajo del COMNAP sobre sistemas aéreos no tripulados (GT-UAS)* donde informó sobre las actividades del Grupo de Trabajo del COMNAP en sistemas aéreos no tripulados e incluyó una versión inicial del Manual del Operador de UAS en la Antártida. El COMNAP observó que el Manual era resultado de los debates sostenidos por expertos de los 11 Programas Antárticos Nacionales que habían participado en el GT-UAS, y expresó su agradecimiento a los participantes. Se señaló que el Manual era un documento dinámico que se sometería a revisión, en particular a la luz

de la próxima información producida por el SCAR sobre perturbación de la vida silvestre. El Manual incluye 12 recomendaciones formuladas para los Programas Antárticos Nacionales en el momento en que desarrollen sus propias directrices que rijan las operaciones de UAS, e incluye formularios que podrían resultar provechosos para el intercambio de información y la notificación por adelantado de las actividades de los UAS.

(94) Alemania presentó el Documento de Trabajo WP 1, *Los UAV y sus distancias mínimas de aproximación a la vida silvestre*, en el cual se resumieron los resultados de la investigación reciente acerca de los posibles impactos de los micro UAV en una pequeña colonia de pingüinos de Adelia en la isla Ardley, y ofreció propuestas sobre posibles distancias mínimas para el uso de UAV en la Antártida basándose en experimentos específicos sobre perturbación, y tomando en cuenta el enfoque cautelar que debía adoptarse al operar en las cercanías de la vida silvestre recomendado por el Comité. Se recomendó que el Comité considere los resultados y las recomendaciones formuladas en este documento en sus futuros debates acerca de las directrices sobre el uso de UAV en las proximidades de concentraciones de vida silvestre.

(95) Polonia presentó el Documento de información IP 59, *UAV remote sensing of environmental changes on King George Island (South Shetland Islands): update on the results of the second field season 2015/2016* [Teledetección con UAV de los cambios medioambientales en la Isla 25 de Mayo (isla Rey Jorge) (islas Shetland del sur): actualización sobre los resultados de la segunda temporada en terreno del período 2015/2016]. El documento presentó información preliminar sobre la segunda temporada del programa de vigilancia conjunto de Polonia y Noruega mediante el uso de UAV de ala fija para recopilar datos medioambientales geoespaciales. Brindó información relativa a las observaciones respecto del impacto del uso de UAV sobre los pingüinos y los petreles gigantes comunes reproductores, observaciones del tamaño y la distribución de las poblaciones de pingüinos y pinnípedos, además de elaborar una cartografía de las comunidades vegetales.

(96) La IAATO presentó el Documento de información IP 120, *IAATO Policies on the Use of Unmanned Aerial Vehicles (UAVs) in Antarctica: Update for the 2016/17 Season,* [Políticas de la IAATO sobre el uso de vehículos aéreos no tripulados (UAV) en la Antártida: actualización para la temporada 2016/17], en el cual se dio a conocer que los miembros de la IAATO acordaron mantener la prohibición del uso recreativo de UAV en las zonas costeras durante la temporada 2016/2017. La IAATO señaló que, durante la temporada 2015/2016, sus operadores registraron 96 vuelos de UAV, todos

los cuales contaban con la aprobación de las autoridades competentes y no fueron realizados con fines recreativos.

(97) El Comité agradeció a todos los Miembros y Observadores que enviaron documentos para aportar información a los debates del CPA sobre los impactos medioambientales del uso de UAV en la Antártida. Algunos de los Miembros recordaron también que los documentos presentados a la XVIII Reunión del CPA seguían siendo relevantes para este debate.

(98) El Comité reconoció los beneficios científicos del uso de UAV en apoyo de la investigación y la observación, y señaló la constante necesidad de comprender, desde un punto de vista científico, el impacto medioambiental del uso de UAV, en especial sobre la vida silvestre. El Comité recordó la generosa oferta del SCAR de preparar un resumen del estado actual de los conocimientos acerca del impacto de los UAV sobre la vida silvestre, el cual se presentaría durante la próxima Reunión del Comité, y apreció la información proporcionada por el SCAR en cuanto a que este trabajo se encuentra en curso y progresa de buen modo.

(99) El Comité agradeció al COMNAP por su función en el desarrollo de un manual sobre las Directrices para la certificación y operación de sistemas aéreos no tripulados en la Antártida y, luego de señalar que la RCTA considerará en mayor profundidad el Documento de Trabajo WP 14, expresó su apoyo a las recomendaciones del COMNAP en cuanto a instar a las Partes a considerar las orientaciones ofrecidas en el Manual en caso de que sus Programas Antárticos Nacionales consideren el uso de tecnologías de UAV en la zona del Tratado Antártico, o cuando estos lo hagan. El Comité señaló que el Manual pone de relieve la importancia de considerar los impactos medioambientales del uso de UAV mediante el proceso de EIA, y acordó que sería positivo desarrollar el Manual en mayor profundidad, a medida que se vuelvan disponibles investigaciones y comprensión sobre los impactos medioambientales de los UAV.

(100) El Comité expresó su gratitud a Alemania y Polonia por la entrega de actualizaciones sobre la investigación reciente de los posibles impactos de los UAV e instó a los Miembros a continuar proporcionando actualizaciones sobre toda investigación que se realice acerca del uso y el impacto medioambiental de los UAV. El Comité reconoció los resultados que se presentaron en el documento de Alemania como una referencia útil para debates futuros sobre el desarrollo de orientación medioambiental para el uso de UAV en la Antártida y señaló, a la vez, que sería útil contar con investigaciones complementarias antes de establecer las distancias mínimas de aproximación.

(101) El Comité agradeció, además, a la IAATO por informar que sus miembros habían decidido mantener la prohibición del uso recreativo de UAV en las zonas costeras.

(102) El Comité apoyó el establecimiento de un GCI para desarrollar una mayor orientación respecto a la gestión de los aspectos medioambientales del uso de UAV, a partir de la XX Reunión del CPA, ocasión para la cual el informe del SCAR respecto de los impactos de los UAV sobre la vida silvestre ya se encontrará disponible.

(103) El Comité reconoció el beneficio de la consideración constante de estos asuntos y de la orientación e investigación que se produce para apoyar futuros debates en la XX Reunión del CPA. El Comité señaló que algunos de los miembros habían compartido sus experiencias en cuanto a la implementación de orientación nacional o antártica para el uso de UAV, y consideró que esta información también era relevante para estos debates.

(104) Mientras que algunos de los Miembros manifestaron su apoyo por la recomendación surgida durante la reunión en cuanto a prohibir el uso de UAV en la Antártida, el Comité expresó su acuerdo en que se debe considerar en mayor profundidad este asunto durante el GCI previsto. Sobre esta materia, el Comité hizo notar que la experiencia del COMNAP con respecto a la conveniencia de una gestión cuidadosa para el uso recreativo de UAV por el personal de las estaciones, en especial para quienes permanecen en la Antártida durante el invierno proporcionará información útil para los futuros debates.

Asesoramiento del CPA a la RCTA sobre los vehículos aéreos no tripulados (UAV)

(105) El Comité aceptó informar a la RCTA su reconocimiento de la utilidad de las Directrices del COMNAP para la certificación y operación de sistemas aéreos no tripulados en la Antártida (Documento de Trabajo WP 14). El Comité reconoció también la necesidad de desarrollar directrices sobre los aspectos medioambientales de los UAV y que en la XX Reunión del CPA comenzará a trabajar en el desarrollo de dicha orientación.

(106) Australia presentó el Documento de Trabajo WP 15, *Informe del grupo de contacto intersesional establecido para la revisión de los Lineamientos para la Evaluación de Impacto Ambiental en la Antártida*, preparado conjuntamente con el Reino Unido. A este GCI se le habían encomendado las siguientes tareas: continuar la revisión de los *Lineamientos para la Evaluación de Impacto Ambiental en la Antártida* adjuntos a la Resolución 1 (2005) para hacer frente a asuntos como los identificados en el Documento de Trabajo WP 29 de la XXXVII

RCTA, y, según corresponda, sugerir modificaciones a dichos lineamientos; y registrar los asuntos planteados durante los debates según el TdR 1, que se refieren a políticas generales u otros asuntos relativos a la elaboración y tramitación de EIA, y que pueden justificar un mayor análisis por parte del CPA con miras a fortalecer la aplicación del Anexo I del Protocolo. El GCI logró un acuerdo general en cuanto a la sugerencia de revisión de los Lineamientos para EIA. El GCI identificó, además, asuntos relativos a políticas generales u otros asuntos relativos a las EIA que podrían justificar un mayor análisis por parte del CPA. El GCI recomendó que el Comité considere los Lineamientos para EIA revisados y, si se logra un acuerdo sobre una versión final, que el Comité transmita a la RCTA dichos lineamientos revisados para su aprobación. El GCI recomendó también que el Comité debata sobre la mejor manera de analizar los asuntos relativos a políticas generales u otros asuntos para el desarrollo y la tramitación de EIA, contenidos en el Anexo C del documento.

(107) El Comité agradeció a Australia y al Reino Unido por liderar el GCI y por presentar el informe. Luego de incorporar modificaciones menores durante la Reunión, el Comité finalizó la revisión de los Lineamientos para la Evaluación de Impacto Ambiental en la Antártida.

(108) El Comité también consideró las políticas generales y otros asuntos que surgieron durante el trabajo intersesional y señaló que requerían una cuidadosa consideración.

(109) El Comité agradeció al Reino Unido por su oferta de trabajar con los Miembros interesados en el desarrollo de un Documento de Trabajo como apoyo para el debate en mayor profundidad de las políticas generales y otros asuntos relativos a las EIA en la XX Reunión del CPA. El Reino Unido señaló que, en reconocimiento de los comentarios de los Miembros durante la Reunión, priorizaría los asuntos relacionados con el establecimiento de un repositorio central de recursos y orientación práctica sobre EIA y que actualizaría los *Procedimientos para la consideración por el CPA de proyectos de CEE* en el período entre sesiones para incluir un término de referencia normalizado sobre la pertinencia o la conveniencia de las medidas de mitigación propuestas. Muchos Miembros expresaron su interés en participar en el trabajo intersesional.

Asesoramiento del CPA a la RCTA sobre la Revisión de los Lineamientos para la Evaluación del Impacto Ambiental en la Antártida

(110) Tras examinar el informe del GCI que se estableció para revisar los Lineamientos para la Evaluación del Impacto Ambiental en la Antártida,

el Comité refrendó una revisión de estos Lineamientos, y acordó continuar su trabajo sobre las consideraciones acerca de una política más amplia. El Comité señaló que los actuales Lineamientos habían sido aprobados en virtud de la Resolución 4 (2005), y aceptó remitir a la RCTA, para su aprobación, un proyecto de Resolución para la revisión de los Lineamientos.

(111) La República de Corea presentó el Documento de Información IP 45, *Renovation of the King Sejong Korean Antarctic Station on King George Island, South Shetland Islands* [Renovación de la estación antártica coreana King Sejong en la isla Rey Jorge (isla 25 de Mayo), islas Shetland del Sur] a través del cual se informó al Comité sobre las renovaciones que se prevé realizar en su estación, entre las que se incluirá la reconstrucción del alojamiento y los laboratorios de verano y una modificación de la estructura para mejorar la seguridad, la durabilidad y la funcionalidad del edificio. También se prevé instalar un sistema de energía solar y reemplazar los tanques de combustible actuales con tanques de doble pared. El documento de IEE para las actividades propuestas debería presentarse al Ministerio de Relaciones Exteriores durante el próximo año para su aprobación.

(112) En referencia a su inspección de las instalaciones (Documento de Trabajo WP 29), China destacó que la estación antártica coreana King Sejong era una buena plataforma científica y expresó su respaldo a las renovaciones previstas.

(113) Nueva Zelandia presentó el Documento de Información IP 53, *A tool to support regional-scale environmental management* [Una herramienta para respaldar la gestión medioambiental a escala regional], que presentó un programa de investigación, liderado por Landcare Research, destinado a desarrollar una herramienta que respalde la gestión medioambiental a mayor escala. La herramienta de gestión propuesta facilitaría las evaluaciones a escala regional de las actividades y de los impactos, al mismo tiempo que permitiría que las variaciones de los medioambientes se tomen en cuenta de mejor manera en dichas evaluaciones. Nueva Zelandia invitó a los miembros a asistir a un taller informal sobre el desarrollo de la herramienta al finalizar la XXXIV Conferencia Abierta de Ciencias del SCAR, que se efectuará en Kuala Lumpur, Malasia (27 de agosto de 2016).

(114) El Reino Unido aceptó favorablemente la iniciativa de Nueva Zelandia, y destacó que reconoce el beneficio de instaurar el uso de esta herramienta en otras zonas de la Antártida.

(115) Ecuador presentó el Documento de Información IP 122, *Licencia Ambiental de la Estación Científica Pedro Vicente Maldonado*. Se informó al Comité

que, en agosto de 2015, la autoridad medioambiental del Gobierno ecuatoriano entregó la Licencia Medioambiental para la Estación Científica Pedro Vicente Maldonado al Instituto Antártico Ecuatoriano. También se informó que, con el propósito de mantener la licencia, se sometió la estación a auditorías bienales obligatorias sobre la aplicación del Plan de Gestión Medioambiental en la estación, lo que también fue aprobado por la autoridad antes mencionada. Este plan tiene nueve componentes que aspiran a proteger el medioambiente y el personal de la estación, y está sujeto a actualizaciones y mejoras.

(116) En relación con este tema del programa se presentaron también los siguientes documentos:

- Documento de Información IP 3, *Application of air dispersion modeling for impact assessment of construction/operation activities in Antarctica* [Aplicación de modelos de dispersión de aire para la evaluación del impacto de actividades de construcción y manejo en la Antártida] (Belarús).

- Documento de Información IP 30, *Modernisation of GONDWANA-Station, Terra Nova Bay, northern Victoria Land* [Modernización de la Estación GONDWANA, Bahía Terra Nova, Tierra Victoria del Norte] (Alemania).

- Documento de Información IP 56, *Developing a blue ice runway at Romnoes in Dronning Maud Land* [Desarrollo de una pista de aterrizaje de hielo azul en Romnoe, Tierra de la Reina Maud] (Bélgica).

- Documento de Secretaría SP 6 rev.1, *Lista anual de Evaluaciones Medioambientales Iniciales (IEE) y Evaluaciones medioambientales globales (CEE) preparadas entre el 1 de abril 2015 y el 31 de marzo de 2016* (STA).

Tema 9: Protección de zonas y planes de gestión

9a) Planes de gestión

i. Proyectos de Planes de gestión examinados por el Grupo Subsidiario sobre Planes de Gestión

(117) La coordinadora del Grupo Subsidiario sobre Planes de Gestión (GSPG), Birgit Njåstad, de Noruega, presentó el Documento de trabajo WP 31, *Grupo Subsidiario sobre Planes de Gestión: Informe del trabajo intersesional correspondiente al período 2015/2016* (Noruega), en representación del GSPG. La coordinadora agradeció a todos los participantes del GSPG por su arduo trabajo, y recordó al Comité que todos los Miembros eran bienvenidos

a unirse al GSPG. De acuerdo con los términos de referencia n.° 1 a 3, el Grupo se preparó para considerar los siguientes cinco proyectos de Plan de Gestión de Zona Antártica Especialmente Protegida (ZAEP) remitidos por el CPA para su revisión intersesional:

- ZAEP 125: Península Fildes, isla Rey Jorge (isla 25 de Mayo) (Chile).
- ZAEP 144: "Bahía Chile" (bahía Discovery), isla Greenwich, islas Shetland del Sur (Chile).
- ZAEP 145: Puerto Foster, isla Decepción, islas Shetland del Sur (Chile).
- ZAEP 146: Bahía South, isla Doumer, archipiélago Palmer (Chile).
- ZAEP 150: Isla Ardley, bahía Maxwell, isla Rey Jorge (isla 25 de Mayo) (Chile).

(118) El GSPG informó al CPA que, ya que el proponente no estaba en condiciones de avanzar en la revisión de estos planes de gestión durante el período intersesional, el GSPG no pudo entregar mayor información y completar el proceso de revisión.

(119) Chile informó al Comité que tenía previsto presentar las versiones revisadas de los cinco planes de gestión para su examen por el GSPG durante el próximo período intersesional.

ii) Proyectos de planes de gestión revisados no examinados por el Grupo Subsidiario sobre Planes de Gestión

(120) El Comité consideró los planes de gestión revisados de ocho ZAEP. En cada caso, los proponentes: resumieron los cambios sugeridos para el actual plan de gestión; señalaron qué se revisó y modificó en referencia a la Guía para la *Preparación de Planes de Gestión para las Zonas Antárticas Especialmente Protegidas* (la Guía); y recomendaron que el Comité los apruebe y remita a la RCTA para su aprobación. El Comité también consideró una propuesta de Francia en cuanto a extender el actual Plan de Gestión de la ZAEP n.° 166, Puerto Martin, por cinco años más:

a. Documento de Trabajo WP 2, *Plan de Gestión revisado para la Zona Antártica Especialmente Protegida n.° 149, Cabo Shirreff e isla San Telmo, isla Livingston, islas Shetland del Sur* (Estados Unidos).

b. Documento de Trabajo WP 3, *Plan de Gestión revisado para la Zona Antártica Especialmente Protegida n.° 122, Alturas de Arrival, península Hut Point, isla Ross* (Estados Unidos).

c. Documento de Trabajo WP 4, *Plan de Gestión Revisado para la Zona Antártica Especialmente Protegida n.° 126, Península Byers, isla Livingston, islas Shetland del Sur* (Reino Unido, Chile y España).

d. Documento de Trabajo WP 18, *Revisión del Plan de Gestión para la Zona Antártica Especialmente Protegida (ZAEP) n.° 167, Isla Hawker, Tierra de la Princesa Isabel* (Australia).

e. Documento de Trabajo WP 26, *Revisión del Plan de Gestión para la Zona Antártica Especialmente Protegida (ZAEP) n.° 116: Valle New College, playa Caughley, cabo Bird, isla Ross* (Nueva Zelandia).

f. Documento de Trabajo WP 27, *Revisión del Plan de Gestión para la Zona Antártica Especialmente Protegida (ZAEP) n.° 131: Glaciar Canadá, lago Fryxell, valle Taylor, Tierra de Victoria* (Nueva Zelandia).

g. Documento de Trabajo WP 36, *Plan de Gestión revisado para la ZAEP n.° 120, Archipiélago punta Géologie, Tierra de Adelia* (Francia).

h. Documento de Trabajo WP 37, *Plan de Gestión revisado para la ZAEP n.° 166, Puerto Martin, Tierra de Adelia. Propuesta de prórroga del actual Plan de Gestión* (Francia).

i. Documento de Trabajo WP 40, *Plan de Gestión revisado para la Zona Antártica Especialmente Protegida n.° 127 "isla Haswell" (Isla Haswell y criadero contiguo en hielo fijo de pingüinos emperador)* (Federación de Rusia).

(121) En relación con los Documentos de Trabajo WP 2 (ZAEP n.° 149) y, WP 3 (ZAEP n.° 122), Estados Unidos señaló que se propusieron cambios menores a los actuales planes de gestión. Se efectuaron modificaciones en consulta con los participantes internacionales, y entre las enmiendas se incluyeron mejoras editoriales relacionadas con la descripción de la zona protegida y mejoras a la cartografía.

(122) Con respecto al Documento de Trabajo WP 4 (ZAEP n.° 126), el Reino Unido señaló que solo se efectuaron cambios en la información de respaldo del Plan de Gestión, y que se agregó una referencia a las Regiones Biogeográficas de Conservación Antártica. El Reino Unido y Chile también propusieron que España fuera reconocida como proponente conjunto para la ZAEP n.° 126.

(123) Con respecto al Documento de Trabajo WP 18 (ZAEP n.° 167), Australia informó que solo se propusieron enmiendas menores al Plan de Gestión. Entre los cambios, se encuentran la actualización de los cálculos de la

población de la colonia de petreles gigantes comunes y una modificación a la sección 7, que especifica que están prohibidos los sobrevuelos de aeronaves en la Zona, lo que incluye vehículos aéreos no tripulados, salvo que dichos sobrevuelos se aprueben mediante un permiso.

(124) Con respecto al Documento de Trabajo WP 26 (ZAEP n.° 116) y WP 27 (ZAEP n.° 131), Nueva Zelandia señaló que se propusieron revisiones menores de los planes de gestión, que se actualizaron en consulta con científicos y responsables medioambientales que han trabajado en esas Zonas.

(125) En cuanto al Documento de Trabajo WP 36 (ZAEP n.° 120), Francia explicó que había introducido importantes modificaciones editoriales en diversas secciones, aunque en esencia, el Plan de Gestión no se había modificado de manera importante. Entre los cambios, se encuentra la nueva redacción de la Sección 2 para efectos de claridad, la modificación de varios mapas, y la incorporación de una descripción de la Zona, que ahora incluye información geológica y sobre la fauna. Con respecto al Documento de Trabajo WP 37 (ZAEP n.° 166), Francia explicó que las recientes condiciones del hielo marino en la región continuaron impidiendo el acceso seguro al sitio, el cual seguía siendo valioso para la realización de investigaciones arqueológicas. Por lo tanto, sugirió una extensión del plazo del Plan de Gestión durante cinco años más, sin modificaciones.

(126) Con respecto al Documento de Trabajo WP 40 (ZAEP n.° 127), la Federación de Rusia informó que solo se realizaron cambios menores en el Plan de Gestión, entre los que se encuentra la referencia a la presencia de la skúa Lonnberg (*Catharacta antarctica*) en la Zona (Documento de Información IP 71).

(127) El Comité refrendó todos los planes de gestión revisados que no habían sido examinados por el GSPG.

(128) Además, el Comité aprobó la prórroga del actual Plan de Gestión de la ZAEP n.° 166, Puerto Martin, por cinco años más.

(129) El Comité apoyó la propuesta en el Documento de Trabajo WP 4 en cuanto a reconocer a España como proponente conjunto para la ZAEP n.° 126, junto al Reino Unido y Chile.

iii) Nuevos proyectos de planes de gestión para zonas protegidas y administradas

(130) No se presentaron nuevos planes de gestión para zonas protegidas y administradas.

Asesoramiento del CPA a la RCTA sobre planes de gestión revisados para ZAEP:

(131) El Comité expresó su acuerdo en remitir a la RCTA los siguientes planes de gestión revisados para su aprobación por medio de una Medida:

N.°	Nombre
ZAEP n.° 116	Valle New College, playa Caughley, cabo Bird, isla Ross
ZAEP n.° 120	Archipiélago punta Géologie, Tierra de Adelia
ZAEP n.° 122	Alturas de Arrival, península Hut Point, isla Ross
ZAEP n.° 126	Península Byers, isla Livingston, islas Shetland del Sur
ZAEP n.° 127	"Isla Haswell" (Isla Haswell y criadero contiguo en hielo fijo de pingüinos emperador).
ZAEP n.° 131	Glaciar Canadá, Lake Fryxell, valle Taylor, Tierra Victoria
ZAEP n.° 149	Cabo Shirreff e isla San Telmo, isla Livingston, islas Shetland del sur
ZAEP n.° 167	Isla Hawker, Tierra de la Princesa Isabel

(132) El Comité expresó también su acuerdo en informar a la RCTA que el actual Plan de Gestión para la ZAEP n.° 16, Puerto Martin, Tierra de Adelia, debía extenderse durante un nuevo período de cinco años.

iv) Otros asuntos relacionados con los planes de gestión de zonas protegidas y administradas

(133) El Reino Unido presentó el Documento de Trabajo WP 9, *Estado de la Zona Antártica Especialmente Protegida n.° 107 isla Emperor, islas Dion, bahía Margarita, Península Antártica,* donde se señala que la Zona había sido designada para protección especial desde 1996 con el objeto de garantizar la protección de la colonia reproductora de pingüinos emperador. Durante la XIV Reunión del CPA, el Reino Unido alertó al Comité que sus científicos pusieron en duda que la colonia siguiera existiendo (Documento de Trabajo WP 18 de la XXXIV RCTA), y el Comité apoyó el enfoque sugerido por el Reino Unido en cuanto a posponer la modificación del Plan de Gestión de la ZAEP por cinco más años a fin de permitir la confirmación del estado de la colonia. El posterior trabajo de vigilancia no identificó una recuperación importante de la anterior colonia de pingüinos emperador, y las fotografías aéreas y automáticas mostraron solo algunas apariciones esporádicas de pingüinos emperador no reproductores. Tras la reevaluación del Reino Unido de la idoneidad de la Zona en cuanto a su condición ZAEP utilizando las herramientas del Artículo 3 del Anexo V, y dado que la Zona no cuenta con otros valores que justifiquen una protección especial y la probabilidad de que el aumento proyectado de la temperatura regional tenga un impacto

negativo en la reproducción futura, el Reino Unido pidió la opinión del Comité sobre si sería apropiado mantener la protección adicional conferida por el estado de ZAEP.

(134) La ASOC afirmó que las decisiones en torno a revocar la designación de zonas no debían tomarse a la ligera, y recomendó que el Comité debía considerar aumentar la protección de las colonias de pingüinos emperador en otros sitios, especialmente si se elimina la ZAEP 107.

(135) El Comité agradeció al Reino Unido por su completa y sistemática reevaluación del estado de la ZAEP 107. Señaló que los datos sobre vigilancia presentados por el Reino Unido no revelaban una recuperación importante de la colonia, pero se refirió también al avistamiento de algunos pingüinos emperador en el lugar, incluso por algunos operadores de la IAATO.

(136) Algunos Miembros consideraron que, dada la rigurosa evaluación realizada por el Reino Unido, existía un argumento sólido para revocar la designación del sitio. Tras un minucioso examen y con el apoyo del Reino Unido, el Comité decidió, sin embargo, que el estado de ZAEP debería mantenerse por cinco años más. El Comité instó al Reino Unido a continuar la vigilancia mediante técnicas de teledetección y otras tecnologías que consumen menos recursos, y que informe los resultados al CPA. El Comité también instó a otros Miembros a proporcionar datos de vigilancia relevantes para ayudar con la posterior evaluación.

(137) Durante los debates en torno al Documento de Trabajo WP 9, diversos Miembros pusieron de relieve la importancia de adoptar un enfoque científico dinámico hacia la gestión de zonas protegidas que incluya los procesos de revocación de designaciones con el fin de concentrar la atención en aquellas zonas o valores que requieren de protección adicional que ya están contempladas en el Protocolo en términos generales. Al tiempo que señalaban que el Comité debería ser riguroso en su consideración de estos asuntos, varios Miembros recomendaron el desarrollo de procedimientos o de criterios para informar la consideración del Comité de las propuestas de revocación de designaciones de ZAEP, incluso en el contexto del marco proporcionado por el CCRWP. El Comité acogió de buen grado la oferta de Noruega de liderar el trabajo para informar la consideración posterior de este asunto en la XX Reunión del CPA. Varios Miembros expresaron su interés en colaborar con Noruega en este trabajo.

(138) China presentó el Documento de trabajo WP 29, *Informe sobre los Debates Intersesionales Informales mantenidos en 2015-2016 acerca de la propuesta de una nueva Zona Antártica Especialmente Administrada en la estación antártica china Kunlun, Domo A, y trabajo de seguimiento.* Tras la consideración de la propuesta de China por el CPA durante sus reuniones XVI, XVII y XVIII de designar una ZAEA en la estación antártica china Kunlun, Domo A, además de los debates informales internacionales durante los respectivos períodos intersesionales, este documento informó sobre los debates informales realizados durante el período intersesional 2015-2016. China respondió a las diversas inquietudes expresadas antes por los Miembros, entre otras: los valores protegidos; los programas de colaboración internacional; la cantidad de operadores; las actividades coincidentes; la pertinencia de declarar una ZAEA; y el potencial de utilizar herramientas alternativas, así como la interpretación del Artículo 4, Anexo V del Protocolo.

(139) China presentó un panorama de las actividades de investigación internacional pasadas, actuales y potencialmente futuras en la Zona, y ahondó sobre la evolución de la modificación estructural en curso en la estación Kunlun. China también señaló que esperaba en el futuro cercano un aumento en el volumen de las actividades científicas colaborativas, de la cantidad de operadores, y del volumen y tipo de nuevas actividades en la Zona. Recordando el Taller del CPA sobre Zonas Marinas y Terrestres Especialmente Administradas (2011), China reiteró su punto de vista acerca de que una ZAEA sería la herramienta más adecuada para gestionar y proteger de forma proactiva los valores científicos y ambientales del Domo A. Al reafirmar su compromiso con las disposiciones del Protocolo y la colaboración científica internacional, China solicitó que el Comité tenga en cuenta los singulares valores científicos y medioambientales de la Zona del Domo A, e instó a los Miembros a participar en los posteriores debates intersesionales liderados por ese país.

(140) La Argentina agradeció a China por su constante compromiso para estimular el debate sobre su propuesta relativa al establecimiento de una ZAEA en el Domo A, señaló que se necesitaba una decisión sobre esta materia, y reiteró su confianza en que el CPA hacía su mejor esfuerzo por encontrar finalmente un acuerdo.

(141) El Comité agradeció a China por liderar los debates intersesionales informales y por proporcionar un informe sobre dichas deliberaciones. El Comité también expresó su agradecimiento a los Miembros que participaron en los debates intersesionales.

(142) El Comité reconoció el valor científico de la zona del Domo A y su potencial para la investigación científica. Señaló también que China continúa desarrollando sus instalaciones e infraestructura en el Domo A, y que tiene la intención de alentar el uso común de sus instalaciones con el fin de promover la cooperación internacional en la investigación científica. El Comité agradeció el objetivo de China de reducir a un mínimo los impactos de las actividades humanas en el medioambiente del Domo A y su deseo de establecer un marco de gestión adecuado para la zona.

(143) Al tiempo que expresaron su reconocimiento en cuanto a que la propuesta de designar una ZAEA en el Domo A ha estado en progreso durante algún tiempo, varios Miembros señalaron que aún tienen dudas con respecto a la propuesta. Señalaron que aún no se han llevado a cabo programas científicos internacionales y otras actividades en el Domo A, y que en la actualidad no se realizan en la zona actividades comunes entre distintos operadores. Reconociendo que se deben tener en consideración estos puntos de vista, y considerando los posibles cambios a futuro en las circunstancias y actividades del Domo A, los Miembros expresaron su voluntad de participar en futuros debates informales con China acerca de otras opciones de gestión para la zona.

(144) Para responder a las dudas, China señaló que el Artículo IV del Anexo V del Protocolo permite la designación como ZAEA de cualquier zona en la que se han realizado o pueden realizarse actividades en el futuro. China puso de relieve que su propuesta se centra no solo en las actuales presiones sobre los valores científicos y ambientales del Domo A, sino también en las futuras. Con relación a las siete ZAEA actuales designadas, que fueron propuestas en algunos casos por un solo Miembro, China expresó que el Comité había aceptado previamente una serie de metodologías para la designación de ZAEA. Tras considerar el debate del Comité, China accedió a continuar liderando el trabajo intersesional informal para deliberar sobre todas las opciones posibles y factibles de gestión de la zona del Domo A.

(145) El Comité agradeció la oferta de China de liderar los debates informales entre sesiones e instó a los Miembros interesados a participar con el fin de considerar las opciones para lograr los objetivos de gestión de China del Domo A.

(146) Estados Unidos presentó el Documento de Información IP 33, *Amundsen/ Scott South Pole Station, South Pole Antarctica Specially Managed Area (ASMA No. 5). 2016 Management Report* [Zona Antártica Especialmente Administyrada (ZAEA n.° 5) de la Estación Amundsen-Scott del Polo Sur,

Polo Sur. Informe de gestión 2016], preparado en conjunto con Noruega. Estados Unidos señaló su avance en la revisión del Plan de Gestión y algunos de los diferentes asuntos que está abordando junto a Noruega, entre otros, las actualizaciones periódicas de la cartografía del sitio, la gestión de las actividades no gubernamentales y la distribución de las zonas y los sectores dentro de la ZAEA. Confirmó que el próximo año estará disponible una revisión, tras la extensa colaboración de los participantes.

(147) La IAATO agradeció a Estados Unidos y a Noruega por su documento, y por su trabajo en la modificación del Plan de Gestión de la ZAEA. La IAATO señaló que pondría a prueba la modificación de los enfoques de desplazamiento por tierra propuestos en el documento, y que estaría preparada para participar en el grupo de gestión y ayudar con el desarrollo de los procedimientos posteriores.

(148) En relación con este tema del programa se presentaron también los siguientes documentos:

- Documento de Información IP 71, *Present zoological study at Mirny Station Area and at ASPA No. 127 "Haswell Island"* [Estudio zoológico actual en la zona de la estación Mirny y en la ZAEP n.° 127 "isla Haswell"] *(2011-2015)* (Federación de Rusia).

- Documento de Antecedentes BP 11, *Aplicación del Plan de Manejo Ambiental en la Estación Maldonado* (Ecuador).

9b) Sitios y monumentos históricos

(149) El Reino Unido presentó el Documento de Trabajo WP 12, *Gestión del patrimonio antártico: Bases británicas históricas en la Península Antártica*, que informó sobre el programa de gestión del patrimonio realizado por British Antarctic Survey (BAS) y luego por el Fondo Fiduciario para el Patrimonio Antártico del Reino Unido en los sitios históricos de la Península Antártica durante los últimos veinte años. El Reino Unido señaló que existen tres problemas clave con respecto a la gestión del patrimonio en la zona antártica: los altos costos y el compromiso de tiempo; la presencia de material peligroso en muchos de los sitios; y la gestión del comportamiento de los visitantes en los sitios desocupados. El Reino Unido expresó su enérgico apoyo hacia la moratoria al establecimiento de nuevos SMH hasta que se desarrollen directrices que aborden estos asuntos.

(150) Como una reflexión sobre las lecciones aprendidas durante este período, el Reino Unido recomendó que los Miembros del CPA alienten una mayor

colaboración internacional entre los responsables de la gestión del patrimonio antártico y los SMH. Esta colaboración incluiría compartir y revisar los planes, además de garantizar de manera colectiva la protección del patrimonio antártico conforme a estándares reconocidos a nivel internacional. También se recomendó que el CPA inste a los Miembros a realizar evaluaciones sobre el valor patrimonial de los SMH y a desarrollar planes de gestión, en especial para la designación de nuevos SMH. Esto incluye considerar la gestión y el mantenimiento a largo plazo, además de cualquier plan para lograr la participación de un público más amplio en torno a la importancia del sitio. Finalmente, se recomendó que el CPA considere la forma en que podría comunicar y poner a disposición, de manera más generalizada, la importancia del patrimonio antártico.

(151) El Comité agradeció al Reino Unido por el documento y felicitó al Fondo Fiduciario para el Patrimonio Antártico del Reino Unido por su trabajo integral en la protección de los sitios históricos en la Antártida. Los miembros pusieron de relieve la importancia de la planificación y la colaboración internacional en la gestión de los sitios y monumentos antárticos.

(152) El Comité respaldó las recomendaciones del Documento de Trabajo WP 12, y señaló que las experiencias y recomendaciones que se informaron en el documento serían una referencia útil para quienes enfrentaran problemas similares y para un debate más profundo del tema de gestión del patrimonio en el Comité.

(153) Noruega presentó el Documento de Trabajo WP 30, *Consideración de los enfoques para la protección del patrimonio histórico en la Antártida* , el cual resumió los enfoques para la gestión del patrimonio histórico, incluido el debate sobre las ventajas y desventajas de los enfoques de conservación in-situ y ex-situ hacia los valores del patrimonio histórico. Con el objetivo de lograr el equilibrio adecuado entre la motivación y las intenciones expresadas en el Anexo V y el Anexo III del Protocolo Ambiental, Noruega sugirió al CPA considerar el desarrollo de orientaciones para la evaluación de los métodos de conservación adecuados a los elementos patrimoniales que se consideran para la lista de SMH en la Antártida.

(154) El Comité recordó su debate al respecto de estos asuntos en las reuniones anteriores, y agradeció a Noruega por el útil resumen de los enfoques hacia la gestión del patrimonio histórico, incluidas las ventajas y desventajas de la conservación *in situ* y *ex situ*.

(155) El Comité señaló que existía un alto nivel de interés entre los Miembros en relación con este asunto, tanto desde la perspectiva de la mejora de la protección de los sitios históricos como del equilibrio entre las disposiciones del Anexo III y el Anexo V, y apoyó enérgicamente las recomendaciones que se presentaron en el Documento de Trabajo WP 30.

(156) La Argentina recalcó la necesidad de considerar el valor que tenían los objetos patrimoniales para cada Miembro, y expresó, además, la necesidad de un mayor debate en relación con la conservación ex situ, ya que los SMG se consideran parte del patrimonio antártico.

(157) El Comité aceptó establecer un GCI liderado por Noruega y el Reino Unido con el objetivo de desarrollar material de orientación para la evaluación por las Partes de los enfoques hacia la conservación para la gestión de los objetos del patrimonio antártico. El GCI trabajará durante los períodos intersesionales 2016/2017 y 2017/2018 con los siguientes Términos de referencia para el período intersesional 2016/2017:

1. Desarrollar un plan de trabajo para el desarrollo de orientación para considerar el enfoque más adecuado hacia la conservación para la gestión de los elementos del patrimonio histórico.

2. Identificar las preguntas que podían constituir los elementos principales del material de orientación que se desarrollará para la evaluación de posibles enfoques hacia la conservación, que podrían usarse para la gestión de los elementos del patrimonio histórico y como alternativa a la mención del objeto como SMH, incluida la mayor exploración de las siguientes preguntas, entre otras:

    -   considerar de qué manera influye la edad de un objeto sobre el enfoque de la gestión, incluida su importancia, su uso actual o reciente y sus materiales (incluidos los peligrosos);

    -   considerar la importancia nacional, en comparación con la importancia internacional, del objeto patrimonial en cuestión;

    -   considerar si el conjunto de actuales SMH antárticos cubre de manera adecuada el valor del objeto en cuestión;

    -   considerar si es mejor mantener un objeto in situ para proteger su valor o si es mejor mantenerlo y presentarlo *ex situ*;

    -   considerar si sería mejor conservar o presentar un objeto mediante métodos de archivo o digitales;

- considerar los riesgos y los desafíos que implica, en términos de recursos y otros, el mantenimiento del objeto *in situ* y *ex situ*;

- considerar el estado de conservación del objeto al momento de la designación y la posible necesidad de acciones rápidas, según corresponda (gestión a corto plazo);

- considerar el Plan de Gestión a mediano y largo plazo para el objeto si se mantiene *in situ* y sus implicaciones (experiencia, costos, materialización de los beneficios);

- considerar el "objetivo" del objeto patrimonial, es decir, si recibirá la visita de los visitantes a la Antártida, si seguirá en uso o será parte de un sitio que todavía funciona; y de qué manera su gestión reflejará su importancia;

- considerar el valor general del objeto para el resto del mundo: cómo generalizar el acceso (si nadie lo conoce, a nadie le importará);

- identificar los recursos, la experiencia pertinente y la organizaciones de patrimonio que puedan ofrecer orientación y consejos;

- explorar el valor de la implementación de un modelo de prácticas recomendables para el cuidado de los objetos del patrimonio antártico para todas las Partes;

- identificar, cuando corresponda, a los posibles socios internacionales que puedan ayudar o colaborar en la planificación y ejecución de la conservación.

3. Comenzar a implementar el plan de trabajo según corresponda, y avanzar hacia la creación de un proyecto de material de orientación para su consideración por el CPA.

4. Desarrollar un borrador de los términos de referencia para un segundo período intersesional.

5. Informar del progreso a la XX Reunión del CPA.

(158) El Comité señaló la conveniencia de contar con la participación de expertos en patrimonio relacionados con el Comité del Patrimonio Polar Internacional (IPHC) del ICOMOS en el trabajo, e instó a los Miembros a lograr la participación de sus miembros nacionales del IPHC en el trabajo.

(159) El Comité acogió con beneplácito la oferta de Birgit Njåstad (Noruega) y Stuart Doubleday (Reino Unido) de actuar como coordinadores del GCI.

(160) La Argentina presentó el Documento de Trabajo WP 47 rev. 2, *Incorporación de un poste de madera histórico al SMH n.° 60 (Mojón Corbeta Uruguay), en la Isla Marambio (Seymour), Península Antártica*, preparado conjuntamente con Suecia. El documento proponía la revisión del SMH 60 con el fin de incorporar un mojón histórico y un poste de madera a la descripción del SMG 60, conforme a las directrices aprobadas en virtud de la Resolución 5 (2011) y la información adicional que puede incorporarse a la descripción del SMH refrendada por la XV Reunión del CPA, de conformidad con las conclusiones del GCI realizado en 2011-2012 sobre esta materia. El documento sugirió un texto para la descripción propuesta.

(161) Suecia señaló el valor histórico del sitio para ambas Partes, y agradeció a la Argentina por su iniciativa de preparar la descripción ampliada del sitio.

(162) El Comité agradeció a la Argentina y a Suecia por informar sobre el descubrimiento de este importante objeto histórico, en concordancia con las disposiciones de la Resolución 5 (2001) y aceptó remitir los detalles modificados sobre el SMH n.° 60 a la RCTA para su aprobación mediante una Medida.

(163) La Argentina presentó el Documento de Trabajo WP 48 rev. 1, *Notificación de la ubicación de los restos históricos con data anterior a 1958 en las cercanías de la estación argentina Marambio*, preparado conjuntamente con Noruega, Suecia y el Reino Unido. El documento informó sobre la reciente ubicación de restos históricos con data anterior a 1958 en las cercanías de la estación argentina Marambio. Los vestigios están vinculados a diferentes eventos históricos reconocidos, que abarcan desde 1893 a 1945 e involucran a exploradores noruegos, argentinos, suecos y británicos. En consideración de la moratoria a la designación de SMH que acordó el Comité en la XVIII Reunión del CPA, la Argentina, Noruega, Suecia y el Reino Unido solicitaron que el Comité reconozca el valor histórico del sitio y recomiende la aplicación de la protección provisional que confiere la Resolución 5 (2001), hasta que se pueda designar el nuevo SMH; o bien, considere la designación del SMH.

(164) El Comité agradeció a la Argentina, Noruega, Suecia y el Reino Unido por informar sobre el descubrimiento de este importante sitio histórico, en concordancia con las disposiciones de la Resolución 5 (2001) y felicitó a los investigadores argentinos por ubicar el sitio. Se reconoció ampliamente que es muy probable que en el futuro este sitio merezca la designación como SMH. El Comité recomendó que se apliquen las medidas de protección provisional que confiere la Resolución 5 (2001) al sitio, y expresó su interés en considerar más adelante la propuesta de SMH, de manera posterior al desarrollo de orientaciones sobre los enfoques hacia la protección del patrimonio histórico en la Antártida.

(165) La República de Corea presentó el Documento de Trabajo WP 51, *Propuesta para agregar la Galería Histórica de la estación antártica King Sejong (Dormitorio n.° 2) en la estación antártica King Sejong a los Sitios y Monumentos Históricos*. El Documento señalaba que el Dormitorio n.° 2 cambiará de nombre y se conservará como la Galería Histórica de la estación antártica King Sejong para conmemorar de manera permanente la importancia histórica y el valor científico de la investigación antártica de Corea y para permitir que la investigación y los descubrimientos científicos estén en exhibición completa, tanto para la comunidad antártica internacional como para el público coreano.

(166) El Comité agradeció a la República de Corea por su propuesta. Aunque reconoció la iniciativa de la República de Corea de presentar la propuesta, el Comité recordó su decisión en la XVIII Reunión del CPA (Informe de la XVIII Reunión del CPA, párrafo 177) y decidió postergar la consideración de la propuesta hasta recibir directrices adicionales para la designación de SMH. La República de Corea agradeció al Comité y aceptó aplazar las acciones posteriores hasta que se levante la moratoria.

(167) Francia presentó el Documento de Información IP 1, *Reinstalling the memorial plaque of Le Pourquoi Pas? on Petermann Island (Charcot's cairn 1909, HSM 27)* [Reinstalación de la placa conmemorativa del Le Pourquoi Pas? en la Isla Petermann (Mojón de rocas Charcot de 1909, SMH n. °27)], preparado conjuntamente con la IAATO. El documento señaló que durante la temporada estival antártica 2014-2015, se encontró la placa conmemorativa del Le Pourquoi Pas?, en el suelo, cerca del mojón al que estaba fijada. La tripulación del L'Austral, una embarcación de la compañía francesa Ponant, Miembro de la IAATO, reinstaló la placa en 2016.

Asesoramiento del CPA a la RCTA sobre las modificaciones y adiciones propuestas a la lista de Sitios y Monumentos Históricos

(168) El Comité acordó enviar una propuesta de modificación a la lista de Sitios y Monumentos Históricos a la RCTA para su aprobación a través de una Medida.

N.°	Descripción
SMH n.° 60	Poste de madera y mojón (I), y placa de madera y mojón (II en el SMH n.° 60 (Mojón Corbeta Uruguay)

(169) El Comité acordó postergar dos propuestas de incorporación a la lista de Sitios y Monumentos Históricos para su posterior consideración tras el desarrollo

de la orientación sobre los enfoques hacia la protección del patrimonio histórico en la Antártida:

- *Restos históricos con data anterior a 1958 en las cercanías de la estación argentina Marambio*
- *Galería Histórica de la estación antártica King Sejong*

(170) El Comité acordó que la protección provisional que se confirió a los sitios con data anterior a 1958, de acuerdo con la Resolución 5 (2001), se aplicará a los restos históricos en las cercanías de la estación Marambio.

(171) El Comité aceptó establecer un GCI para trabajar durante los períodos intersesionales 2016-2017 y 2017-2018 con el objetivo de desarrollar material de orientación para la evaluación por las Partes de los enfoques hacia conservación para la gestión de los objetos del patrimonio antártico.

9c) Directrices para sitios

(172) El Reino Unido presentó el Documento de Trabajo WP 32, *Directrices de sitios para las islas Yalour, archipiélago Wilhelm,* que se preparó en conjunto con Ucrania, Estados Unidos, la Argentina y la IAATO. Las directrices señalan que este sitio aloja una de las colonias más australes registradas de pingüinos de pico rojo y de otras especies de aves reproductoras confirmadas, y que alberga cantidades significativas de musgos y líquenes. El sitio también ha sido testigo de un crecimiento en las cifras de visitantes durante los últimos años.

(173) El Comité agradeció a la Argentina, a los Estados Unidos, al Reino Unido, y a Ucrania, así como a la IAATO, por preparar las directrices para sitios y, recordando sus debates durante la XVIII Reunión del CPA sobre la necesidad de que se establecieran directrices para este sitio, acordó remitir las directrices a la RCTA para su aprobación.

(174) El Reino Unido presentó el Documento de Trabajo WP 33, *Directrices de sitios para punta Wild, isla Elefante,* que se preparó en conjunto con Chile y la IAATO. Este es el sitio donde la tripulación de Sir Ernest Shackleton fue rescatada por la embarcación *Yelcho,* de la Armada de Chile, comandada por el Capitán Luis Alberto Pardo en agosto de1916, y es también la ubicación del SMH 53. El Reino Unido y Chile señalaron que el volumen actual de visitantes que recibe la isla es bajo, pero se prevé que la importancia histórica del sitio seguirá revistiendo interés para el lugar.

(175) El Comité acordó remitir las directrices para sitios para su aprobación por la RCTA.

(176) Ecuador presentó del Documento de Trabajo WP 45, *Evaluación de las comunidades de musgos en las proximidades de los senderos de la isla Barrientos. Informe de seguimiento*, que se preparó en conjunto con España. En referencia a su inclusión en el Plan de trabajo quinquenal del CPA durante la XVI Reunión del CPA, el documento presentó los resultados de su trabajo de seguimiento y recuperación de los senderos para visitantes, que se cerraron en la isla Barrientos hace cuatro años. Informó que la recolonización de la pista inferior parecía presentar mejoras. Ecuador y España informaron al Comité que mantendrían los trabajos de seguimiento del proceso de recolonización.

(177) A partir de sus observaciones, Ecuador y España recomendaron que la pista inferior debía permanecer cerrada, ya que sigue siendo vulnerable a la erosión y se vería inmensamente afectada por un tráfico importante de visitantes. Asimismo, recomendaron que la pista superior se abriera a los visitantes puesto que parece tener una mayor estabilidad y resistencia, y que las directrices para el sitio de las islas Aitcho se revisaran de manera acorde para manejar el impacto que los visitantes podrían tener en la pista superior. España también destacó que la apertura de la pista superior podría ayudar a dispersar los impactos hacia otras zonas de la isla.

(178) El Comité agradeció a Ecuador y a España por sus iniciativas de seguimiento y respaldó la recomendación de que la pista inferior permanezca cerrada.

(179) La IAATO señaló que, como medida cautelar, ambos senderos permanecerían cerrados a sus operadores. Varios Miembros de la ASOC felicitaron a la IAATO por su enfoque precautorio. Varios Miembros realizaron comentarios sobre la conveniencia de garantizar un enfoque integral que también se aplique a los operadores que no son miembros de la IAATO.

(180) Recordando este reconocimiento anterior de la importancia de impedir más daños en el sitio, el Comité acordó que sería preferible implementar un enfoque precautorio y mantener cerrada también la pista superior.

(181) El Comité alentó a Ecuador y a España a continuar este seguimiento en el largo plazo a fin de evaluar la recuperación de la vegetación de ambas pistas, y proporcionar los informes futuros sobre su estado.

Asesoramiento del CPA a la RCTA sobre las nuevas Directrices para Sitios

(182) El Comité acordó remitir a la RCTA las siguientes Directrices para Sitios nuevas para su aprobación:

- Islas Yalour, archipiélago Wilhelm
- Punta Wild, isla Elefante

(183) La IAATO presentó el Documento de Información IP 105, *Report on IAATO Operator Use of Antarctic Peninsula Landing Sites and ATCM Visitor Site Guidelines, 2015-16 season* [Informe sobre el Uso de los Operadores de la IAATO de los Sitios de Aterrizaje la Península Antártica y Directrices de Sitios para Visitantes de la RCTA, temporada 2015-2016]. El documento contenía datos recopilados de los Formularios de Informes Posteriores a las visitas de los miembros. En este se señaló que el turismo antártico seguía centrado en el turismo marítimo comercial tradicional en la Península Antártica, el cual representa el 95 % de la actividad en tierra. También observó que, aunque la cifra de visitantes había aumentado, la cifra de sitios visitados se ha mantenido estable. El número total de visitantes aún no había alcanzado el punto culminante alcanzado en la temporada 2007-2008. La cantidad total de viajes también había aumentado, reflejando el aumento del turismo aéreo y marítimo.

(184) El Reino Unido presentó el Documento de Información IP 62, *National Antarctic Programme use of locations with Visitor Site Guidelines in 2015-2016* [Uso de las Directrices para Sitios por parte del Programa Antártico Nacional durante el período 2015-2016], preparado conjuntamente con la Argentina, Australia y los Estados Unidos. Este documento presentó una descripción general de la información proporcionada por las Partes sobre las visitas realizadas por el personal de sus Programas Antárticos Nacionales a los lugares en los que aplicaban las Directrices de Sitios para Visitantes de la RCTA durante la temporada 2015-2016. Con el fin de mejorar el alcance del análisis, se animó a las Partes a continuar registrando la información sobre visitas del personal de los Programas Nacionales a los sitios que cuenten con Directrices de Sitios para Visitantes. También se señaló que, en el futuro, una nueva revisión de la información podía ser de valor para el CPA. Los proponentes instaron al COMNAP a recordar a sus miembros la conveniencia de usar las Directrices para Sitios durante las visitas educativas del Programa Antártico Nacional, y señalaron la recomendación del CPA a través de la Resolución 4 (2014).

(185) El Comité agradeció al Reino Unido por sus esfuerzos para dirigir este trabajo, y agradeció también la contribución de los demás Miembros en esta iniciativa destinada a obtener una mirada exhaustiva de los sitios visitados. La IAATO señaló que el uso informado fue útil para comprender la forma en que los Programas Antárticos Nacionales utilizaban las Directrices para Sitios de la RCTA. El Comité instó a los Miembros a que continúen recopilando esta información para que les sirva de respaldo al considerar los impactos humanos en los sitios más visitados, así como la efectividad de las Directrices para Sitios, y señaló que podría ser conveniente seguir considerando estos asuntos en el futuro.

(186) La Argentina presentó el Documento de Información IP 101, *Análisis de las medidas de manejo de la Política de Gestión del Turismo para la Base Científica Brown*, que informaba sobre la implementación de las Directrices Generales para los Visitantes a la Estación Brown durante la temporada 2015-2016. La Argentina señaló que la presentación de las Directrices había contribuido a evitar perturbaciones en el desempeño de las tareas científicas y logísticas de la estación. La Argentina destacó también los beneficios de las Directrices y sugirió que deberían ser desarrolladas por todos los Miembros que reciben visitas en sus estaciones científicas.

(187) Expresando su agradecimiento a la Argentina por su documento, la IAATO hizo notar que informaría a sus miembros sobre los comentarios a través de su proceso de notificaciones de pretemporada, y que acogería de buen grado, en cualquier momento, los comentarios de los Miembros acerca de la gestión de los visitantes a las estaciones. Además, la IAATO agradeció a todos los Miembros que hicieron posible que los operadores afiliados a la IAATO visiten sus estaciones, y señalaron el importante valor que estas visitas ofrecieron a los visitantes y al personal de campo para que se informaran acerca de los Programas Antárticos Nacionales.

(188) En relación con este tema del programa se presentó también el siguiente documento:

- Documento de Información IP 104 rev. 1, *Patterns of Tourism in the Antarctic Peninsula Region: a 20-year analysis* [Patrones de Turismo en la Región de la Península Antártica: análisis de 20 años] (Estados Unidos, IAATO).

9d) Protección y gestión del espacio marino

(189) Bélgica presentó el Documento de Trabajo WP 8, *El concepto de "valores sobresalientes en el medio marino de la Antártida"*, que presentó el informe del GCI que fue establecido en la XVIII Reunión del CPA sobre el mismo tema. El GCI instó a los Miembros a que, al proponer ZAEP y ZAEA nuevas, y cuando se modifiquen las existentes, consideren los valores sobresalientes del medio marino de acuerdo con el Anexo V del Protocolo Ambiental. El GCI también instó a los Miembros a usar con más frecuencia los Lineamientos anexos a la Resolución 1 (2000). El GCI recomendó, además, que los Miembros apliquen el concepto de valores sobresalientes al medio marino antártico, lo que incluye las consideraciones de amenazas potenciales al ambiente y cualquier otro problema que se considere pertinente, y que proporcionen al Comité una lista abreviada de las ZAEP y ZAEA donde se pueda poner a prueba el concepto. El GCI también recomendó que el Comité aumente su cooperación con la CCRVMA a fin de comprender de mejor manera sus enfoques de protección del medio marino y para evitar la repetición de esfuerzos.

(190) El Comité agradeció el trabajo de Bélgica de liderar el GCI y, además, expresó su gratitud a todos los Miembros que participaron en el debate. Algunos Miembros expresaron su apoyo a las recomendaciones del GCI, e indicaron su intención de seguir el asesoramiento práctico que contienen.

(191) Al retomar el debate anterior sostenido sobre esta materia, China, con apoyo de Japón, expresó que el Comité debería analizar en mayor profundidad los temas abordados en el documento. Estos temas hacían referencia a los asuntos relacionados con los siguientes asuntos: las dinámicas y la resiliencia del medio marino en comparación con el ambiente terrestre; que otros elementos del Protocolo Ambiental y de sus anexos podrían considerarse también como opciones para la protección de los valores sobresalientes del medio marino antártico; y que los mecanismos de protección de zonas no pueden evitar o revertir los procesos naturales. China también consideró que la aplicación completa y adecuada de los Lineamientos anexos a la Resolución 1 (2000) es un tema más importante que enfatizar la frecuencia de su uso. Se debe considerar de manera especial la resistencia del medio marino, además de la protección existente proporcionada por el Sistema del Tratado Antártico. China señaló, además, que es necesario deliberar para garantizar que la designación como ZAEP no impida la investigación científica, el apoyo logístico asociado y el tránsito marítimo. Además, debería existir una comprensión clara sobre las formas de evitar la repetición

del trabajo de la CCRVMA. China recomendó también que Bélgica siga encabezando el debate intersesional sobre los temas mencionados, y luego avance cuando se haya alcanzado un mayor acuerdo.

(192) Al señalar que las ZAEP tuvieron la doble función de conferir protección a los valores de las zonas y de proteger, además, la investigación científica, la ASOC puso de relieve que no considera que la designación como ZAEP pueda impedir el progreso científico en una zona determinada.

(193) Con relación a las recomendaciones del GCI, el Comité señaló la importancia de que las Partes consideren los valores del medio marino al proponer nuevas ZAEP o ZAEA, o al modificar los actuales planes de gestión. El Comité manifestó su acuerdo en cuanto a que podía considerarse adecuadamente el medio marino al aplicar las disposiciones del Artículo 3 del Anexo V y otras disposiciones del Protocolo y de sus anexos, lo que incluye, por ejemplo, las disposiciones del Anexo III, que aspira a evitar la contaminación del medio marino. El Comité reconoció también los beneficios de aumentar su cooperación con la CCRVMA y la importancia de evitar la repetición de esfuerzos.

(194) La ASOC presentó el Documento de Información IP 83, *ASOC's update on Marine Protected Areas in the Southern Ocean* [Actualización de la ASOC sobre las Áreas Protegidas Marinas en el Océano Austral], que informó sobre los debates en torno al establecimiento de las Áreas Marinas Protegidas (AMP) de la CCRVMA, cuya área de responsabilidad coincide con la del Tratado Antártico. Teniendo presente la importancia de contar con una red representativa de AMP para la conservación del Océano Austral, y reconociendo los sustantivos progresos obtenidos anteriormente por la CCRVMA, la ASOC señaló que los últimos años se han caracterizado por los retrasos y el desgaste en la negociación de las propuestas de AMP actuales. La ASOC espera que en el año del 25.° Aniversario de la firma del Protocolo, el razonamiento audaz y previsor utilizado previamente por la RCTA pueda ayudar a inspirar a los miembros de la CCRVMA en sus deliberaciones sobre las AMP, y que la CCRVMA apruebe las propuestas de AMP de la Antártida Oriental y el Mar de Ross en la XXXV Reunión de la CCRVMA en 2016.

(195) El Comité agradeció el documento de la ASOC.

(196) La Argentina expresó también su gratitud hacia la ASOC por su documento, así como por sus importantes contribuciones al proceso de la AMP del Dominio 1, en relación con la creación de capacidades sobre el uso de las herramientas de planificación sistemática de la conservación.

(197) La Argentina presentó el Documento de Investigación IP 65, *La relevancia del proceso de designación de AMP en el Dominio 1, en el contexto actual del cambio climático*, preparado en conjunto con Chile. La Argentina informó sobre el proceso de designación de un sistema representativo de AMP en el Dominio 1, destacando que el proceso en sí mismo trasciende el mero objetivo de la designación de AMP. La Argentina destacó que el proceso integra, expone y analiza toda la información conocida, lo que no solo contribuye al mejor conocimiento científico disponible, sino que, además, proporciona una plataforma excepcional para el intercambio de datos, mejorando aun más el proceso de toma de decisiones. La Argentina señaló, además, que la compilación de datos puede ser muy provechosa en el seguimiento del cambio climático, en la identificación de las lagunas en los conocimientos, el fomento de la cooperación entre las Partes, y el agregado de transparencia a los procesos relacionados con las AMP. Por último, la Argentina agradeció cordialmente a todos los colaboradores del proyecto, incluso a su proponente conjunto, Chile, y al Reino Unido, Estados Unidos y otros Miembros que aportaron datos.

(198) El Comité agradeció a los autores por el documento, y reconoció que el proceso de recopilación de datos sobre la AMP en el Dominio 1 sería beneficioso para una gestión más amplia de la conservación.

9e) Otros asuntos relacionados con el Anexo V

(199) El Reino Unido presentó el Documento de Trabajo WP 5, *Revisión de la "Guía para la presentación de Documentos de Trabajo que contengan propuestas relativas a Zonas Antárticas Especialmente Protegidas, a Zonas Antárticas Especialmente Administradas o a Sitios y Monumentos Históricos"*. El Reino Unido recomendó que el Comité reconozca el beneficio de la provisión de información adicional sobre la forma en que se integran las zonas protegidas dentro de los actuales instrumentos marco sobre criterios ambientales y geográficos sistemáticos. Asimismo, instó a al Comité a recomendar que la RCTA realice modificaciones a la "Plantilla A: Nota de remisión de un Documento de Trabajo sobre una ZAEP o ZAEA" adjunta a la Resolución 5 (2011) que atañe a la provisión de datos sobre las Regiones Biogeográficas de Conservación Antártica y las Áreas importantes para la conservación de las aves dentro de las áreas protegidas propuestas.

(200) El Comité agradeció al Reino Unido por el documento y acordó que sería beneficioso que los proponentes de ZAEP proporcionaran información sobre la forma en que se integran las zonas protegidas dentro de los actuales instrumentos marco sobre criterios ambientales y geográficos sistemáticos.

(201) Tras unas pequeñas modificaciones a las nuevas cuestiones sugeridas que se presentaron en el Documento de Trabajo W 5 y a una nueva cuestión formulada, y a fin de reflejar que el concepto de representatividad no es aplicable a todas las zonas, el Comité expresó su acuerdo en que la *Guía para la presentación de Documentos de Trabajo que contengan propuestas relativas a Zonas Antárticas Especialmente Protegidas, a Zonas Antárticas Especialmente Administradas o a Sitios y Monumentos Históricos* debe modificarse a fin de incluir las cuestiones relacionadas con las Regiones Biogeográficas de Conservación Antártica y las Áreas importantes para la conservación de las aves.

Asesoramiento del CPA a la RCTA sobre la revisión de la Guía para la Presentación de Documentos de Trabajo que contengan propuestas relativas a Zonas Antárticas Especialmente Protegidas, a Zonas Antárticas Especialmente Administradas o a Sitios y Monumentos Históricos

(202) El Comité aceptó asesorar a la RCTA acerca de su recomendación de modificar la "Plantilla A: Nota de remisión de un Documento de Trabajo sobre una ZAEP o ZAEA" adjunta a la Guía para la Presentación de Documentos de Trabajo que contengan propuestas relativas a Zonas Antárticas Especialmente Protegidas, a Zonas Antárticas Especialmente Administradas o a Sitios y Monumentos Históricos aprobada en virtud de la Resolución 5 (2011) a fin de incluir las siguientes cuestiones nuevas y modificadas:

- (6) Si corresponde, ¿se ha identificado el principal Dominio Ambiental representado por la ZAEP/ZAEA? (véase el "Análisis de Dominios Ambientales para el Continente Antártico" adjunto a la Resolución 3 [2008]) Sí/No (si la respuesta es afirmativa, se debe indicar aquí el Dominio ambiental principal).

- (7) Si corresponde, ¿se ha identificado la principal Región Biogeográfica de Conservación Antártica (RBCA) representada por la ZAEP/ZAEA? (véase el documento "Regiones Biogeográficas de Conservación Antártica" anexo a la Resolución 6 [2012]) Sí/No (si la respuesta es afirmativa, se debe indicar aquí la principal Región Biogeográfica de Conservación Antártica).

- (8) Si corresponde, ¿se han identificado Áreas importantes para la conservación de las aves en la Antártida (Resolución 5 [2015]) representadas por la ZAEP/ZAEA? (véase el resumen anexo al Documento de Información IP 27 de la XXXVIII RCTA, "Important Bird Areas in Antarctica 2015 Summary" (Resumen de las Áreas importantes para la conservación de las aves en la Antártida) y el informe completo en: *http://www.era.gs/resources/iba/*)? Sí/No (si la respuesta es afirmativa, se debe indicar aquí el Área Importante para la Conservación de las Aves).

(203) El Reino Unido presentó el Documento de Trabajo WP 6, *Plantillas de resumen de la evaluación previa de una propuesta de Zona Antártica Especialmente Protegida (ZAEP) o una Zona Antártica Especialmente Administrada (ZAEA) para su posterior consideración por el CPA*, preparado conjuntamente con Noruega. Este documento responde a la aprobación de las siguientes directrices en la XVIII Reunión del CPA: *Un proceso de evaluación previa para la designación de ZAEP/ZAEA* (véase el Apéndice 3 al Informe de la XVIII Reunión del CPA). A fin de ayudar a los proponentes de nuevas ZAEP y ZAEA a resumir sus conclusiones conforme a las Directrices, el Reino Unido y Noruega propusieron que el CPA considere recomendar el uso no obligatorio de dos breves plantillas que se incluyen en el Documento de Trabajo WP 6.

(204) El Comité agradeció al Reino Unido y a Noruega por el documento y por preparar las plantillas sugeridas. Se apoyó la intención de la propuesta, que era proporcionar un medio práctico y no obligatorio para facilitar la entrega de información conforme a las Directrices que se acordaron en la XVIII Reunión del CPA y no retrasar la designación de nuevas zonas. El Comité señaló que la Argentina había presentado una propuesta similar en la XXIII RCTA, en el Documento de Trabajo WP 50.

(205) La Argentina acogió el hecho de que el Comité considerase esta propuesta, que es coherente con una iniciativa similar formulada por la Argentina en 2010 (Documento de Trabajo WP 50, XIII Reunión del CPA), que no pudo alcanzar el consenso en esa ocasión.

(206) Varios Miembros expresaron su deseo de aportar al posterior desarrollo de las plantillas. Bélgica consideró que las plantillas resultarían muy convenientes para su trabajo preparatorio de la designación de una ZAEP en la Región Biogeográfica de Conservación Antártica de la Tierra de la Reina Maud.

(207) El Comité acogió la oferta del Reino Unido y Noruega de consultar a los Miembros interesados durante el período intersesional y presentar una propuesta actualizada para la XX Reunión del CPA. El Comité señaló que las plantillas y las directrices pueden integrarse en un solo documento.

(208) El SCAR presentó el Documento de Trabajo WP 23, *Código de conducta del SCAR para la realización de actividades en los medioambientes geotérmicos*

terrestres en la Antártida, que ofreció orientaciones acerca de las medidas prácticas para reducir al mínimo los impactos ocasionados por los científicos que realizan trabajo de campo en zonas geotérmicas terrestres. El SCAR destacó que el desarrollo del Código de Conducta implicó consultas con los sectores normativos, con los responsables medioambientales, con expertos científicos, con los grupos subsidiarios del SCAR y con el COMNAP. Se recomendó que el CPA considerara el Código de Conducta y que, de haber acuerdo, promueva su difusión y utilización a la hora de planificar y realizar actividades en medioambientes geotérmicos terrestres en la Antártida.

(209) El Comité agradeció cálidamente al SCAR por su trabajo para finalizar el Código de Conducta. El Comité reconoció las consultas amplias y extensivas que se realizaron para desarrollar el Código de Conducta, y agradeció a todos los Miembros que participaron en el proceso, además del COMNAP y otros colaboradores.

(210) El Comité reconoció el valor del Código de Conducta en el apoyo de la planificación y realización de las actividades en zonas geotérmicas terrestres a fin de disminuir al mínimo los riesgos para el alto valor científico y medioambiental de dichas zonas. Bélgica valoró el hecho de que la existencia de directrices específicas para zonas geotérmicas que aún no han sido visitadas permitirá salvaguardar el valor excepcional de dichas zonas para la investigación.

(211) El Comité expresó su acuerdo en la difusión y el uso del Código de Conducta, además de señalar que la orientación que se presenta se debe aplicar según corresponda, de acuerdo con las características de cada zona geotérmica.

(212) El Comité señaló que el SCAR ha desarrollado varios otros Códigos de Conducta que también fueron de gran utilidad, y que sería positivo fomentar de manera similar la difusión y el uso de dichos materiales a través de una Resolución de la RCTA. El Comité agradeció la disposición del SCAR de presentar sus otros Códigos de Conducta en un Documento de Trabajo para la XX Reunión del CPA.

Asesoramiento del CPA a la RCTA sobre el Código de Conducta del SCAR para la realización de actividades en las zonas geotérmicas terrestres en la Antártida

(213) El Comité refrendó el Código de Conducta del SCAR para la realización de actividades en los medioambientes geotérmicos terrestres en la Antártida

y aceptó remitir a la RCTA un proyecto de Resolución para fomentar la difusión y uso de dicho Código para su aprobación.

(214) Noruega presentó la segunda parte del Documento de Trabajo WP 31, *Grupo Subsidiario sobre Planes de Gestión: Informe del trabajo intersesional correspondiente al período 2015/2016*, que informó acerca del trabajo intersesional realizado por el GSPG de conformidad con los Términos de Referencia n.º 4 y n.º 5. Después de recordar que la XVIII Reunión del CPA había reconocido la necesidad de material de orientación para el establecimiento de los planes de gestión de las ZAEA, el coordinador del GSPG presentó un proyecto de orientación para la evaluación de si una ZAEA es la herramienta de gestión adecuada para una zona en particular. Su objetivo en esta etapa era recopilar comentarios sobre el proyecto como base para una nueva ronda de debates y desarrollo del texto durante el período intersesional 2016-2017 del GSPG, con el propósito de lograr la aprobación de este documento en la XX Reunión del CPA. Noruega también informó sobre el plan de trabajo propuesto por el GSPG para el período intersesional 2016-2017.

(215) El Comité agradeció al GSPG por su trabajo relacionado con los términos de referencia n.º 4 y n.º 5, y a Birgit Njåstad (Noruega) y la Dra. Polly Penhale (Estados Unidos), por liderar conjuntamente el debate del GSPG sobre el desarrollo de la orientación para ZAEA. El Comité aceptó que el plan de trabajo propuesto para el próximo período intersesional debe incluir trabajos para finalizar el desarrollo de la orientación respecto a si una zona se debe designar como ZAEA e iniciar el desarrollo de orientación acerca de cómo presentar un plan de gestión si se identifica la designación de una ZAEA como la herramienta de gestión más adecuada. El Comité instó con urgencia a todos los Miembros interesados a participar en el trabajo futuro del GSPG con el fin de desarrollar orientaciones para ZAEA.

(216) El Comité aceptó aprobar el plan de trabajo que propuso el GSPG para 2016-2017:

Términos de referencia	Tareas sugeridas
TdR 1 a 3	Revisar los borradores de planes de gestión remitidos por el CPA para su revisión intersesional y proporcionar asesoramiento a los proponentes (incluidos los cinco planes pospuestos a partir del período intersesional 2015/2016)

TdR 4 y 5	Trabajar con las Partes relevantes a fin de garantizar el progreso en la revisión de los planes de gestión cuya revisión quinquenal se encuentre vencida
	Seguir adelante con los trabajos para elaborar orientaciones para la preparación y revisión de planes de gestión de ZAEA de conformidad con el plan de trabajo acordado para el proceso, es decir, finalizar los trabajos de elaboración de orientaciones para determinar si una zona debería designarse como ZAEA, e iniciar los trabajos de elaboración de orientaciones para el proceso de preparación de un Plan de Gestión una vez que se ha concluido que la herramienta de ZAEA es la más adecuada como herramienta de gestión de la zona en cuestión
	Revisar y actualizar el plan de trabajo del GSPG
Documentos de trabajo	Preparar el informe para la XX Reunión de la CPA cotejándolo con los Términos de referencia 1 a 3 del GSPG
	Preparar el informe para la XX Reunión de la CPA cotejándolo con los Términos de referencia 4 a 5 del GSPG

(217) El Comité expresó su sincero agradecimiento a Birgit Njåstad, de Noruega, por su excelente trabajo como coordinadora del GSPG durante los años anteriores. También reflexionó sobre la importante mejora que el GSPG ha realizado en cuanto a la eficacia con que el CPA considera los planes de gestión nuevos y revisados, y para su trabajo más general en cuanto a la protección y gestión de zonas.

(218) La ASOC presentó el Documento de Información IP 80, *A Systematic Approach to Designating ASPAs and ASMAs* [Una metodología sistemática para la designación de ZAEP y ZAEA], el que proporcionó sugerencias preliminares sobre cómo ampliar el sistema de zonas protegidas en virtud del Protocolo Ambiental con el fin de cumplir con los requisitos establecidos en el Anexo V, Artículos 3 y 4. Se recomendó que las Partes consideraran usar estratégicamente las ZAEP y ZAEA para normar el turismo actual y el posible turismo futuro. La ASOC señaló la evidente necesidad de designar un proceso de planificación sistemática con base en las prácticas recomendables para la gestión de la conservación.

(219) El SCAR señaló que los procesos de planificación de la conservación espacialmente explícitos, que incluyen los elementos de procesos sistemáticos reseñados por la ASOC, tienen el potencial de complementar y aprovechar las herramientas que existen en virtud del Protocolo, entre otros el Análisis de Dominios Ambientales (Resolución 3 [2008]) y las Regiones Biogeográficas de Conservación Antártica (Resolución 6 [2012]). El SCAR sugirió que las técnicas contemporáneas de planificación de la conservación

tienen un importante potencial para informar la extensión de la actual red de zonas terrestres protegidas, y que tales técnicas pueden utilizarse de manera coherente con los requisitos del Protocolo. El SCAR indicó que continuaría aportando nuevas investigaciones sobre esta materia en las futuras reuniones del Comité.

(220) El Comité agradeció a la ASOC por su documento que abordaba un problema identificado como de alta prioridad en su Plan de trabajo quinquenal. También agradeció la oferta del SCAR de informar en una futura reunión del CPA sobre sus actividades de investigación relacionadas.

(221) El SCAR presentó el Documento de Información IP 31, *Antarctic Geoconservation: a review of current systems and practices* [Geoconservación Antártica: un análisis de los actuales sistemas y prácticas], el cual informó sobre las amenazas actuales a las rasgos geológicos antárticos, y proporcionó información pormenorizada sobre los actuales sistemas destinados a su protección. El documento incluyó una lista de consideraciones relacionadas con la protección de las ubicaciones y especímenes, geológicos y paleontológicos importantes de la Antártida para su futuro estudio. Señaló, además, que en 2018 se presentaría un documento integral sobre las conclusiones.

(222) El Comité agradeció al SCAR por su documento, y señaló que en anteriores reuniones se había destacado la importancia de mejorar la protección de valores geológicos, por ejemplo, de los fósiles. El Comité agradeció la útil y actualizada revisión de los sistemas y prácticas actuales para la geoconservación antártica, y que esperaba con interés el informe acerca de estos asuntos por parte del Grupo de Acción del SCAR sobre Conservación y Patrimonio Geológico, en preparación, y que se presentaría en la Reunión del CPA en 2018.

(223) Estados Unidos presentó el Documento de Información IP 39, *Inspections of Antarctic Specially Protected Areas in the Ross Sea and Antarctic Peninsula Regions by the United States Antarctic Program* [Inspecciones de Zonas Antárticas Especialmente Protegidas en las Regiones del Mar de Ross y la Península Antártica por el Programa Antártico de Estados Unidos], en el que se informó sobre las inspecciones realizadas a las ocho ZAEP en las regiones del Mar de Ross y la Península Antártica. Al tiempo que señaló que todas las ZAEP visitadas seguían protegiendo los valores especiales que constituían la base de la designación original, Estados Unidos se refirió también a una necesidad común de una demarcación clara y adecuada de los límites, las zonas de aterrizaje, los puntos de entrada y los senderos de la ZAEP, tanto sobre el suelo como en la cartografía. Estados Unidos anunció

que su documento sería útil para las futuras revisiones de Planes de Gestión de ZAEP relevantes. Estados Unidos alentó a quienes realicen ocasionales inspecciones a cerciorarse de que los planes de gestión cumplan el objetivo de proteger los valores y a identificar los posibles cambios en las zonas a la luz de los actuales cambios en el clima y la ecología de la Antártida.

(224) Noruega presentó el Documento de Información IP 113, *Recent findings from monitoring work in ASPA 142 Svarthamaren* [Conclusiones recientes a partir del trabajo de seguimiento realizado en la ZAEP n.° 142, Svrthamaren], que informa sobre los cambios sustantivos en la colonia de petreles antárticos en la ZAEP n.° 142. Noruega señaló que había presentado el informe a modo de respuesta a las responsabilidades derivadas del Protocolo en relación con informar a las Partes acerca de todo cambio importante de una ZAEP, y se refirió, además, a la relevancia de esta información para los debates relativos a la evaluación del valor sostenido de una zona como Zona Protegida.

(225) El Comité agradeció a Noruega por el informe sobre modificaciones en la ZAEP n.° 142, de conformidad con el Artículo 10(b) del Anexo V del Protocolo.

Tema 10: Conservación de la flora y fauna antárticas

10a) Cuarentena y especies no autóctonas

(226) El Reino Unido presentó el Documento de Trabajo WP 13, *Informe del Grupo de Contacto Intersesional sobre la Revisión del Manual sobre especies no autóctonas del CPA*, que informó sobre los resultados del GCI establecido durante la XVIII Reunión del CPA para la revisión del Manual sobre Especies No Autóctonas del CPA. El Reino Unido recordó al Comité el tema identificado en el Plan de trabajo quinquenal del CPA con Prioridad 1, la Introducción de especies no autóctonas, y presentó el borrador del Manual sobre Especies No Autóctonas del CPA.

(227) El Comité agradeció al coordinador del GCI, el Dr. Kevin Hughes, y a todos los participantes por la exhaustiva revisión y modificación del Manual, y mencionó la gran cantidad de trabajo de investigación que había requerido.

(228) El Comité refrendó el Manual sobre Especies No Autóctonas revisado. Aceptó continuar el desarrollo del Manual con los aportes del SCAR y del COMNAP en los asuntos científicos y prácticos, respectivamente, y también reconoció el valor de trabajar de manera más estrecha con el SC-CAMLR sobre el tema de las especies marinas no autóctonas.

(229) El Comité acordó incorporar el Plan de Trabajo sobre Especies no Autóctonas preparado por el GCI en su Plan de trabajo quinquenal, y llevar a cabo una revisión del Manual y de su progreso en relación con el plan de trabajo en cuatro o cinco años.

(230) El Comité solicitó que la Secretaría del Tratado Antártico publique el Manual en su sitio web a modo de herramienta dinámica en línea que se actualice de acuerdo con los nuevos desarrollos. En respuesta a una consulta de la Argentina, la Secretaría del Tratado Antártico señaló que también podría subir el Manual revisado en formato PDF en todos los idiomas oficiales del Tratado, y que podría actualizar la versión PDF a fin de que refleje las futuras revisiones acordadas por el Comité.

(231) La Argentina señaló que estaba probando un manual sobre prevención de la introducción de especies no autóctonas, y que lo presentaría durante la XX Reunión de la CPA para su posible incorporación en el Manual sobre Especies No Autóctonas del CPA.

(232) Australia llamó la atención del Comité hacia el Documento de Antecedentes BP 8, *Installation of a new waste water treatment facility at Australia's Davis Station* [Instalación de una nueva instalación de tratamiento de aguas residuales en la Estación Davis de Australia], que informó sobre sus avances en el desarrollo de una nueva planta de tratamiento de aguas residuales en la estación David, con el objetivo de mitigar los riesgos para el medio marino, en particular el riesgo de introducir especies no autóctonas y material genético.

Asesoramiento del CPA a la RCTA respecto de la revisión del Manual sobre Especies No Autóctonas

(233) El Comité refrendó una revisión del Manual sobre Especies No Autóctonas. El Comité señaló que la versión actual del Manual se aprobó de conformidad con la Resolución 6 (2011) y acordó remitir dicha versión a la RCTA para que se apruebe un proyecto de Resolución con el fin de revisar el Manual y fomentar su difusión y uso.

(234) La República de Corea presentó el Documento de Trabajo WP 52, *Mosquitos no autóctonos en plantas de tratamiento de aguas residuales en la Isla Rey Jorge (isla 25 de Mayo), islas Shetland del Sur*, preparado en conjunto con el Reino Unido, Chile y Uruguay. El documento informa sobre los mosquitos no autóctonos que colonizaron varias plantas de tratamiento de aguas residuales de la estación en la Isla Rey Jorge (isla 25 de Mayo). La República de

Corea indicó su disponibilidad para facilitar la investigación colaborativa coordinada y las acciones de gestión de todas las Partes afectadas para identificar los mosquitos no autóctonos presentes en la localidad, determinar su distribución local y su origen, e identificar las respuestas de gestión coordinadas y prácticas para su erradicación o control.

(235) El Comité agradeció a la República de Corea, el Reino Unido, Chile y Uruguay por el asesoramiento sobre la presencia de los mosquitos no autóctonos, agradeció el esfuerzo que se estaba realizando para abordar este problema y expresó su apoyo a las recomendaciones contenidas en el Documento de Trabajo WP 52.

(236) Se señaló que algunas especies no autóctonas de mosquitos solo sobrevivieron en climas más templados y que, por lo tanto, no se propagarían más allá de los edificios calefaccionados. En este caso, la especie estaba adaptada previamente a ambientes fríos desde el origen, por lo tanto, tiene el potencial de propagarse en el medio local. China señaló que la estación Gran Muralla había sido inspeccionada, que no se habían encontrado mosquitos no autóctonos, y expresó que se encontraba dispuesta a cooperar con las otras Partes que operan en la isla Rey Jorge (isla 25 de Mayo) con el fin de descubrir la razón para la introducción de los mosquitos no autóctonos.

(237) Señalando que el problema de la introducción de especies no autóctonas es de alta prioridad en el Plan de trabajo quinquenal, el Comité acordó que las Partes con estaciones en la Isla Rey Jorge (isla 25 de Mayo) deben revisar sus plantas de tratamiento de aguas residuales para ver si presentan infestaciones de invertebrados no autóctonos y, de encontrarse presentes, deben unir sus esfuerzos de investigación colaborativa y determinar el origen de la especie. Varios Miembros ofrecieron compartir sus experiencias sobre los desafíos de ubicar y erradicar especies no autóctonas en el contexto de las plantas de tratamiento de aguas residuales, además de temas más generales relacionados con el tratamiento de las aguas residuales en le Isla Rey Jorge (isla 25 de Mayo) y en el resto de la Antártida. Varios Miembros señalaron que están siguiendo los esfuerzos de gestión de la Isla Rey Jorge (isla 25 de Mayo) con interés.

(238) El COMNAP informó al Comité que su documento ya había llamado la atención de los miembros del COMNAP y que se deliberaría sobre el grado de las infestaciones en plantas de tratamiento de aguas residuales, además de las prácticas recomendables de prevención y respuesta en la próxima reunión general anual en Goa, India, entre el 16 y el 18 de agosto de 2016. El COMNAP expresó su acuerdo en volver a tratar este asunto en su próxima reunión.

(239) El Reino Unido presentó el Documento de Información IP 27, *Introduction of biofouling organisms to Antarctica on vessel hulls* [Introducción de organismos de corrosión biológica en la Antártida mediante cascos de buques], que proporciona un resumen de la investigación reciente sobre los niveles de contaminación del casco del RSS James Clark Ross de British Antarctic Survey entre 2007 y 2014 en la estación de investigación Rothera. Se señaló que una cuantificación mejor de los riesgos de introducción de especies no autóctonas marinas que presentan los cascos de buques para el ambiente antártico puede informar el desarrollo de respuestas de gestión adecuadas. Los estudios adicionales de cascos sobre una variedad amplia de buques a lo largo de la Antártida pueden entregar información valiosa sobre la probabilidad de introducción de especies marinas.

(240) El Comité agradeció al Reino Unido por el documento y señaló que la información presentada sería relevante para el trabajo programado en el Plan de trabajo quinquenal actualizado de abordar el riesgo de introducciones de especies no autóctonas marinas. España recordó al Comité el trabajo previo del COMNAP sobre tratamiento de los cascos con antiincrustantes, presentado en la IX Reunión del CPA (Documento de Información IP 83 de la XXIX RCTA) y sus conclusiones. Portugal también recalcó que es necesario realizar más investigaciones relativas a las especies no autóctonas en el Océano Austral.

(241) España presentó el Documento de Información IP 57, *Monitoring for the presence of Poa pratensis at Cierva Point after the eradication* [Seguimiento de la presencia de la especie Poa pratensis de la punta Cierva después de su erradicación], preparado en conjunto con el Reino Unido y Argentina. Se indicó que la especie no autóctona fue introducida a la Antártida en 1945 - 1955 y que en 2015 se había realizado una operación para erradicarla. No se observó repoblación de la especie en el seguimiento realizado en enero de 2016.

(242) El Comité agradeció las conclusiones preliminares de los autores conjuntos que indican que, tras la actividad de erradicación en la punta Cierva, las actividades de seguimiento no detectaron la presencia de especies no autóctonas.

(243) Polonia presentó el Documento de Información IP 60, *Next step in eradication of non-native grass Poa annua L. from ASPA No 128 Western Shore of Admiralty Bay King George Island, South Shetland Islands* [Siguiente paso en la erradicación de la especie de hierba no autóctona Poa annua L. de la ZAEP N.° 128 de la costa occidental de la bahía Almirantazgo (Bahía

Lasserre), isla Rey Jorge (isla 25 de Mayo), islas Shetland del sur], donde se describen los resultados del trabajo de campo realizado en 2015 - 2016 para erradicar la hierba Poa annua y la investigación realizada en el proceso.

(244) El Reino Unido reconoció la importancia de este trabajo y alentó a Polonia a proporcionar nuevas actualizaciones al Comité sobre sus esfuerzos de erradicación.

(245) La IAATO presentó el Documento de Información IP 119, *IAATO Procedures Upon the Discovery of a High Mortality Event* [Procedimientos de la IAATO tras el descubrimiento de un evento de mortalidad elevada], que describe los procedimientos utilizados por la IAATO para orientar al personal de campo sobre el descubrimiento de un evento de mortalidad elevada, e informa sobre un reciente caso de su aplicación. Informó que el documento se incluiría en el Manual sobre Especies No Autóctonas del CPA en respuesta a una solicitud formulada por el reciente GCI.

10b) Especies especialmente protegidas

(246) No se presentaron documentos de trabajo en relación con este tema del programa.

(247) Noruega señaló que el Portal de Medioambientes Antárticos contiene un nuevo artículo sobre el estado de la foca de Ross, que el CPA se podría beneficiar de consultar este artículo en su consideración del estado de esta especie especialmente protegida en un futuro cercano y que sería relevante contar en el Portal con más publicaciones relativas a especies en riesgo debido al cambio climático cuando se realice trabajo de seguimiento de las acciones/tareas del CCWRP en relación con la evaluación de especies en riesgo.

10c) Otros asuntos relacionados con el Anexo II

(248) El SCAR presentó el Documento de Información IP 38, *La Antártida y el océano Glacial Antártico en el contexto del Plan Estratégico sobre la Biodiversidad 2011-2020.* Al presentar este documento, el SCAR señaló que, hasta la fecha, la Antártida y el Océano Austral no han sido representados adecuadamente en la evaluación de la biodiversidad global y en los esfuerzos para su conservación. Una de las evaluaciones más importantes de este tipo es el Plan Estratégico sobre la Biodiversidad 2011 a 2020, y está asociado con los 20 Objetivos de Aichi. Se realizará una evaluación del progreso contra estos objetivos globalmente en 2020. El SCAR, el Principado de Mónaco y asociados realizaron una reunión de expertos en políticas, leyes

y biodiversidad para evaluar la biodiversidad antártica y del Océano Austral, además de su estado de conservación en el contexto del Plan Estratégico. Los objetivos de la reunión y sus actividades asociadas consistieron en garantizar que no se omitan en las evaluaciones globales la considerable biodiversidad de la Antártida y los esfuerzos colaborativos importantes para garantizar su conservación. Los resultados iniciales de la reunión se presentan en el Documento de Información IP 38. Los resultados destacables se refieren a que, en ciertas áreas de conservación, en el contexto de los Objetivos de Aichi, la Antártida y el Océano Austral se encuentran en una posición destacada a nivel global. El trabajo sobre las especies no autóctonas de los Miembros del CPA, las Partes y otros, como la COMNAP, IAATO y ASOC, es un ejemplo claro de la colaboración para lograr la conservación. El SCAR informó al Comité que los resultados completos de la reunión de evaluación de Mónaco se publicarán en 2016 y se informarán en la XX Reunión del CPA.

(249) El Comité agradeció al SCAR y a Mónaco por este importante estudio comparativo, señaló que espera recibir el informe completo a su debido tiempo, y se refirió a la importancia de garantizar que la Antártida se incluya en las evaluaciones de la biodiversidad global.

(250) La IAATO presentó el Documento de Información IP 107, *How to be a Responsible Antarctic Visitor: IAATO's New Animated Briefings* [Cómo ser un visitante responsable de la Antártida: informativo animado nueva de la IAATO], que presenta informativos animados cortos que complementan los instructivos obligatorios existentes de la IAATO. La IAATO produjo las películas en inglés con subtítulos en nueve idiomas más, y señaló que los videos están diseñados para reforzar los mensajes clave sobre cómo ser un visitante responsable de manera concisa y de fácil comprensión para un público amplio. La IAATO también presentó uno de los videos al Comité.

(251) La IAATO presentó el Documento de Información IP 121, *IAATO Wildlife Watching Guidelines for Emperor Penguins and Leopard Seals* [Directrices de observación de la vida silvestre de la IAATO para los pingüinos emperador y las focas leopardo], que informa que los Miembros de la IAATO han adoptado dos conjuntos nuevos de directrices de observación de la vida silvestre: uno para los pingüinos emperador y otro para las focas leopardo.

(252) El Comité agradeció a la IAATO por su práctica contribución y por informar periódicamente al CPA sobre sus actividades.

Tema 11: Vigilancia ambiental e informes sobre el estado del medio ambiente

(253) Nueva Zelandia presentó el Documento de Trabajo WP 16, *Metodología para evaluar la vulnerabilidad de los sitios utilizados por visitantes: priorizar la atención dedicada a la gestión en el futuro*, preparado conjuntamente por Australia, Noruega y los Estados Unidos. El documento aporta una actualización de la labor en pos de crear un método para analizar la vulnerabilidad de los sitios a las visitas turísticas, de acuerdo con la Recomendación 3 del Estudio sobre turismo del CPA del 2012, el cual recomendaba al CPA desarrollar un enfoque que respaldara la evaluación más sistemática de las características vulnerables presentes en los sitios en que se permiten visitantes. Como primer paso práctico, el documento buscó establecer un método simple que tomara en consideración la presencia de valores e hiciera uso del criterio de expertos con el propósito de evaluar las probabilidades de que la actividad turística incida en esos valores. El método no pretende ser utilizado a fin de prescribir disposiciones de gestión específicas para algún sitio en particular, sino que busca constituir un enfoque sistemático para hacer uso de la información disponible y del criterio de expertos con el propósito de evaluar la vulnerabilidad de los sitios frente a las visitas turísticas, y ayudar al CPA a priorizar la atención dedicada a la gestión. Los autores invitaron a los Miembros a hacer comentarios acerca del método descripto en el documento para que sirva como base y guía durante el período intersesional 2016/2017.

(254) El Comité recibió favorablemente el informe sobre el progreso que lograron Nueva Zelandia, Noruega, Australia y los Estados Unidos para el desarrollo de un método de evaluación de la vulnerabilidad de los sitios de acuerdo con la Recomendación 3 del Estudio sobre turismo del CPA 2012.

(255) Los Miembros plantearon varios puntos para su consideración en el desarrollo a futuro de la metodología, incluidos: los conceptos de vulnerabilidad relativa e inherente; el tamaño del sitio; el uso probable del sitio; la distribución de los valores en el sitio, los factores temporales; y la importancia de la evaluación de la metodología en el campo.

(256) La ASOC agradeció a Nueva Zelandia, Noruega, Australia y los Estados Unidos por comenzar el trabajo y recalcó que este sería útil para desarrollar un procedimiento de evaluación rápido para la evaluación concordante entre los sitios.

(257) El Comité instó a los Miembros y a los observadores a proporcionar comentarios sobre el enfoque que se esboza en este documento y señaló que algunos Miembros, la IAATO y la ASOC expresaron su interés en aportar al trabajo intersesional anterior a la XX Reunión del CPA. La IAATO señaló también que su personal de campo cuenta con conocimientos expertos sobre la mayor parte de los sitios visitados, y que, si fuese requerido, podría ayudar en el trabajo.

(258) Portugal presentó el Documento de Información IP 8, *Assessment of trace element contamination within the Antarctic Treaty Area* [Evaluación de la contaminación por oligoelementos dentro de la zona del Tratado Antártico] conjuntamente con Chile, Alemania, la Federación de Rusia y el Reino Unido. El documento esbozó la evaluación de oligoelementos en muestras de suelo y musgo recolectadas en la Antártida. También hizo notar la importancia de compartir la información de las observaciones de la zona, a fin de aportar a las futuras observaciones de investigación y al desarrollo de políticas.

(259) Chile presentó el Documento de Información IP 96, *Monitoreo Ambiental en Bahía Fildes. Programa de Observación del Ambiente Litoral de Chile (P.O.A.L.)*, que informó al Comité acerca del programa, el cual incluye datos sobre las concentraciones de plomo, arsénico e hidrocarburos en los sedimentos en la Bahía Fildes. Señaló, además, la existencia de más información, disponible (en español) en www.directemar.cl, en el enlace "Aquatic Environment/POAL Data".

(260) El SCAR presentó el Documento de Información IP 32, *Report on the 2015-2016 activities of the Southern Ocean Observing System (SOOS)* [Información sobre las actividades 2015-2016 del Sistema de Observación del Océano Austral (SOOS)], que relató que, en 2015, el SOOS finalizó su plan quinquenal de implementación, el cual, luego de una revisión externa que facilitó el SCAR, se pondrá a disposición de la comunidad. Entre otros hitos clave para el SOOS se incluyen: progreso importante en el desarrollo de grupos de trabajo regionales para la implementación del sistema de observación en el campo; presentación de una publicación sobre variables fundamentales de los ecosistemas oceánicos; y progreso en grupos de trabajo de variadas capacidades como, por ejemplo, mejora de las observaciones bajo el hielo. Además, el SOOS en conjunto con el SCAR y el proyecto de Clima y Criósfera del Programa Mundial de Investigaciones Climáticas (PMIC), se encontraban en la etapa final de un informe sobre los requisitos satelitales para el Océano Austral. El SCAR también agradeció a Australia por su apoyo a la Secretaría del SOOS en Hobart.

Tema 12: Informes sobre inspecciones

(261) China presentó el Documento de Trabajo WP 22, *Inspección realizada por la República Popular China de acuerdo con el Artículo VII del Tratado Antártico y el Artículo XIV del Protocolo de Protección del Medio Ambiente*, y mencionó el Documento de Información IP 48, *Informe de las inspecciones del Tratado Antártico realizadas por la República Popular China de acuerdo con el Artículo VII del Tratado Antártico y el Artículo XIV del Protocolo de Protección del Medio Ambiente: abril de 2016*. El documento informó sobre las inspecciones del Tratado Antártico realizadas entre el 25 y el 28 de diciembre de 2015, que incluyeron seis estaciones de investigación de la Federación de Rusia, Chile, Uruguay y la República de Corea. China señaló que las estaciones, en general, cumplían con el Protocolo Ambiental y destacó los adecuados procesos de gestión medioambiental de las estaciones que se inspeccionaron, incluida la capacitación sobre el Protocolo Ambiental que se entrega a los recién llegados. China también señaló las recomendaciones específicas pertinentes a la gestión medioambiental y a las prácticas recomendables, y agradeció de buen grado a todas las Partes por su cooperación y hospitalidad durante las inspecciones.

(262) Chile y Uruguay agradecieron a China por la inspección de sus estaciones e informaron sobre acciones específicas que se llevaron a cabo o que están previstas para el futuro, en relación con las recomendaciones.

(263) Al señalar que la industria del turismo aéreo y marítimo utiliza las islas Shetland del Sur y que algunas de las estaciones inspeccionadas aceptan visitantes, la IAATO agradeció a China por el informe de inspección. También destacó que el informe no consideró que las actividades turísticas causaran un impacto en las actividades de la estación o en el medioambiente circundante.

(264) El Comité felicitó a China por la realización de las inspecciones y le agradeció por los exhaustivos informes sobre estas. El Comité aceptó con agrado la conclusión general de que las estaciones inspeccionadas cumplían con el Protocolo Ambiental.

(265) Argentina presentó el Documento de Trabajo WP 44, *Recomendaciones generales de las inspecciones conjuntas realizadas por la Argentina y Chile en virtud del Artículo VII del Tratado Antártico y el Artículo 14 del Protocolo de Protección Ambiental, y mencionó el Documento de Información IP 72, Informe del Programa de inspecciones conjuntas realizadas por la Argentina y Chile en virtud del Artículo VII del Tratado Antártico y el Artículo 14 del*

Protocolo de Protección Ambiental, preparado conjuntamente con Chile. Se informó sobre las inspecciones del Tratado Antártico realizadas entre el 16 y el 18 de febrero de 2016, que incluyeron cinco estaciones antárticas y un refugio no gubernamental en la región de las islas Shetland del Sur. En general, se informó que el nivel de cumplimiento de los requisitos del Protocolo Ambiental por parte de las estaciones inspeccionadas fue satisfactorio.

(266) Con respecto a la metodología de inspección, Argentina señaló que, en la mayoría de los casos, se había completado la Lista de cotejo A anexa a la Resolución 3 (2010), y que esto aumentó la velocidad y la eficacia de las inspecciones. Argentina reconoció el valor de los informes de inspección anteriores, pero señaló, sin embargo, vacíos de información en el SEII y algunas inconsistencias en las bases de datos de la STA, y recomendó a los Miembros mantener actualizadas las bases de datos. La Argentina felicitó también al COMNAP por su "Catálogo de instalaciones antárticas" y se refirió a su esperanza de que, una vez concluido, pueda convertirse en una práctica fuente de información para las futuras inspecciones. La Argentina señaló que se habían abordado los problemas identificados en las inspecciones anteriores. Sin embargo, las inspecciones identificaron oportunidades de mejora en la gestión de residuos y la gestión de especies no autóctonas con respecto a la hidroponía. La Argentina agradeció la cooperación de todas las Partes cuyas estaciones se inspeccionaron.

(267) Chile destacó la utilidad de las inspecciones como una herramienta para la mejora constante, tanto para el personal de las estaciones que se inspeccionan como para los observadores que las realizan.

(268) China recibió favorablemente las recomendaciones formuladas en el informe y señaló que había respondido a la Argentina y a Chile antes de que el informe de inspecciones se presentara a la Reunión. Además, se refirió al proceso de seguimiento llevado a cabo en respuesta a las recomendaciones.

(269) La República Checa señaló estar al tanto de los problemas relacionados con el Refugio ECO Nelson y que tomó en serio las recomendaciones que se sugieren en el informe de la Argentina y Chile. La República Checa también destacó que su autoridad competente no ha aprobado ningún permiso o actividad relacionada con el Refugio ECO Nelson en la temporada 2015/2016 y que su Programa Antártico Nacional no está relacionado con el Refugio ECO Nelson.

(270) El Comité felicitó a la Argentina y a Chile por la realización de las inspecciones. Aceptó con agrado el informe general en cuanto a que las

estaciones operadas por los Programas Antárticos Nacionales cumplían de manera satisfactoria con los requisitos del Protocolo Ambiental. El Comité también aceptó con agrado las conclusiones del equipo de inspección en cuanto a que existe un aumento en el uso de energías renovables y que todo el personal ha recibido capacitación con respecto al Protocolo Ambiental.

(271) Con relación a los comentarios de la Argentina respecto a la ausencia de parte de la información en el SEII, el Comité reiteró su opinión de que todas los Miembros deberían cumplir plenamente con sus requisitos de intercambio de Información. El COMNAP señaló que su proyecto de Infraestructura de las estaciones recopilará una gama de información que puede resultar útil para las inspecciones.

(272) Como respuesta a los puntos de vista expresados por Francia en cuanto a que el uso de la lista de cotejo de inspección debería ser opcional para realizar las inspecciones, Argentina aclaró que estaba consciente de que la lista de cotejo era obligatoria, pero que había resultado ser bastante útil durante la preparación de las inspecciones y para su realización.

(273) La ASOC agradeció a China, a la Argentina y a Chile por sus inspecciones, y afirmó que ampliar el espectro de países que realizan inspecciones había mejorado la implementación del Protocolo. La ASOC hizo notar que las conclusiones de esas recientes inspecciones incluían asuntos "antiguos", donde la necesidad de más mejoras ya había sido informada anteriormente como, por ejemplo, el asunto de la gestión de residuos, pero que, además, incluían algunos progresos, como el aumento en el uso de energías renovables. La ASOC señaló que el aumento informado en el turismo aéreo y marítimo tenía potenciales repercusiones medioambientales para la región.

(274) La República de Corea presentó el Documento de Información IP 102, *Reconsideración de las inspecciones del Tratado Antártico: patrones, usos y ámbitos para las mejoras*. Destacó que la organización y realización de las inspecciones recaía sobre las Partes que estaban en posesión de capacidades operativas, y que solían realizarse en estaciones de acceso fácil. Señaló, además, que la realización de inspecciones y seguimiento no seguían necesariamente una trayectoria de pasos definidos. Se propuso el desarrollo de un nuevo modelo de inspección, más cooperativo, en el cual las inspecciones se realicen de manera más colectiva, donde las diferentes Partes puedan contribuir a su modo particular, y donde se produjeran resultados de las inspecciones y se hiciera algo al respecto.

(275) El Comité acogió los puntos que se presentaron en el documento relacionados con el valor de mejorar la realización y la eficacia de las actividades de inspección, además de mejorar la participación y la cooperación internacional. Se refirió a la recomendación recibida de parte de los Países Bajos en relación con que la RCTA preveía también el establecimiento de un GCI para continuar los debates acerca de la forma en que podrían ser más eficaces las inspecciones, y alentó a los Miembros interesados a aportar a los debates mediante sus procesos internacionales.

Tema 13: Asuntos generales

(276) Portugal presentó el Documento de Información IP 7, *POLAR WEEKS. An Education and Outreach activity to promote Antarctic science and the Antarctic Treaty System* [SEMANAS POLARES: una actividad de educación y difusión para promover la ciencia antártica y el Sistema del Tratado Antártico], preparado conjuntamente con Brasil, Bulgaria, Francia y el Reino Unido. El documento ofreció un resumen de las SEMANAS POLARES, una actividad de educación y difusión, y destacó el valor de la educación y la difusión para todos los participantes en la actividad. Al reconocer a los autores del documento, Portugal reconoció también el excelente trabajo de las organizaciones asociadas, la Asociación de Jóvenes Científicos Polares (APECS, por sus siglas en inglés), Polar Educators International, el COMNAP y la CCRVMA.

(277) El Comité felicitó a Portugal, Bulgaria, Francia, Brasil y al Reino Unido por el documento, y señaló los beneficios de la iniciativa de las SEMANAS POLARES para promover la conciencia sobre la ciencia antártica.

(278) Sudáfrica presentó el Documento de Información IP 47, *Upgrade of the SANAE IV Base Systems* [Modernización de los sistemas de base de SANAE IV], en donde destacó sus planes de llevar a cabo una completa modernización de algunos de los sistemas de base en la estación SANAE IV.

(279) En relación con este tema del programa se presentó también el siguiente documento:

- Documento de referencia BP 8, *Progress on the development of a new waste water treatment facility at Australia's Davis Station* [Progresos en la instalación de una nueva planta de tratamiento de aguas residuales en la instalación australiana Davis (Australia).

Tema 14: Elección de autoridades

(280) El Comité eligió a la Sra. Patricia Ortúzar, de la Argentina, como Vicepresidente por un período de dos años y la felicitó por su designación en el cargo. Patricia Ortúzar fue designada también como coordinadora del Grupo subsidiario sobre Planes de gestión (GSPG).

(281) El Comité agradeció cordialmente a la Sra. Birgit Njåstadde Noruega por su incansable esfuerzo, su productividad, y su liderazgo como Vicepresidente y coordinadora del GSPA.

(282) El Comité eligió al Sr. Ewan McIvor, de Australia, como Presidente por un segundo período y lo felicitó por su designación en el cargo.

Tema 15: Preparativos para la próxima Reunión

(283) El Comité aprobó el Programa provisional de la XX Reunión del CPA (Apéndice 3).

(284) Señalando la inquietud planteada por algunos Miembros en relación con la posible repetición de los debates sostenidos por la RCTA y el CPA, el Comité reafirmó el valor de fortalecer la cooperación con la RCTA y adoptar medidas prácticas para hacer efectiva dicha cooperación.

Tema 16: Aprobación del Informe

(285) El Presidente del CPA enfatizó que el proceso de aprobación del informe no era la ocasión para volver a tratar debates que ya se habían tratado en anteriores temas del programa.

(286) Belarús lamentó no haber estado en condiciones de presentar el Documento de Información IP 3, *Application of air dispersion modelling for impact assessment of construction/operation activities in Antarctica* [Aprobación de un modelo para la evaluación del impacto de las actividades de construcción y operación en la Antártida] durante la consideración por parte del Comité del tema 8b del Programa, debido a que su único delegado ante la XIX Reunión del CPA había participado en los debates simultáneos sostenidos en a RCTA. El Presidente hizo notar que había considerado ya el Documento de Información IP 3 como leído.

(287) El Presidente del CPA reconoció las dificultades prácticas que enfrentaban las delegaciones menores, y alentó a los miembros y Observadores a

consultar con el Presidente para garantizar que en futuras reuniones, se abra la posibilidad adecuada para presentar documentos al Comité.

(288) El Comité aprobó su informe.

Tema 17: Clausura de la Reunión

(289) El Presidente clausuró la reunión el viernes 27 de mayo de 2016.

Apéndice 1

Plan de trabajo quinquenal del CPA

Asunto / Presión ambiental: Introducción de especies no autóctonas	
Prioridad: 1	
Acciones: 1. Seguir desarrollando directrices y recursos prácticos para todos los operadores en la Antártida. 2. Implementar las acciones relacionadas identificadas en el Programa de trabajo de respuesta para el cambio climático. 3. Considerar las evaluaciones de riesgo diferenciadas por actividad y espacialmente explícitas para mitigar los riesgos planteados por las especies terrestres no autóctonas. 4. Desarrollar una estrategia de vigilancia para las zonas que están en riesgo elevado de establecimiento de especies no autóctonas. 5. Prestar mayor atención a los riesgos que implica la transferencia de propágulos dentro de la Antártida.	
Período intersesional 2016/2017	• El Manual revisado se publica en el sitio web de la STA, con las actualizaciones agregadas por la Secretaría, según sea necesario, a medida que nuevo material es puesto a disposición. • Iniciar los trabajos para evaluar los riesgos de traslado de especies antárticas y de especies no autóctonas ya existentes entre distintas regiones biogeográficas antárticas y dentro de estas, y definir las medidas de gestión relevantes.
XX Reunión del CPA, 2017	• Debate sobre el trabajo intersesional en relación con el traslado de especies entre una región biogeográfica y otra para su inclusión en el Manual sobre Especies No Autóctonas. • Se acoge la contribución del Manual sobre especies no autóctonas de Argentina.
Período intersesional 2017/2018	• Iniciar los trabajos para desarrollar una estrategia de respuesta ante las especies no autóctonas, incluidas las respuestas adecuadas frente a las enfermedades de la vida silvestre. • Ayudar al Comité a evaluar la eficacia del Manual, solicitar al COMNAP un informe sobre las medidas de cuarentena y bioseguridad implementadas por sus miembros.
XXI Reunión del CPA, 2018	• Debate sobre el trabajo intersesional en relación con el desarrollo de una estrategia de respuesta para su inclusión en el Manual sobre Especies No Autóctonas, y la implementación de medidas de cuarentena y bioseguridad implementadas por los miembros del COMNAP. Revisión del informe de la OMI sobre las directrices sobre corrosión biológica.
Período intersesional 2018/2019	• Solicitar al SCAR la compilación de una lista de fuentes de información y bases de datos disponibles sobre biodiversidad para ayudar a las Partes a establecer las especies autóctonas que se encuentran presentes en los sitios antárticos, y ayudar con ello a identificar la escala y el alcance de las introducciones actuales y futuras. • Desarrollar directrices para el seguimiento que tengan aplicación general. Es posible que en algunos lugares en particular se requiera un seguimiento más detallado o específico del sitio. • Solicitar a las Partes y a los Observadores un informe sobre la aplicación de las directrices sobre bioseguridad por parte de sus miembros.

XXII Reunión del CPA, 2019	• Análisis del trabajo intersesional relativo al desarrollo de directrices para el seguimiento para su inclusión en el Manual sobre especies no autóctonas. Considerar los informes de las Partes y los Observadores sobre la aplicación de las directrices sobre bioseguridad por parte de sus miembros.
Período intersesional 2019/2020	• Iniciar los trabajos para evaluar el riesgo de introducción de especies no autóctonas marinas.
XXIII Reunión del CPA, 2020	• Análisis del trabajo intersesional relativo a los riesgos de las especies no autóctonas marinas.
Período intersesional 2020/2021	• Desarrollar directrices específicas para reducir la liberación de especies no autóctonas asociada a las descargas de aguas residuales. • Revisar los progresos logrados y los contenidos del Manual del CPA sobre Especies No Autóctonas.
XXIV Reunión del CPA, 2021	

Asunto / Presión medioambiental: Turismo y actividades no gubernamentales	
Prioridad: 1	
Acciones: 1. Proporcionar asesoramiento a la RCTA conforme a lo solicitado. 2. Lograr progresos en las recomendaciones sobre turismo marítimo de la RETA.	
Período intersesional 2016/2017	• Seguir desarrollando la metodología para la evaluación de la vulnerabilidad de los sitios (Recomendación 3 del Estudio sobre turismo).
XX Reunión del CPA, 2017	
Período intersesional 2017/2018	
XXI Reunión del CPA, 2018	
Período intersesional 2018/2019	
XXII Reunión del CPA, 2019	
Período intersesional 2019/2020	
XXIII Reunión del CPA, 2020	
Período intersesional 2020/2021	
XXIV Reunión del CPA, 2021	

Asunto / Presión ambiental: Implicaciones del cambio climático para el medioambiente	
Prioridad: 1	
Acciones: 1. Considerar las implicaciones del cambio climático en la gestión del medioambiente antártico. 2. Lograr progresos en las recomendaciones de la RETA sobre cambio climático. 3. Implementar un programa de trabajo de respuesta para el cambio climático.	
Período intersesional 2016/2017	• El SCAR y la OMM deben realizar una pauta de las actividades de investigación basándose en el CCRWP. • El Presidente debe consultar con el ICED y el SOOS sobre las contribuciones al CCRWP. • Acciones asociadas a las recomendaciones derivadas del taller conjunto del CPA y el SC-CAMLR, según corresponda. • Implementación del CCRWP en consulta con expertos. • Debate intersesional sobre los mecanismos para la gestión del CCRWP.
XX Reunión del CPA, 2017	• Tema permanente del programa. • El SCAR entrega una actualización del informe ACCE, con los correspondientes aportes de la OMM, el ICED, y el SOOS. • Considerar el asesoramiento del SCAR y la OMM sobre cómo se conectan las prioridades y programas de investigación con el CCRWP. • Establecer un mecanismo para la gestión del CCRWP.
Período intersesional 2017/2018	• Implementación del CCRWP en consulta con expertos.
XXI Reunión del CPA, 2018	• Tema permanente del programa. • El SCAR entrega una actualización del informe ACCE, con los correspondientes aportes de la OMM, el ICED, y el SOOS.
Período intersesional 2018/2019	• Implementación del CCRWP en consulta con expertos.
XXII Reunión del CPA, 2019	• Tema permanente del programa. • El SCAR entrega una actualización del informe ACCE, con los correspondientes aportes de la OMM, el ICED, y el SOOS.
Período intersesional 2019/2020	• Implementación del CCRWP en consulta con expertos.
XXIII Reunión del CPA, 2020	• Tema permanente del programa. • El SCAR entrega una actualización del informe ACCE, con los correspondientes aportes de la OMM, el ICED, y el SOOS.
Período intersesional 2020/2021	• Implementación del CCRWP en consulta con expertos.
XXIX Reunión del CPA, 2021	

Asunto / Presión ambiental: Procesamiento de los planes de gestión de zonas protegidas y administradas nuevos y revisados	
Prioridad: 1	
Acciones: 1. Perfeccionar el proceso de revisión de planes de gestión nuevos y revisados. 2. Actualización de las actuales directrices. 3. Lograr progresos en las recomendaciones de la RETA sobre cambio climático. 4. Elaborar directrices para la preparación de ZAEA.	
Período intersesional 2016/2017	• El GSPG realiza el trabajo conforme al plan de trabajo convenido. • Continuación del trabajo de elaboración de directrices para la preparación de ZAEA. • Noruega, junto a los Miembros interesados, prepara un documento sobre orientaciones para la revocación de designaciones de ZAEP. • Noruega y el Reino Unido, junto a los Miembros interesados, deben desarrollar las plantillas de herramientas de evaluación previa de ZAEP y ZAEA propuestas.
XX Reunión del CPA, 2017	• Consideración del documento elaborado por Noruega junto a los Miembros interesados. • Consideración del documento elaborado por Noruega y el Reino Unido junto a los Miembros interesados. • Considerar el Informe del GSPG.
Período intersesional 2017/2018	
XXI Reunión del CPA, 2018	
Período intersesional 2018/2019	
XXII Reunión del CPA, 2019	
Período intersesional 2019/2020	
XXIII Reunión del CPA, 2020	
Período intersesional 2020/2021	
XXIV Reunión del CPA, 2021	

Asunto / Presión ambiental: Operación del CPA y Planificación estratégica	
Prioridad: 1	
Acciones: 1. Mantener actualizado el plan de trabajo quinquenal basándose en las circunstancias cambiantes y en los requisitos de la RCTA. 2. dentificar las oportunidades para mejorar la eficacia del CPA. 3. Considerar objetivos de largo plazo para la Antártida (período de entre 50 y 100 años). 4. Considerar las oportunidades para mejorar la relación de trabajo entre el CPA y la RCTA.	
Período intersesional 2016/2017	
XX Reunión del CPA, 2017	
Período intersesional 2017/2018	
XXI Reunión del CPA, 2018	
Período intersesional 2018/2019	
XXII Reunión del CPA, 2019	
Período intersesional 2019/2020	
XXIII Reunión del CPA, 2020	
Período intersesional 2020/2021	
XXIV Reunión del CPA, 2021	

Asunto / Presión ambiental: Reparación o remediación del daño al medioambiente	
Prioridad: 2	
Acciones: 1. Responder a la solicitud adicional de la RCTA en relación con la reparación y remediación, según corresponda. 2. Seguimiento de los progresos en el establecimiento de un inventario de sitios de actividad pasada en toda la Antártida. 3. Considerar la elaboración de directrices sobre reparación y remediación. 4. Los miembros desarrollan directrices prácticas y recursos de apoyo para su inclusión del Manual de limpieza. 5. Continuar desarrollando prácticas de biorremediación y reparación para incluirlas en el Manual sobre limpieza.	
Período intersesional 2016/2017	
XX Reunión del CPA, 2017	• Considerar la revisión del Manual sobre limpieza.
Período intersesional 2017/2018	
XXI Reunión del CPA, 2018	
Período intersesional 2018/2019	
XXII Reunión del CPA, 2019	
Período intersesional 2019/2020	
XXIII Reunión del CPA, 2020	
Período intersesional 2020/2021	
XXIV Reunión del CPA, 2021	

Asunto / Presión ambiental: Gestión de huella humana y vida silvestre	
Prioridad: 2	
Acciones: 1. Desarrollar una metodología para una mejor protección de la vida silvestre en virtud de los Anexos I y V.	
Período intersesional 2016/2017	
XX Reunión del CPA, 2017	
Período intersesional 2017/2018	
XXI Reunión del CPA, 2018	
Período intersesional 2018/2019	
XXII Reunión del CPA, 2019	
Período intersesional 2019/2020	
XXIII Reunión del CPA, 2020	
Período intersesional 2020/2021	
XXIV Reunión del CPA, 2021	

Asunto / Presión ambiental: Elaboración de informes sobre vigilancia y estado del medioambiente	
Prioridad: 2	
Acciones: 1. Identificar indicadores y herramientas medioambientales claves. 2. Establecer un proceso para informar a la RCTA. 3. El SCAR debe proporcionar información al COMNAP y al CPA.	
Período intersesional 2016/2017	• Acciones asociadas a las recomendaciones derivadas del taller conjunto del CPA y el SC-CAMLR, según corresponda.

XX Reunión del CPA, 2017	• Informe del SCAR sobre la comprensión científica del uso de vehículos aéreos no tripulados (UAV) sobre la vida silvestre. • Considerar el establecimiento de un GCI para desarrollar orientación sobre UAV. • Acciones asociadas a las recomendaciones derivadas del taller conjunto del CPA y el SC-CAMLR, según corresponda.
Período intersesional 2017/2018	
XXI Reunión del CPA, 2018	
Período intersesional 2018/2019	
XXII Reunión del CPA, 2019	
Período intersesional 2019/2020	
XXIII Reunión del CPA, 2020	
Período intersesional 2020/2021	
XXIV Reunión del CPA, 2021	• Consideración del informe sobre seguimiento del Reino Unido sobre la ZAEP n.° 107.

Asunto / Presión ambiental: Protección y gestión del espacio marino
Prioridad: 2
Acciones:
1. Cooperación entre el CPA y el CC-CRVMA en los asuntos de interés común.
2. Cooperar con la CCRVMA en materia de biorregionalización del Océano Austral y otros intereses comunes y principios convenidos.
3. Identificar y aplicar procesos de protección del espacio marino.
4. Lograr progresos en las recomendaciones de la RETA sobre cambio climático.

Período intersesional 2016/2017	
XX Reunión del CPA, 2017	
Período intersesional 2017/2018	
XXI Reunión del CPA, 2018	
Período intersesional 2018/2019	
XXII Reunión del CPA, 2019	
Período intersesional 2019/2020	
XXIII Reunión del CPA, 2020	
Período intersesional 2020/2021	
XXIV Reunión del CPA, 2021	

Asunto / Presión ambiental: Directrices del sitio específicas para sitios visitados por turistas
Prioridad: 2
Acciones:
1. Revisar periódicamente la lista de sitios sujetos a las Directrices para sitios y considerar si sería necesario el desarrollo de directrices para nuevos sitios.
2. Proporcionar asesoramiento a la RCTA conforme a lo requerido.
3. Revisar el formato de las directrices para sitios

Período intersesional 2016/2017	
XX Reunión del CPA, 2017	• Tema del programa permanente; las Partes deben informar acerca de su revisión de las directrices para sitios.
Período intersesional 2017/2018	
XXI Reunión del CPA, 2018	• Tema del programa permanente; las Partes deben informar acerca de su revisión de las directrices para sitios.

Período intersesional 2018/2019	
XXII Reunión del CPA, 2019	• Tema del programa permanente; las Partes deben informar acerca de su revisión de las directrices para sitios.
Período intersesional 2019/2020	
XXIII Reunión del CPA, 2020	• Tema del programa permanente; las Partes deben informar acerca de su revisión de las directrices para sitios.
Período intersesional 2020/2021	
XXIV Reunión del CPA, 2021	

Asunto / Presión ambiental: Panorama general del sistema de zonas protegidas

Prioridad: 2

Acciones:

1. Aplicar las clasificaciones según el Análisis de Dominios Ambientales (EDA) y las Regiones Biogeográficas de Conservación Antártica (RBCA) para mejorar el sistema de zonas protegidas.
2. Lograr progresos en las recomendaciones de la RETA sobre cambio climático.
3. Mantener y desarrollar una base de datos sobre zonas protegidas.
4. Evaluar el grado en el cual las ZIA antárticas están o deberían estar representadas dentro de la serie de ZAEP.

Período intersesional 2016 - 2017	• Implementación de las acciones asociadas del CCRWP. • Noruega y el Reino Unido, junto a los Miembros interesados, deben desarrollar plantillas de las herramientas de evaluación previa de ZAEP y ZAEA propuestas.
XX Reunión del CPA, 2017	• Consideración del documento presentado por Noruega, el Reino Unido y los Miembros interesados. • Las Partes deben entregar informes actualizados sobre iniciativas de investigación y gestión para la aplicación de las herramientas biogeográficas. • Las Partes deben entregar actualizaciones sobre la investigación realizada o prevista para la identificación de regiones biogeográficas vulnerables al cambio climático.
Período intersesional 2017 - 2018	
XXI Reunión del CPA, 2018	• Planificación de un taller conjunto del SCAR y el CPA sobre la biogeografía de la Antártida, lo que incluye la identificación de situaciones de aplicación práctica de las herramientas biogeográficas y necesidades de investigación futuras. • Proporcionar a la RCTA un informe de estado sobre el estado de la red de Zonas Antárticas Protegidas.
Período intersesional 2018 - 2019	• Taller conjunto del SCAR y el CPA sobre biogeografía antártica.
XXII Reunión del CPA, 2019	• Consideración del taller conjunto del SCAR y el CPA sobre biogeografía antártica.
Período intersesional 2019 - 2020	
XXIII Reunión del CPA, 2020	
Período intersesional 2020 - 2021	
XXIV Reunión del CPA, 2021	

195

Asunto / Presión ambiental: Difusión y educación	
Prioridad: 2	
Acciones:	
1. Revisar los actuales ejemplos e identificar oportunidades para una mayor difusión y educación. 2. Alentar a los miembros a intercambiar información en relación con sus experiencias en este ámbito. 3. Establecer una estrategia y directrices para el intercambio de información en materia de educación y difusión en el largo plazo entre los miembros.	
Período intersesional 2016 - 2017	• Difusión de la publicación sobre el 25° Aniversario en la XIX Reunión del CPA/XXXIX RCTA. • Presentación al público de la publicación durante eventos a realizar el 4 de octubre de 2016.
XX Reunión del CPA, 2017	
Período intersesional 2017 - 2018	
XXI Reunión del CPA, 2018	
Período intersesional 2018 - 2019	
XXII Reunión del CPA, 2019	
Período intersesional 2019 - 2020	

Asunto / Presión ambiental: Implementar y mejorar las disposiciones sobre EIA del Anexo I	
Prioridad: 2	
Acciones:	
1. Perfeccionar el proceso para considerar las CEE y asesorar a la RCTA en ese sentido. 2. Elaborar directrices para evaluar los impactos acumulativos. 3. Revisar las directrices sobre EIA y considerar las políticas generales y otros asuntos. 4. Considerar la aplicación de una evaluación medioambiental estratégica en la Antártida. 5. Lograr progresos en las recomendaciones de la RETA sobre cambio climático.	
Período intersesional 2016/2017	• Establecer un GCI para la revisión de los proyectos de CEE, conforme a lo requerido. • El Reino Unido y los Miembros interesados elaboran un documento sobre los progresos en materia de políticas generales y otros asuntos relativos a las EIA.
XX Reunión del CPA, 2017	• Consideración de los informes del GCI sobre proyectos de CEE, conforme a lo requerido. • Debate centrado en las políticas generales y otros asuntos relativos a las EIA.
Período intersesional 2017/2018	• Establecer un GCI para la revisión de los proyectos de CEE, conforme a lo requerido.
XXI Reunión del CPA, 2018	• Consideración de los informes del GCI sobre proyectos de CEE, conforme a lo requerido.
Período intersesional 2018/2019	
XXII Reunión del CPA, 2019	
Período intersesional 2019/2020	
XXIII Reunión del CPA, 2020	
Período intersesional 2020/2021	
XXIV Reunión del CPA, 2021	

196

Asunto / Presión ambiental: Designación y gestión de Sitios y Monumentos Históricos		
Prioridad: 2		
Acciones:		
1. Mantener dicha lista y considerar las nuevas propuestas a medida que estas se presenten.		
2. Considerar los asuntos estratégicos según sea necesario, incluyendo las materias asociadas a la designación de SMH en comparación con las disposiciones sobre limpieza contenidas en el Protocolo.		
3. Revisar la presentación de la lista de SMH con el objetivo de mejorar la disponibilidad de la información.		
Período intersesional 2016/2017	• La Secretaría actualiza la lista de SMH. • GCI sobre el desarrollo de orientaciones relativas a la designación de SMH.	
XX Reunión del CPA, 2017	• Tema permanente. • Considerar el Informe del GCI.	
Período intersesional 2017/2018	• GCI sobre el desarrollo de orientaciones relativas a la designación de SMH.	
XXI Reunión del CPA, 2018	• Considerar el Informe del GCI.	
Período intersesional 2018/2019		
XXII Reunión del CPA, 2019		
Período intersesional 2019/2020		
XXIII Reunión del CPA, 2020		
Período intersesional 2020/2021		
XXIV Reunión del CPA, 2021		

Asunto / Presión ambiental: Conocimientos sobre biodiversidad	
Prioridad: 3	
Acciones:	
1. Mantenerse atento a las amenazas a la actual biodiversidad.	
2. Lograr progresos en las recomendaciones de la RETA sobre cambio climático.	
3. El CPA debe considerar un mayor asesoramiento científico sobre la perturbación de la vida silvestre.	
Período intersesional 2016/2017	• Acciones asociadas a las recomendaciones derivadas del taller conjunto del CPA y el SC-CAMLR, según corresponda.
XX Reunión del CPA, 2017	• Debate de la actualización del SCAR sobre ruido submarino.
Período intersesional 2017/2018	
XXI Reunión del CPA, 2018	
Período intersesional 2018/2019	
XXII Reunión del CPA, 2019	
Período intersesional 2019/2020	
XXIII Reunión del CPA, 2020	
Período intersesional 2020/2021	
XXIV Reunión del CPA, 2021	

Asunto / Presión ambiental: Intercambio de información	
Prioridad: 3	
Acciones: 1. Asignar a la Secretaría. 2. Seguimiento del SEII y facilitar su uso. 3. Revisar los requisitos de elaboración de informes sobre medioambiente	
Período intersesional 2016/2017	
XX Reunión del CPA, 2017	• Informe de la Secretaría.
Período intersesional 2017/2018	
XXI Reunión del CPA, 2018	
Período intersesional 2018/2019	
XXII Reunión del CPA, 2019	
Período intersesional 2019/2020	
XXIII Reunión del CPA, 2020	
Período intersesional 2020/2021	
XXIV Reunión del CPA, 2021	

Asunto / Presión ambiental: Protección de valores geológicos sobresalientes	
Prioridad: 3	
Acciones: 1. Considerar mecanismos adicionales de protección de valores geológicos sobresalientes.	
Período intersesional 2016/2017	
XX Reunión del CPA, 2017	
Período intersesional 2017/2018	
XXI Reunión del CPA, 2018	• Considerar el asesoramiento del SCAR.
Período intersesional 2018/2019	
XXII Reunión del CPA, 2019	
Período intersesional 2019/2020	
XXIII Reunión del CPA, 2020	
Período intersesional 2020/2021	
XXIV Reunión del CPA, 2021	

Apéndice 2

Programa de trabajo de respuesta para el cambio climático

Visión del CCRWP: En su consideración de las conclusiones y recomendaciones de la RETA de 2010 sobre cambio climático, el CCRWP proporciona un mecanismo para identificar y examinar los objetivos y acciones específicas para que el CPA pueda respaldar los esfuerzos al interior del Sistema del Tratado Antártico en su preparación y creación de resiliencia frente a los impactos medioambientales producidos por el cambio climático y sus implicancias para la gobernanza y gestión de la Antártida.

Asuntos relacionados con el clima	Deficiencias/ Necesidades	Área de respuesta	Medida/Tarea	Prioridad	Actor	IP	CPA 2017	IP	CPA 2018	IP	CPA 2019	IP	CPA 2020	IP	CPA 2021
1) Aumento del potencial para el establecimiento de las especies no autóctonas (ENA) introducidas	• Marco de trabajo para la vigilancia del establecimiento de especies no autóctonas marinas, terrestres y de agua dulce • Estrategia de respuesta ante las sospechas de introducción de ENA • Evaluación para determinar si son suficientes los regímenes vigentes para prevenir la introducción y transferencia de especies no autóctonas. Análisis de las herramientas de gestión aplicadas en otras zonas.	Gestión	a. • Continuar el desarrollo del Manual sobre especies no autóctonas en conformidad con la Resolución 6 (2011), que incluyen los impactos del cambio climático, específicamente en el • Desarrollo de metodologías de vigilancia (pág. 21) • Estrategia de respuesta (pág. 22) • Las Directrices para EIA deben incluir las especies no autóctonas (pág. 18)	1.3	CPA / Partes	Las Partes deben realizar trabajos preparatorios relevantes a los debates sobre el desarrollo de vigilancia de respuesta ante las ENA. En la planificación y realización de sus actividades, las Partes deben considerar la implementación de las directrices incluidas en el Manual sobre ENA revisado	Comenzar un trabajo intersesional para desarrollar una estrategia de vigilancia y respuesta ante la introducción de especies no autóctonas, lo que incluiría la identificación de hábitats y biorregiones en mayor riesgo. Considerar las iniciativas de educación en torno al riesgo que presentan las especies no autóctonas	TI	Recibir un informe del TI y tomar medidas en conformidad							Garantizar que las implicaciones del cambio climático se consideren de manera suficiente y se incorporen en forma apropiada en las directrices específicas sobre la reducción de especies no autóctonas durante la descarga de aguas residuales. Garantizar que las implicaciones del cambio climático se consideren de manera suficiente y que se incorporen en forma apropiada en la revisión del manual sobre ENA
	• Mayor comprensión de los riesgos asociados al traslado de especies terrestres autóctonas		b. Revisar las directrices de la OMI sobre corrosión biológica para comprobar si son adecuadas en el contexto del Océano Austral y de las embarcaciones que se desplazan entre las regiones	2.6	Partes interesadas, Expertos y Observadores				Garantizar que las implicaciones del cambio climático se consideren de manera suficiente y que se aborden en forma apropiada en los debates relativos a la corrosión biológica de conformidad con el plan de trabajo quinquenal del CPA.						
	• Evaluación y trazado cartográfico de hábitats antárticos. Evaluación de riesgos de introducción en riesgo de invasión	Gestión/in-vestigación	c. Llevar a cabo una evaluación de los riesgos: identificación de las especies autóctonas en riesgo de traslado por la transferencia intracontinental, lo que incluye la elaboración de mapas o descripciones regionales de hábitats en riesgo de invasión	1.2	CPA, Partes interesadas, Expertos y Observadores	TI	Recibir un informe del TI y tomar medidas en conformidad	TI							
	• Técnicas de erradicación y control		d. Llevar a cabo una evaluación de riesgo: identificación de hábitats marinos en riesgo de invasión y vías de introducción	1.8	CPA, Partes interesadas, Expertos y Observadores					Las Partes deben realizar trabajo preparatorio antes de los debates sobre los riesgos de introducción de especies marinas no autóctonas.	Comenzar los trabajos intersesionales para evaluar los riesgos de introducción de especies marinas no autóctonas.	TI	Recibir un informe del TI y tomar medidas en conformidad.	TI	
			e. Avanzar en las acciones identificadas como "Respuesta" en el manual de especies no autóctonas (págs. 22-23)	1.6	PAN, SCAR				Garantizar que las implicaciones del cambio climático se consideren de manera suficiente y se incorporen en forma apropiada a la estrategia de respuesta a la introducción de especies no autóctonas.						
	• Programa de vigilancia permanente para identificar el estado de las especies no autóctonas a la luz del cambio climático	Seguimiento	f. Implementar un programa de seguimiento marino y terrestre de acuerdo con la estrategia de vigilancia establecida (parte a) una vez elaborado	1.9	PAN, SCAR	Las Partes deben identificar los actuales proyectos de seguimiento, y presentar esa información a la Reunión del CPA de 2017	Consideración de la información proporcionada por las Partes (véase 1a supra)				Los miembros deberán informar sobre las medidas que se tomen para la implementación de acciones de vigilancia y respuesta		Los miembros deberán informar sobre las medidas que se tomen para la implementación de acciones de vigilancia y respuesta		Los miembros deberán informar sobre las medidas que se tomen para la implementación de acciones de vigilancia y respuesta

Asuntos relacionados con el clima	Deficiencias/ Necesidades	Área de respuesta	Medida/Tarea	Prioridad	Actor	IP	CPA 2017	IP	CPA 2018	IP	CPA 2019	IP	CPA 2020	IP	CPA 2021
2) Cambios en el medioambiente biótico y no biótico terrestre (incluido acuático) debido al cambio climático	Comprender la manera en cual la biota terrestre y de agua dulce responderá al cambio climático y los impactos asociados a esto • Comprender la manera en que cambiará el ambiente terrestre no biótico y los impactos de estos cambios	Investigación	a. Apoyar y llevar a cabo investigaciones con el fin lograr una mayor comprensión de los cambios actuales y futuros, e informar sobre las respuestas frente a ellos	1.9	PAN; SCAR	El SCAR debe integrar las principales iniciativas actuales de investigación con relevancia para el cambio medioambiental terrestre y de agua dulce.	En curso. Se deberán proporcionar informes de actualizaciones, inclusive a través del Portal.		En curso. Se deberán proporcionar informes de actualizaciones, inclusive a través del Portal.		En curso. Se deberán proporcionar informes de actualizaciones, inclusive a través del Portal.		En curso. Se deberán proporcionar informes de actualizaciones, inclusive a través del Portal.		
			b. Respaldo y seguimiento en el largo plazo del cambio, lo que incluye esfuerzos colaborativos (por ejemplo, ANTOS).	1.8	PAN; SCAR	El SCAR debe entregar asesoramiento al CPA sobre la relevancia de las conclusiones y resultados del sistema ANTOS para los intereses de gestión del CPA.	Considerar asuntos relativos al acceso a los datos por parte del CPA.		Considerar las lagunas evidentes que existen en la red de vigilancia y alentar su dilucidación en los casos en que existan tales lagunas						
			c. Continuar elaborando herramientas biogeográficas (EDA y RBCA) para proporcionar una base confiable para informar sobre la protección y gestión de zonas de la Antártida a escala regional y continental a la luz del cambio climático, lo que incluye identificar la necesidad de reservar zonas de referencia para futuras investigaciones e identificar zonas con capacidad de adaptación al cambio climático	2.1	Iniciado por las Partes interesadas y el CPA		Las Partes deben entregar informes actualizados sobre iniciativas de investigación y gestión para la aplicación de las herramientas biogeográficas.		Planificación de un taller conjunto del SCAR y el CPA sobre biogeografía antártica, lo que incluye: identificar situaciones de aplicación práctica de las herramientas biogeográficas y necesidades de investigación futuras	Taller conjunto del SCAR y el CPA sobre biogeografía antártica	Consideración del taller conjunto del SCAR y el CPA sobre biogeografía antártica				
			d. Identificar y priorizar las regiones biogeográficas de la Antártida más vulnerables al cambio climático	1.6	Iniciado por las Partes interesadas y el CPA		Las Partes entregan actualizaciones sobre la investigación realizada o prevista para la identificación de regiones biogeográficas vulnerables al cambio climático.								
		Gestión	e. Examinar y modificar, cuando sea necesario, las herramientas de gestión con el fin de considerar si proporcionan la mejor medida práctica de adaptación para las zonas en riesgo debido al cambio climático	1.9	CPA	Trabajo del GSPG relativo a ZAEA. Iniciar los trabajos de elaboración de directrices o criterios para revocar la designación de zonas protegidas debido a, entre otros, el cambio climático							Las Partes deben proporcionar información sobre sus experiencias en la implementación de las consideraciones sobre el clima en el proceso de EIA.		
			f. Examen integral de la red de Zonas protegidas y el proceso para la designación de tales zonas a fin de asegurar que tengan en cuenta los impactos del cambio climático y consideren cómo se podría responder ante ellos.	1.8	CPA	El trabajo del GSPG relativo a las Directrices para ZAEA (v. Plan de trabajo del GSPG) debería incorporar de manera adecuada las implicancias del cambio climático.			Planificar un taller internacional en torno a una revisión del sistema de zonas protegidas	Talleres	Revisión de los resultados del Taller sobre Zonas Protegidas.				
			g. Comenzar acciones con el objetivo de proteger las zonas representativas de cada región biogeográfica y las zonas con probabilidad de proporcionar refugio a las especies y los ecosistemas en riesgo	2.3	CPA				Proporcionar a la RCTA un informe de estado sobre el estado de la red de Zonas antárticas protegidas						

201

Asuntos relacionados con el clima	Deficiencias/ Necesidades	Área de respuesta	Medida/Tarea	Prioridad	Actor	IP	CPA 2017	IP	CPA 2018	IP	CPA 2019	IP	CPA 2020	IP	CPA 2021
3) Cambio a un ambiente biótico y abiótico marino y litoral litoral (sin incluir la acidificación oceánica)	• Comprender y limitar la capacidad de pronosticar los cambios marinos litorales y los impactos producidos por esos cambios. • Profundizar la comprensión de los datos de seguimiento que se requerirán para evaluar los cambios generados por el clima en el medio marino	Investigación	a. Alentar la investigación por parte de los programas nacionales y del SCAR, y procurar actualizaciones sobre el estado de los conocimientos del SCAR sobre los impactos climáticos en la biota marina;	2.0	PAN, SCAR	El SCAR debe integrar las principales iniciativas de investigación con relevancia para el cambio del medio marino.	En curso. Se deberán proporcionar informes de actualización, inclusive a través del Portal.		En curso. Se deberán proporcionar informes de actualización, inclusive a través del Portal.		En curso. Se deberán proporcionar informes de actualización, inclusive a través del Portal.		En curso. Se deberán proporcionar informes de actualización, inclusive a través del Portal.		
			b. Respaldar y realizar un trabajo colaborativo de seguimiento del cambio en el largo plazo (por ejemplo, SOOS, ANTOS) y procurar informes regulares sobre el estado actual de los conocimientos a partir de dichos programas	2.0	PAN, SCAR	El SCAR debe integrar una visión de conjunto sobre la forma en que los actuales programas de investigación (tales como el SOOS y ANTOS) pueden contribuir a los informes de gestión del CPA. El Presidente del CPA debe comunicarse por escrito con los Comités Directivos de los programas de investigación internacionales relevantes (por ejemplo, el CED) para solicitar informes de actualización regulares.	En curso. Se deberán proporcionar informes de actualización, inclusive a través del Portal.		En curso. Se deberán proporcionar informes de actualización, inclusive a través del Portal.		En curso. Se deberán proporcionar informes de actualización, inclusive a través del Portal.		En curso. Se deberán proporcionar informes de actualización, inclusive a través del Portal.		
		Gestión	c. Examinar y modificar, según sea necesario, las herramientas de gestión con el fin de considerar si proporcionan la mejor práctica de adaptación para las especies o áreas en riesgo debido al cambio climático en la acidificación del océano	2.0	CPA										
			d. Continuar el trabajo en conjunto con la CCRVMA para identificar el proceso auditar para definir áreas de referencia para futuras investigaciones	2.5	CPA, SCAR, CC-CRVMA										
			e. Mantener un diálogo (o intercambio de información) regular entre la Comisión de Cambio Climático y el Océano Austral con el SC-CAMLR, particularmente sobre las medidas que se adoptan	1.5	CPA, CCRVMA										Llevar a cabo un taller, como se indica en el plan de trabajo quinquenal del CPA

Asuntos relacionados con el clima	Deficiencias/ Necesidades	Área de respuesta	Medida/Tarea	Prioridad	Actor	IP	CPA 2017	IP	CPA 2018	IP	CPA 2019	IP	CPA 2020	IP	CPA 2021
4) Cambio del ecosistema debido a la acidificación oceánica	• Comprender el impacto de la acidificación oceánica y a los ecosistemas marinos	Investigación	a. Según sea necesario, alentar la continuación de la investigación y evaluación del impacto de la acidificación oceánica informada por el SCAR	1.9	PAN, SCAR		En curso. Se deberán proporcionar informes de actualización, inclusive a través del Portal.		En curso. Se deberán proporcionar informes de actualización, inclusive a través del Portal.		En curso. Se deberán proporcionar informes de actualización, inclusive a través del Portal.		En curso. Se deberán proporcionar informes de actualización, inclusive a través del Portal.		
		Gestión	b. Tener en consideración el próximo informe del SCAR sobre acidificación oceánica y actuar en consecuencia (entendiendo que probablemente sea más idóneo que la RCTA promueva algunas de las medidas)	1.6	CPA, CCRVMA	Informe del SCAR sobre acidificación oceánica publicado en agosto de 2016.	Examen preliminar del informe de SCAR								
			c. Examinar y modificar, según sea necesario, las actuales herramientas de gestión con el fin de considerar si proporcionan la mejor medida práctica de adaptación para las especies o zonas geográficas en riesgo debido a la acidificación de los océanos	2.4	CPA, CCRVMA										
5) Impacto del cambio climático en el entorno construido (antropogénico) que tenga como resultado impactos sobre los valores naturales y patrimoniales	• Comprender la manera en que el medioambiente terrestre no biótico sufrirá cambios y la forma en que esto tendrá un impacto sobre los valores ambientales o patrimoniales • Comprender los efectos del cambio climático sobre los sitios contaminados y sus implicaciones sobre las especies y ecosistemas (por ejemplo, si el cambio climático aumentará la movilización de contaminantes, y comprender la forma en que dichas especies o ecosistemas responderán a dicha exposición) • Determinar cuáles intervenciones de conservación o remediación podrían aplicarse para contrarrestar dichos impactos	Investigación	a. Los operadores nacionales deben evaluar el riesgo del cambio del clima (por ejemplo, el permafrost) sobre su infraestructura y las consecuencias para el medioambiente	3.0	PAN, COMNAP				Alentar al COMNAP para que evalúe el riesgo del cambio climático para la infraestructura de los PAN				Recibir un informe del COMNAP y tomar medidas en conformidad	
			b. Determinar el riesgo de las alteraciones producidas por el cambio climático en los SMH o ZAEP patrimoniales	2.9	Proponentes y Partes interesadas								Iniciar una evaluación de riesgo para los SMH	
			c. Identificar y especificar necesidades de investigación, y comunicarlas a la comunidad investigadora	3.3	CPA									
		Gestión	d. Actualizar las directrices sobre EIA de modo que incorporen los efectos del cambio climático, por ejemplo, mediante la garantía de que las instalaciones a largo plazo propuestas sean adecuadamente resistentes y que no afectarán las especies ni los hábitats en riesgo.	1.9	CPA		Garantizar que las modificaciones aplicables al Manual de limpieza en el plan de trabajo que hace referencia se hace referencia (quinquenal) consideren las implicaciones del cambio climático								
			e. Continuar el desarrollo del Manual de limpieza (v. Resolución 2 (2013))	2.0	CPA		Los miembros deberán proporcionar dentro de un informe de los sitios en los sitios sobre las actividades anteriores (que aún no han sido limpiados o remediados) con mayor probabilidad de resultar más afectados por el cambio climático, a fin de dar prioridad a los trabajos en estos.								
			f. Alentar a las programas nacionales a que evalúen cuáles sitios de sus actividades anteriores (que aún no han sido limpiados o remediados) con mayor probabilidad de resultar más afectados por el cambio climático, e informar sobre sus planes para limpiar o remediar dichos sitios	2.3	PAN		En curso		En curso		En curso		En curso		

203

Asuntos relacionados con el clima	Deficiencias/ Necesidades	Área de respuesta	Medida/Tarea	Prioridad	Actor	IP	CPA 2017	IP	CPA 2018	IP	CPA 2019	IP	CPA 2020	IP	CPA 2021
6) Especies marinas y terrestres en riesgo debido al cambio climático	• Comprender el estado, las tendencias, la vulnerabilidad y la distribución de las poblaciones de especies antárticas claves. • Aumentar la comprensión de los efectos del clima sobre las especies en riesgo, lo que incluye los umbrales críticos que, de ser sobrepasados, provocarían impactos irreversibles. Establecer un marco de seguimiento para garantizar la identificación de los efectos en las especies claves. Comprender la relación entre las especies y los impactos del cambio climático en ubicaciones o zonas importantes	Investiga- ción	a. Alentar la investigación por parte de los programas nacionales, el SCAR y el SC-CCAMLR, por ejemplo, a través de programas como AntECs y AntERA, y el Programa de Seguimiento del Ecosistema de la CCRVMA (CEMP)	1.6	PAN, SCAR, SC-CCAMLR	El SCAR debe integrar una visión de conjunto de la forma en que los actuales programas de investigación (tales como AntERA y AntE-CO) pueden contribuir a los intereses de gestión del CPA.										
		Gestión	b. Considerar la posibilidad y la forma de aplicar los criterios de la Lista Roja de la UICN a escala regional en la Antártida en el contexto del cambio climático	2.4	SCAR		Facilitar la creación de un programa de trabajo con el SCAR, el SC-CCAMLR, el ACAP y la UICN con el propósito de proporcionar informes regulares de actualización del estado de las especies antárticas		Facilitar la creación de un programa de trabajo con el SCAR, el SC-CCAMLR, el ACAP y la UICN con el propósito de: 1. Continuar la evaluación de las especies antárticas que aún no han sido evaluadas 2. Desarrollar una metodología para aplicar los criterios de la Lista Roja a escala regional en la Antártida						
			c. Comenzar un programa permanente de evaluaciones de estado de las especies antárticas, que se concentre especialmente en las especies que aún no han sido evaluadas en la Lista Roja de la UICN	1.7	CPA, SCAR, ACAP		Véase ña supra									
			d. Examinar y modificar, según sea necesario, las herramientas de gestión con el fin de considerar si proporcionan la mejor medida práctica de mitigación para las especies o es riesgo debido al cambio climático	1.6	Consid. por el CPA y la CCRVMA		Véase ña supra									
			e. En caso necesario, elaborar medidas de gestión para mantener o mejorar el estado de conservación de las especies amenazadas por el cambio, por ejemplo, a través de planes de acción para las especies especialmente protegidas.	2.0	Consid. por el CPA, SCAR, CCRVMA		En curso		En curso		En curso		Proporcionar a la RCTA un informe de actualización sobre el estado, las tendencias y la vulnerabilidad de las especies antárticas		

204

Asuntos relacionados con el clima	Deficiencias/ Necesidades	Área de respuesta	Medida/Tarea	Prioridad	Actor	IP	CPA 2017	IP	CPA 2018	IP	CPA 2019	IP	CPA 2020	IP	CPA 2021
7) Hábitats marinos, terrestres y de agua dulce en riesgo debido al cambio climático	• Comprender el estado, las tendencias, la vulnerabilidad y la distribución de los hábitats • Mayor comprensión de los efectos del cambio climático en el hábitat, por ejemplo, la extensión y duración del hielo marino, la cobertura de nieve, la humedad del suelo, el microclima, los flujos de deshielo cambiantes y sus consecuencias para los sistemas lacustres • Mayor comprensión del potencial de expansión de la presencia humana en la Antártida a consecuencia de los cambios causados por el cambio climático (por ejemplo, cambios en la distribución del hielo marino, colapso de plataformas de hielo, o la expansión de zonas libres de hielo).	Investigación	a. Alentar la investigación por parte de los programas nacionales, el SCAR y el SC-CCAMLR	2.4	PAN, SCAR, SC-CCAMLR		En curso. Deben entregarse informes de actualización, incluso a través del Portal		En curso. Deben entregarse informes de actualización, incluso a través del Portal		En curso. Deben entregarse informes de actualización, incluso a través del Portal		En curso. Deben entregarse informes de actualización, incluso a través del Portal		
		Gestión	b. Examinar y modificar, según sea necesario, las herramientas de gestión con el fin de considerar si proporcionan la mejor medida práctica de adaptación para los hábitats en riesgo de experimentar el cambio climático.	2.3	Consid. por el CPA y la CCRVMA.											

*   TI = Trabajo intersesional (tentativamente, un GCI, un taller, un grupo de miembros interesados, etc).

**   Taller

***   Teniendo en cuenta la importancia de la consideración por parte de la CCRVMA de los temas relacionados con el cambio climático en el Océano Austral

****   Incluso en el contexto del taller conjunto propuesto (parte 3e)

*****   Cabe señalar que los criterios de la UICN cubren muchos aspectos además del cambio climático, y no identifican necesariamente los efectos debidos únicamente al cambio climático. Los beneficios de utilizar los criterios de la UICN en nuestra respuesta al cambio climático serán evaluados antes de su uso.

Apéndice 3

Programa preliminar de la XX Reunión del CPA

1. Apertura de la Reunión
2. Aprobación del programa
3. Deliberaciones estratégicas sobre el trabajo futuro del CPA
4. Funcionamiento del CPA
5. Cooperación con otras organizaciones
6. Reparación y remediación del daño al medioambiente
7. Implicaciones del cambio climático para el medio ambiente
    a. Enfoque estratégico
    b. Implementación y examen del Programa de trabajo de respuesta al cambio climático
8. Evaluación del Impacto Ambiental (EIA)
    a. Proyectos de evaluación medioambiental global
    b. Otros temas relacionados con la evaluación del impacto ambiental
9. Protección de zonas y planes de gestión
    a. Planes de gestión
    b. Sitios y monumentos históricos
    c. Directrices para sitios
    e. Protección y gestión del espacio marino
    f. Otros asuntos relacionados con el Anexo V
10. Conservación de la flora y fauna antárticas
    a. Cuarentena y especies no autóctonas
    b. Especies especialmente protegidas
    c. Otros asuntos relacionados con el Anexo II
11. Vigilancia ambiental e informes
12. Informes sobre inspecciones
13. Asuntos generales
14. Elección de autoridades
15. Preparativos para la próxima Reunión
16. Aprobación del Informe
17. Clausura de la Reunión

3. Apéndices

Declaración de Santiago en ocasión del 25° Aniversario de la firma del Protocolo al Tratado Antártico sobre Protección del Medio Ambiente.

Las Partes Consultivas del Tratado Antártico, reunidas en Santiago de Chile, en mayo de 2016, en ocasión del 25° Aniversario de la firma del Protocolo al Tratado Antártico sobre Protección del Medio Ambiente (el Protocolo Ambiental) en 1991,

Recordando la Declaración Ministerial de Washington, en ocasión de la XXXII RCTA de 2009, sobre el Quincuagésimo Aniversario de la firma del Tratado Antártico,

Recordando además la Declaración sobre Cooperación Antártica de 2011 en ocasión del Quincuagésimo Aniversario de la entrada en vigor del Tratado Antártico,

Reconociendo la importancia del Protocolo Ambiental que se firmó en Madrid el 4 de octubre de 1991 en el marco del Sistema del Tratado Antártico,

Recordando el compromiso contraído por las Partes Consultivas respecto a la protección global del medioambiente antártico y sus ecosistemas dependientes y asociados, y la designación de la Antártida como reserva natural consagrada a la paz y a la ciencia,

Reafirmando que la protección global del medioambiente antártico y sus ecosistemas dependientes y asociados se realiza en beneficio de la ciencia y de la humanidad en su conjunto,

Recordando la responsabilidad de las Partes Consultivas del Tratado Antártico en garantizar que todas las actividades que se llevan a cabo en la Antártida se realicen de manera congruente con el Sistema del Tratado Antártico,

Recordando además que la protección global del medioambiente antártico y sus ecosistemas dependientes y asociados es una consideración fundamental al momento de planificar actividades e investigación científica en la zona del Tratado Antártico,

Determinadas a garantizar la plena implementación de los principios y disposiciones del Protocolo y de sus Anexos para respaldar la protección global del medioambiente antártico y sus ecosistemas dependientes y asociados,

Con profunda preocupación por los efectos del cambio medioambiental mundial, y en particular el cambio climático, para el medioambiente antártico y sus ecosistemas dependientes y asociados,

Convencidas de que la cooperación internacional es fundamental para estudiar con eficacia los cambios medioambientales en todo el mundo, y de que el Sistema del Tratado Antártico ofrece el marco necesario para mejorar esta cooperación,

Conscientes de la necesidad de garantizar que toda la actividad humana que se realice en la Antártida se lleve a cabo de manera tal que fomente la protección sostenida del medioambiente antártico, y que se eviten o reduzcan a un mínimo los impactos,

Reafirmando la importancia de aprovechar el mejor asesoramiento científico y técnico disponible en la gestión de las actividades que se realizan en la Antártida, y la protección global del medioambiente antártico y sus ecosistemas dependientes y asociados,

Reconociendo la importancia del Comité para la Protección del Medio Ambiente como órgano de asesoramiento para la Reunión Consultiva del Tratado Antártico en relación con la implementación del Protocolo Ambiental,

Mediante la presente Declaración:

1. Reafirman su compromiso firme e incondicional con los objetivos y propósitos del Tratado Antártico y su Protocolo Ambiental;

2. Se comprometen a redoblar sus esfuerzos por preservar y proteger los medioambientes antárticos terrestres y marinos, teniendo presente la designación de la Antártida como una reserva natural consagrada a la paz y a la ciencia;

3. Reafirman, en particular, su firme y claro compromiso con los Artículos 6 y 7 del Protocolo Ambiental, que establecen, respectivamente, los principios de Cooperación en la planificación y realización de actividades en la zona del Tratado Antártico, y la prohibición de toda actividad relativa a los recursos minerales antárticos con fines distintos a la investigación científica;

4. Se comprometen a realizar todos los esfuerzos necesarios para lograr la entrada en vigor del Anexo VI del Protocolo de Protección del Medioambiente sobre Responsabilidad derivada de emergencias ambientales, como un paso crucial en la implementación de los Artículos 15 y 16 del Protocolo Ambiental;

5. Celebran el aumento de las Partes del Protocolo Ambiental a treinta y siete Partes al momento de la redacción de la presente Declaración, y alientan la adhesión de los demás Estados que están comprometidos con los objetivos y propósitos del Protocolo;

6. Se comprometen a garantizar que las actuales y futuras actividades turísticas y no gubernamentales se gestionen con eficacia, lo que incluye abordar las dificultades y los impactos que se derivan del posible aumento y diversificación de dichas actividades, teniendo presentes las disposiciones del Sistema del Tratado Antártico, y en particular aquellas contenidas en el Protocolo Ambiental;

7. Reafirman su intención de trabajar en conjunto para comprender de mejor manera los cambios en el clima antártico y de buscar de manera activa las formas de hacer frente a los efectos del cambio climático sobre el medioambiente antártico y sus ecosistemas dependientes y asociados;

8. Renuevan su compromiso de promover programas de cooperación con valor científico, técnico y educativo, incluidas las actividades diseñadas para proteger el medioambiente

antártico y sus ecosistemas dependientes y asociados; y para facilitar la puesta en común de los recursos e infraestructura antárticos en apoyo de los proyectos científicos colaborativos cuando sea posible y factible;

9. Reafirman su compromiso de mantenerse atentas y tomar medidas de manera oportuna y eficaz para hacer frente a los futuros problemas medioambientales de la Antártida.

Aprobada en Santiago de Chile, el 30 de mayo de 2016.

Programa preliminar de la XL RCTA, Grupos de trabajo y asignación de temas

Sesión plenaria

1. Apertura de la Reunión

2. Elección de autoridades y creación de grupos de trabajo

3. Aprobación del Programa, asignación de temas del programa a los grupos de trabajo y consideración del Plan de trabajo estratégico plurianual

4. Funcionamiento del Sistema del Tratado Antártico: Informes de las Partes, Observadores y Expertos

5. Informe del Comité para la Protección del Medio Ambiente

Grupo de Trabajo 1: (*Asuntos jurídicos e institucionales y relativos a políticas*)

6. Funcionamiento del Sistema del Tratado Antártico: Asuntos generales

7. Funcionamiento del Sistema del Tratado Antártico: Asuntos relacionados con la Secretaría

8. Responsabilidad

9. Prospección biológica en la Antártida

10. Intercambio de información

11. Asuntos educacionales

12. Plan de trabajo estratégico plurianual

Grupo de Trabajo 2: (*Ciencias, Operaciones, Turismo*)

13. Seguridad de las operaciones en la Antártida

14. Inspecciones realizadas en virtud del Tratado Antártico y el Protocolo sobre Protección del Medio Ambiente

15. Asuntos científicos, cooperación y facilitación científica

16. Implicaciones del cambio climático para la gestión del Área del Tratado Antártico

17. Turismo y actividades no gubernamentales en la Zona del Tratado Antártico, incluidos asuntos relativos a las autoridades competentes

Sesión plenaria

18. Nombramiento del Secretario Ejecutivo

19. Preparativos para la XLI Reunión

20. Otros asuntos

21. Aprobación del Informe Final

22. Clausura de la Reunión

Comunicado del país anfitrión

La XXXIX Reunión Consultiva del Tratado Antártico (RCTA) se llevó a cabo en Santiago, Chile, entre el 23 de mayo y el 1 de junio de 2016. La Reunión fue presidida por el Embajador Alfredo Labbé (Chile). La XIX Reunión del Comité para la Protección del Medio Ambiente (CPA) se llevó a cabo entre el 23 y el 27 de mayo, y fue presidida por Ewan McIvor (Australia). Las reuniones fueron organizadas por el Ministerio de Relaciones Exteriores de Chile.

Asistieron a la Reunión más de 340 participantes, que incluyeron las delegaciones de las Partes del Tratado Antártico y a Expertos, Representantes de la sociedad civil y a Observadores internacionales. La Reunión fue inaugurada por el Ministro de Relaciones Exteriores de Chile, M. Heraldo Muñoz.

Durante la Reunión del CPA se debatieron los siguientes temas: el intercambio de información sobre asuntos medioambientales, las implicaciones del cambio climático para el medioambiente antártico, protección de zonas y planes de gestión, conservación de la fauna y flora antárticas, y las evaluaciones de impacto ambiental. En la Reunión del CPA se consideró también el Informe del Taller realizado conjuntamente por el Comité sobre la Protección del Medio Ambiente y el Comité Científico de la Convención sobre la Conservación de los Recursos Marinos Vivos Antárticos (SC-CAMLR), que se llevó a cabo en Punta Arenas, Chile, los días 19 y 20 de mayo.

Los debates de la RCTA se centraron en los siguientes asuntos: el fomento de la investigación científica y la consolidación de una cultura de colaboración internacional, la seguridad y las operaciones internacionales en la Antártida, las inspecciones antárticas, el turismo y las actividades no gubernamentales en la zona del Tratado Antártico, el intercambio de información entre las autoridades competentes, la gestión y protección de los sitios históricos, y asuntos generales relativos al funcionamiento del Tratado Antártico. Asimismo, se debatió extensamente sobre asuntos relacionados con la educación y la difusión.

Durante la Reunión también se organizó un Grupo de Trabajo Especial para conmemorar el 25° Aniversario de la firma del Protocolo al Tratado Antártico sobre Protección del Medio Ambiente, que inició sus sesiones con las palabras del Subsecretario de Relaciones Exteriores de Chile, Edgardo Riveros. Este Grupo de Trabajo se organizó en torno a la estructura de un Simposio en el que participaron 11 panelistas y se concibió para la celebración y el debate de los logros asociados a la función del Protocolo Ambiental como marco para el progreso de la protección del medioambiente en la Antártida, y centrado en garantizar que el Protocolo fuera un instrumento perdurable. En la Reunión, además, se aprobó una Resolución que reafirmó el compromiso de las Partes con respecto a la prohibición de la minería en virtud del Artículo 7 del Protocolo.

La RCTA aprobó la Declaración de Santiago sobre el 25° aniversario de la firma del Protocolo al Tratado Antártico sobre Protección del Medio Ambiente. La Declaración reitera el compromiso de las Partes Consultivas hacia la protección del medioambiente antártico y sus ecosistemas dependientes y asociados. La Declaración de Santiago se adjunta al presente comunicado.

Las Partes expresaron su gratitud al Gobierno de Chile, así como su aprecio por las excelentes instalaciones que facilitó para la Reunión.

La próxima RCTA se realizará en China, en 2017.

Conclusiones de la RCTA sobre Intercambio de información

1. En la reunión se consideró el Documento de trabajo WP 17, *Informe sobre el grupo de contacto intersesional creado para revisar los requisitos de intercambio de información.* Se le encomendó al GCI la revisión de los elementos de información cuyo intercambio se exige en la actualidad y la formulación de recomendaciones sobre si seguía siendo conveniente que las Partes intercambiaran información sobre estos temas; si algunos de estos debía modificarse, actualizarse, describirse de manera diferente, hacerse obligatorio (allí donde actualmente se definan como optativos), o eliminarse; la calendarización del intercambio de información sobre estos temas; y la forma en que cada tema se ajustaría de mejor manera a las categorías de información de pretemporada, anual, y permanente; y si la información se podría intercambiar mejor a través de otros mecanismos.

2. Australia observó que las discusiones llevadas adelante durante el período entre sesiones se habían centrado en los temas que habían quedado pendientes de la XXXVIII RCTA. El GCI había finalizado con éxito el tratamiento de estos temas pendientes.

3. También se consideró el asesoramiento del CPA sobre esos elementos de información de naturaleza ambiental.

4. Se señaló que en el debate del GCI se habían planteado diferentes temas que estaban fuera de la esfera de los términos de referencia del GCI, entre ellos, los siguientes:

- la conveniencia de determinar el uso que hacen las Partes de la información de intercambio;
- el grado de detalle de la información de intercambio, y la necesidad de dichos detalles;
- las variaciones en el grado de detalles proporcionados por las diferentes Partes;
- las distintas opciones disponibles para intercambiar información (por ejemplo, a través del sistema electrónico de intercambio de información, o de otras vías).

5. La RCTA tomó nota de esos temas y alentó a las Partes a considerar la manera en que podría hacerse que avancen, con vistas a lograr que se presenten propuestas relativas a estos temas en las reuniones futuras.

6. Se consideraron las recomendaciones del GCI, se convino en modificar los requisitos de intercambio de información en una serie de casos y se tomó nota de varios otros asuntos. Las conclusiones de la RCTA sobre los elementos de información considerados son los siguientes:

Información científica	Conclusión de la RCTA
Información científica: Planes para el futuro	La RCTA convino en modificar la calendarización de la presentación opcional de datos sobre planes a la perspectiva fin de que puedan ser presentados en todo momento, por ejemplo, cuando se completan o actualizan los planes locales.

Información sobre operaciones: expediciones nacionales	Conclusión de la RCTA
Información sobre operaciones: expediciones/estaciones nacionales	Frente a los temas que plantearon los participantes del GCI, la RCTA señaló el deseo de posibilitar la modificación de los elementos de información en las expediciones nacionales (categoría "estaciones"). La RCTA le solicitó al COMNAP consultar con sus miembros y asesorar sobre un conjunto apropiado de categorías para describir las estaciones e instalaciones a fin de facilitar el intercambio de información precisa. La RCTA señaló que no existía ningún elemento de información para indicar los datos de las instalaciones para la aeronavegación y reafirmó que era lo apropiado, dado que la Resolución 1 (2013) especificaba que las Partes debían facilitar la revisión del Manual de información sobre vuelos antárticos a cargo del COMNAP, el cual incluye información sobre las instalaciones asociadas a la aeronavegación.
Cohetes de investigación	La RCTA indicó que las modificaciones relativas al intercambio de información sobre lanzamientos de cohetes de investigación sean consideradas en el marco de discusiones más amplias, tanto en la RCTA como en el COMNAP, acerca de la gestión de seguridad aérea.
Información de búsqueda y salvamento: estaciones, buques y aeronaves	La RCTA señaló que no estaba suficientemente claro qué información debía intercambiarse ni qué formato de informes estaba contemplado para tal fin. Además, señaló que el COMNAP mantenía información y sistemas relativos a las tareas de búsqueda y salvamento La RCTA le solicitó al COMNAP que brindara asesoramiento acerca de si, en términos operativos, había necesidad de que las Partes intercambiaran información sobre búsqueda y salvamento mediante el sistema de intercambio de información. Asimismo, le solicitó al COMNAP que brindara asesoramiento acerca de si sería beneficioso hacer que la información sobre búsqueda y salvamento cuya conservación estaba a cargo del COMNAP esté a disposición del público enlazándola con el sitio web de la RCTA y de si existían cuestiones técnicas o de otra índole.

Información de operaciones: expediciones no gubernamentales	Conclusión de la RCTA
Expediciones no gubernamentales	La RCTA llegó a la conclusión de que la calendarización de la información sobre expediciones no gubernamentales debía modificarse para permitir que fuese presentada tan pronto como fuera posible una vez completados los proceso nacionales, siguiendo la calendarización pertinente que se describe a continuación: "tan pronto como sea posible, tras completar los procesos nacionales, de preferencia antes del 1 de octubre (fecha objetivo de la pretemporada), y en ningún caso después de la fecha de inicio de la actividad". La RCTA señaló el deseo de las Partes de proporcionar información sobre la implementación a nivel local de la Medida 4 (2004) a través del punto "legislación nacional pertinente", valiéndose de los elementos de información existentes en dicha sección.
Expediciones no gubernamentales: actividades de aeronavegación (sin requisitos en la actualidad)	La RCTA indicó que en la actualidad no existen requisitos para información sobre las actividades de aeronavegación no gubernamentales y decidió incluir una nueva categoría para dichas actividades que incluyera los siguientes elementos de información: nombre de operador, tipo de aeronave, cantidad de vuelos, período de vuelos, fecha de partida por vuelo, lugar de partida y de arribo por vuelo, ruta por vuelo, finalidad por vuelo y cantidad de pasajeros. A fin de mantener una uniformidad con otras categorías relativas a la información sobre expediciones no gubernamentales, debería exigirse esa información anualmente y durante la pretemporada.
Operaciones basadas en buques: Ubicación	La RCTA señaló que algunos participantes del GCI habían planteado temas sobre el hecho de que, en muchos casos, la información de pretemporada (sobre las áreas donde se realizarán las operaciones planificadas) era diferente de las actividades reales y preguntaron si era necesario proporcionar información detallada como parte del intercambio de información de pretemporada. Asimismo, alentó a las Partes interesadas a considerar este tema en mayor detalle, según corresponda, y a presentar propuestas en futuras reuniones.
Operaciones basadas en buques: Fecha	La RCTA decidió incluir un elemento de información, a saber: "duración de desembarco", para indicar los datos de las operaciones marítimas no gubernamentales en aquellos casos en que una actividad se lleve a cabo durante varios días en un mismo sitio, o que se visiten varios sitios en un mismo día.

7. Consideró el asesoramiento del CPA sobre los temas de intercambio de información relativos a cuestiones ambientales y convino en lo siguiente:

1. realizar la modificación de los temas relativos al intercambio de información sobre planes de contingencia para los derrames y otras emergencias de la siguiente manera:

    •   modificar la descripción del elemento a fin de agregar el siguiente texto subrayado: "derrames de aceite y otras emergencias medioambientales";

    •   agregar un elemento opcional para describir el "alcance/cobertura del plan (p. ej., derrame de aceite originado en barco, derrame de aceite originado en estación, incidente con productos químicos originado en estación, etc.)", en caso de que esa información no sea especificada en el título;

    •   conservar el elemento "enlace", pero hacerlo "opcional";

    •   eliminar el elemento "informe de implementación".

2. realizar la modificación de los elementos de intercambio de información sobre IEE y CEE de la siguiente manera:

    •   incluir un elemento de información opcional adicional para indicar el "período o duración de la actividad"; y

    •   modificar la calendarización de la entrega de información sobre IEE y CEE para alentar la entrega "tan pronto como finalicen los procesos nacionales, al tiempo que se mantiene la fecha límite para que las Partes presenten la información".

SEGUNDA PARTE

Medidas, Decisiones y Resoluciones

1. Medidas

Zona Antártica Especialmente Protegida n.° 116
(valle New College, playa Caughley, cabo Bird, isla de Ross): Plan de Gestión revisado

Los Representantes,

Recordando los Artículos 3, 5 y 6 del Anexo V al Protocolo al Tratado Antártico sobre Protección del Medio Ambiente, que establecen la designación de las Zonas Antárticas Especialmente Protegidas (ZAEP) y la aprobación de los Planes de Gestión para dichas Zonas;

Recordando

- la Recomendación XIII-8 (1985), que designó a la playa Caughley como Sitio de Especial Interés Científico ("SEIC") n.° 10 y anexó un Plan de gestión para el sitio;

- la Recomendación XIII-12 (1985), que designó al valle New College como Zona Especialmente Protegida ("ZEP") n.° 20;

- la Recomendación XVI-7 (1991), que extendió la fecha de expiración del SEIC n.° 10;

- la Resolución XVII-2 (1992), que anexó un Plan de Gestión para la ZEP 20;

- la Medida 1 (2000), que amplió la ZEP 20 para incorporar la playa Caughley, anexó un Plan de gestión revisado para la Zona y dispuso que, por consiguiente, el SEIC 10 dejaría de existir;

- la Decisión 1 (2002), que cambió el nombre y número de la ZEP 20 a ZAEP 116;

- las Medidas 1 (2006) y 2 (2011), que aprobaron los Planes de gestión revisados para la ZAEP 116;

Recordando que la Recomendación XVI-7 (1991) y la Medida 1 (2000) no han entrado en vigor, y que la Recomendación XVII-2 (1992) fue desplazada por la Medida 1 (2010);

Recordando que las Recomendaciones XIII-12 (1985) y XVI-7 (1991) fueron designadas como obsoletas por la Decisión 1 (2011);

Observando que el Comité para la Protección del Medio Ambiente refrendó un Plan de Gestión revisado para la ZAEP 116;

Deseando reemplazar el actual Plan de Gestión para la ZAEP 116 por el Plan de Gestión revisado;

Recomiendan a sus Gobiernos la siguiente Medida para su aprobación de conformidad con el párrafo 1 del Artículo 6 del Anexo V al Protocolo al Tratado Antártico sobre Protección del Medio Ambiente:

Que:

1. se apruebe el Plan de Gestión revisado para la Zona Antártica Especialmente Protegida n.° 116 (valle New College, playa Caughley, cabo Bird, isla de Ross), que se anexa a esta Medida; y

2. se revoque el Plan de Gestión de la Zona Antártica Especialmente Protegida n.° 116 anexo a la Medida 1 (2011).

Zona Antártica Especialmente Protegida n.° 120
(archipiélago punta Géologie, Tierra de Adelia): Plan de Gestión revisado

Los Representantes,

Recordando los Artículos 3, 5 y 6 del Anexo V al Protocolo al Tratado Antártico sobre Protección del Medio Ambiente, que establecen la designación de las Zonas Antárticas Especialmente Protegidas ("ZAEP") y la aprobación de los Planes de Gestión para dichas Zonas.

Recordando

- la Medida 3 (1995), que designó al archipiélago de punta Géologie como Zona Especialmente Protegida ("ZEP") n.° 24 y anexó un Plan de Gestión para la Zona;

- la Decisión 1 (2002), que cambió el nombre y número de la ZEP n.° 24 a ZAEP n.° 120;

- las Medidas 2 (2005) y 2 (2011), que aprobaron los Planes de Gestión revisados para la ZAEP n.° 120;

Recordando que la Medida 3 (1995) aún no entra en vigor y que fue desplazada por la Medida 2 (2011);

Observando que el Comité para la Protección del Medioambiente refrendó un Plan de Gestión revisado para la ZAEP n.° 120;

Deseando reemplazar el actual Plan de Gestión para la ZAEP n.° 120 por el Plan de Gestión revisado;

Recomiendan a sus Gobiernos la siguiente Medida para su aprobación de conformidad con el párrafo 1 del Artículo 6 del Anexo V al Protocolo al Tratado Antártico sobre Protección del Medio Ambiente:

Que:

1. se apruebe el Plan de Gestión revisado para la Zona Antártica Especialmente Protegida n.° 120 (archipiélago punta Géologie, Tierra de Adelia), que se anexa a esta Medida; y

2. se revoque el Plan de Gestión de la Zona Antártica Especialmente Protegida n.° 120 anexo a la Medida 2 (2011).

Zona Antártica Especialmente Protegida n.° 122
(Alturas de Arrival, península Hut Point, isla de Ross): Plan de Gestión revisado

Los Representantes,

Recordando los Artículos 3, 5 y 6 del Anexo V al Protocolo al Tratado Antártico sobre Protección del Medio Ambiente, que establecen la designación de las Zonas Antárticas Especialmente Protegidas ("ZAEP") y la aprobación de los planes de gestión para dichas Zonas;

Recordando

- la Recomendación VIII-4 (1975), que designó a las Alturas de Arrival (península Hut Point, isla de Ross) como Sitio de Especial Interés Científico (SEIC) n.° 2 y anexó un Plan de Gestión para el Sitio;

- las Recomendaciones X-6 (1979), XII-5 (1983), XIII-7 (1985), XIV-4 (1987), la Resolución 3 (1996) y la Medida 2 (2000), que extendieron la fecha de expiración del SEIC n.° 2;

- la Decisión 1 (2002), que cambió el nombre y número del SEIC a ZAEP n.° 122;

- las Medidas 2 (2004) y 3 (2011), que aprobaron los Planes de Gestión revisados para la ZAEP n.° 122;

Recordando que la Medida 2 (2000) fue desplazada por la Medida 5 (2009);

Recordando que las Recomendaciones VIII-4 (1975), X-6 (1979), XII-5 (1983), XIII-7 (1985), XIV-4 (1987) y la Resolución 3 (1996) fueron designadas como obsoletas por la Decisión 1 (2011);

Observando que el Comité para la Protección del Medio Ambiente refrendó un Plan de Gestión revisado para la ZAEP n.° 122;

Deseando reemplazar el actual Plan de Gestión para la ZAEP n.° 122 por el Plan de Gestión revisado;

Recomiendan a sus Gobiernos la siguiente Medida para su aprobación de conformidad con el párrafo 1 del Artículo 6 del Anexo V al Protocolo al Tratado Antártico sobre Protección del Medio Ambiente:

Que:

1. se apruebe el Plan de Gestión revisado para la Zona Antártica Especialmente Protegida n.° 122 (Alturas de Arrival, península Hut Point, isla de Ross), que se anexa a la presente Medida; y

2. se revoque el Plan de Gestión de la Zona Antártica Especialmente Protegida n.° 122 anexo a la Medida 3 (2011).

Zona Antártica Especialmente Protegida n.° 126
(península Byers, isla Livingston, islas Shetland del Sur): Plan de Gestión revisado

Los Representantes,

Recordando los Artículos 3, 5 y 6 del Anexo V al Protocolo al Tratado Antártico sobre Protección del Medio Ambiente, que establecen la designación de las Zonas Antárticas Especialmente Protegidas ("ZAEP") y la aprobación de los planes de gestión para dichas Zonas;

Recordando

- la Recomendación IV-10 (1966), que designó a la península Byers (isla Livingston, islas Shetland del Sur) como Zona Especialmente Protegida (ZEP) n.° 10;

- la Recomendación VIII-2 (1975), que rescindió la ZEP n.° 10 y la Recomendación VIII-4 (1975), que volvió a designar a la Zona como Sitio de Especial Interés Científico (SEIC) n.° 6 y anexó el primer Plan de Gestión para el Sitio;

- las Recomendaciones X-6 (1979), XII-5 (1983), XIII-7 (1985) y la Medida 3 (2001), que extienden la fecha de expiración del SEIC n.° 6;

- la Recomendación XVI-5 (1991), que aprobó un Plan de Gestión para el SEIC n.° 6;

- la Decisión 1 (2002), que cambia el nombre y número del SEIC n.° 6 a ZAEP n.° 126;

- las Medidas 1 (2002) y 4 (2011), que aprobaron los planes de gestión revisados para la ZAEP n.° 126;

Recordando que la Recomendación XVI-5 (1991) y la Medida 3 (2001) aún no entran en vigor y que fueron desplazadas por la Medida 4 (2011);

Recordando que las Recomendaciones VIII-2 (1975), X-6 (1979), XII-5 (1983), XIII-7 (1985) y XVI-5 (1991) fueron designadas como obsoletas por la Decisión 1 (2011);

Observando que el Comité para la Protección del Medio Ambiente refrendó un Plan de Gestión revisado para la ZAEP n.° 126;

Deseando reemplazar el actual Plan de Gestión para la ZAEP n.° 126 por el Plan de Gestión revisado;

Recomiendan a sus Gobiernos la siguiente Medida para su aprobación de conformidad con el párrafo 1 del Artículo 6 del Anexo V al Protocolo al Tratado Antártico sobre Protección del Medio Ambiente:

Que:

1. se apruebe el Plan de Gestión revisado para la Zona Antártica Especialmente Protegida n.° 126 (península Byers, isla Livingston, islas Shetland del Sur), que se anexa a esta Medida; y

2. se revoque el Plan de Gestión de la Zona Antártica Especialmente Protegida n.° 126 anexo a la Medida 4 (2011).

Zona Antártica Especialmente Protegida n.° 127
(isla Haswell): Plan de Gestión revisado

Los Representantes,

Recordando los Artículos 3, 5 y 6 del Anexo V al Protocolo al Tratado Antártico sobre Protección del Medio Ambiente, que establecen la designación de las Zonas Antárticas Especialmente Protegidas ("ZAEP") y la aprobación de los planes de gestión para dichas Zonas;

Recordando

- la Recomendación VIII-4 (1975), que designó a la isla Haswell como Sitio de Especial Interés Científico (SEIC) n.° 7 y anexó un Plan de Gestión para el Sitio;

- las Recomendaciones X-6 (1979), XII-5 (1983), XIII-7 (1985), XVI-7 (1987) y la Medida 3 (2001), que extendieron la fecha de expiración del SEIC n.° 7;

- la Decisión 1 (2002), que cambió el nombre y número del SEIC n.° 7 a ZAEP n.° 127;

- la Medida 4 (2005), que extendió la fecha de expiración del Plan de Gestión de la ZAEP n.° 127;

- las Medidas 1 (2006) y 5 (2011), que aprobaron los Planes de Gestión revisados para la ZAEP n.° 127;

Recordando que las Recomendaciones VIII-4 (1975), X-6 (1979), XII-5 (1983), XIII-7 (1985) y XVI-7 (1987) fueron designadas como obsoletas por la Decisión 1 (2011);

Observando que el Comité para la Protección del Medio Ambiente refrendó un Plan de Gestión revisado para la ZAEP n.° 127;

Deseando reemplazar el actual Plan de Gestión para la ZAEP n.° 127 por el Plan de Gestión revisado;

Recomiendan a sus Gobiernos la siguiente Medida para su aprobación de conformidad con el párrafo 1 del Artículo 6 del Anexo V al Protocolo al Tratado Antártico sobre Protección del Medio Ambiente::

Que:

1. se apruebe el Plan de Gestión revisado para la Zona Antártica Especialmente Protegida n.° 127 (isla Haswell), que se anexa a esta Medida; y

2. se revoque el Plan de Gestión de la Zona Antártica Especialmente Protegida n.° 127 anexo a la Medida 5 (2011).

Zona Antártica Especialmente Protegida n.° 131
(glaciar Canadá, lago Fryxell, valle Taylor, Tierra Victoria): Plan de Gestión revisado

Los Representantes,

Recordando los Artículos 3, 5 y 6 del Anexo V al Protocolo al Tratado Antártico sobre Protección del Medio Ambiente, que establecen la designación de las Zonas Antárticas Especialmente Protegidas ("ZAEP") y la aprobación de los Planes de Gestión para dichas Zonas.

Recordando

- la Recomendación XIII-8 (1985), que designa al glaciar Canadá (lago Fryxell, valle Taylor, Tierra Victoria) como Sitio de Especial Interés Científico (SEIC) n.° 12, y anexó a un Plan de Gestión para el Sitio;

- la Recomendación XVI-7 (1987), que extendió la fecha de expiración del SEIC n.° 12;

- la Medida 3 (1997), que aprobó un Plan de Gestión revisado para el SEIC n.° 12;

- la Decisión 1 (2002), que cambió el nombre y número del SEIC n.° 12 a ZAEP n.° 131;

- las Medidas 1 (2006) y 6 (2011), que aprobaron los Planes de Gestión revisados para la ZAEP n.° 131;

Recordando que la Medida 3 (1997) aún no entra en vigor y que fue desplazada por la Medida 6 (2011);

Recordando que la Recomendación XVI-7 (1987) aún no entra en vigor y fue designada como obsoleta por la Decisión 1 (2011);

Observando que el Comité para la Protección del Medioambiente refrendó un Plan de Gestión revisado para la ZAEP n.° 131;

Deseando reemplazar el actual Plan de Gestión para la ZAEP n.° 131 por el Plan de Gestión revisado;

Recomiendan a sus Gobiernos la siguiente Medida para su aprobación de conformidad con el párrafo 1 del Artículo 6 del Anexo V al Protocolo al Tratado Antártico sobre Protección del Medio Ambiente:

Que:

1. se apruebe el Plan de Gestión revisado para la Zona Antártica Especialmente Protegida n.° 131 (glaciar Canadá, lago Fryxell, valle Taylor, Tierra Victoria), que se anexa a esta Medida; y

2. se revoque el Plan de Gestión de la Zona Antártica Especialmente Protegida n.° 131 anexo a la Medida 6 (2011).

Zona Antártica Especialmente Protegida n.° 149
(cabo Shirreff e isla San Telmo, isla Livingston, islas Shetland del Sur): Plan de Gestión revisado

Los Representantes,

Recordando los Artículos 3, 5 y 6 del Anexo V al Protocolo al Tratado Antártico sobre Protección del Medio Ambiente, que establecen la designación de las Zonas Antárticas Especialmente Protegidas ("ZAEP") y la aprobación de los Planes de Gestión para dichas Zonas.

Recordando

- la Recomendación IV-11 (1966), que designó al cabo Shirreff (isla Livingston, islas Shetland del Sur) como Zona Especialmente Protegida (ZEP) n.° 11;

- la Recomendación XV-7 (1989), que rescindió la ZEP n.° 11, volvió a designar la zona como Sitio de Especial Interés Científico (SEIC) n.° 32 y anexó un Plan de Gestión para el Sitio;

- la Resolución 3 (1996) y la Medida 2 (2000), que extendieron la fecha de expiración del SEIC n.° 32;

- la Decisión 1 (2002), que cambió el nombre y número del SEIC n.° 32 a ZAEP n.° 149;

- las Medidas 2 (2005) y 7 (2011), que aprobaron los Planes de Gestión revisados para la ZAEP n.° 149;

Recordando que la Recomendación XV-7 (1989) y la Medida 2 (2000) aún no han entrado en vigor y que la Medida 2 (2000) fue desplazada por la Medida 5 (2009);

Recordando que la Recomendación XV-7 (1989) y la Resolución 3 (1996) fueron designadas como obsoletas por la Decisión 1 (2011);

Observando que el Comité para la Protección del Medio Ambiente refrendó un Plan de Gestión revisado para la ZAEP n.° 149;

Deseando reemplazar el actual Plan de Gestión para la ZAEP n.° 149 por el Plan de Gestión revisado.

Recomiendan a sus Gobiernos la siguiente Medida para su aprobación de conformidad con el párrafo 1 del Artículo 6 del Anexo V al Protocolo al Tratado Antártico sobre Protección del Medio Ambiente:

Que:

1. se apruebe el Plan de Gestión revisado para la Zona Antártica Especialmente Protegida n.° 149 (cabo Shirreff e isla San Telmo, isla Livingston, islas Shetland del Sur), que se anexa a esta Medida; y

2. se revoque el Plan de Gestión de la Zona Antártica Especialmente Protegida n.° 149 anexo a la Medida 7 (2011).

Zona Antártica Especialmente Protegida n.° 167
(isla Hawker, Tierra de la Princesa Isabel): Plan de Gestión revisado

Los Representantes,

Recordando los Artículos 3, 5 y 6 del Anexo V al Protocolo al Tratado Antártico sobre Protección del Medio Ambiente, que establecen la designación de las Zonas Antárticas Especialmente Protegidas ("ZAEP") y la aprobación de los Planes de Gestión para dichas Zonas;

Recordando

- la Medida 1 (2006), que designó a la isla Hawker (cerros Vestfold, costa Ingrid Christensen, Tierra de la Princesa Isabel, Antártida Oriental) como ZAEP n.° 167 y anexó un Plan de Gestión para la Zona;

- la Medida 9 (2011), que aprobó un Plan de Gestión revisado para la ZAEP n.° 167;

Observando que el Comité para la Protección del Medioambiente refrendó un Plan de Gestión revisado para la ZAEP n.° 167;

Deseando reemplazar el actual Plan de Gestión para la ZAEP n.° 167 por el Plan de Gestión revisado;

Recomiendan a sus Gobiernos la siguiente Medida para su aprobación de conformidad con el párrafo 1 del Artículo 6 del Anexo V al Protocolo al Tratado Antártico sobre Protección del Medio Ambiente:

Que:

1. se apruebe el Plan de Gestión revisado para la Zona Antártica Especialmente Protegida n.° 167 (isla Hawker, Tierra de la Princesa Isabel), que se anexa a esta Medida; y

2. se revoque el Plan de Gestión de la Zona Antártica Especialmente Protegida n.° 167 anexo a la Medida 9 (2011).

Lista revisada de Sitios y Monumentos Históricos Antárticos:

Incorporación de un poste de madera histórico al Sitio y Monumento Histórico n.° 60 (mojón Corbeta Uruguay), en la isla Marambio (Seymour), península Antártica

Los Representantes,

Recordando los requisitos del Artículo 8 del Anexo V del Protocolo al Tratado Antártico sobre Protección del Medio Ambiente de mantener una lista de los actuales Sitios y Monumentos Históricos (SMH), y que estos sitios no se deben dañar, retirar ni destruir.

Recordando

- la Recomendación XVII-3 (1992), que designó al SMH n.° 60, (mojón Corbeta Uruguay);

- la Medida 19 (2015), que revisó y actualizó la Lista de SMH.

Deseando modificar la descripción del SMH n.° 60.

Recomiendan a sus Gobiernos la siguiente Medida para su aprobación de conformidad con el Párrafo 2 del Artículo 8 del Anexo V al Protocolo al Tratado Antártico sobre Protección del Medio Ambiente:

Que:

1. la descripción del Sitio y Monumento Histórico n.° 60 (mojón Corbeta Uruguay) se modifique para que exprese lo siguiente:

   Poste de madera y mojón (I), y placa de madera y mojón (II), ambos ubicados en la Bahía Pingüino, en la costa sur de la Isla Marambio (Seymour), Archipiélago James Ross. Durante la Expedición Antártica Sueca liderada por el Dr. Otto Nordenskjöld, realizada en 1902, se realizó la instalación de un poste de madera y un mojón (I). Este mojón supo estar unido a un poste de madera de 4 metros de alto (que actualmente solo tiene 44 cm), cables de tensión y una bandera, y se instaló para señalar la ubicación de un depósito bien abastecido, compuesto de unas pocas cajas de madera, las cuales contenían alimentos, notas y cartas guardadas en botellas. El depósito estaba destinado a utilizarse en caso de que la Expedición Antártica Sueca se viera obligada a retroceder en su viaje al sur.

La placa de madera (II) fue instalada el 10 de noviembre de 1903 por la tripulación de una misión de rescate de la corbeta argentina Uruguay en el sitio donde se encontraron con los miembros de la expedición sueca liderada por el Dr. Otto Nordenskjöld. La placa de madera tiene la siguiente inscripción:

"10.XI.1903 Uruguay (Armada Argentina) en su viaje para brindar asistencia a la expedición antártica sueca".

En enero de 1990, Argentina levantó un mojón de piedras (II) en memoria de este evento, en el lugar donde se encuentra la placa.

Ubicación:

(I): 64° 17' 47,2" S, 56° 41'30,7" O

(II): 64° 16' S, 56° 39' O

Partes proponentes originales: Argentina y Suecia

Partes a cargo de la gestión: Argentina y Suecia

2. se anexe a esta Medida la Lista de Sitios y Monumentos Históricos revisada y actualizada.

Lista de Sitios y Monumentos Históricos revisada

N.º	Descripción	Ubicación	Designación/ Modificación
1.	Asta de bandera plantada en diciembre de 1965 en el Polo Sur geográfico por la primera expedición polar argentina por vía terrestre. Parte proponente original: Argentina Parte a cargo de la gestión: Argentina	90°S	Rec. VII-9
2.	Mojón de rocas y placas en la Estación Syowa para recordar a Shin Fukushima, miembro de la 4ª expedición japonesa de investigación antártica, quien muriera en octubre de 1960 en el ejercicio de sus funciones oficiales. El mojón fue erigido por sus colegas el 11 de enero de 1961. Parte de sus cenizas descansan en el mojón. Parte proponente original: Japón Parte a cargo de la gestión: Japón	69°00'S, 39°35'E	Rec. VII-9
3.	Mojón de rocas y placa en la Isla Proclamación, Tierra Enderby, erigidos en enero de 1930 por Sir Douglas Mawson. El mojón y la placa recuerdan el desembarque de Sir Douglas Mawson en Isla Proclamación en 1929-31 con un grupo formado a partir de las expediciones de investigación antártica de Gran Bretaña, Australia y Nueva Zelandia. Parte proponente original: Australia Parte a cargo de la gestión: Australia	65°51'S, 53°41'E	Rec. VII-9
4.	Edificio de la Estación del Polo de la Inaccesibilidad. Edificio de la estación sobre el cual se encuentra un busto de V.I. Lenin, junto con una placa en conmemoración de la conquista del Polo de la Inaccesibilidad por parte de los exploradores antárticos soviéticos en 1958. Desde 2007 el edificio de la estación está cubierto de nieve. El busto de Lenin se erige sobre un pedestal de madera montado en el techo del edificio a aproximadamente, 1,5 m. por encima de la superficie de nieve. Parte proponente original: Rusia Parte a cargo de la gestión: Rusia	82°06'42"S, 55°01'57"E	Rec. VII-9 Medida 11 (2012)

N.º	Descripción	Ubicación	Designación/ Modificación
5.	Mojón de rocas y placa en Cabo Bruce, Tierra de Mac. Robertson, erigida en febrero de 1931 por Sir Douglas Mawson. El mojón y la placa recuerdan el desembarque de Sir Douglas Mawson en Cabo Bruce en 1929-31 con un grupo formado a partir de las expediciones de investigación antártica de Gran Bretaña, Australia y Nueva Zelandia. Parte proponente original: Australia Parte a cargo de la gestión: Australia	67°25'S, 60°47'E	Rec. VII-9
6.	Pilar rocoso en Walkabout Rocks, Cerro Vestfold, Tierra de la Princesa Isabel, erigida en 1939 por Sir Hubert Wilkins. El pilar aloja un recipiente hermético que contiene un registro de su visita. Parte proponente original: Australia Parte a cargo de la gestión: Australia	68°22'S, 78°33'E	Rec. VII-9
7.	Piedra de Ivan Khmara. Piedra con una placa inscripta erigida en la isla Buromsky en conmemoración del conductor-mecánico Ivan Khmara, miembro de la primera expedición antártica de complejidad de la URSS (primera Expedición Antártica Soviética) quien falleció en el hielo firme en el desempeño de sus funciones el 21 de enero de 1956. Inicialmente, la piedra fue erigida en punta Mabus, observatorio Mirny. En 1974, durante la 19° Expedición Antártica Soviética, la piedra fue trasladada a la isla Buromsky debido a actividades de construcción. Parte proponente original: Rusia Parte a cargo de la gestión: Rusia	66°32'04"S, 92°59'57"E	Rec. VII-9 Medida 11 (2012)
8.	Monumento a Anatoly Shcheglov. Estela de metal con una placa en conmemoración de Anatoly Shcheglov, conductor-mecánico que falleció en el desempeño de sus funciones, erigida sobre un trineo en la ruta Mirny–Vostok, a 2 km de la estación Mirny. Parte proponente original: Rusia Parte a cargo de la gestión: Rusia	66° 34' 43"S, 92° 58'23"E	Rec. VII-9 Medida 11 (2012)
9.	Cementerio de la isla Buromsky. Cementerio en la isla Buromsky, próxima al observatorio Mirny, en el que se diera sepultura a ciudadanos de la URSS (Federación de Rusia), Checoslovaquia, Alemania Oriental y Suiza (miembros de las expediciones antárticas soviéticas y rusas) que fallecieron en el desempeño de sus funciones. Parte proponente original: Rusia Parte a cargo de la gestión: Rusia	66° 32' 04"S, 93° 00'E	Rec. VII-9 Medida 11 (2012)

N.º	Descripción	Ubicación	Designación/ Modificación
10.	Observatorio en Estación Soviética Oasis. Edificio del observatorio magnético en la estación Dobrowolsky (una parte de la ex estación soviética Oasis fue transferida a Polonia) en el cerro Bunger, con una placa en conmemoración de la inauguración de la estación Oasis en 1956. Parte proponente original: Rusia Parte a cargo de la gestión: Rusia	66° 16' 30"S, 100° 45' 03"E	Rec. VII-9 Medida 11 (2012)
11.	Tractor en Estación Vostok. Tractor pesado ATT 11 en la estación Vostok que participó en la primera travesía al Polo Geomagnético de la Tierra, con una placa que conmemora la inauguración de la estación en 1957. Parte proponente original: Rusia Parte a cargo de la gestión: Rusia	78° 27' 48" S, 106° 50' 06" E	Rec. VII-9 Medida 11 (2012)
12.	*Cruz y placa en cabo Denison, Tierra del Rey Jorge (eliminado de la lista de Sitios y Monumentos Históricos del Tratado Antártico. Fusionado con el SMH 13 para formar el SMH 77*		
13.	*Cabaña en cabo Denison, Tierra del Rey Jorge (eliminado de la lista de Sitios y Monumentos Históricos del Tratado Antártico. Fusionado con el SMH 13 para formar el SMH 77*		
14.	Sitio de la caverna de hielo de Isla Inexpresable, Bahía Terra Nova, construido en marzo de 1912 por el grupo norte de la Expedición antártica británica (1910-13), comandada por Victor Campbell. El grupo pasó el invierno de 1912 en esta cueva de hielo. Todavía quedan en el sitio un cartel de madera, una placa y huesos de foca. Parte proponente original: Nueva Zelandia Partes encargadas de la gestión: Nueva Zelandia /Italia/ Reino Unido	74°54'S, 163°43'E	Rec. VII-9 Medida 5 (1995)
15.	Cabaña ubicada en Cabo Royds, Isla Ross, construida en febrero de 1908 por la Expedición antártica británica de 1907-09, comandada por Sir Ernest Shackleton. Restaurada en enero de 1961 por la División antártica del departamento neozelandés de Investigaciones científicas e industriales. Sitio incorporado a la ZAEP 157 Partes proponentes originales: Nueva Zelandia /Reino Unido Partes encargadas de la gestión: Nueva Zelandia /Italia / Reino Unido	77°33'S, 166°10'E	Rec. VII-9

N.º	Descripción	Ubicación	Designación/ Modificación
16.	Cabaña de Cabo Evans, Isla Ross, construida en enero de 1911 por la expedición antártica británica de 1910-1913, comandada por el Capitán Robert F. Scott. Restaurada en enero de 1961 por la División antártica del departamento neozelandés de Investigaciones científicas e industriales. Sitio incorporado a la ZAEP 155 Partes proponentes originales: Nueva Zelandia /Reino Unido Partes encargadas de la gestión: Nueva Zelandia /Reino Unido	77°38'S, 166°24'E	Rec. VII-9
17.	Cruz en el Cerro Wind Vane, Cabo Evans, Isla Ross, erigido por el grupo del Mar de Ross comandado por el Capitán Aeneas Mackintosh, de la expedición transantártica imperial de Sir Ernest Shackleton de 1914-1916, para recordar a los 3 miembros de la tripulación que murieron en la zona en 1916. Sitio incorporado a la ZAEP 155 Partes proponentes originales: Nueva Zelandia /Reino Unido Partes encargadas de la gestión: Nueva Zelandia /Reino Unido	77°38'S, 166°24'E	Rec. VII-9
18.	Cabaña en Punta Hut, Isla Ross, construida en febrero de 1902 por la Expedición antártica británica de 1901-04, comandada por el Capitán Robert F. Scott. Fue parcialmente restaurada por la New Zealand Antarctic Society, con ayuda del gobierno norteamericano en enero de 1964. Sitio incorporado a la ZAEP 158 Partes proponentes originales: Nueva Zelandia/Reino Unido Partes encargadas de la gestión: Nueva Zelandia/Reino Unido	77°50'S, 166°37'E	Rec. VII-9
19.	Cruz en Punta Hut, Isla Ross, erigida en febrero de 1904 por la expedición antártica británica de 1901-1904, recordando a George Vince, miembro de la expedición, quien muriera en las cercanías. Partes proponentes originales: Nueva Zelandia/Reino Unido Partes encargadas de la gestión: Nueva Zelandia/Reino Unido	77°50'S, 166°37'E	Rec. VII-9
20.	Cruz en la Colina Observación, Isla Ross, erigida en enero de 1913 por la expedición antártica británica de 1910-1913, recordando el grupo del Capitán Robert F. Scott que muriera en el viaje de regreso del Polo sur en marzo 1912. Partes proponentes originales: Nueva Zelandia/Reino Unido Partes encargadas de la gestión: Nueva Zelandia/Reino Unido	77°51'S, 166°41'E	Rec. VII-9

N.º	Descripción	Ubicación	Designación/Modificación
21.	Restos de la cabaña de piedra de Cabo Crozier, Isla Ross, construida en julio de 1911 por el grupo de Edward Wilson de la expedición antártica británica (1910-1913) durante el viaje invernal realizado para recolectar huevos de pingüino emperador. Parte proponente original: Nueva Zelandia Partes encargadas de la gestión: Nueva Zelandia/Reino Unido	77°31'S, 169°22'E	Rec. VII-9
22.	Tres cabañas y reliquias históricas afines en Cabo Adare. Dos de ellas fueron construidas en febrero de 1899 durante la expedición antártica británica "Cruz del Sur", en 1898-1900, dirigida por Carsten E. Borchgrevink. La tercera fue construida en febrero de 1911 por los miembros del Grupo norte de Robert F. Scott, dirigidos por Victor L.A.Campbell. La cabaña construida por los miembros del Grupo norte de Scott se ha desmoronado en su casi totalidad, quedando en 2002 en pie solamente la galería. Sitio incorporado a la ZAEP 159. Partes proponentes originales: Nueva Zelandia/Reino Unido Partes encargadas de la gestión: Nueva Zelandia/Reino Unido	71°18'S, 170°12'E	Rec. VII-9
23.	Tumba en Cabo Adare, perteneciente al biólogo noruego Nicolai Hanson, miembro de la expedición antártica británica "Cruz del Sur", 1898-1900, dirigida por Carsten E. Borchgrevink. Hay una gran roca que marca la cabeza de la tumba, y esta misma está marcada por piedras de cuarzo blanco. Hay una cruz y una placa en la roca. Partes proponentes originales: Nueva Zelandia/ Reino Unido Partes encargadas de la gestión: Nueva Zelandia/Noruega	71°17'S, 170°13'E	Rec. VII-9
24.	Mojón de rocas, conocido como el 'mojón de Amundsen', en Monte Betty, Tierra de la Reina Maud, erigida por Roald Amundsen el 6 de enero de 1912, cuando regresaba del polo sur a Framheim. Parte proponente original: Noruega Parte a cargo de la gestión: Noruega	85°11'S, 163°45'O	Rec. VII-9
25.	*Suprimido de la lista.*		

N.º	Descripción	Ubicación	Designación/ Modificación
26.	Instalaciones abandonadas de la estación argentina 'General San Martín' en la Isla Barry, Islas Debenham, Bahía Margarita, con una cruz, un asta de bandera, y un monolito construido en 1951. Parte proponente original: Argentina Parte a cargo de la gestión: Argentina	68°08'S, 67°08'O	Rec. VII-9
27.	Mojón con una réplica de una placa de plomo erigida en 1909 en Cerro Megalestris, Isla Petermann, por la segunda expedición francesa dirigida por Jean-Baptiste E. A. Charcot. La placa original se encuentra en el depósito del Museo Nacional de Historia Natural de París. Partes proponentes originales: Argentina/Francia/Reino Unido Partes encargadas de la gestión: Francia /Reino Unido	65°10'S, 64°09'O	Rec. VII-9
28.	Mojón de rocas en Puerto Charcot, Isla Booth, con un pilar y una placa de madera en donde están grabados los nombres de los miembros de la primera expedición francesa dirigida por Jean-Baptiste E. A. Charcot que pasara el invierno aquí, en 1904, a bordo del buque Le Français. Parte proponente original: Argentina Partes encargadas de la gestión: Argentina/Francia	65°03'S, 64°01'O	Rec. VII-9
29.	Faro bautizado 'Primero de Mayo' construido en 1942 por la Argentina en Isla Lambda, Islas Melchior. Fue el primer faro argentino de la Antártida. Parte proponente original: Argentina Parte a cargo de la gestión: Argentina	64°18'S, 62°59'O	Rec. VII-9
30.	Refugio de Puerto Paraíso construido en 1950 cerca de la base chilena 'Gabriel González Videla' en honor a Gabriel González Videla, el primer Jefe de Estado en haber visitado la Antártida. El refugio es un ejemplo representativo de la actividad anterior al AGI y constituye una conmemoración nacional importante. Parte proponente original: Chile Parte a cargo de la gestión: Chile	64°49'S, 62°51'O	Rec. VII-9
31.	*Suprimido de la lista.*		

N.º	Descripción	Ubicación	Designación/ Modificación
32.	Monolito de hormigón construido en 1947, cerca de la base Capitán Arturo Prat en Isla Greenwich, Islas Shetland del Sur. Punto de referencia de los estudios hidrográficos antárticos chilenos. El monolito es representativo de la actividad importante previa al AGI y en la actualidad su preservación y mantenimiento están a cargo del personal de la base Prat. Parte proponente original: Chile Parte a cargo de la gestión: Chile	62°28'S, 59°40'O	Rec. VII-9
33.	Refugio y cruz con placa próximos a la base Capitán Arturo Prat (Chile), Isla Greenwich, Islas Shetland del Sur. Construido para recordar al teniente coronel González Pacheco, quien muriera en 1960 cuando comandaba la estación. El monumento recuerda los acontecimientos relacionados con una persona cuyo papel y las circunstancias de la muerte tienen un valor simbólico y pueden potencialmente enseñar a la gente cuáles son las actividades humanas significativas que se pueden realizar en la Antártida. Parte proponente original: Chile Parte a cargo de la gestión: Chile	62°29'S, 59°40'O	Rec. VII-9
34.	Busto en la base Capitán Arturo Prat (Chile), Isla Greenwich, Islas Shetland del Sur, del héroe naval chileno Arturo Prat, erigido en 1947. El monumento es representativo de la actividad importante previa al AGI y tiene un valor simbólico en el contexto de la presencia chilena en la Antártida. Parte proponente original: Chile Parte a cargo de la gestión: Chile	62°50'S, 59°41'O	Rec. VII-9
35.	Cruz y estatua de madera de la Virgen del Carmen erigida en 1947 cerca de la base Capitán Arturo Prat (Chile), Isla Greenwich, Islas Shetland del Sur. El monumento es representativo de la actividad importante previa al AGI y tiene un especial valor simbólico y arquitectónico. Parte proponente original: Chile Parte a cargo de la gestión: Chile	62°29'S, 59°40'O	Rec. VII-9
36.	Réplica de una placa de metal colocada por Eduard Dallmann en Caleta Potter, Isla 25 de Mayo, para recordar la visita de su expedición alemana el 1º de marzo de 1874 a bordo del *Grönland*. Partes proponentes originales: Argentina/Reino Unido Partes encargadas de la gestión: Argentina/Alemania	62°14'S, 58°39'O	Rec. VII-9

N.º	Descripción	Ubicación	Designación/ Modificación
37.	Sitio Histórico O'Higgins ubicado en el cabo Legoupil, Península Antártica, y que comprende las siguientes estructuras de valor histórico: • "Busto del Capitán General Bernardo O'Higgins Riquelme", erigido en 1948 frente a la base conocida bajo ese nombre. El General O'Higgins fue el primero de los mandatarios chilenos en señalar la importancia de la Antártida. Tiene un significado simbólico en la historia de las exploraciones antárticas ya que fue precisamente durante el gobierno de O'Higgins que el buque Dragón llegó a las costas de la Península Antártica, en 1820. Este monumento, además, es representativo de las importantes actividades previas al Año Geofísico Internacional (AGI) realizadas en la Antártida. (63°19'14.3" S / 57°53'53.9"O) • Antigua Base Antártica "Capitán General Bernardo O'Higgins Riquelme", inaugurada el 18 de febrero de 1948 por el Presidente de la República de Chile, Don Gabriel González Videla, primer presidente del mundo en visitar la Antártida. Considerada como un ejemplo representativo de una base pionera en el período moderno de la exploración antártica. (63°19' Sur / 57°54'O) • Placa en la memoria de los Tenientes Oscar Inostroza Contreras y Sergio Ponce Torrealba, caídos en el Continente Antártico por la paz y la ciencia el 12 de agosto de 1957 (63°19'15.4" S / 57°53'52.9"O) • Gruta de la Virgen del Carmen, ubicada en los alrededores de la base, construida hace aproximadamente cuarenta años, que ha servido como lugar de recogimiento espiritual al personal integrante de las diferentes estaciones y expediciones antárticas. (63°19'15,9" Sur / 57°54'03,2"O) Parte proponente original: Chile Parte a cargo de la gestión: Chile	63°19'S, 57°54'O	Rec. VII-9 Medida 11 (2012)
38.	Cabaña de madera en la isla Snow Hill construida en febrero de 1902 por el cuerpo principal de la expedición sueca al Polo sur dirigida por Otto Nordenskjöld. Partes proponentes originales: Argentina/ Reino Unido Partes encargadas de la gestión: Argentina/Suecia	64°22'S, 56°59'O	Rec. VII-9

N.º	Descripción	Ubicación	Designación/ Modificación
39.	Cabaña de piedra en Bahía Esperanza, Península Trinidad, construida en enero de 1903 por uno de los cuerpos de la expedición sueca al Polo sur. Partes proponentes originales: Argentina/Reino Unido Partes encargadas de la gestión: Argentina/Suecia	63°24'S, 56°59' O	Rec. VII-9
40.	Busto del General San Martín, pequeña gruta con una estatua de la Virgen de Luján, y un asta de bandera en la base 'Esperanza', Bahía Esperanza, erigida por la Argentina en 1955; junto con un cementerio y una estela que recuerda a los miembros de las expediciones argentinas que murieron en la zona. Parte proponente original: Argentina Parte a cargo de la gestión: Argentina	63°24'S, 56°59'O	Rec. VII-9
41.	Cabaña de piedra en Isla Paulet construida en febrero de 1903 por los sobrevivientes del buque naufragado *Antarctic* dirigido por el Capitán Carl A. Larsen, miembros de la expedición sueca al Polo sur dirigida por Otto Nordenskjöld, junto con una tumba perteneciente a un miembro de la expedición y el mojón de rocas construido por los sobrevivientes del naufragio en el punto más alto de la isla para llamar la atención de las expediciones de rescate. Partes proponentes originales: Argentina/Reino Unido Partes encargadas de la gestión: Argentina/Suecia/ Noruega	63°34'S, 55°45'O	Rec. VII-9 Medida 5 (1997)
42.	Zona de Bahía Scotia, Isla Laurie, Islas Orcadas del Sur, en la que se encuentra lo siguiente: cabaña de piedra construida en 1903 por la expedición antártica escocesa dirigida por William S. Bruce; la cabaña meteorológica y el observatorio magnético de la Argentina, construidos en 1905 y conocidos como la Casa Moneta; y un cementerio con 12 tumbas, de las que la más reciente data de 1903. Parte proponente original: Argentina Partes encargadas de la gestión: Argentina/Reino Unido	60°46'S, 44°40'O	Rec. VII-9
43.	Cruz erigida en 1955, a una distancia de 1.300 metros al noreste de la Estación argentina General Belgrano I y que en 1979 pasara a la estación Belgrano II (Argentina), Nunatak Bertrab, Costa Confín, Tierra de Coats. Parte proponente original: Argentina Parte a cargo de la gestión: Argentina	77°52'S, 34°37'O	Rec. VII-9

N.º	Descripción	Ubicación	Designación/ Modificación
44.	Placa colocada en la estación temporaria india de 'Dakshin Gangotri', Princesa Astrid Kyst, Tierra de la Reina Maud, que contiene los nombres de los miembros de la primera expedición antártica de la India que desembarcara cerca de este lugar el 9 de enero de 1982. Parte proponente original: India Parte a cargo de la gestión: India	70°45'S, 11°38'E	Rec. XII-7
45.	Placa en la Isla Brabant, en Punta Metchnikoff, colocada a una altura de 70 m en la cima de una morrena que separa esta punta del glaciar y que contiene la inscripción siguiente: Este monumento fue construido por François de Gerlache y otros miembros de la Expedición de los servicios conjuntos de 1983-85 para recordar el primer desembarque en Isla Brabant por parte de la expedición antártica belga de 1897-99: Adrien de Gerlache (Bélgica) líder, Roald Amundsen (Noruega), Henryk Arctowski (Polonia), Frederick Cook (Estados Unidos) y Emile Danco (Bélgica) acamparon en la vecindad del 30 de enero al 6 de febrero de 1898. Parte proponente original: Bélgica Parte a cargo de la gestión: Bélgica	64°02'S, 62°34'O	Rec. XIII-16
46.	Todos los edificios e instalaciones de la base Puerto Martin, Tierra Adelia, construidos en 1950 por la 3ª expedición francesa a Tierra Adelia y que fueran parcialmente destruidos por el incendio desatado en la noche del 23 al 24 de enero de 1952. Parte proponente original: Francia Parte a cargo de la gestión: Francia	66°49'S, 141°24'E	Rec. XIII-16
47.	Construcción de madera llamada 'Base Marret' en la Isla de los Petreles, Tierra Adelia, en la que siete hombres bajo el liderazgo de Mario Marret pasaran el invierno de 1952 después del incendio de la base de Puerto Martin. Parte proponente original: Francia Parte a cargo de la gestión: Francia	66°40'S, 140°01'E	Rec. XIII-16

N.º	Descripción	Ubicación	Designación/ Modificación
48.	Cruz de hierro en el promontorio nordeste de la Isla de los Petreles, Tierra Adelia, dedicada a la memoria de André Prudhomme, jefe de los meteorólogos durante la expedición del 3.ᵉʳ Año Geofísico Internacional, que desapareciera el 7 de enero de 1959 durante una ventisca. Parte proponente original: Francia Parte a cargo de la gestión: Francia	66°40'S, 140°01'E	Rec. XIII-16
49.	El pilar de hormigón construido por la primera expedición antártica polaca en la estación Dobrolowski en Cerro Bunger para medir la aceleración debida a la gravedad g = 982.439,4 mgal ±0,4 mgal con relación a Varsovia, de conformidad con el sistema Potsdam, en enero de 1959. Parte proponente original: Polonia Parte a cargo de la gestión: Polonia	66°16'S, 100°45'E	Rec. XIII-16
50.	Una placa de bronce con el Águila de Polonia, emblema nacional de Polonia, las fechas 1975 y 1976, y el texto siguiente en polaco, inglés y ruso: En recuerdo del desembarque de los miembros de la primera expedición polaca de investigación marina antártica a bordo de los buques 'Profesor Siedlecki' y 'Tazar' en febrero de 1976. Esta placa, al sudoeste de las estaciones chilena y soviética, está colocada en un acantilado que da a Bahía Maxwell, Península Fildes, Isa Rey Jorge (Isla 25 de Mayo). Parte proponente original: Polonia Parte a cargo de la gestión: Polonia	62°12'S, 59°01'O	Rec. XIII-16
51.	Tumba de Wlodzimierz Puchalski, coronada por una cruz de hierro, en una colina al sur de la estación Arctowski en la Isla 25 de Mayo. W. Puchalski era un artista y productor de películas documentales sobre la naturaleza, quien murió el 19 de enero de 1979 cuando estaba trabajando en la estación. Parte proponente original: Polonia Parte a cargo de la gestión: Polonia	62°13'S, 58°28'O	Rec. XIII-16

N.º	Descripción	Ubicación	Designación/ Modificación
52.	Monolito erigido para conmemorar la instalación, el 20 de febrero de 1985, de la "Estación de la Gran Muralla" por parte de la República Popular China. Se encuentra en la Península Fildes, Isla 25 de Mayo, en las Islas Shetland del Sur. Dicho monolito tiene grabada la siguiente inscripción, en chino: 'Estación de la Gran Muralla, primera expedición antártica china de investigación, 20 de febrero de 1985'. Parte proponente original: China Parte a cargo de la gestión: China	62°13'S, 58°58'O	Rec. XIII-16
53.	Busto del Capitán Luis Alberto Pardo, monolito y placas en "Punta Wild, Isla Elefante, islas Shetland del Sur, para recordar el rescate de los sobrevivientes del buque británico Endurance por el rompehielos Yelcho de la Armada chilena, con las siguientes palabras: " Aquí, el 30 de agosto de 1916, el rompehielos Yelcho de la Armada chilena, bajo las órdenes del Piloto Luis Pardo Villalón, rescató a los 22 hombres de la Expedición Shackleton que sobrevivieron al naufragio del 'Endurance' viviendo durante cuatro meses y medio en esta isla." El monolito y las placas han sido colocados en Isla Elefante y sus réplicas en las bases chilenas Capitán Arturo Prat (62°30' S, 59°49' O) y Presidente Eduardo Frei (62°12' S, 62°12' O). Los bustos de bronce del Piloto Luis Pardo Villalon fueron colocados en los tres monolitos mencionados anteriormente durante la XXIV Expedición científica chilena a la Antártida en 1987-88. Parte proponente original: Chile Parte a cargo de la gestión: Chile	61°03'S, 54°50'O	Rec. XIV-8 Rec. XV-13
54.	Monumento Histórico Richard E. Byrd, Estación McMurdo, Antártida. Busto de bronce sobre mármol negro, de 1,50 m de alto por 60 cm de lado, sobre una plataforma de madera, con inscripciones que describen los logros polares de Richard Evelyn Byrd. Erigido en la estación McMurdo en 1965. Parte proponente original: Estados Unidos Parte a cargo de la gestión: Estados Unidos	77°51'S, 166°40'E	Rec. XV-12

N.º	Descripción	Ubicación	Designación/ Modificación
55.	Base oriental, Antártida, Isla Stonington. Construcciones y elementos de la Base oriental, Isla Stonington y aledaños. Estas estructuras fueron construidas durante dos expediciones invernales norteamericanas: la del Antarctic Service Expedition (1939-1941) y la Ronne Antarctic Research Expedition (1947-1948). La dimensión de la zona histórica es de unos 1000 m en el sentido norte-sur (desde la playa hasta el Glaciar Nordeste adyacente a la Bahía Back) por unos 500 m en el sentido este-oeste. Parte proponente original: Estados Unidos Parte a cargo de la gestión: Estados Unidos	68°11'S, 67°00'O	Rec. XIV-8
56.	Punta Waterboat, Costa Danco, Península Antártica. Se trata de los restos y los aledaños inmediatos de la cabaña de Punta Waterboat. Fue ocupada por la expedición del Reino Unido compuesta por dos hombres, Thomas W. Bagshawe y Maxime C. Lester en 1921-22. En la actualidad subsisten únicamente la base del buque, las fundaciones de las jambas de las puertas y un trazado de la cabaña y su terreno. Se encuentra cerca de la estación chilena 'Presidente Gabriel González Videla'. Parte proponente original: Chile/Reino Unido Partes encargadas de la gestión: Chile/Reino Unido	64°49'S, 62°51'O	Rec. XVI-11
57.	Placa conmemorativa en 'Bahía Yankee' (Puerto Yankee), Estrecho MacFarlane, Isla Greenwich, Islas Shetland del Sur. Cerca del refugio chileno. Erigida para recordar al Capitán Andrew MacFarlane, quien explorara en 1820 la zona de la Península Antártica en el bergantín Dragon. Partes proponentes originales: Chile/Reino Unido Partes encargadas de la gestión: Chile/Reino Unido	62°32'S, 59°45'O	Rec. XVI-11
58.	*Suprimido de la lista.*		
59.	Mojón en Playa Half Moon, Cabo Shirreff, Isla Livingston, Islas Shetland del Sur y una placa en 'Cerro Gaviota', del otro lado de los islotes de San Telmo en conmemoración de los oficiales, soldados y marinos a bordo del buque español San Telmo que se hundiera en septiembre de 1819; probablemente se trate de las primeras personas en haber vivido y muerto en la Antártida. Sitio incorporado a la ZAEP 149. Partes proponentes originales: Chile/España/Perú Partes encargadas de la gestión: Chile/España/Perú	62°28'S, 60°46'O	Rec. XVI-11

N.º	Descripción	Ubicación	Designación/ Modificación
60.	Poste de madera y mojón (I), y placa de madera y mojón (II), ambos ubicados en Bahía Pingüino, costa meridional de la Isla Marambio (Seymour), Archipiélago James Ross. El poste de madera y un mojón (I) fueron instalados en 1902 durante una expedición polar antártica sueca encabezada por Dr. Otto Nordenskjöld. Este montículo solía estar unido a un poste de madera de 4 metros de altura, ahora solo de 44 cm, cables de tensión y una bandera, y se instaló para señalar la ubicación de un depósito bien abastecido, compuesto de unas pocas cajas de madera, las cuales contenían alimentos, notas y cartas guardadas en botellas. El depósito estaba destinado a utilizarse en caso de que la Expedición Antártica Sueca se viera obligada a retroceder en su viaje al sur. La placa de madera (II) fue instalada el 10 de noviembre de 1903 por la tripulación de una misión de rescate de la corbeta argentina Uruguay en el sitio donde se reunió con los miembros de la expedición sueca liderada por el Dr. Otto Nordenskjöld. La placa de madera tiene la siguiente inscripción: "10.XI.1903 Uruguay (Armada Argentina) en su viaje para brindar asistencia a la expedición antártica sueca." En enero de 1990, Argentina erigió un mojón de piedras en el lugar en el que se encuentra la placa para recordar este acontecimiento. Partes proponentes originales: Argentina/Suecia Partes encargadas de la gestión: Argentina/Suecia	(I): 64° 17' 47.2" S, 56° 41' 30.7"O (II): 64 ° 16' S, 56° 39'O	Rec. XVII-3 Medida I (2016)
61.	'Base A' en Puerto Lockroy, Isla Goudier, frente a la Isla Wiencke, Península Antártica. Tuvo su importancia histórica como base de la Operación Tabarin a partir de 1944 y por la investigación científica allí realizada, incluidas las primeras mediciones de la ionosfera, así como la primera grabación de un silbido atmosférico, de la Antártida. Puerto Lockroy tuvo un papel clave como sitio de vigilancia durante el Año Geofísico Internacional 1957/58. Parte proponente original: Reino Unido Parte a cargo de la gestión: Reino Unido	64°49'S, 63°29'O	Medida 4 (1995)

N.º	Descripción	Ubicación	Designación/ Modificación
62.	'Base F (Wordie House)' en Isla Winter, Islas Argentinas. De importancia histórica como ejemplo de una de las primeras bases científicas británicas. Parte proponente original: Reino Unido Partes encargadas de la gestión: Reino Unido/Ucrania	65°15'S, 64°16'O	Medida 4 (1995)
63.	'Base Y' en Isla Horseshoe, Bahía Margarita, Tierra de Graham occidental. Es digna mención como base científica británica de fines de la década de los 1950 relativamente inalterada y totalmente equipada. 'Blaiklock', la cabaña refugio cercana, es considerada como perteneciente a la base. Parte proponente original: Reino Unido Parte a cargo de la gestión: Reino Unido	67°48'S, 67°18'O	Medida 4 (1995)
64.	'Base E' en Isla Stonington, Bahía Margarita, Tierra de Graham occidental. De significado histórico del primer período de exploraciones y luego de la historia del British Antarctic Survey (BAS) de los años 1960 y 1970. Parte proponente original: Reino Unido Parte a cargo de la gestión: Reino Unido	68°11'S, 67°00'O	Medida 4 (1995)
65.	Poste de mensajes, Isla Svend Foyn, Islas Posesión. El 16 de enero de 1895 se colocó un poste en la isla con una caja amarrada a él durante la expedición ballenera de Henryk Bull y el Capitán Leonard Kristensen del buque Antarctic. La expedición antártica británica de 1898-1900 lo examinó y lo encontró intacto. Luego fue avistado desde la playa por el buque USS Edisto en 1956 y el USCGS Glacier en 1965. Partes proponentes originales: Nueva Zelandia/Noruega/ Reino Unido Partes encargadas de la gestión: Nueva Zelandia/ Noruega	71°56'S, 171°05'O	Medida 4 (1995)
66.	Mojón de Prestrud, Nunataks de Scott, Montañas Alexandra, Península Edward VII. El pequeño mojón de rocas fue erigido por el teniente K. Prestrud al pié del farallón principal del lado septentrional de los nunataks, el 3 de diciembre de 1911 durante la expedición antártica noruega de 1910-1912. Partes proponentes originales: Nueva Zelandia/ Noruega/ Reino Unido Partes encargadas de la gestión: Nueva Zelandia/Noruega	77°11'S, 154°32'O	Medida 4 (1995)

N.º	Descripción	Ubicación	Designación/ Modificación
67.	Refugio de rocas, 'Granite House', Cabo Geology, Granite Harbour. Este refugio fue construido en 1911 para ser utilizado como cocina de campaña de la segunda excursión geológica de Griffith Taylor durante la expedición antártica británica de 1910-1913. Cerrado en tres de sus lados por paredes de rocas graníticas y usaba un trineo como soporte de un techo realizado a base de piel de foca. Las paredes de piedra del refugio se han desmoronado en parte. El refugio contiene algunos restos corroídos de latas, una piel de foca y un segmento de soga. El trineo se encuentra en la actualidad a 50 m del refugio en dirección del mar y de él quedan algunos fragmentos desperdigados de madera, correas y hebillas. Sitio que forma parte de la ZAEP 154. Partes proponentes originales: Nueva Zelandia/Noruega/ Reino Unido Partes encargadas de la gestión: Nueva Zelandia/Reino Unido	77°00'S, 162°32'E	Medida 4 (1995)
68.	Lugar de depósito en la morrena de Hells Gate, Isla Inexpresable, Bahía Terra Nova. Este depósito de emergencia consistía en un trineo cargado con suministros y equipos colocados allí el 25 de enero de 1913 por la expedición antártica británica, 1910-1913. En 1994 se retiraron el trineo y los suministros para frenar su deterioro. Partes proponentes originales: Nueva Zelandia/Noruega/ Reino Unido Partes encargadas de la gestión: Nueva Zelandia/Reino Unido	74°52'S, 163°50'E	Medida 4 (1995)
69.	Poste de mensajes en Cabo Crozier, Isla Ross, colocado el 22 de enero de 1902 por la expedición Discovery del Capitán Robert F. Scott (1901-04). Servía para dar información a los buques de suministro de la expedición, y contaba con un cilindro metálico para los mensajes, el cual desde entonces ha sido retirado. Sitio incorporado a la ZAEP 124 Partes proponentes originales: Nueva Zelandia/Noruega/ Reino Unido Partes encargadas de la gestión: Nueva Zelandia/Reino Unido	77°27'S, 169°16'E	Medida 4 (1995)

258

N.º	Descripción	Ubicación	Designación/ Modificación
70.	Poste de mensajes en Cabo Wadworth, Isla Coulman. Se trata de un cilindro metálico clavado sobre un poste rojo a una altura de 8 m por encima del nivel del mar y colocado allí por el Capitán Robert F. Scott el 15 de enero de 1902. También pintó de rojo y blanco las rocas ubicadas detrás del poste para que fuera más visible. Partes proponentes originales: Nueva Zelandia/Noruega/ Reino Unido Partes encargadas de la gestión: Nueva Zelandia/Reino Unido	73°19'S, 169°47'E	Medida 4 (1995)
71.	Caleta Balleneros, Isla Decepción, Islas Shetland del Sur. El sitio abarca todos los restos anteriores a 1970 de las orillas de Caleta Balleneros, incluidos los del primer período de los balleneros (1906-12) iniciado por el Capitán Adolfus Andresen de la Sociedad Ballenera de Magallanes, Chile; los restos de la estación ballenera noruega Hektor establecida en 1912 y todos los elementos vinculados a esta operación hasta 1931; el sitio de un cementerio con sus 35 tumbas y un monumento que recuerda los 10 hombres perdidos en el mar; así como lo que queda de las actividades científicas y de cartografía de Gran Bretaña (1944-1969). El sitio también reconoce y conmemora el valor histórico de otros acontecimientos ocurridos en el lugar, de los que nada quedó. Partes proponentes originales: Chile/ Noruega Partes encargadas de la gestión: Chile/Noruega/Reino Unido	62°59'S, 60°34'O	Medida 4 (1995)
72.	Mojón de Mikkelsen, Islas Tryne, Cerro Vestfold. Se trata de un mojón de rocas y un mástil de madera erigidos por el contingente a cargo del Capitán Klarius Mikkelsen del buque ballenero noruego Thorshavn y al que pertenecía Caroline Mikkelsen, esposa del Capitán Mikkelsen, la primera mujer en haber puesto un pie en la Antártida oriental. El mojón fue descubierto por los contingentes de la expedición científica antártica de Australia de 1957 y luego de 1995. Partes proponentes originales: Australia/Noruega Partes encargadas de la gestión: Australia/Noruega	68°22'S, 78°24'E	Medida 2 (1996)

N.º	Descripción	Ubicación	Designación/ Modificación
73.	Cruz que recuerda a las víctimas del accidente aéreo de 1979 en Monte Erebus, Bahía Lewis, Isla Ross. Se trata de una cruz de acero inoxidable erigida en enero de 1987 en un promontorio rocoso a tres kilómetros del lugar del accidente aéreo propiamente dicho en Monte Erebus para recordar a las 257 personas de distintas nacionalidades que perdieran la vida cuando la aeronave en la que viajaban se estrelló contra las colinas inferiores del Monte Erebus, Isla Ross. La cruz fue erigida como marca de respeto y recuerdo de aquellos que murieron en la tragedia. Parte proponente original: Nueva Zelandia Parte a cargo de la gestión: Nueva Zelandia	77°25'S, 167°27'E	Medida 4 (1997)
74.	Caleta sin nombre ubicada en la costa sudoeste de Isla Elefante, que incluye la playa (entre los límites de pleamar y bajamar) y la zona intercotidal, en la que se encuentran los restos de un gran navío de madera. Parte proponente original: Reino Unido Parte a cargo de la gestión: Reino Unido	61°14'S, 55°22'O	Medida 2 (1998)
75.	Cabaña A de la Base Scott, la única construcción que queda de la Expedición transantártica de 1956/1957 en la Antártida, ubicada en Punta Pram, Isla Ross, Región del Mar de Ross, Antártida. Parte proponente original: Nueva Zelandia Parte a cargo de la gestión: Nueva Zelandia	77°51'S, 166°46'E	Medida 1 (2001)
76.	Las ruinas de la Estación Base Pedro Aguirre Cerda, centro meteorológico y vulcanológico chileno ubicado en Caleta Pendulum, Isla Decepción, Antártida, que fuera destruido por las erupciones volcánicas de 1967 y 1969. Parte proponente original: Chile Parte a cargo de la gestión: Chile	62°59'S, 60°40'O	Medida 2 (2001)
77.	Cabo Denison, Bahía Commonwealth, Tierra de Jorge V, incluido Puerto Boat y los artefactos históricos contenidos en sus aguas. Este sitio está contenido en la ZAEA N° 3, designada por la Medida 1 (2004). Una parte de este sitio está contenida también en la ZAEP N° 162, designada por la Medida 2 (2004). Parte proponente original: Australia Parte a cargo de la gestión: Australia	67°00'30''S, 142°39'40''O	Medida 3 (2004)

N.º	Descripción	Ubicación	Designación/ Modificación
78.	Placa conmemorativa colocada en Punta India, montañas de Humboldt, macizo Wohlthat, región central de la Tierra de la Reina Maud, en memoria de tres científicos del Centro de Levantamientos Estratigráficos de la India y un técnico en comunicaciones de la Marina de la India, integrantes de la Novena Expedición de la India a la Antártida, que sacrificaron su vida en este campamento de montaña en un accidente ocurrido el 8 de enero de 1990. Parte proponente original: India Parte a cargo de la gestión: India	71° 45' 08''S, 11° 12' 30''E	Medida 3 (2004)
79.	Cabaña Lillie Marleen, monte Dockery, cordillera Everett, Tierra de Victoria septentrional. Erigida en apoyo del trabajo realizado por la expedición antártica alemana a la Tierra de Victoria septentrional (GANOVEX I) en 1979/1980. La cabaña es un contenedor para vivac hecho de unidades prefabricadas de fibra de vidrio aisladas con espuma de poliuretano, cuyo nombre deriva del glaciar Lillie y la canción "Lili Marleen". La cabaña está estrechamente asociada con el dramático hundimiento del buque "Gotland II" de la expedición GANOVEX II, en diciembre de 1981. Parte proponente original: Alemania Parte a cargo de la gestión: Alemania	71°12'S, 164°31'E	Medida 5 (2005)
80.	Tienda de campaña de Amundsen. La tienda de campaña fue erigida a 90ºS por el grupo de exploradores noruegos encabezados por Roald Amundsen a su llegada al Polo Sur el 14 de diciembre de 1911. La tienda de campaña está actualmente sepultada en la nieve y el hielo en las inmediaciones del Polo Sur. Parte proponente original: Noruega Parte a cargo de la gestión: Noruega	Inmediaciones de 90ºS	Medida 5 (2005)
81.	Rocher du Débarquement, Tierra Adelia. El sitio Rocher du Débarquement (Roca del Desembarco) es una isla pequeña donde desembarcó el Almirante Dumont D'Urville con su tripulación el 21 de enero de 1840 cuando descubrió la Tierra Adelia. Parte proponente original: Francia Parte a cargo de la gestión: Francia	66° 36 30 'S, 140° 03 85'E	Medida 3 (2006)

N.º	Descripción	Ubicación	Designación/ Modificación
82.	Monumento al Tratado Antártico y Placa. Este Monumento se encuentra cerca de las bases Frei, Bellingshausen y Escudero, Península Fildes, Isla Rey Jorge (Isla 25 de Mayo). La placa al pie del monumento conmemora a los signatarios del Tratado Antártico. Este Monumento tiene cuatro placas en los idiomas oficiales del Tratado Antártico. Las placas fueron instaladas en febrero de 2011 y llevan la siguiente leyenda: "Este monumento histórico, dedicado a la memoria de los signatarios del Tratado Antártico, Washington D.C., 1959, también sirve de recordatorio del legado del Primer y Segundo Años Polares Internacionales (1882-1883 y 1932-1933) y del Año Geofísico Internacional (1957-1958) que precedieron al Tratado Antártico, y recuerda el patrimonio de Cooperación Internacional que llevó al Año Polar Internacional 2007-2008." Este monumento fue diseñado y construido por el estadounidense Joseph W. Pearson, quien lo ofreció a Chile. Fue inaugurado en 1999, con ocasión del 40° aniversario de la firma del Tratado Antártico." Parte proponente original: Chile Parte a cargo de la gestión: Chile	62° 12′ 01"S, 58° 57′ 41"O	Medida 3 (2007) Medida 11 (2011)
83.	Base "W", isla Detaille, fiordo Lallemand, Costa Loubet. La Base "W" está situada en un istmo angosto en el extremo septentrional de la isla Detaille, fiordo Lallemand, Costa Loubet. El sitio consiste en una cabaña, diversas estructuras afines y anexos, entre ellos un pequeño depósito de suministros para situaciones de emergencia, casetas para perros, una torre de anemómetro y dos mástiles tubulares de acero estándar (uno al sudoeste de la cabaña principal y otro al este).La Base "W" fue emplazada en 1956 como base científica británica, principalmente para levantamientos y estudios de geología y meteorología, y para contribuir al Año Geofísico Internacional de 1957. La Base "W", que permanece relativamente inalterada desde fines de los años cincuenta, es un recordatorio importante de las condiciones de vida y las actividades científicas de la época en que se firmó el Tratado Antártico, hace 50 años. Parte proponente original: Reino Unido Parte a cargo de la gestión: Reino Unido	66°52'S, 66°48'O	Medida 14 (2009)

N.º	Descripción	Ubicación	Designación/ Modificación
84.	Cabaña de la punta Damoy, bahía Dorian, isla Wiencke, archipiélago Palmer. El sitio, que está en la punta Damoy, bahía Dorian, isla Wiencke, archipiélago Palmer, consiste en una cabaña bien conservada, con equipo científico y otros artefactos en su interior. La cabaña fue construida en 1973 y se usó durante varios años como instalación aérea de verano y como estación de tránsito para el personal científico. Estuvo ocupada por última vez en 1993. Parte proponente original: Reino Unido Parte a cargo de la gestión: Reino Unido	64°49'S, 63°31'O	Medida 14 (2009)
85.	Placa conmemorativa de la central nuclear PM-3A de la Estación McMurdo. Esta placa de bronce tiene alrededor de 45 x 60 cm y está sujeta a una piedra vertical grande en la Estación McMurdo, donde antes funcionaba el reactor nuclear PM-3A. Está aproximadamente a mitad de camino entre el pie y la cima del cerro Observation, en el lado oeste. En el texto de la placa se detallan los logros de la central nuclear PM-3A, la primera de la Antártida. Parte proponente original: Estados Unidos Parte a cargo de la gestión: Estados Unidos	77° 51' S, 166° 41' E	Medida 15 (2010)
86.	Edificio Nº 1 de la Estación Gran Muralla. El Edificio N.º 1, construido en 1985 con una superficie útil de 175 metros cuadrados, se ubica al centro la Estación Antártica China Gran Muralla, ubicada en la Península Fildes, Isla Rey Jorge, Islas Shetland del Sur, Antártida Occidental. El edificio marcó el comienzo de la dedicación de China a la investigación antártica en los años 80, por lo cual es de gran importancia para la conmemoración de la expedición china a la Antártida. Parte proponente original: China Parte a cargo de la gestión: China	62°13'4"S, 58°57'44"O	Medida 12 (2011)

N.º	Descripción	Ubicación	Designación/ Modificación
87.	Ubicación de la primera estación de investigación alemana permanente ocupada en la Antártida, "Georg Forster", en el oasis Schirmacher, Tierra de la Reina Maud. El sitio original se sitúa en el oasis de Schirmacher y se señaló mediante una placa de bronce conmemorativa que reza en idioma alemán: Antarktisstation Georg Forster 70° 46' 39" S 11° 51' 03" E von 1976 bis 1996 La placa se encuentra bien conservada y está fijada a la pared de una roca en el extremo sur de la ubicación. Esta estación de investigación antártica se inauguró el 21 de abril de 1976 y se cerró en 1993. Todo el lugar ha sido limpiado por completo una vez desmantelada correctamente la estación el 12 de febrero de 1996. El lugar se encuentra aproximadamente a 1,5 km al este de la actual estación de investigación rusa en la Antártida de Novolazarevskaya. Parte de la propuesta original: Alemania Parte a cargo de la gestión: Alemania	70°46' 39"S 11°51' 03"E (Elevación: 141 metros sobre el nivel del mar)	Medida 18 (2013)
88.	Edificio del complejo de perforación del Profesor Kudryashov. El edificio del complejo se construyó en la temporada estival de 1983-84. Bajo la dirección del Profesor Boris Kudryashov, Se obtuvieron muestras de hielo de la antigua tierra firme. Parte de la propuesta original: Federación de Rusia Parte a cargo de la gestión: Federación de Rusia	78° 28' S 106° 48' E (Altura sobre el nivel del mar: 3.488 m)	Medida 19 (2013)
89.	Expedición a Terra Nova 1910-12, parte superior del Campamento en cumbre utilizado durante el estudio del monte Erebus, en Diciembre. La ubicación del campamento incluye parte de un círculo de rocas, que probablemente se utilizaron para pesar las valencias de las tiendas. El campamento fue utilizado por una partida científica en la Expedición a Terra Nova del Capitán Scott, que realizó un trazado y una recogida de especímenes geológicos en el monte Erebus en diciembre de 1912. Partes de la propuesta original: Nueva Zelanda, Reino Unido y Estados Unidos Partes encargadas de la gestión: Nueva Zelanda, Reino Unido y Estados Unidos	77°30.348' S 167° 10.223' E (A unos 3.410 m sobre el nivel del mar)	Medida 20 (2013)

N.º	Descripción	Ubicación	Designación/ Modificación
90.	Expedición a Terra Nova 1910-12, Parte inferior del "Campamento E" utilizado durante el estudio del monte Erebus, en Diciembre de 1912. La ubicación del campamento está formada por una zona de grava ligeramente elevada e incluye algunas rocas alineadas que quizá puedan haberse utilizado para pesar las valencias de las tiendas. El campamento fue utilizado por una partida científica en la Expedición a Terra Nova del Capitán Scott, que realizó un trazado y una recogida de especímenes geológicos en el monte Erebus en diciembre de 1912. Partes de la propuesta original: Nueva Zelanda, Reino Unido y Estados Unidos Partes encargadas de la gestión: Nueva Zelanda, Reino Unido y Estados Unidos	77°30.348'S 167°9.246'E (A unos 3.410 m sobre el nivel del mar)	Medida 21 (2013)
91.	Cabaña Lame Dog en la base búlgara St. Kliment Ohridski, isla Livingston La Cabaña Lame Dog se erigió en abril de 1988 y fue el edificio principal de la estación St. Kliment Ohridski hasta 1998. Actualmente es el edificio más antiguo que se conserva en la isla Livingston, se utiliza como cabina de radio y oficina postal, y alberga un museo de artefactos asociados a las primeras operaciones científicas y logísticas de Bulgaria en la Antártida. Parte proponente original: Bulgaria Parte a cargo de la gestión: Bulgaria	62°38'29"S, 60°21'53"O	Medida 19 (2015)
92.	Tractor para nieve "Kharkovchanka" utilizado en la Antártida desde 1959 hasta 2010. El tractor para nieve "Kharkovchanka" fue diseñado y fabricado en la planta de construcción de maquinaria para el transporte Malyshev en Járkov especialmente para organizar las travesías con tractor-trineo al interior de la Antártida. Este fue el primer vehículo de transporte que no era de serie fabricado de manera exclusiva por la fábrica de maquinaria soviética para las operaciones en la Antártida. Este tractor no se utilizó fuera de la Antártida. Por ende, el STT "Kharkovchanka" es una muestra histórica única de desarrollos técnicos y de ingeniería realizados para la exploración de la Antártida. Parte proponente original: Federación de Rusia. Parte a cargo de la gestión: Federación de Rusia.	69°22'41,0"S, 76°22'59,1"E	Medida 19 (2015)

2. Decisiones

Observadores del Comité para la Protección del Medio Ambiente

Los Representantes,

Actuando de acuerdo con el asesoramiento recibido del Comité para la Protección del Medio Ambiente ("CPA");

Recordando la Decisión 1 (2000) que confirma a ciertas organizaciones como observadores;

Deciden confirmar como observadores del CPA, de conformidad con la Regla 4c de las Reglas de Procedimiento del Comité para la Protección del Medio Ambiente, a las siguientes organizaciones: ASOC, IAATO, OHI, IPCC, UICN, PNUMA y OMM, hasta que la RCTA decida lo contrario.

Reglas de procedimiento revisadas para la Reunión Consultiva del Tratado Antártico

Los Representantes,

Recordando la Decisión 1 (2015), *Reglas de Procedimiento Revisadas de la Reunión Consultiva del Tratado Antártico* (2015), *Reglas de Procedimiento Revisadas para el Comité para la Protección del Medio Ambiente* (2011) y *Directrices Revisadas para la presentación, traducción y distribución de documentos para la RCTA y el CPA;*

Reconociendo que necesidad de proporcionar una orientación clara a la Secretaría del Tratado Antártico ("la Secretaría") sobre las personas de contacto que cada Parte Consultiva del Tratado Antártico considera adecuado contactar durante una consulta intersesional formal;

Reconociendo, además, la constante conveniencia de que existan personas de contacto para la difusión de información sobre el Tratado Antártico, así como información científica, según se contempla en la Resolución XIII-1 (1985);

Teniendo presente que, pese a lo dispuesto, las personas de contacto designadas de acuerdo con la Recomendación XIII-1 (1985) no son necesariamente aquellas que deben ser contactadas convenientemente durante una consulta intersesional formal;

Considerando que se debe aumentar la conciencia sobre el trabajo de la Reunión Consultiva del Tratado Antártico ("RCTA") mediante la publicación de su informe dentro de los tres meses posteriores a cada RCTA;

Teniendo presente la necesidad de actualizar las *Reglas de Procedimiento Revisadas de la Reunión Consultiva del Tratado Antártico (2015),* incluido su Anexo *Procedimientos para la presentación, traducción y distribución de documentos para la RCTA y el CPA;*

Deciden:

1. que las Reglas de Procedimiento Revisadas de la Reunión Consultiva del Tratado Antártico anexas a la presente Decisión reemplazarán a las Reglas de Procedimiento Revisadas de la Reunión del Tratado Antártico (2015); y

2. que la Secretaría redacte la lista de los Representantes y Representantes Suplentes designados de acuerdo con la Regla 46(a) revisada de las Reglas de Procedimiento de la Reunión Consultiva del Tratado Antártico disponibles para el público en su sitio web, bajo el encabezado "Representantes intersesionales de la RCTA" en una página diferente a la página donde se menciona a las personas de contacto del CPA y la Recomendación XIII-1 (1985).

Reglas de Procedimiento Revisadas para la Reunión Consultiva del Tratado Antártico (2016)

1. Las reuniones realizadas en conformidad con el Artículo IX del Tratado Antártico se conocerán como Reuniones Consultivas del Tratado Antártico. Las Partes contratantes con derecho a participar en dichas reuniones se denominarán "Partes consultivas", otras Partes contratantes que puedan haber sido invitadas a asistir a estas se denominarán "Partes no consultivas". El Secretario Ejecutivo de la Secretaría del Tratado Antártico se denominará "Secretario Ejecutivo".

2. Los Representantes de la Comisión de la Convención sobre la Conservación de los Recursos Marinos Vivos, el Comité científico de Investigación Antártica y el Consejo de Administradores de los Programas antárticos nacionales, invitados a asistir a dichas reuniones, de conformidad con la Regla 31, se denominarán "Observadores".

Representación

3. Cada Parte consultiva estará representada por una delegación compuesta por un Representante y Representantes alternos, asesores y otras personas similares, según cada Estado lo considere necesario. Cada Parte consultiva que ha sido invitada a asistir a una Reunión consultiva deberá ser representada por una delegación compuesta de un Representante y otras personas que considere necesario dentro del límite numérico, conforme a lo pueda determinar de vez en cuando el Gobierno anfitrión en consulta con las Partes consultivas. La Comisión de la Convención sobre la Conservación de los Recursos Marinos Vivos, el Comité científico de Investigación Antártica y el Consejo de Administradores de los Programas Antárticos Nacionales deberán ser representados por su respectivo Presidente u otras personas designadas con este fin. Los nombres de los miembros de las delegaciones y de los Observadores deberán comunicarse al Gobierno anfitrión antes de la Apertura de la Reunión.

4. El orden de prioridad de las delegaciones será alfabético, conforme al idioma del Gobierno anfitrión, las delegaciones de las Partes no consultivas seguirán a aquellas de las Partes consultivas y las delegaciones de Observadores seguirán a las de las Partes no consultivas.

Autoridades

5. Un Representante del Gobierno anfitrión deberá ser el Presidente provisional de la Reunión, y la presidirá hasta que la Reunión elija a un Presidente.

6. En la sesión inaugural, se elegirá un Presidente entre los Representantes de las Partes consultivas. Los demás Representantes de las Partes consultivas servirán como vicepresidentes de la Reunión, en orden de prioridad. El Presidente presidirá normalmente todas las sesiones plenarias. Si se ausenta de alguna sesión, o de una parte de esta, los

vicepresidentes, en rotación según el orden de prioridad establecido por la Regla 4, deberán presidir durante cada una de dichas sesiones.

Secretaría

7. El Secretario Ejecutivo deberá actuar como Secretario de la Reunión, y será responsable de proporcionar servicios de secretariado para la Reunión con la asistencia del Gobierno anfitrión tal como se dispone en el Artículo 2 de la Medida 1 (2003), y como se aplicó provisionalmente mediante la Decisión 2 (2003), hasta que la Medida 1 entre en vigor.

Sesiones

8. La sesión plenaria de apertura debe realizarse en público, y otras deberán realizarse en privado, a menos que la Reunión determine lo contrario.

Comités y grupos de trabajo

9. Para facilitar su trabajo, la Reunión puede establecer los comités que considere necesario para el desempeño de sus funciones, definiendo sus términos de referencia.

10. Los comités deberán funcionar de conformidad con las Reglas de procedimiento de la Reunión, excepto en ocasiones en que no sea posible aplicarlas.

11. La Reunión, o sus comités, pueden establecer los Grupos de Trabajo para que traten los diversos Temas del programa. La Reunión determinará las disposiciones provisionales para los Grupos de Trabajo al término de cada Reunión Consultiva, al momento de aprobar el programa preliminar para la siguiente Reunión (en virtud de la Regla 36). Entre estas disposiciones se encontrarán:

a)   el establecimiento de uno o varios grupos de trabajo para la siguiente Reunión;

b)   el nombramiento de presidentes de grupos de trabajo; y

c)   la asignación provisional de elementos del programa a cada Grupo de trabajo.

Cuando la Reunión decida que un Grupo de trabajo debe continuar durante más de un año, se nombrará en primera instancia a los Presidentes de dichos Grupos de trabajo durante un período de una o dos Reuniones consecutivas en la primera instancia. Se puede designar posteriormente a los Presidentes de los Grupos de trabajo a servir por períodos adicionales de uno o dos años, pero no servirán durante más de cuatro años consecutivos en el mismo Grupo de trabajo.

En caso de que la Reunión no se encuentre en condiciones de designar un Presidente(s) de un Grupo de trabajo para la siguiente Reunión, este se designará al comienzo de la siguiente Reunión.

Realización de los trabajos

12. Se deberá constituir un quórum de dos tercios de los Representantes de las Partes consultivas que participen de la Reunión.

13. El Presidente ejercerá las facultades de su puesto de acuerdo con la práctica habitual. Deberá resguardar el cumplimiento de las Reglas de procedimiento y el mantenimiento del orden adecuado. El Presidente, en ejercicio de sus funciones, continúa bajo la autoridad de la Reunión.

14. De conformidad con la Regla 28, ningún Representante puede dirigirse a la Reunión sin haber obtenido previamente la autorización del Presidente para hacerlo, y este exhortará a los oradores en el orden en que expresen su intención de hablar. El Presidente puede llamar al orden a un orador si sus afirmaciones no son pertinentes al asunto en discusión.

15. Durante el debate de cualquier tema, el Representante de una Parte Consultiva puede plantear una cuestión de observancia del Reglamento, la que el Presidente deberá decidir inmediatamente, de conformidad con las Reglas de procedimiento. Un Representante de una Parte consultiva puede apelar en contra de la orden del Presidente. La apelación deberá someterse a voto inmediatamente, y la orden del Presidente deberá mantenerse a menos que sea anulada por una mayoría de votos de los Representantes de las Partes Consultivas presentes. Un Representante de una Parte Consultiva que plantee una cuestión de observancia del Reglamento no deberá tratar el fondo del tema en discusión.

16. La Reunión puede limitar el tiempo asignado a cada orador, y el número de veces en las que puede referirse a un tema. Por lo tanto, cuando el debate esté limitado y un Representante haya agotado su tiempo asignado para hablar, el Presidente lo llamará al orden sin demora.

17. Al debatir sobre cualquier asunto, un Representante de una Parte Consultiva puede presentar una moción de aplazamiento del debate sobre el elemento en discusión. Además del proponente de la moción, los Representantes de dos Partes Consultivas pueden hablar a favor de la moción y dos en contra de ella. Luego de esto, la moción se someterá a votación inmediatamente. El Presidente puede limitar el tiempo permitido a los oradores de conformidad con esta Regla.

18. Un Representante de una Parte Consultiva puede presentar en cualquier momento una moción de cierre de las deliberaciones sobre el tema en debate, sin importar si otro Representante ha expresado su deseo de hablar. La autorización para hablar tras el cierre de las deliberaciones deberá acordarse solo para los Representantes de dos Partes Consultivas que se hayan opuesto al cierre, después de lo cual la moción se someterá a voto inmediatamente. Si la Reunión se pronuncia a favor del cierre, el Presidente deberá declarar el cierre de las deliberaciones. El Presidente puede limitar el tiempo permitido a los oradores de conformidad con esta Regla (esta Regla no se aplicará al debate sostenido en los comités).

19. Al debatir sobre cualquier tema, un Representante de una Parte Consultiva puede presentar una moción de suspensión o el aplazamiento de la Reunión. Tales mociones no deberán debatirse, sino que someterse inmediatamente a votación. El Presidente puede limitar el tiempo que se permite para que el orador presente la moción de suspensión o aplazamiento de la Reunión.

20. De conformidad con la Regla 15, las siguientes mociones deberán tener prioridad en el siguiente orden sobre todas las otras propuestas antes de la Reunión:

a)   suspensión de la Reunión;

b)   aplazamiento de la Reunión;

c)   aplazamiento del debate sobre el tema en discusión;

d)   cierre del debate sobre el tema en discusión.

21. Las decisiones de la Reunión sobre todos los temas de procedimientos deberán ser tomadas por una mayoría de Representantes de las Partes Consultivas que participan en la Reunión, cada una de las cuales deberá tener un voto.

Idiomas

22. Los idiomas oficiales de la Reunión deberán ser inglés, francés, ruso y español.

23. Es posible que algún Representante se dirija a la Reunión en un idioma que no sea el oficial, en cuyo caso dicho Representante deberá proporcionar los servicios de interpretación hacia uno de los idiomas oficiales.

Medidas, Decisiones e Informe Final

24. Sin perjuicio de la Regla 21, las Medidas, Decisiones y Resoluciones, como se las menciona en la Decisión 1 (1995), deberán ser aprobadas por los Representantes de todas las Partes Consultivas presentes y, en lo sucesivo estarán sujetas a las disposiciones de la Decisión 1 (1995).

25. El Informe Final también deberá contener una breve descripción de los procedimientos de la Reunión. Será aprobado por una mayoría de Representantes de las Partes Consultivas presentes y el Secretario Ejecutivo deberá transmitirlo a los gobiernos de todas las Partes Consultivas y No Consultivas invitadas a participar en la Reunión para su consideración.

26. No obstante la Regla 25, el Secretario Ejecutivo, inmediatamente después del cierre de la Reunión Consultiva, deberá notificar a todas las Partes Consultivas acerca de todas las Medidas, Decisiones y Resoluciones tomadas, y remitirles las copias autentificadas de los textos definitivos en el idioma de la Reunión que resulte adecuado. Con respecto a una Medida aprobada de conformidad con los procedimientos del Artículo 6 u 8 del Anexo V del Protocolo, la notificación correspondiente deberá incluir el período necesario para la aprobación de dicha Medida.

Partes no consultivas

27. Si se los invita a asistir a una Reunión Consultiva, los Representantes de Partes no Consultivas pueden estar presentes en:

a) todas las sesiones plenarias de la Reunión; y en

b)   todos los Comités o Grupos de trabajo formales, lo que incluye a todas las Partes Consultivas, a menos que un Representante de una Parte Consultiva solicite lo contrario en un caso específico.

28. El Presidente relevante puede invitar a un Representante de una Parte Consultiva a dirigirse a la Reunión, Comité o Grupo de trabajo al que asista, a menos que un Representante de una Parte Consultiva solicite lo contrario. El Presidente deberá dar la prioridad en todo momento a los Representantes de las Partes Consultivas que expresen su intención de hablar y, al invitar a representantes de Partes no Consultivas, puede limitar el tiempo asignado a cada orador y la cantidad de veces que estos puedan referirse a cualquier asunto.

29. Las Partes no Consultivas no tienen derecho a participar en la toma de decisiones.

30.

a)   Las Partes no Consultivas pueden presentar documentos a la Secretaría para que se distribuyan en la Reunión como Documentos de Información. Tales documentos deberán ser pertinentes a los temas sometidos a la consideración del Comité durante la Reunión.

b)   A menos que un Representante de una Parte Consultiva solicite lo contrario, tales documentos se pondrán a disposición solamente en los idiomas en que se presenten.

Observadores del Sistema del Tratado Antártico

31. Los Observadores referidos en la Regla 2 deberán asistir a las Reuniones con el fin específico de informar sobre:

a)   en el caso de la Convención sobre la Conservación de los Recursos Marinos Vivos, los avances obtenidos en su área de competencia;

b)   en el caso del Comité científico de Investigación Antártica:

  i)   los procedimientos generales del SCAR;

  ii)   temas dentro de la competencia del SCAR, de conformidad con la Convención para la Conservación de Focas Antárticas;

  iii)   las publicaciones e informes que puedan haber sido publicados o preparados de conformidad con las Recomendaciones IX-19 y VI-9, respectivamente.

c)   en el caso del Consejo de Administradores de los programas antárticos nacionales, las actividades dentro de su área de competencia.

32. Los Observadores pueden estar presentes en:

a.   las sesiones plenarias de la Reunión en las cuales se considere el informe correspondiente;

b.   los comités o grupos de trabajo formales, que comprenden todas las Partes Partes Consultivas, en los que se considere el Informe correspondiente, a menos que un Representante de una Parte Consultiva solicite lo contrario en un caso particular.

33. Tras la presentación del correspondiente informe, el Presidente relevante puede invitar al Observador a dirigirse una vez más a la Reunión en la que este se esté considerando, a menos que un Representante de una Parte Consultiva solicite lo contrario. El Presidente puede asignar un límite de tiempo para tales intervenciones.

34. Los Observadores no tienen derecho a participar en la toma de decisiones.

35. Los Observadores pueden presentar a la Secretaría sus informes o documentos relevantes a los temas contenidos en estos, para su distribución a la Reunión como Documentos de Trabajo.

Programa de las Reuniones Consultivas

36. Al final de cada Reunión Consultiva, el Gobierno anfitrión de dicha Reunión deberá preparar un programa preliminar para la siguiente Reunión Consultiva. Si la Reunión aprueba el programa preliminar para la siguiente Reunión, este se anexará al Informe Final de la Reunión.

37. Una Parte contratante puede proponer elementos complementarios para el programa preliminar informando al Gobierno anfitrión de la próxima Reunión consultiva en un plazo no mayor a 180 días antes del comienzo de la Reunión; cada propuesta deberá estar acompañada de un memorando explicativo. El Gobierno anfitrión deberá atraer la atención de todas las Partes contratantes hacia esta Regla en un plazo que no supere los 210 días antes de la Reunión.

38. El Gobierno anfitrión deberá preparar un programa provisional para la Reunión Consultiva. El programa provisional deberá contener:

a)   todos los elementos del programa preliminar decididos de conformidad con la Regla 36; y

b)   todos los elementos cuya inclusión haya sido solicitada por una Parte contratante, de conformidad con la Regla 37.

En un plazo no superior a los 120 días antes de la Reunión, el Gobierno anfitrión deberá transmitir el programa provisional a todas las Partes contratantes, junto con los memorandos explicativos y demás documentos asociados a esta.

Expertos de organizaciones internacionales

39. Al término de cada Reunión Consultiva, la Reunión deberá decidir las organizaciones internacionales que tengan interés científico o técnico en la Antártida que deben ser invitadas a designar un experto para asistir a la próxima Reunión con el fin de brindarle asistencia en su trabajo de fondo.

40. En adelante, cualquier Parte contratante puede proponer que se extienda una invitación a otras organizaciones internacionales que tengan interés científico o técnico en la Antártida para que brinden su asistencia a la Reunión en su trabajo de fondo; cada una de dichas propuestas deberá enviarse al Gobierno anfitrión de dicha Reunión en un plazo no superior a

los 180 días antes del inicio de la Reunión, y deberán estar acompañadas de un memorando que establezca la base de la propuesta.

41. El Gobierno anfitrión debe transmitir estas propuestas a todas las Partes contratantes, de conformidad con el procedimiento contenido en la Regla 38. Cualquier Parte consultiva que desee objetar una propuesta deberá hacerlo en un plazo inferior a los 90 días antes de la Reunión.

42. A menos que se haya recibido tal objeción, el Gobierno anfitrión debe extender invitaciones a las organizaciones internacionales identificadas, de conformidad con las Reglas 39 y 40, y deberá solicitar a cada organización que le informe sobre el nombre del experto designado antes de la apertura de la Reunión. Todos esos expertos pueden asistir a la Reunión durante la consideración de todos los temas, con excepción de aquellos temas relacionados con el funcionamiento del Sistema del Tratado Antártico que hayan sido identificados por la Reunión anterior o durante la aprobación del programa.

43. El Presidente relevante, con la aprobación de todas las Partes Consultivas, puede solicitar a un experto que se dirija a la Reunión a la que asiste. El Presidente, en todo momento, deberá dar la prioridad a los Representantes de las Partes Consultivas, las Partes no Consultivas o los Observadores mencionados en la Regla 31, que expresen su intención de hablar y, al invitar a un experto, puede limitar el tiempo que se le asigne y la cantidad de veces que pueda referirse a algún asunto.

44. Los Expertos no tienen derecho a participar en la toma de decisiones.

45.

a)   Los Expertos pueden presentar a la Secretaría documentos relativos a temas del programa relevantes, para su distribución a la Reunión como Documentos de Información.

b)   A menos que un Representante de una Parte Consultiva solicite lo contrario, dichos documentos deberán ponerse a disposición en los idiomas en que se presentan únicamente.

Consultas intersesionales

46. Intersesionalmente, el Secretario Ejecutivo deberá, en el ámbito de su competencia y según se estipula en conformidad con la Medida 1 (2003) y los instrumentos asociados que controlan la operación de la Secretaría, asesorar a las Partes Consultivas, cuando se le solicite legalmente de conformidad con los instrumentos relevantes de la RCTA, y cuando sea necesario tomar medidas para satisfacer las exigencias de las circunstancias antes de la apertura de la próxima RCTA, usando el siguiente procedimiento:

a)   Cada Parte Consultiva deberá mantener informado al Secretario Ejecutivo, de manera constante, acerca de su Representante o de sus Representantes alternos, quienes tendrán autoridad para hablar en representación de su Parte Consultiva a los fines de las consultas intersesionales.

b) El Secretario Ejecutivo deberá mantener una lista de los Representantes y Representantes alternos y deberá garantizar que dicha lista se mantenga actualizada.

c) Cuando se requiera realizar consultas intersesionales, el Secretario Ejecutivo deberá transmitir la información relevante y cualquier medida propuesta a las Partes Consultivas a través de sus Representantes y Representantes alternos designados en virtud del párrafo (a) anterior, indicando la fecha adecuada antes de la cual se hayan solicitado las respuestas.

d) El Secretario Ejecutivo deberá garantizar que todas las Partes Consultivas acusen recibo de la comunicación.

e) Cada Parte Consultiva debe considerar el tema y comunicar su respuesta al Secretario Ejecutivo, si la hay, a través de su Representante o de un Representante suplente antes de la fecha especificada.

f) El Secretario Ejecutivo, luego de informar a las Partes Consultivas del resultado de las consultas, puede proceder a tomar medidas siempre que ninguna Parte Consultiva haya presentado una objeción.

g) El Secretario Ejecutivo deberá mantener un registro de las consultas intersesionales, así como de los resultados de dichas consultas intersesionales y las medidas que haya tomado, y estos resultados y medidas deberán reflejarse en su informe a la RCTA, para su revisión.

47. Intersesionalmente, al recibir una solicitud de información sobre las actividades de la RCTA de parte de una organización internacional con interés científico o técnico en la Antártida, el Secretario Ejecutivo deberá coordinar una respuesta mediante el siguiente procedimiento:

a) El Secretario Ejecutivo deberá transmitir la solicitud y un primer borrador de respuesta a todas las Partes Consultivas a través de sus Representantes y Representantes alternos designados en virtud de la Regla 46 (a), proponiendo una respuesta a la solicitud e incluyendo una fecha adecuada antes de la cual las Partes Consultivas deben (1) indicar que no sería adecuado responder; o (2) proporcionar comentarios al primer proyecto de respuesta.

La fecha otorgará un período razonable para proporcionar comentarios, tomando en cuenta los plazos finales estipulados por las iniciales solicitudes de información.

Si una Parte consultiva indica que no sería adecuada una respuesta, el Secretario Ejecutivo deberá enviar una respuesta formal solamente, reconociendo la solicitud, sin profundizar en el tema.

b) Si no se han presentado objeciones para proceder, y si los comentarios han sido proporcionados antes de la fecha especificada en la comunicación referida en el párrafo (a) supra, el Secretario Ejecutivo deberá examinar la respuesta a la luz de los comentarios, y transmitir la respuesta revisada a todas las Partes Consultivas, incluyendo una fecha adecuada antes de la cual se solicitan reacciones.

c)   Si se entregan nuevos comentarios antes de la fecha indicada sobre la comunicación referida el párrafo (b) supra, el Secretario Ejecutivo repetirá el procedimiento referido en el párrafo (b) supra hasta que ya no se proporcionen nuevos comentarios.

d)   Si antes de la fecha especificada no se entregan comentarios sobre una comunicación como la referida en los párrafos (a), (b) o (c) supra, el Secretario Ejecutivo deberá distribuir una confirmación digital de lectura y una de aceptación de cada Parte Consultiva, sugiriendo una fecha antes de la cual debería recibirse la confirmación de la aceptación. El Secretario Ejecutivo deberá mantener informadas a las Partes Consultivas sobre los avances de las confirmaciones recibidas.

Después de recibir las confirmaciones de aceptación de todas las Partes Consultivas, el Secretario Ejecutivo deberá firmar y remitir, a nombre de todas las Partes Consultivas, la respuesta a la organización internacional interesada, y deberá proporcionar una copia de la respuesta firmada a todas ellas.

e)   Durante cualquier etapa del proceso cualquier Parte Consultiva puede solicitar más tiempo para consideraciones.

f)   Durante cualquier etapa del proceso cualquier Parte Consultiva puede indicar que no sería adecuado responder a la solicitud, en cuyo caso el Secretario Ejecutivo deberá presentar solamente una respuesta formal, reconociendo la solicitud, sin profundizar en el tema.

Documentos de la Reunión

48. Los Documentos de Trabajo deberán referirse a los documentos presentados por las Partes Consultivas que sea necesario debatir y sobre los cuales deban tomarse medidas durante una Reunión, así como también los documentos presentados por los Observadores mencionados en la Regla 2.

49. Los Documentos de la Secretaría deben hacer referencia a documentos preparados por la Secretaría de acuerdo con un mandato establecido en una Reunión, o que, en opinión del Secretario Ejecutivo, contribuirían a informar a la Reunión o ayudarían a su operación.

50. Los Documentos de Información deberán referirse a:

•   documentos presentados por las Partes Consultivas u Observadores que proporcionen información de apoyo a un Documento de trabajo, o a documentos que tengan relevancia para los debates sostenidos en una Reunión;

•   documentos presentados por Partes no Consultivas que tengan relevancia para los debates de una Reunión; y

•   documentos presentados por Expertos que tengan relevancia para los debates de una Reunión.

51. Los Documentos de Antecedentes deberán referirse a documentos presentados por cualquier participante. Estos documentos no serán presentados en una Reunión, pero tienen como fin el complementar la información de manera formal.

281

52. Los procedimientos para la presentación, traducción y distribución de documentos están anexos a estas Reglas de procedimiento.

Correcciones

53. Estas Reglas de Procedimiento pueden rectificarse mediante una mayoría de dos tercios de los Representantes de las Partes Consultivas que participen de la Reunión. Esta Regla no se aplicará a las Reglas 24, 27, 29, 34, 39-42, 44, y 46, para las cuales, en caso de rectificaciones, será necesaria la aprobación de los Representantes de todas las Partes Consultivas presentes en la Reunión.

Anexo

Directrices revisadas para la presentación, traducción y distribución de documentos para la RCTA y el CPA

1. Estos procedimientos se aplican a la presentación, traducción y distribución de documentos oficiales para la Reunión Consultiva del Tratado Antártico (RCTA) y para el Comité de Protección Ambiental (CPA), según se define en sus Reglas de Procedimiento. Estos Documentos consisten en Documentos de Trabajo, Documentos de la Secretaría, Documentos de Información y Documentos de Antecedentes.

2. Los Documentos que se someten tanto a la RCTA como al CPA deberían indicar, si es factible, las secciones o elementos del documento que, en opinión del ponente, deben debatirse en cada foro.

3. Los Documentos que deben traducirse son los Documentos de Trabajo, Documentos de la Secretaría, los informes presentados a la RCTA por los Observadores y Expertos invitados de conformidad con las disposiciones de la Recomendación XIII-2, los informes presentados a la RCTA en relación con el Artículo III-2 del Tratado Antártico, y los Documentos de Información que una Parte Consultiva solicite que se traduzcan. Los Documentos de Antecedentes no se traducen.

4. Los documentos a traducir, con excepción de los informes de los Grupos de Contacto Intersesional (GCI) coordinados por la RCTA o el CPA, informes del Presidente de la Reunión de Expertos del Tratado Antártico, y el Informe y el Programa de la Secretaría, no deben exceder las 1500 palabras. Al calcular la extensión del documento, no se incluyen las Medidas, Decisiones y Resoluciones propuestas, como tampoco sus adjuntos.

5. Los documentos a traducir deberían ser recibidos por la Secretaría en un plazo no superior a los 45 días antes de la Reunión Consultiva. Si tal documento se presenta más allá de 45 días antes de la Reunión Consultiva, sólo puede considerarse si ninguna Parte Consultiva presenta una objeción.

6. La Secretaría debería recibir los Documentos de Información para los que se ha solicitado traducción, y los Documentos de Antecedentes que se desee incluir en el Informe Final a más tardar 30 días antes de la Reunión.

7. La Secretaría indicará en cada documento presentado por una Parte Contratante, un Observador o un Experto, la fecha de su presentación.

8. Si se hiciera una versión revisada de un documento después de remitir su presentación inicial a la Secretaría para su traducción, el texto revisado debe indicar claramente las enmiendas que se han incorporado.

9. Los Documentos deberían ser transmitidos a la Secretaría por medios electrónicos y se subirán a la página principal de la RCTA establecida por la Secretaría. Los Documentos de Trabajo recibidos antes del plazo límite de 45 días deberán cargarse lo antes posible y, en todo caso, 30 días antes de la reunión a más tardar. Los documentos se deben cargar inicialmente en la parte protegida por contraseña del sitio Web y traspasarse a la parte no protegida por contraseña una vez concluida la Reunión.

10. Las Partes pueden decidir presentar a la Secretaría, para su traducción, un documento para el cual no se haya presentado una solicitud de traducción durante la Reunión.

11. No se usará ningún documento presentado a la RCTA como base de debate en la RCTA, salvo que haya sido traducido a los cuatro idiomas oficiales.

12. Dentro de los tres meses posteriores a la finalización de la Reunión Consultiva, la Secretaría publicará en la página principal de la RCTA una versión preliminar del Informe Final de dicha Reunión en los cuatro idiomas oficiales Esta versión del informe incluirá una leyenda clara con el texto "PRELIMINAR" y deberá indicar que está sujeta a procesos finales de formateo, edición y publicación.

13. Dentro de los seis meses posteriores a la finalización de la Reunión Consultiva, la Secretaría deberá distribuir entre las Partes y publicar en la página principal de la RCTA la versión definitiva del Informe Final de dicha reunión en los cuatro idiomas oficiales.

Decisión 3 (2016)

Informe, programa y presupuesto de la Secretaría

Los Representantes,

Recordando la Medida 1 (2003) sobre el establecimiento de la Secretaría del Tratado Antártico ("la Secretaría");

Recordando la Decisión 2 (2012) sobre el establecimiento de un Grupo de Contacto Intersesional de composición abierta ("GCI") sobre Asuntos Financieros que debía ser coordinado por el País Anfitrión de la próxima Reunión Consultiva del Tratado Antártico ("RCTA");

Teniendo en cuenta el Reglamento Financiero de la Secretaría del Tratado Antártico anexo a la Decisión 4 (2003);

Deciden:

1. aprobar el Informe Financiero auditado para 2014/2015, anexo a esta Decisión (Anexo 1);

2. tomar nota del Informe de la Secretaría correspondiente al período 2015/2016, que incluye el Informe financiero provisional para 2015/2016 anexo a esta Decisión (Anexo 2);

3. tomar nota del perfil presupuestario quinquenal prospectivo correspondiente al período 2016 a 2020 y aprobar el Programa de la Secretaría 2016/2017, incluido el Presupuesto para 2016/2017, anexo a esta Decisión (Anexo 3); e

4. invitar al País Anfitrión de la próxima RCTA a solicitar al Secretario Ejecutivo la apertura del foro de la RCTA para el GCI sobre Asuntos Financieros, y le brinde asistencia.

Reporte final del Auditor 2014/2015

DICTAMEN DEL AUDITOR

Sr. Secretario
de la Secretaría del Tratado Antártico
Maipú 757, 4° piso
CUIT 30-70892567-1

Re: RCTA XXXIX - CPA XIX Reunión Consultiva del Tratado Antártico, 2016 - Santiago, Chile

1. Informe sobre Estados Financieros

Hemos auditado los Estados Financieros de la Secretaría del Tratado Antártico que se acompañan, los que comprenden: el Estado de Ingresos y Gastos, Estado de Situación Financiera, Estado de Evolución del Patrimonio Neto, el Estado de Flujo de Efectivo y Notas aclaratorias por el período comenzado el 1° de abril de 2014 y finalizado el 31 de marzo de 2015.

2. Responsabilidad de la Dirección en los Estados Financieros

La Secretaría del Tratado Antártico, constituida bajo la Ley de la República Argentina N° 25.888 del 14 de mayo de 2004, es responsable de la preparación y razonable presentación de estos Estados Financieros de acuerdo con las Normas Internacionales de Contabilidad y Normas específicas de las Reuniones Consultivas del Tratado Antártico. Dicha responsabilidad incluye el diseño, implementación y mantenimiento de control interno con respecto a la preparación y presentación de los estados financieros de modo que los mismos, estén libres de tergiversación, sea por fraude o error, selección e implementación de políticas contables apropiadas y elaboración de estimaciones contables que sean razonables a las circunstancias.

3. Responsabilidad del Auditor

Nuestra responsabilidad es expresar una opinión sobre estos Estados Financieros basados en la auditoría efectuada.

La auditoría se realizó conforme Normas Internacionales de Auditoría y el Anexo a la Decisión 3 (2012) de la XXXI Reunión Consultiva del Tratado Antártico, el cual describe las tareas a ser llevadas a cabo por la auditoría externa.

Dichas normas requieren el cumplimiento de requisitos éticos y un planeamiento y ejecución de auditoría para obtener seguridad razonable que los Estados Financieros están libres de incorrecciones significativas.

Una auditoría incluye la ejecución de procedimientos cuyo objeto es obtener evidencias relativas a los montos y la exposición reflejados en los Estados Financieros. Los procedimientos seleccionados dependen del juicio del auditor, incluida la valoración de los riesgos de incorrecciones significativas en los estados contables.

Al efectuar dicha evaluación de riesgos, el auditor considera el control interno relevante a la preparación y razonable presentación por la organización de los Estados Financieros a fin de diseñar los procedimientos adecuados que resulten apropiados a las circunstancias.

Una auditoría incluye además una evaluación de la idoneidad, de los principios contables utilizados, una opinión en cuanto a si los cálculos contables aplicados por la gerencia son razonables, así como también una evaluación de la presentación general de los Estados Financieros.

Consideramos que la evidencia auditada que obtuvimos es suficiente y adecuada para sustentar nuestra opinión en nuestra calidad de auditores.

4. Opinión

En nuestra opinión, los Estados Financieros auditados presentan razonablemente, en todos los aspectos significativos, el estado financiero de la Secretaría del Tratado Antártico al 31 de marzo de 2015 y su desempeño financiero por el período entonces concluido de acuerdo con las Normas Internacionales de Contabilidad y normas específicas de las Reuniones Consultivas del Tratado Antártico.

5. Información complementaria exigida por la ley

De conformidad con el análisis descrito en el punto 3, informo que los Estados Financieros citados surgen de registros contables que no se encuentran transcriptos en libros conforme las normas argentinas vigentes.

Adicionalmente, informamos que, según surge de registraciones contables al 31 de marzo de 2015, las deudas devengadas a favor del Sistema Único de Seguridad Social de la República de Argentina en pesos Argentinos y de acuerdo con las liquidaciones practicadas por la Secretaría ascienden a $124.004,85 (U$S 14.059,51), no existiendo a dicha fecha deuda exigible en pesos argentinos.

Es importante mencionar que las relaciones laborales se rigen por el Reglamento del personal de la Secretaría del Tratado Antártico.

Dra. Gisela Algaze
Contadora Pública
Tomo N° 300 Folio N° 169 CPCECABA

Buenos Aires, 8 de abril de 2016
Sindicatura General de la Nación
Av. Corrientes 389, Buenos Aires, República Argentina

1. Estado de Ingresos y Gastos de todos los fondos correspondientes al período 1ro de abril 2014 al 31 de marzo 2015 y comparativo con el año anterior.

		Presupuesto	
INGRESOS	**31/03/14**	**31/03/15**	**31/03/15**
Contribuciones (Nota 10)	1.339.600	1.379.710	1.379.710
Otros ingresos (Nota 2)	3.811	1.000	6.162
Total de ingresos	1.343.411	1.380.710	1.385.872
GASTOS			
Sueldos y remuneraciones	650.000	678.600	677.760
Servicios de traducción e interpretación	249.671	325.780	294.318
Viaje y alojamiento	81.093	110.266	104.207
Tecnología informática	41.919	44.000	33.224
Impresión, edición y copiado	12.823	23.640	18.910
Servicios generales	32.943	72.052	73.382
Comunicaciones	17.623	19.700	15.254
Gastos de oficina	11.589	18.200	12.471
Administración	11.780	20.300	8.582
Gastos de representación	2.211	3.500	4.267
Otros	0	0	0
Financiamiento	16.290	11.000	7.986
Total de gastos	1.127.942	1.327.038	1.250.361
APROPIACION DE FONDOS			
Fondo para cesantías de personal	29.369	29.820	30.314
Fondo para reemplazo de personal	0	0	0
Fondo capital de trabajo	0	6.685	6.685
Fondo para contingencias	0	0	0
Total apropiación de fondos	**29.369**	**36.505**	**36.999**
Total de gastos y apropiaciones	**1.157.311**	**1.363.543**	**1.287.360**
(Déficit) / Superávit del período	186.100	17.167	98.512

Este estado debe ser leído en forma conjunta con NOTAS 1 al 10 adjuntas.

2. Estado de Situación Financiera al 31 de marzo 2015, y comparativa con el ejercicio anterior

ACTIVOS	31/03/14	31/03/15
Activo corriente		
Caja y efectivo equivalente (Nota 3)	1.231.803	1.057.170
Contribuciones adeudadas (Nota 9 y 10)	108.057	196.163
Otros deudores (Nota 4)	37.687	39.306
Otros activos corrientes (Nota 5)	99.947	146.018
Total activo corriente	1.477.494	1.438.657
Activo no corriente		
Activo fijo (Nota 1.3 y 6)	79.614	109.434
Total activo no corriente	79.614	109.434
Total de activos	1.557.108	1.548.091
PASIVO		
Pasivo corriente		
Cuentas a pagar (Nota 7)	25.229	30.462
Contribuciones cobradas por anticipado (Notas 10)	626.595	467.986
Fondo especial voluntario para fines específicos (Nota 1.9)	0	13.372
Remuneración y contribuciones a pagar (Nota 8)	64.507	30.163
Total pasivo corriente	716.331	541.983
Pasivo no corriente		
Fondo para cesantías de personal (Nota 1.4)	176.880	207.194
Fondo para reemplazo de personal (Nota 1.5)	50.000	50.000
Fondo para contingencias (Nota 1.7)	30.000	30.000
Fondo reemplazo de activo fijo (Nota 1.8)	13.318	43.138
Total pasivo no corriente	270.198	330.332
Total del pasivo	986.529	872.315
ACTIVO NETO	570.579	675.776

Este estado debe ser leído en forma conjunta con Notas 1 al 10 adjuntas.

3. Estado de evolución de Activo Neto al 31 de marzo de 2013 y 2014

Representado por	Activo neto 31/03/14	Ingresos	Gastos y apropiaciones	Intereses ganados	Activo neto 31/03/15
Fondo general	347.312	1.379.710	(1.287.360)	6.162	445.824
Fondo capital de trabajo (Nota 1.6)	223.267		6.685		229.952
Activo neto	570.579				675.776

Este estado debe ser leído en forma conjunta con Notas 1 al 10 adjuntas.

4. Estado de flujo de fondos para el período 1 de abril 2014 al 31 de marzo 2015 y comparativa con el ejercicio anterior.

Variaciones en efectivo y efectivo equivalente		31/03/15	31/03/14
Efectivo y efectivo equivalente al inicio		1.231.803	
Efectivo y efectivo equivalente al cierre		1.057.170	
Incremento neto del efectivo y efectivo equivalente		(174.633)	342.716
Causas de las variaciones del efectivo y efectivo equivalente			
Actividades operativas			
Contribuciones cobradas	665.014		
Pago de remuneraciones y sueldos	(732.513)		
Pago de servicios de traducción	(291.846)		
Pago de viajes, alojamiento, etc.	(114.420)		
Pago impresión, edición y copiado	(18.910)		
Pago servicios generales	(56.338)		
Otros pagos a proveedores	(36.290)		
Flujo neto del E. y E.E. generados por actividades operativas		(585.303)	(262.333)
Actividades de inversión			

Compra de activo fijo	(35.719)		
Fondo especial voluntario	0		
Flujo neto del E. y E.E. generados por actividades de inversión		(35.719)	(3.393)
Actividades de financiación			
Contribuciones recibidas por anticipado	467.986		
Cobro pt. 5.6 Reglamento de Personal	151.897		
Pago pt. 5.6 Reglamento de Personal	(152.962)		
Adelanto neto alquiler	24.400		
AFIP reembolso neto	(42.934)		
Ingresos varios	5.992		
Flujo neto del E. y E.E. generados por actividades de financiación		454.379	624.732
Actividades en moneda extranjera			
Pérdida neta	(7.991)		
Flujo neto del E. y E.E. generados por moneda extranjera		(7.991)	(16.290)
Incremento neto del efectivo y efectivo equivalente		(174.632)	342.716

Este estado debe ser leído en forma conjunta con Notas 1 al 10 adjuntas.

Notas a los estados contables al 31 de marzo de 2014 y 2015

1 BASES PARA LA ELABORACION DE LOS ESTADOS CONTABLES

Los presentes estados contables, están expresados en dólares estadounidenses, siguiendo los lineamientos establecidos en el Reglamento Financiero, Anexo a la Decisión 4 (2003). Dichos estados fueron preparados de acuerdo con las Normas Internacionales de Información Financiera (NIIF) del Consejo de Normas Internacionales de Contabilidad (del ingles IASB).

1.1. Costo histórico

Los estados contables han sido preparados de acuerdo a la convención de costo histórico, excepto lo indicado en contrario.

1.2. Oficina

La oficina de la Secretaria está provista por el Ministerio de Relaciones Exteriores, Comercio Exterior y Culto de la República Argentina. Su uso es libre de gastos de alquiler como de los gastos comunes.

1.3. Activo Fijo

Los bienes están valuados a su costo histórico, menos la correspondiente depreciación acumulada. La depreciación es calculada por el método de la línea recta aplicando tasas anuales suficientes para extinguir sus valores al final de la vida útil estimada. El valor residual de los bienes de uso en su conjunto, no supera su valor de utilización económica.

1.4. Fondo para cesantías de personal ejecutivo

De acuerdo al Reglamento del Personal artículo 10.4, el fondo contara con los fondos necesarios para indemnizar al personal Ejecutivo a razón de un mes de sueldo base por cada año de servicio.

1.5. Fondo para reemplazo de personal

El fondo sirve para solventar los gastos de traslado del personal ejecutivo de la Secretaría hacia y desde la sede de la Secretaría.

1.6. Fondo capital de trabajo

De acuerdo al Reglamento Financiero articulo 6.2 (a), este no deberá ser superior a un sexto (1/6) del presupuesto del corriente ejercicio.

1.7. Fondo para contingencia

De acuerdo a la Decisión 4 (2009), se creó el Fondo para sufragar los gastos de traducción, que puedan ser ocasionados por el aumento imprevisto del volumen de documentos presentados a la RCTA para ser traducidos.

1.8. Fondo reemplazo de activo fijo

De acuerdo a las NIC los activos cuya vida útil excede a un ejercicio deberán ser expuestos como un activo en el Estado de Situación Financiera. Hasta marzo 2010, la contrapartida era un ajuste al Fondo General. A partir de abril 2010 la contrapartida de estos activos será reflejada en el pasivo bajo este concepto.

1.9. Fondo especial voluntario para fines específicos

Pt (82) del Informe Final RCTA XXXV, para recibir contribuciones voluntarias de las partes. El Fondo voluntario es dinero para hacer frente al pago de los alquileres y gastos comunes para el año fiscal.

1.10. Contribuciones no recibidas

Al fin de cada ejercicio existen contribuciones que no han sido canceladas. Esto conlleva a que el Fondo General incremente en una cantidad igual a las contribuciones no canceladas. De acuerdo con el Reglamento Financiero en su artículo 6.(3), "... notificar a las Partes Consultivas sobre todo superávit de caja del Fondo General...", en el ejercicio finalizado el 31 de marzo de 2015 habría que deducir $ 196.163, y el 31 de marzo de 2014 habría que deducir $ 108.057.

Notas a los estados contables al 31 de marzo de 2014 y 2015

		31/03/14	31/03/15
2 Otros ingresos	Intereses ganados	3.740	6.162
	Descuentos obtenidos	71	0
	Total	**3.811**	**6.162**
3 Caja y efectivo equivalente	Efectivo dólares	1.185	61
	Caja en pesos argentinos	382	480
	BNA, cuenta especial en dólares	411.565	539.324
	BNA, cuenta especialen pesos argentinos	15.557	17.077
	Santander Rio checking account in ARS	0	58
	Inversiones	803.114	500.170
	Total	**1.231.803**	**1.057.170**
4 Otros deudores	Reglamento de personal pt. 5.6	37.687	39.306
5 Otros activos corrientes	Pagos por adelantado	80.561	86.992
	IVA por cobrar	14.771	54.250
	Otros gastos a recuperar	4.615	4.776
	Total	**99.947**	**146.018**
6 Activo Fijo	Libros y suscripciones	8.104	8.667
	Aparatos de oficina	11.252	37.234
	Muebles	45.466	45.466
	Equipos y software de computación	95.025	120.262
	Total costo original	159.847	211.629
	Depreciación acumulada	(80.233)	(102.195)
	Total	**79.614**	**109.434**
7 Cuentas a pagar	Comerciales	3.764	8.670
	Gastos devengados	20.854	18.287
	Otros	611	3.504
	Total	**25.229**	**30.462**
8 Remuneraciones y contribuciones a pagar	Remuneraciones	45.479	9.274
	Contribuciones	19.028	20.889
	Total	**64.507**	**30.163**

Notas a los estados contables al 31 de marzo de 2014 y 2015

9. Contribuciones adeudadas, comprometidas, canceladas y anticipadas

Contribuciones Partes	Adeudadas 31/03/14	Comprometidas	Canceladas $	Adeudadas 31/03/15	Anticipadas 31/03/15
Argentina		60.346	60.346	0	0
Australia	25	60.346	60.346	25	60.347
Bélgica	68	40.110	40.128	50	0
Brasil	866	40.110	708	40.268	0
Bulgaria		34.038	34.038	0	33.923
Checoslovaquia		40.110	40.110	0	0
Chile		46.181	46.181	0	46.119
China	25	46.181	46.181	25	0
Ecuador	34.039	34.038	34.038	34.039	0
Finlandia		40.110	40.110	0	40.021
Francia		60.346	60.346	0	60.347
Alemania	23	52.250	52.262	11	0
India	74	46.181	46.143	112	0
Italia		52.250	52.250	0	0
Japón		60.346	60.346	0	0
Corea		40.110	40.110	0	0
Países Bajos		46.181	46.181	0	0
Nueva Zelandia		60.346	60.321	25	60.391
Noruega	35	60.346	60.321	60	60.372
Perú	32.692	34.038	65.643	1.087	0
Polonia		40.110	40.110	0	0
Rusia		46.181	46.181	0	0
Sudáfrica		46.181	46.181	0	46.119
España	25	46.181	46.181	25	0
Suecia		46.181	46.151	30	0
Ucrania	40.110	40.110	0	80.220	0
Reino Unido		60.346	60.346	0	0
Estados Unidos	25	60.346	60.346	25	60.347
Uruguay	50	40.110	0	40.160	0
Total	108.057	1.379.710	1.291.605	196.163	467.986

[FIRMA]
Dr. Manfred Reinke
Secretario Ejecutivo

[FIRMA]
Roberto A. Fennell
Director de finanzas

Informe financiero provisional para 2015/2016

Estimado de ingresos y gastos para todos los fondos correspondientes al período comprendido entre el 1 de abril de 2015 y el 31 de marzo de 2016

PARTIDAS PRESUPUESTARIAS	Estado auditado 2014/2015	Presupuesto 2015/2016	Estado Provisional 2015/2016
INGRESOS			
CONTRIBUCIONES			
comprometidas	$ -1.379.710	$ -1.378.097	$ -1.378.099
Otros ingresos	$ -6.162	$ -1.000	$ -13.577
Ingreso total	**$ -1.385.872**	**$ -1.379.097**	**$ -1.391.676**
GASTOS			
SUELDOS			
Ejecutivos	$ 322.658	$ 331.680	$ 331.679
Personal de servicios generales	$ 318.417	$ 330.098	$ 330.359
Personal de apoyo a la RCTA	$ 16.496	$ 18.192	$ 16.398
Estudiantes en práctica	$ 6.837	$ 10.600	$ 3.667
Horas extraordinarias	$ 13.351	$ 16.000	$ 12.552
	$ 677.760	**$ 706.570**	**$ 694.656**
TRADUCCIÓN E INTERPRETACIÓN			
*) Traducción e interpretación	**$ 294.318**	**$ 323.000**	**$ 301.634**
VIAJES			
Viajes	**$ 104.207**	**$ 99.000**	**$ 88.741**
TECNOLOGÍA INFORMÁTICA			
Hardware	$ 8.315	$ 10.815	$ 13.306
Software	$ 4.468	$ 3.500	$ 1.940
Desarrollo	$ 13.104	$ 24.000	$ 17.693
Soporte	$ 5.451	$ 9.500	$ 11.009
	$ 33.224	**$ 47.815**	**$ 43.949**
IMPRESIÓN, EDICIÓN Y COPIAS			
Informe final	$ 13.473	$ 17.850	$ 6.510
Compilación	$ 639	$ 3.500	$ 2.000
Directrices para sitios	$ 3.396	$ 3.500	$ 0
	$ 18.910	**$ 24.850**	**$ 8.995**

PARTIDAS PRESUPUESTARIAS	Estado auditado 2014/2015	Presupuesto 2015/2016	Estado Provisional 2015/2016
SERVICIOS GENERALES			
Asesoramiento jurídico	$ 1.036	$ 4.200	$ 2.008
Auditorías externas	$ 9.345	$ 10.500	$ 9.539
Limpieza, mantenimiento y seguridad	$ 50.820	$ 19.011	$ 12.829
Capacitación	$ 4.401	$ 6.880	$ 4.275
Bancos	$ 5.276	$ 6.300	$ 5.143
Alquiler de equipos	$ 2.504	$ 2.556	$ 2.543
	$ 73.382	**$ 49.447**	**$ 36.335**
COMUNICACIONES			
Teléfono	$ 5.201	$ 5.460	$ 6.535
Internet	$ 2.487	$ 3.150	$ 2.574
Alojamiento web	$ 6.731	$ 9.450	$ 6.846
Franqueo	$ 834	$ 2.625	$ 5.437
	$ 15.254	**$ 20.685**	**$ 21.393**
OFICINA			
Librería e insumos	$ 4.562	$ 4.515	$ 4.084
Libros y suscripciones	$ 1.299	$ 3.150	$ 1.994
Seguros	$ 2.558	$ 3.675	$ 3.603
Mobiliario	$ 0	$ 7.945	$ 4.535
*) Insumos de oficina	$ 4.053	$ 21.200	$ 21.416
Mantenimiento	$ 0	$ 2.625	$ 0
	$ 12.471	**$ 43.110**	**$ 35.632**
ADMINISTRACIÓN			
Suministros	$ 3.749	$ 4.725	$ 2.618
Transporte local	$ 318	$ 840	$ 483
Varios	$ 3.477	$ 4.200	$ 1.481
Servicios (energía)	$ 1.038	$ 6.550	$ 3.199
	$ 8.582	**$ 16.315**	**$ 7.781**
REPRESENTACIÓN			
Representación	**$ 4.267**	**$ 4.000**	**$ 3.950**
FINANCIAMIENTO			
Pérdidas por intercambio monetario	**$ 7.986**	**$ 11.393**	**$ 10.540**
SUBTOTAL DE ASIGNACIONES	**$ 1.250.361**	**$ 1.346.185**	**$ 1.253.605**

PARTIDAS PRESUPUESTARIAS	Estado auditado 2014/2015	Presupuesto 2015/2016	Estado Provisional 2015/2016
ASIGNACIÓN DE FONDOS			
Fondo de contingencia para traslados	$ 0	$ 0	$ 0
Fondo de sustitución de personal	$ 0	$ 0	$ 0
Fondo de liquidación de personal	$ 30.314	$ 32.912	$ 32.912
Fondo de operaciones	$ 6.685	$ 0	$ 0
	$ 36.999	**$ 32.912**	**$ 32.912**
TOTAL DE ASIGNACIONES	**$1.287.360**	**$1.379.097**	**$1.286.517**
**) Contribuciones impagas	**$ 40.325**	**$ 0**	**$ 81.547**
BALANCE	**$ 58.187**	**$ 0**	**$ 23.612**

Sumario de fondos

Fondo de contingencia para traslados	$ 30.000	$ 30.000	$ 30.000
Fondo de sustitución de personal	$ 50.000	$ 50.000	$ 50.000
Fondo de liquidación de personal	$ 207.194	$ 240.101	$ 237.489
***) Fondo de operaciones	$ 229.952	$ 229.952	$ 229.952

* En el presupuesto 2015/2016, se realizó una transferencia desde la partida presupuestaria "Traducción e interpretación" a "Insumos de oficina" (véase el Documento de Secretaría SP 3)

** Contribuciones impagas al 31 de marzo de 2016

*** Importe máximo requerido

Fondo de operaciones (Reg. Fin. 6.2)	$ 229.683	$ 229.683	$ 229.683

Programa de la Secretaría para 2016/2017

Introducción

Este programa de trabajo establece las actividades propuestas para la Secretaría en el Ejercicio Económico 2016/2017 (viernes, 01 de abril de 2016 al viernes 31 de marzo de 2017). Las principales áreas de actividad de la Secretaría se tratan en las tres primeras partes, que están seguidas de una sección sobre la gestión y una previsión del programa para el Ejercicio Económico 2017/2018.

En los apéndices se presentan: el Presupuesto para el Ejercicio Económico 2016/2017, el Presupuesto Proyectado para el Ejercicio Económico 2017/2018, y las escalas de contribuciones y salarios correspondientes.

El programa y las cifras presupuestarias que lo acompañan correspondientes al ejercicio económico 2016/2017 se basan en el Presupuesto Proyectado para el Ejercicio Económico 2016/2017 (Decisión 3 (2015), Anexo 3, Apéndice 1).

El programa se centra en las actividades regulares, tales como la preparación de las RCTA XXXVIX y XL, la publicación de Informes Finales, y las diversas tareas específicas asignadas a la Secretaría en virtud de la Medida 1 (2003).

Contenidos:

1. Apoyo a la RCTA/CPA
2. Tecnología informática
3. Documentación
4. Información pública
5. Administración
6. Programa Proyectado para el Ejercicio Económico 2016/2017

   • Apéndice 1: Informe provisional para el Ejercicio Económico 2015/2016, Presupuesto para el Ejercicio Económico 2016/2017, Presupuesto Proyectado para el Ejercicio Económico 2017/2018

   • Apéndice 2: Escala de contribuciones para el Ejercicio Económico 2017/2018

   • Apéndice 3: Escala de salarios

1. Apoyo de la RCTA y del CPA

XXXIX RCTA

La Secretaría brindará apoyo a la XXXVIII RCTA a través de la recopilación y compaginación de los documentos para la reunión y de su publicación en una sección con acceso restringido en el sitio web de la Secretaría. La Secretaría proporcionará, además, una unidad flash USB a todos los delegados. Se trata de una aplicación que permite la exploración de todos los documentos y la sincronización automática con la base de datos en línea para obtener las actualizaciones más recientes. La sección para Delegados proporcionará un registro en línea de los delegados y dispondrá de una lista actualizada de los delegados para descarga.

La Secretaría apoyará el funcionamiento de la RCTA a través de la producción de los Documentos de la Secretaría, de un Manual para Delegados y de resúmenes de los documentos de la RCTA, del CPA y de los Grupos de Trabajo de la RCTA.

La Secretaría organizará los servicios de traducción e interpretación. La Secretaría es responsable de la traducción de documentos antes y después de las sesiones y de los servicios de traducción que se ofrecen durante la RCTA. Mantiene contactos con la empresa proveedora de servicios de interpretación, ONCALL.

La Secretaría organizará los servicios de toma de apuntes en cooperación con la secretaría del país anfitrión y es responsable de la compilación y edición de los Informes del CPA y de la RCTA para su aprobación durante la sesión plenaria final.

La Secretaría también prestará respaldo al Taller Conjunto del CPA y el CC-CCRVMA que se realizará en Punta Arenas, en mayo de 2016, a través de una sección de documentos con acceso restringido en el sitio web, estará a cargo de la gestión de los documentos presentados y prestará asistencia en el proceso de inscripciones.

XL RCTA

La Secretaría del País Anfitrión, China, y la Secretaría del Tratado Antártico prepararán en conjunto la XL RCTA, que se realizará en China entre mayo y junio de 2017.

La Secretaría apoyará el funcionamiento de la RCTA a través de la producción de los Documentos de la Secretaría, de un Manual para Delegados y de resúmenes de los documentos, y sus programas con anotaciones para la RCTA, el CPA y los Grupos de Trabajo de la RCTA.

Coordinación y contacto

Además de mantener un contacto constante con las Partes y con instituciones internacionales del Sistema del Tratado Antártico por correo electrónico, teléfono y otros medios, la asistencia a las reuniones es una herramienta importante para mantener la coordinación y la comunicación.

Los viajes que se realizarán serán los siguientes:

- XXVII Reunión General Anual del COMNAP (RGA), Goa, India, 16 al 18 de agosto de 2016. La asistencia a la reunión proporcionará la oportunidad de fortalecer aun más las conexiones y la interacción con el COMNAP.

- XXXIV Reunión de Delegados del SCAR, Kuala Lumpur, Malasia, 29-30 de agosto de 2016. La asistencia a la reunión proporcionará una oportunidad de fortalecer aun más las conexiones y la interacción con el SCAR.

- CCRVMA, Hobart, Australia, 19 - 30 de octubre de 2015. La reunión de la CCRVMA, que se lleva a cabo aproximadamente a medio camino entre una RCTA y la siguiente, proporciona a la Secretaría la oportunidad de informar a los Representantes de la RCTA, muchos de los cuales asisten a la reunión de la CCRVMA, sobre los avances en el trabajo de la Secretaría. La conexión con la Secretaría de la CCRVMA también es importante para la Secretaría del Tratado Antártico, ya que muchas de sus regulaciones se elaboran tomando como modelo las de la Secretaría de la CCRVMA.

- Reuniones de coordinación con China en calidad de País Anfitrión de la XL RCTA, en agosto de 2015 y marzo de 2016.

Apoyo a actividades entre sesiones

Durante los últimos años, el CPA y la RCTA han producido una notable cantidad de trabajo entre sesiones, principalmente a través de los Grupos de Contacto Intersesional (GCI). La Secretaría ofrecerá ayuda técnica en la creación de un sistema en línea de los GCI, según lo acordado en la XXXIX RCTA y la XIX Reunión del CPA, y producirá documentos específicos si estos son solicitados por la RCTA o por el CPA.

La Secretaría actualizará su sitio web con las medidas aprobadas por la RCTA y con la información producida por el CPA y la RCTA.

La Secretaría producirá para cada RCTA un Documento de Secretaría basándose en la información recibida del Gobierno Depositario, en el que indicará las Medidas que están vigentes y las que aún no están en vigor, así como qué Partes Consultivas han aprobado una Medida en particular, y las que aún no lo han hecho.

La Secretaría actualizará su sitio web para mostrar una lista de todas las estaciones y la fecha de la última inspección realizada, y una lista por separado de aquellas estaciones que nunca han sido inspeccionadas.

Impresión

La Secretaría traducirá, publicará y distribuirá el Informe Final y sus Anexos correspondientes a la XXXIX RCTA en los cuatro idiomas del Tratado. El texto del Informe Final se publicará en el sitio web de la Secretaría y será impreso en formato de libro. El texto completo del Informe Final estará disponible en su versión impresa (dos volúmenes) a través del comercio en línea y, además, en formato de libro electrónico.

2. Tecnología informática

Intercambio de Información

La Secretaría seguirá respaldando a las Partes en la publicación de sus materiales de intercambio de información, así como en el procesamiento de la información que se cargue mediante la funcionalidad de Carga de archivos.

La Secretaría seguirá ofreciendo asesoramiento, por pedido, al actual trabajo del GCI sobre la revisión de los requisitos de intercambio de información.

Sistema electrónico de intercambio de información

Durante la próxima temporada de operaciones, y dependiendo de las decisiones de la XXXIX RCTA, la Secretaría seguirá realizando los ajustes necesarios para facilitar el uso del sistema electrónico para las Partes, y seguirá desarrollando, además, herramientas para compilar y presentar los informes resumidos.

Base de datos de contactos

La Secretaría prevé el rediseño completo de esta herramienta, con la incorporación de nuevas tecnologías que harán que la interfaz de usuario sea más sencilla de utilizar, además de mejorar el uso de los diversos dispositivos.

Además, se implementarán procedimientos internos mejorados para la gestión de contactos y comunicaciones, incluido el desarrollo del software requerido.

Desarrollo del sitio web de la Secretaría

El nuevo sitio web continuará perfeccionándose para hacerlo más conciso y fácil de usar, y para aumentar la visibilidad de las secciones y la información de mayor relevancia.

3. Registros y documentos

Documentos de la RCTA

La Secretaría continuará sus esfuerzos por completar su archivo de los Informes Finales y otros registros de la RCTA y de otras reuniones del Sistema del Tratado Antártico en los cuatro idiomas del Tratado. La ayuda de las Partes en la recopilación y entrega de sus archivos será esencial para que la Secretaría pueda completar el archivo. El proyecto continuará durante el Ejercicio Económico 2016/2017. Para todas las delegaciones interesadas en colaborar, hay disponible una lista completa y detallada de los documentos que faltan en nuestra base de datos.

Glosario

La Secretaría continuará desarrollando su Glosario de términos y expresiones de la RCTA con objeto de generar una nomenclatura en los cuatro idiomas del Tratado. Además, mejorará aun más la implementación de un servidor de vocabulario controlado electrónicamente para administrar, publicar e intercambiar las ontologías, tesauros y listas de la RCTA.

Base de datos del Tratado Antártico

La base de datos de Recomendaciones, Medidas, Decisiones y Resoluciones de la RCTA está actualmente completa en inglés y casi completa en español y francés, si bien la Secretaría aún no dispone de varias copias de informes finales en esos idiomas. Siguen faltando algunos informes finales en ruso.

4. Información pública

La Secretaría y su sitio web seguirán funcionando como un centro de coordinación de información sobre las actividades de las Partes y los acontecimientos relevantes en la Antártida.

5. Administración

Personal

Al viernes 1 de abril de 2016, la Secretaría contaba con el siguiente personal:

Personal ejecutivo

Nombre	Cargo	Desde	Rango	Fase	Período
Manfred Reinke	Secretario ejecutivo (SE)	01-09-2009	E1	7	31-08-2017
José María Acero	Asistente del Secretario Ejecutivo (ASE)	01-01-2005	E3	12	31-12-2018

Personal general

Nombre	Cargo	Desde	Rango	Fase	Período
José Luis Agraz	Oficial de información	11-01-2004	G1	6	
Diego Wydler	Oficial de tecnología de información	02-01-2006	G1	6	
Roberto Alan Fennell	Oficial de finanzas (tiempo parcial)	01-12-2008	G2	6	
Pablo Wainschenker	Editor	02-01-2006	G2	2	
Violeta Antinarelli	Bibliotecaria (tiempo parcial)	04-01-2007	G3	6	
Anna Balok	Experta en comunicaciones (tiempo parcial)	10-01-2010	G5	6	
Viviana Collado	Directora de oficina	11-15-2012	G5	5	
Margarita Tolaba	Profesional de aseo	01-07-2015	G7	1	

La RCTA XXXVI decidió volver a nombrar al Secretario Ejecutivo para un período de cuatro años que daría comienzo el 1 de septiembre de 2013 (véase la Decisión 2 [2013]). Es posible quedurante esta Reunión la RCTA desee comenzar a considerar su reemplazo.

El Secretario Ejecutivo solicita la aprobación para ascender a la Sra. Anna Balok al nivel salarial G4 (1), y a la Sra. Viviana Collado al nivel salarial G4(1), en conformidad con la Regulación 5.5 del Reglamento del Personal.

La Sra. Balok tiene bajo su responsabilidad las comunicaciones internas y externas y los procesos de edición en la Secretaría, dando apoyo dalel Oficial de información, el Editor y el personal ejecutivo. Ella cuenta con un comprobado desempeño independiente y responsable en un amplio abanico de tareas que incluyen, entre otros, funciones de apoyo a la presidencia durante las RCTA, participación activa en los procesos de edición de informes, y funciones generales de administración de la Secretaría.

La Sra. Collado, además de sus funciones como Directora de la oficina, tiene una gran responsabilidad en la organización de los complejos asuntos bancarios con el Banco de la Nación Argentina en relación con las exenciones de la Secretaría respecto de ciertas restricciones financieras en virtud del Artículo 12 del Acuerdo de Sede. Además, se le han asignado más responsabilidades en los procesos contables de la Secretaría para implementar un sistema seguro de separación de responsabilidades en esta área.

La Secretaría invitará a estudiantes internacionales en práctica de las Partes a realizar pasantías en la Secretaría. También ha extendido una invitación para que China, como país anfitrión de la XL RCTA, envíe a un miembro de su equipo organizativo a realizar una pasantía en Buenos Aires.

Asuntos financieros

El Presupuesto para el Ejercicio Económico 2016/2017 y el Presupuesto Proyectado para el Ejercicio Económico 2017/2018 se presentan en el Apéndice 1.

Salarios

El costo de vida aumentó notablemente en la Argentina en 2015. A causa de algunos cambios en la metodología de cálculo del aumento de costos del Instituto Nacional de Estadísticas y Censos de la Argentina (INDEC), aún no están disponibles los datos estadísticos finales correspondientes al año 2015. Un cálculo realizado por la Secretaría determinó que el aumento del costo de la vida probablemente esté compensado por diversas devaluaciones menores y una gran devaluación del peso argentino frente al dólar estadounidense.

El Secretario Ejecutivo propone que no se compense el aumento en el costo de la vida al personal general y al personal ejecutivo.

La Regulación 5.10 del Reglamento de personal exige la compensación de los miembros de personal general cuando tengan que trabajar más de 40 horas durante la semana. Se solicitan horas extraordinarias durante las reuniones de la RCTA.

Fondos

Fondo de capital de trabajo

De conformidad con la Regulación Financiera 6.2 (a), el Fondo de Capital de Trabajo debe mantenerse en el orden de 1/6 del presupuesto de la Secretaría, que asciende a USD 229 952, durante los próximos años. Las contribuciones de las Partes conforman la base del cálculo del nivel del Fondo de Capital de Trabajo.

Más detalles sobre el Presupuesto Preliminar para el Ejercicio Económico 2016/2017

El Gobierno de Chile y la Secretaría acordaron la contratación de relatores internacionales para la XXXIX RCTA y que el Gobierno de Chile reembolsaría dichos costos por medio de una contribución de carácter voluntario.

La aplicación a las partidas de asignación de recursos se ciñe a la propuesta del año anterior. Se han implementado algunos pequeños ajustes de acuerdo con los gastos previstos para el Ejercicio Económico 2016/2017.

- *Traducción e interpretación:* Se incluye financiamiento adicional destinado al mantenimiento del glosario.

- *Oficina:* Se prevén algunos gastos adicionales en relación con el reemplazo de algunos muebles en la Secretaría.

El Apéndice 1 muestra el Presupuesto para el Ejercicio Económico 2016/2017 y el Presupuesto Proyectado para el Ejercicio Económico 2017/2018. La escala de sueldos se presenta en el Apéndice 3.

Contribuciones para el Ejercicio Económico 2017/2018

Las contribuciones para el Ejercicio Económico 2017/2018 no aumentarán.

El Apéndice 2 muestra las contribuciones de las Partes para el Ejercicio Económico 2017/2018.

6. Programa Proyectado para el Ejercicio Económico 2017/2018 y para el Ejercicio Económico 2018/2019

Se espera que la mayoría de las actividades actuales de la Secretaría continúen durante el Ejercicio Económico 2017/2018 y durante el Ejercicio Económico 2016/2019, por lo tanto, salvo que el programa sufra grandes cambios, no se prevé que haya cambios en los cargos de personal en los próximos años.

Apéndice 1

Declaración provisional 2015/2016, Presupuesto proyectado 2016/2017, Presupuesto 2016/2017 y Presupuesto proyectado 2017/2018

PARTIDAS PRESUPUESTARIAS	Declaración provisional 2015/2016 (*)	Presupuesto proyectado 2016/2017	Presupuesto 2016/2017	Presupuesto proyectado 2017/2018
INGRESOS				
CONTRIBUCIONES comprometidas	$ -1.378.099	$ -1.378.097	$ -1.378.097	$ -1.378.097
**Contribuciones voluntarias			$ -53.207	
Intereses devengados	$ -13.577	$ -3.000	$ -2.000	$ -2.000
Ingreso total	$ -1.391.676	$ -1.381.097	$ -1.433.304	$ -1.380.097

GASTOS				
SUELDOS				
Ejecutivos	$ 331.679	$ 336.377	$ 336.376	$ 326.636
Personal de servicios generales	$ 330.359	$ 341.392	$ 336.801	$ 345.666
Personal de apoyo a la RCTA	$ 16.398	$ 18.092	$ 18.092	$ 18.092
Estudiantes en práctica	$ 3.667	$ 9.600	$ 9.600	$ 9.600
Horas extraordinarias	$ 12.552	$ 16.000	$ 16.000	$ 16.000
	$ 694.656	**$ 721.461**	**$ 716.869**	**$ 715.994**

TRADUCCIÓN E INTERPRETACIÓN				
Traducción e interpretación	**$ 301.634**	**$ 338.505**	**$ 326.326**	**$ 331.518**

VIAJES				
Viajes	**$ 88.741**	**$ 90.000**	**$ 99.000**	**$ 99.000**

TECNOLOGÍA INFORMÁTICA				
Hardware	$ 13.306	$ 11.356	$ 11.000	$ 11.000
Software	$ 1.940	$ 3.605	$ 9.000	$ 3.500
Desarrollo	$ 17.693	$ 21.630	$ 21.500	$ 21.500
Mantenimiento de hardware y software	$ 2.587	$ 0	$ 2.000	$ 2.040
Soporte	$ 8.422	$ 9.785	$ 9.500	$ 10.000
	$ 43.949	**$ 46.376**	**$ 53.000**	**$ 48.040**

PARTIDAS PRESUPUESTARIAS	Declaración provisional 2015/2016 (*)	Presupuesto proyectado 2016/2017	Presupuesto 2016/2017	Presupuesto proyectado 2017/2018
IMPRESIÓN, EDICIÓN Y COPIAS				
Informe final	$ 6.510	$ 18.386	$ 18.386	$ 18.937
Compilación	$ 2.000	$ 3.412	$ 3.412	$ 3.271
Guías de sitios	$ 0	$ 3.396	$ 3.396	$ 3.497
	$ 8.995	**$ 25.194**	**$ 25.194**	**$ 25.705**
SERVICIOS GENERALES				
Asesoría jurídica	$ 2.008	$ 4.326	$ 3.500	$ 3.605
**Servicio de relatores		$ 53.207		
Auditoría externa	$ 9.539	$ 10.815	$ 10.815	$ 11.139
Limpieza, mantenimiento y seguridad	$ 12.829	$ 17.845	$ 15.000	$ 16.480
Capacitación	$ 4.275	$ 7.086	$ 6.500	$ 7.298
Bancos	$ 5.143	$ 6.489	$ 6.489	$ 6.683
Alquiler de equipos	$ 2.543	$ 3.245	$ 3.245	$ 3.342
	$ 36.335	**$ 49.806**	**$ 98.756**	**$ 48.547**
COMUNICACIONES				
Teléfono	$ 6.535	$ 5.624	$ 7.000	$ 7.210
Internet	$ 2.574	$ 3.245	$ 3.000	$ 3.000
Alojamiento Web	$ 6.846	$ 9.734	$ 8.500	$ 8.500
Correo postal	$ 5.437	$ 2.704	$ 2.704	$ 2.785
	$ 21.393	**$ 21.307**	**$ 21.204**	**$ 21.495**
OFICINA				
Insumos y suministros de oficina	$ 4.084	$ 4.650	$ 4.650	$ 4.789
Libros y suscripciones	$ 1.994	$ 3.245	$ 3.245	$ 3.342
Seguros	$ 3.603	$ 3.785	$ 4.200	$ 4.326
Mobiliario	$ 4.535	$ 973	$ 4.565	$ 1.255
Equipamiento de oficina	$ 21.416	$ 4.326	$ 4.326	$ 4.455
Mantenimiento	$ 0	$ 2.704	$ 2.704	$ 2.785
	$ 35.632	**$ 19.683**	**$ 23.690**	**$ 20.952**
ADMINISTRATIVO				
Suministros	$ 2.618	$ 4.867	$ 4.867	$ 5.013
Transporte local	$ 483	$ 865	$ 865	$ 890
Varios	$ 1.481	$ 4.326	$ 4.326	$ 4.455
Instalación (energía)	$ 3.199	$ 11.897	$ 11.897	$ 12.253
	$ 7.781	**$ 21.955**	**$ 21.955**	**$ 22.611**

PARTIDAS PRESUPUESTARIAS	Declaración provisional 2015/2016 (*)	Presupuesto proyectado 2016/2017	Presupuesto 2016/2017	Presupuesto proyectado 2017/2018
REPRESENTACIÓN				
Representación	**$ 3.950**	**$ 3.500**	**$ 4.000**	**$ 4.000**
FINANCIACIÓN				
Pérdidas en cambios	$ 7.518	$ 7.519	$ 7.520	$ 7.521
	$ 10.540	**$ 11.893**	**$ 11.893**	**$ 12.249**
SUBTOTAL DE APROPIACIONES	**$ 1.253.605**	**$ 1.349.680**	**$ 1.401.887**	**$ 1.350.111**
ASIGNACIÓN DE FONDOS				
Fondo de contingencia para traslados	$ 0	$ 0	$ 0	$ 0
Fondo de sustitución de personal	$ 0	$ 0	$ 0	$ 0
Fondo para cesantías de personal	$ 32.912	$ 31.417	$ 31.417	$ 29.986
Fondo de operaciones	$ 0	$ 0	$ 0	$ 0
	$ 32.912	**$ 31.417**	**$ 31.417**	**$ 29.986**
TOTAL DE APROPIACIONES	**$ 1.286.517**	**$ 1.381.097**	**$ 1.433.304**	**$ 1.380.097**
****Contribuciones pendientes	**$ 81.547**	**$ 0**	**$ 0**	**$ 0**
BALANCE	**$ 23.612**	**$ 0**	**$ 0**	**$ 0**

Sumario de fondos

Fondo de contingencia para traslados	$ 30.000	$ 30.000	$ 30.000	$ 30.000
Fondo de sustitución de personal	$ 50.000	$ 50.000	$ 50.000	$ 50.000
Fondo para cesantías de personal	$ 237.489	$ 237.489	$ 237.489	$ 174.066
**** Fondo de operaciones	$ 229.952	$ 229.952	$ 229.952	$ 229.952

*   Declaración provisional
al 31 de marzo de 2016

**   Servicio de relatores contratados por
la Secretaría y reembolsados por el
país antifrión de la XXXIX RCTA

***   Contribuciones pendientes al 31 de
marzo de 2016

****   Fondo de operaciones (Fin. Reg. 6.2)

Importe máximo requerido	$ 229.683	$ 229.683	$ 229.683	$ 229.683

310

Apéndice 2

Escala de contribuciones 2017/2018

2017/2018	Cat.	Mult.	Variable	Fijo	Total
Alemania	B	2,8	$ 28.456	$ 23.760	$ 52.216
Argentina	A	3,6	$ 36.587	$ 23.760	$ 60.347
Australia	A	3,6	$ 36.587	$ 23.760	$ 60.347
Bélgica	D	1,6	$ 16.261	$ 23.760	$ 40.021
Brasil	D	1,6	$ 16.261	$ 23.760	$ 40.021
Bulgaria	E	1,0	$ 10.163	$ 23.760	$ 33.923
Chile	C	2,2	$ 22.359	$ 23.760	$ 46.119
China	C	2,2	$ 22.359	$ 23.760	$ 46.119
Ecuador	E	1,0	$ 10.163	$ 23.760	$ 33.923
España	C	2,2	$ 22.359	$ 23.760	$ 46.119
Estados Unidos	A	3,6	$ 36.587	$ 23.760	$ 60.347
Federación de Rusia	C	2,2	$ 22.359	$ 23.760	$ 46.119
Finlandia	D	1,6	$ 16.261	$ 23.760	$ 40.021
Francia	A	3,6	$ 36.587	$ 23.760	$ 60.347
India	C	2,2	$ 22.359	$ 23.760	$ 46.119
Italia	B	2,8	$ 28.456	$ 23.760	$ 52.216
Japón	A	3,6	$ 36.587	$ 23.760	$ 60.347
Noruega	A	3,6	$ 36.587	$ 23.760	$ 60.347
Nueva Zelandia	A	3,6	$ 36.587	$ 23.760	$ 60.347
Países Bajos	C	2,2	$ 22.359	$ 23.760	$ 46.119
Perú	E	1,0	$ 10.163	$ 23.760	$ 33.923
Polonia	D	1,6	$ 16.261	$ 23.760	$ 40.021
Reino Unido	A	3,6	$ 36.587	$ 23.760	$ 60.347
República Checa	D	1,6	$ 16.261	$ 23.760	$ 40.021
República de Corea	D	1,6	$ 16.261	$ 23.760	$ 40.021
Sudáfrica	C	2,2	$ 22.359	$ 23.760	$ 46.119
Suecia	C	2,2	$ 22.359	$ 23.760	$ 46.119
Ucrania	D	1,6	$ 16.261	$ 23.760	$ 40.021
Uruguay	D	1,6	$ 16.261	$ 23.760	$ 40.021

Presupuesto	**$1.378.097**

Apéndice 3

Escala de sueldos 2016/2017

Programa A
ESCALA SALARIAL PARA EL PERSONAL DE CATEGORÍA EJECUTIVA
(Dólares estadounidenses)

2014/2015 Nivel		RANGOS I	II	III	IV	V	VI	VII	VIII	IX	X	XI	XII	XIII	XIV	XV
E1	A	$135.302	$137.819	$140.337	$142.855	$145.373	$147.890	$150.407	$152.926							
E1	B	$169.127	$172.274	$175.421	$178.566	$181.716	$184.863	$188.009	$191.158							
E2	A	$113.932	$116.075	$118.218	$120.359	$122.501	$124.642	$126.783	$128.926	$131.069	$133.211	$135.352	$135.595	$137.709		
E2	B	$142.415	$145.093	$147.772	$150.444	$153.136	$155.802	$158.479	$161.158	$163.837	$166.513	$169.190	$169.494	$172.136		
E3	A	$95.007	$97.073	$99.140	$101.207	$103.275	$105.341	$107.408	$109.476	$111.542	$113.608	$115.675	$116.915	$118.154	$120.193	$122.231
E3	B	$118.758	$121.341	$123.925	$126.509	$129.094	$131.676	$134.260	$136.845	$139.427	$142.010	$144.594	$146.143	$147.693	$150.242	$152.788
E4	A	$78.779	$80.693	$82.609	$84.518	$86.435	$88.347	$90.257	$92.174	$94.089	$96.000	$97.915	$98.448	$100.336	$102.223	$104.110
E4	B	$98.474	$100.866	$103.262	$105.648	$108.044	$110.434	$112.822	$115.217	$117.611	$119.999	$122.393	$123.060	$125.419	$127.778	$130.137
E5	A	$65.315	$67.029	$68.739	$70.452	$72.162	$73.873	$75.586	$77.293	$79.007	$80.719	$82.427	$82.981			
E5	B	$81.644	$83.786	$85.924	$88.065	$90.203	$92.342	$94.482	$96.617	$98.759	$100.899	$103.034	$103.726			
E6	A	$51.706	$53.351	$54.994	$56.641	$58.284	$59.928	$61.575	$63.219	$64.862	$65.862	$66.508				
E6	B	$64.632	$66.689	$68.742	$70.801	$72.855	$74.910	$76.969	$79.024	$81.078	$82.338	$83.135				

Nota: La línea B es el salario base (mostrado en la línea A) con un 25 % adicional por costos de salarios (fondo de jubilación y primas de seguro, subsidios de instalación y repatriación, prestaciones de educación, etc.) y es el salario total al que tiene derecho el personal ejecutivo de acuerdo con la Regulación 5.

Programa B
ESCALA SALARIAL PARA EL PERSONAL GENERAL
(Dólares estadounidenses)

Nivel		RANGOS		II	III	IV	V	VI	VII	VIII	IX	X	XI	XII	XIII	XIV	XV
G1				$61.102	$63.952	$66.804	$69.653	$72.624	$75.722								
G2				$50.918	$53.293	$55.670	$58.044	$60.520	$63.102								
G3				$42.430	$44.410	$46.390	$48.370	$50.414	$52.589								
G4				$35.360	$37.010	$38.659	$40.309	$42.029	$43.922								
G5				$29.210	$30.574	$31.936	$33.301	$34.723	$36.207								
G6				$23.944	$25.059	$26.177	$27.294	$28.460	$29.675								
G7				$11.000	$11.512	$12.026	$12.539	$13.075	$13.613								

Procedimiento para la selección
y el nombramiento del Secretario Ejecutivo
de la Secretaría del Tratado Antártico

Los Representantes,

Recordando el Artículo 3 de la Medida 1 (2003) con respecto al nombramiento de un Secretario Ejecutivo de la Secretaría del Tratado Antártico (el "Secretario Ejecutivo");

Recordando la Decisión 4 (2008) sobre la Selección y el Nombramiento del Secretario Ejecutivo;

Teniendo en cuenta la Regulación 6.1 del Reglamento del Personal de la Secretaría del Tratado Antártico (la Secretaría);

Teniendo presente que el plazo de designación del actual Secretario Ejecutivo finaliza el 31 de agosto de 2017;

Deciden que el Secretario Ejecutivo de la Secretaría deberá seleccionarse y nombrarse de acuerdo con el siguiente procedimiento:

Anuncio

La Secretaría del Tratado Antártico anunciará la vacante en su sitio web utilizando el Proyecto de anuncio (Anexo 1) y el Formulario de postulación normalizado (Anexo 2).

Las Partes Consultivas del Tratado Antártico podrán anunciar la vacante, bajo su propio costo, en publicaciones, sitios web u otros medios que consideren adecuados.

Candidatos elegibles

Los candidatos deben cumplir con los siguientes criterios de selección:

1. Experiencia demostrada o conocimientos detallados de las operaciones de las reuniones internacionales o las organizaciones intergubernamentales.

2. Experiencia administrativa de alto nivel y de liderazgo demostrada, y competencias en áreas que incluyen:

   a. selección y supervisión de personal profesional, administrativo y técnico;

   b. preparación de presupuestos financieros y gestión de gastos;

   c. organización de reuniones y prestación de apoyo de secretaría para comités de alto nivel; y

   d. supervisión y gestión de servicios informáticos y tecnología de la información;

3. Buen conocimiento de los asuntos antárticos, incluidos los principios del Tratado Antártico y el alcance de las actividades en la región.

4. Dominio de uno de los cuatro idiomas oficiales de trabajo de la Reunión Consultiva del Tratado Antártico, es decir, inglés, francés, ruso o español.

5. Un título universitario, grado académico o acreditación equivalente.

6. Ser ciudadano de una Parte Consultiva del Tratado Antártico.

Presentación de las postulaciones elegibles

Los ciudadanos de una Parte Consultiva pueden postularse al puesto de Secretario Ejecutivo solo ante su autoridad nacional, la cual será responsable de remitir la postulación a la Secretaría a más tardar 180 días antes de la Reunión Consultiva del Tratado Antártico en la que se considerará la selección del Secretario Ejecutivo. No se considerarán las postulaciones que se reciban después de esta fecha. Las postulaciones deben presentarse en formato electrónico, utilizando el Formulario de postulación normalizado (Anexo 2) y proporcionar su Currículum Vitae.

Recepción de postulaciones

La Secretaría notificará a las Partes Consultivas de la recepción de las postulaciones.

Distribución de las postulaciones

La Secretaría remitirá una copia de cada una de las postulaciones que reciba a más tardar 180 días antes de la Reunión Consultiva del Tratado Antártico relevante en que se considerará la selección del Secretario Ejecutivo, por medios electrónicos y sin demora a los Representantes de cada Parte Consultiva.

Clasificación de los candidatos

Cada Parte Consultiva notificará al Gobierno Depositario de hasta diez de los candidatos preferidos, en orden de preferencia, a más tardar 120 días antes de la Reunión Consultiva del Tratado Antártico pertinente. En relación con las clasificaciones que se reciban dentro del plazo, el Gobierno Depositario sumará las clasificaciones de los candidatos individuales y otorgará diez puntos por una primera preferencia, nueve puntos por una segunda preferencia, y así consecutivamente.

Preselección

Los candidatos con los cinco mayores puntajes acumulados conformarán la lista abreviada para la selección. Si alguna de las postulaciones de los candidatos que están en la lista abreviada se retira, el candidato con la siguiente clasificación será su sustituto.

Proceso de entrevistas

El Gobierno Depositario notificará a las Partes Consultivas, a través de la Secretaría del Tratado Antártico, los nombres de los candidatos preseleccionados a más tardar 60 días antes de la Reunión Consultiva del Tratado Antártico pertinente. La Secretaría invitará a todos los candidatos preseleccionados a participar en una entrevista durante dicha Reunión Consultiva del Tratado Antártico.

Los candidatos preseleccionados invitados a la entrevista deberán costear sus viajes y gastos. Se insta a cada Parte Consultiva a hacerse cargo de estos costos.

Los Jefes de Delegación que deseen participar en el proceso de selección en la Reunión Consultiva del Tratado Antártico pertinente entrevistarán a los candidatos preseleccionados.

El Presidente de la Reunión Consultiva del Tratado Antártico pertinente notificará a los candidatos el resultado del proceso de selección al concluir la primera semana de dicha Reunión.

Selección

La Reunión Consultiva del Tratado Antártico pertinente tomará una decisión con respecto al nombramiento del candidato seleccionado.

El candidato elegido deberá firmar un contrato que describe los términos del empleo.

Fecha de inicio

El candidato elegido deberá reportarse a la Sede de la Secretaría en Buenos Aires para el comienzo de sus funciones antes de la fecha que se acuerde en la Reunión Consultiva del Tratado Antártico pertinente.

Secretario Ejecutivo de la Secretaría del Tratado Antártico

La Reunión Consultiva del Tratado Antártico (RCTA) invita a postularse para el cargo de Secretario Ejecutivo de la Secretaría del Tratado Antártico.

La RCTA, que consta de 29 Partes Consultivas, se reúne de manera anual para consultar sobre la aplicación y la implementación del Tratado Antártico. La Secretaría del Tratado Antártico se ubica en Buenos Aires, Argentina. Se puede encontrar más información disponible en *www.ats.aq*.

El Secretario Ejecutivo está a cargo de un pequeño grupo de personal administrativo para llevar a cabo las funciones de la Secretaría que le asigna la RCTA. El Secretario Ejecutivo presenta y gestiona el presupuesto de la Secretaría, brinda apoyo a la organización de la RCTA y lleva a cabo otras funciones que identifica la RCTA.

Criterios de selección

Los candidatos deben cumplir con los siguientes criterios de selección:

1) Experiencia demostrada o conocimientos detallados de las operaciones de reuniones internacionales u organizaciones intergubernamentales.

2) Experiencia administrativa de alto nivel y de liderazgo demostrada y competencias en áreas que incluyen:

   a) selección y supervisión de personal profesional, administrativo y técnico;

   b) preparación de presupuestos financieros y gestión de gastos;

   c) organización de reuniones y prestación de apoyo de secretaría para comités de alto nivel; y

   d) supervisión y gestión de servicios informáticos y tecnología de la información.

3) Buen conocimiento de los asuntos antárticos, incluidos los principios del Tratado Antártico y el alcance de las actividades en la región.

4) Dominio de uno de los cuatro idiomas oficiales de trabajo de la RCTA, es decir, inglés, francés, ruso o español.

5) Un título universitario, grado académico o cualificación equivalente.

6) Ser ciudadano de una Parte Consultivas del Tratado Antártico.

Sueldo y asignaciones

Los detalles de las remuneraciones y las asignaciones se encuentran disponibles en la Secretaría del Tratado Antártico, por pedido.

El nombramiento será por un período de cuatro años con la posibilidad de un nombramiento adicional por un período de cuatro años.

Entrevista

El Gobierno Depositario preseleccionará a los candidatos antes del DD de MM de 2017. Las entrevistas de los candidatos preseleccionados se realizarán durante la XL RCTA, a realizarse en XXXXXX, China, del DD al DD de MM de 2017. En dicha reunión, se anunciará el candidato elegido.

Disponibilidad

La persona que se elija para el cargo de Secretario Ejecutivo deberá estar disponible para comenzar sus funciones a más tardar el 1 de septiembre de 2017.

Información complementaria

Debe consultarse el sitio web de la Secretaría del Tratado Antártico: *www.ats.aq* para obtener información detallada sobre remuneración y asignaciones, funciones, criterios de selección, proceso de postulación, reglamento del personal y cualquier otro documento pertinente.

Fecha de cierre

Los candidatos deberán comprobar la fecha de cierre nacional para las postulaciones con el gobierno de su propia Parte Consultiva.

Se debe consultar el sitio web de la Secretaría del Tratado Antártico: *www.ats.aq* para obtener los detalles de contacto del gobierno nacional de la Parte Consultiva pertinente.

El gobierno de cada Parte Consultiva aceptará las postulaciones presentadas en el Formulario normalizado de postulación de sus propios ciudadanos, y las presentará a la Secretaría del Tratado Antártico antes del DD de MM de 2016.

Formulario de postulación estándar

Información personal

Nombre:

Dirección:

Teléfono:

Fax:

Correo electrónico:

Nacionalidad:

Criterios de selección

(Incluir información adicional que se extienda sobre estos criterios y adjuntar el currículum vitae)

1) Experiencia demostrada o conocimientos detallados de las operaciones en reuniones internacionales u organizaciones intergubernamentales.

2) Probada experiencia administrativa de alto nivel y de liderazgo y competencias en áreas que incluyen:

 a) selección y supervisión de personal profesional, administrativo y técnico;

 b) preparación de presupuestos financieros y gestión de gastos;

 c) organización de reuniones y prestación de servicios de apoyo de secretaría para comités de alto nivel; y

 d) supervisión y gestión de servicios informáticos y tecnología de la información.

3) Buen conocimiento de los asuntos antárticos, incluidos los principios del Tratado Antártico y el alcance de las actividades en la región.

4) Dominio de uno de los cuatro idiomas oficiales de trabajo de la RCTA, es decir, inglés, francés, ruso o español.

5) Un título universitario, grado académico o calificación equivalente.

6) Ser ciudadano de una Parte Consultiva del Tratado Antártico.

Intercambio de información

Los Representantes,

Recordando los Artículos III(1)(a) y VII(5) del Tratado Antártico;

Conscientes de las obligaciones contenidas en el Protocolo al Tratado Antártico sobre Protección del Medio Ambiente ("el Protocolo") y sus Anexos relativos al intercambio de información;

Conscientes también de las decisiones aprobadas por la Reunión Consultiva del Tratado Antártico ("RCTA") relativas a la información que debe ser intercambiada por las Partes;

Deseando garantizar que el intercambio de información de las Partes se realice de la manera más eficiente y oportuna;

Deseando, además, que la información que se intercambie entre las Partes pueda identificarse con facilidad;

Recordando la Decisión 4 (2012), que dio carácter obligatorio al uso del Sistema Electrónico de Intercambio de Información ("SEII") como un medio para que las Partes puedan cumplir sus responsabilidades de intercambio de información en virtud del Tratado Antártico y su Protocolo, y que especificó que las Partes deben seguir trabajando junto a la Secretaría del Tratado Antártico ("la Secretaría") en el perfeccionamiento y mejora del SEII;

Señalando que la Decisión 4 (2012) exige que las Partes actualicen las secciones relevantes del SEII regularmente durante el año, y como mínimo de conformidad con la Resolución 6 (2001), con el fin de que dicha información esté disponible y accesible para las Partes tan pronto como sea factible;

Deciden:

1. que el Anexo a la presente Decisión representa una lista consolidada de la información que las Partes han acordado intercambiar;

2. que la Secretaría modificará el SEII a fin de que refleje la información contenida en el Anexo a la presente Decisión, y que ponga a disposición, tan pronto como sea posible, la información presentada por las Partes; y que

3. el Anexo a la Decisión 6 (2015) y el Apéndice 1 del Informe Final de la XXXVIII RCTA ya no tienen vigencia.

Requisitos de Intercambio de Información

1. Información de pretemporada

La siguiente información debería presentarse tan pronto como sea posible, de preferencia antes del 1 de octubre, y en todo caso no más allá del comienzo de las actividades que se informen.

1.1 Información sobre operaciones

1.1.1 Expediciones nacionales

A. Estaciones

Nombres de las estaciones de invernada (indicando la región, latitud y longitud), población máxima y apoyo médico disponible.

Nombres de las estaciones, bases y campamentos de verano (indicando la región, latitud, longitud), período de operación, población máxima y apoyo médico disponible.

Nombres de los refugios (región, latitud y longitud), instalaciones médicas y capacidad del alojamiento. Otras actividades principales de campo, por ejemplo, travesías científicas (indicando la ubicación).

B. Buques

Nombres de los buques, país de registro de los buques, cantidad de viajes, fechas de salida previstas, zonas de operación, puertos de salida y llegada desde y hacia la Antártida y propósito del viaje (por ejemplo, despliegue científico, reabastecimiento, recambio, oceanografía, etc). Cantidad máxima de tripulantes, Cantidad máxima de pasajeros.

C. Aeronaves

Categoría (vuelos intercontinentales, vuelos intracontinentales, vuelos locales en helicóptero), Tipo de cada una de las aeronaves, cantidad de vuelos previstos, período de los vuelos o su fecha prevista de salida, rutas y propósito.

D. Cohetes de investigación

Coordenadas del lugar de lanzamiento, hora y fecha/período, dirección de lanzamiento, altitud máxima prevista, área de impacto, tipo y especificaciones de los cohetes, objetivo y título del proyecto de investigación.

E. Militar

- Cantidad del personal militar en las expediciones, y rango de todos los oficiales.
- Cantidad y tipo de armamentos en posesión del personal.
- Cantidad y tipos de armamentos de buques y aeronaves e información sobre el equipo militar, si lo hubiere, y su ubicación en el Área del Tratado Antártico.

1.1.2 Expediciones no gubernamentales[*]

A. Operaciones basadas en buques

Nombre del operador, nombre del buque, cantidad máxima de tripulantes, cantidad máxima de pasajeros, país de registro del buque, cantidad de viajes, líder de la expedición, fechas de salida previstas, puertos de salida y de llegada hacia y desde la Antártida, áreas de operación [incluidos los nombres de los sitios propuestos para visitas y las fechas previstas para la realización de visitas], tipo de actividad, si las visitas incluyen desembarcos (opcional) y su duración, y la cantidad de visitantes que participarán en cada una de las actividades específicas).

B. Operaciones terrestres

Nombre de la expedición, nombre del operador, método de transporte hacia, desde y al interior de la Antártida, tipo de actividad turística o de aventura, ubicación(es) de las actividades y/o rutas, fechas de la expedición, cantidad de personal participante, dirección del contacto, dirección del sitio web.

C. Actividad de aeronaves

Nombre del operador, tipo de aeronave, cantidad de vuelos, período de los vuelos, fecha de salida por vuelo, ubicación de la salida y de la llegada por vuelo, ruta por vuelo, propósito por vuelo, y cantidad de pasajeros.

D. Rechazo de autorizaciones

Nombre del buque y/o de la expedición, nombre del operador, fecha, motivo de la negativa.

1.2 Visitas a zonas protegidas

Nombre y número de la Zona protegida, cantidad de visitantes permitidos, fecha/período y propósito.

---

[*] La información sobre expediciones no gubernamentales que se permitirán deberá proporcionarse tan pronto como sea posible después decompletar los procesos nacionales, con una descripción de sus calendarios relevantes de la siguiente manera: "tan pronto como sea posible, después de completar los procesos nacionales, de preferencia antes del 1 de octubre y en ningún caso después de la fecha de inicio de la actividad".

2. Informe anual

La siguiente información debería presentarse tan pronto como sea posible después de finalizada la temporada estival, pero en todo caso antes del 1 de octubre, con un período de información entre el 1 de abril y el 30 de marzo.

2.1 Información científica

2.1.1 Planes a futuro*

Información pormenorizada sobre los planes científicos estratégicos o plurianuales o la información del contacto para obtener la versión impresa. Lista de participantes previstos en proyectos o programas científicos internacionales importantes basados en la colaboración.

2.1.2 Actividades científicas del año anterior

Lista de proyectos de investigación realizados en el año anterior por disciplina científica (con ubicación, investigador principal, nombre o número del proyecto, disciplina y actividad u observaciones principales).

2.2 Información sobre operaciones

2.2.1 Expediciones nacionales

Actualización de la información proporcionada en virtud de 1.1.1.

2.2.2 Expediciones no gubernamentales

Actualización de la información proporcionada en virtud de 1.1.2.

2.3 Información sobre permisos

2.3.1 Visitas a las zonas protegidas

Actualización de la información proporcionada en virtud de 1.2.

2.3.2 Toma e intromisión perjudicial en la fauna y flora

Número del permiso, período del permiso, especie, ubicación, cantidad, sexo, edad y propósito.**

---

* Se permitirá la entrega de información opcional sobre Planes a futuro en cualquier momento, por ejemplo, después de completar o actualizar los planes nacionales.
** Propósito con referencia al Artículo 4 del Anexo II del Protocolo.

2.3.3 Introducción de especies no autóctonas

Número del permiso, período del permiso, especie, ubicación, cantidad, propósito,* retiro o eliminación.

2.4 Información medioambiental

2.4.1 Cumplimiento del Protocolo**

Descripcion de la medida, fecha de entrada en vigor.

2.4.2 Planes de contingencia

Título del Plan o los Planes de Contingencia para derrames de petróleo y otras emergencias medioambientales, copias (PDF) o información del contacto para obtener las versiones impresas.

2.4.3 Lista de IEE y CEE***

Lista de IEE y CEE realizadas durante el año mencionando la actividad propuesta, (opcionalmente) período/duración, ubicación, nivel de evaluación y decisión adoptada.

2.4.4 Informes de actividades de seguimiento****

Nombre de la actividad, ubicación, procedimientos aplicados, información importante obtenida, medidas tomadas en consecuencia.

2.4.5 Planes de gestión de residuos

Título, nombre del sitio/buque, copia (PDF) o contacto para la versión impresa. Informe sobre la implementación de planes de gestión de residuos durante el año.

2.4.6 Medidas tomadas para implementar las disposiciones del Anexo V*****

Descripción de las medidas

2.4.7 Procedimientos relativos a las EIA

Descripción de los procedimientos nacionales apropiados

---

* Propósito con referencia al Artículo 4 del Anexo II del Protocolo.
** Nuevas medidas aprobadas durante el año anterior, de conformidad con el Artículo13 del Protocolo al Tratado Antártico sobre Protección del Medio Ambiente, incluida la aprobación de leyes y normativas, medidas administrativas y medidas coercitivas.
*** Se alienta la entrega de información sobre IEE y CEE "tan pronto como finalicen los procesos nacionales, al tiempo que se mantiene la fecha límite para que las Partes presenten la información".
**** Actividades de seguimiento conectadas con actividades sujetas a evaluaciones iniciales y globales (mencionadas en el Anexo I al Protocolo, Art. 6.1 c)
***** "Información sobre las medidas tomadas para implementar las disposiciones del Anexo V, incluidas las inspecciones a los sitios y todas las medidas tomadas para abordar los casos de actividades con que infringen las disposiciones contenidas en los planes de gestión para las ZAEP y ZAEA".

2.4.8 Prevención de la contaminación marina[*]

Descripción de las medidas

3. Información permanente

La siguiente información debería presentarse tan pronto como sea posible, de conformidad con los requisitos del Tratado Antártico y su Protocolo de Protección del Medioambiente. La información puede actualizarse en cualquier momento.

3.1 Instalaciones científicas

3.1.1 Estaciones de registro automático/Observatorios

Nombre del sitio, coordenadas (latitud y longitud), elevación (m), parámetros registrados, frecuencia de observaciones, número de referencia (por ejemplo, N.° de la OMM).

3.2 Información sobre operaciones

A. Estaciones

Nombres de las estaciones de invernada (indicando región, latitud y longitud, y población máxima), fecha de establecimiento e instalaciones médicas y de alojamiento.

Nombres de las estaciones y campamentos de verano (indicando región, latitud y longitud, período de operaciones y población máxima).

Nombres de los refugios (región, latitud y longitud), instalaciones médicas y capacidad del alojamiento.

Información sobre búsqueda y salvamento.

B. Buques

Nombre de los buques, Estado de Bandera, resistencia al hielo, eslora, manga y tonelaje bruto (se podría proporcionar un enlace hacia los datos del COMNAP). Cantidad máxima de tripulantes, cantidad máxima de pasajeros.

Información sobre búsqueda y salvamento.

C. Aeronaves

Cantidad y tipo de aeronave utilizada. Información sobre búsqueda y salvamento.

---

[*] Medidas para garantizar que todo buque de guerra, unidad naval auxiliar u otro buque de propiedad de un Estado, o que sea operado y utilizado por este y que se utilice en forma momentánea exclusivamente para servicios gubernamentales no comerciales sea utilizado de manera coherente con el Anexo, en la medida en que sea razonable y factible.

3.3 Información medioambiental

3.3.1 Planes de gestión de residuos

Título del Plan, sitio o buque, copia (PDF) o contacto para la versión impresa.

3.3.2 Planes de contingencia

Título del Plan o Planes de contingencia para derrames de petróleo y otras emergencias medioambientales, copias (PDF) o la información del contacto para obtener las versiones impresas.

3.3.3 Inventario de las actividades pasadas

Nombre de la estación, base, campamento, travesía, aeronave accidentada, etc., sus coordenadas (latitud y longitud), período durante el cual se realizó la actividad; descripción y objetivo de las actividades realizadas, descripción de los equipos o las instalaciones dejadas en el lugar.

3.3.4 Cumplimiento del Protocolo[*]

Descripcion de la Medida, fecha de entrada en vigor.

3.3.5 Procedimientos relacionados con las EIA

Igual que para 2.4.7

3.3.6 Prevención de la contaminación marina

Igual que para 2.4.8

3.3.7 Medidas tomadas para implementar las disposiciones del Anexo V

Igual que para 2.4.6

3.4 Otra información

3.4.1 Legislación nacional pertinente

Descripción de la ley, norma, medida administrativa u otra disposición, fecha de entrada en vigor o de promulgación, con una copia (PDF) o la información del contacto para obtener una copia impresa.

---

[*] Medidas aprobadas de conformidad con el Artículo 13 del Protocolo al Tratado Antártico sobre Protección del Medio Ambiente, incluida la aprobación de leyes y normativas, medidas administrativas y medidas coercitivas.

Plan de Trabajo Estratégico Plurianual para la Reunión Consultiva del Tratado Antártico

Los Representantes,

Reafirmando los valores, objetivos y principios contenidos en el Tratado Antártico y su Protocolo sobre Protección del Medio Ambiente;

Recordando la Decisión 3 (2012) sobre el Plan de Trabajo Estratégico Plurianual ("el Plan") y sus principios;

Teniendo en cuenta que el Plan es complementario al programa de la Reunión Consultiva del Tratado Antártico ("RCTA") y que las Partes y demás participantes de la RCTA son alentados a contribuir, como de costumbre, en los demás asuntos del programa de la RCTA;

Deciden:

1. aprobar el Plan anexo a esta Decisión; y

2. que el Plan que se anexa a la Decisión 4 (2015) se encuentra obsoleto.

Plan de Trabajo Estratégico Plurianual de la RCTA

	Prioridad	RCTA 39 (2016)	Intersesional	RCTA 40 (2017)	RCTA 41 (2018)	RCTA 42 (2019)
1.	Realizar una revisión exhaustiva de los actuales Requisitos para el intercambio de información y del funcionamiento del Sistema electrónico de intercambio de información, e identificar todo requisito adicional.	• El GT 1 debe considerar el informe del GCI sobre Intercambio de información • El GT1 llegó a un acuerdo en relación con la Decisión 5 (2016) *Intercambio de información*		• El GT 1 debe analizar el funcionamiento del SEII		
2.	Considerar una difusión coordinada hacia los Estados que no son Parte cuyos ciudadanos o recursos están activos en la Antártida y hacia los Estados que son Parte al Tratado Antártico si bien aún no lo son del Protocolo	• El GT1 solicitó al GT2 que proporcione información sobre los Estados que no son Parte cuyos ciudadanos mantienen actividades en la Antártida		• La RCTA debe identificar a los Estados que no son Parte cuyos ciudadanos están activos en la Antártida, y comunicarse con ellos		
3.	Contribuir a las actividades de educación y difusión coordinadas a nivel nacional e internacional desde la perspectiva del Tratado Antártico	• El GT1 consideró el informe del GCI sobre Educación y Difusión y acordó que debería continuar su trabajo	• GCI sobre Educación y Difusión	• El GT 1 debe considerar el informe del GCI sobre Educación y Difusión		
4.	Compartir y debatir las prioridades científicas estratégicas con el fin de identificar y aprovechar las oportunidades para la colaboración y la creación de capacidades científicas, particularmente en relación con el cambio climático	• El GT 2 debe cotejar y comparar las prioridades científicas estratégicas con el objeto de identificar oportunidades de cooperación		• El GT 2 debe cotejar y comparar las prioridades científicas estratégicas con el objeto de identificar oportunidades de cooperación		
5.	Aumentar la cooperación efectiva entre las Partes (por ejemplo, inspecciones conjuntas, proyectos científicos conjuntos y apoyo logístico) y la participación eficaz en las reuniones, (por ejemplo, la consideración de métodos de trabajo eficaces durante las reuniones)	• El GT2 acordó establecer un GCI sobre inspecciones conjuntas • El GT1 consideró métodos de trabajo en las Reuniones	• GCI sobre inspecciones conjuntas • Los Grupos de trabajo y los Presidentes del CPA deben coordinar en base a programas con comentarios	• El GT 1 debe considerar el informe del GCI sobre Inspecciones Conjuntas		

331

	Prioridad	RCTA 39 (2016)	Intersesional	RCTA 40 (2017)	RCTA 41 (2018)	RCTA 42 (2019)
6.	Fortalecimiento de la cooperación entre el CPA y la RCTA	• La RCTA recibió el asesoramiento del CPA • La RCTA acordó la necesidad de mejorar la secuencia de las próximas reuniones del CPA y la RCTA		• La RCTA debe considerar los asuntos planteados en el informe del CPA en ocasión de la XXXIX y XL RCTA • La RCTA debe recibir el asesoramiento del CPA que requiere seguimiento		
7.	Lograr la entrada en vigor del Anexo VI, y continuar recabando información sobre reparación y remediación del daño al medioambiente y otros asuntos con relevancia para informar las futuras negociaciones sobre responsabilidad	• La RCTA evaluó el progreso para lograr la entrada en vigor del Anexo VI de conformidad con el Artículo IX del Tratado Antártico, y las acciones que puedan ser necesarias y adecuadas para alentar a las Partes a aprobar oportunamente el Anexo VI	• Las Partes deben trabajar en la aprobación del Anexo VI y compartir entre ellas la información y experiencia • Las Partes deben subir su legislación relativa al Anexo VI al SEII • La Secretaría debe solicitar a los Fondos de FIDAC y P & I Club que proporcionen asesoramiento sobre los asuntos relativos a seguros en virtud del Anexo VI	• La RCTA debe evaluar el progreso para lograr la entrada en vigor del Anexo VI de conformidad con el Artículo IX del Tratado Antártico, y las acciones que puedan ser necesarias y adecuadas para alentar a las Partes a aprobar oportunamente el Anexo VI		
8.	Evaluar el progreso del CPA en su continuo trabajo para reflejar las prácticas recomendables, para mejorar las herramientas existentes y desarrollar nuevas herramientas para la protección del medio ambiente, incluidos los procedimientos de evaluación del impacto ambiental (y considerar, en su caso, el futuro desarrollo de dichas herramientas)	• La RCTA recibió el asesoramiento del CPA • La RCTA aprobó la Resolución 1 (2016)		• El GT 1 debe considerar el asesoramiento del CPA y debatir las consideraciones sobre políticas para la revisión de los Lineamientos para la Evaluación del Impacto Ambiental (EIA)		
9.	Abordar las recomendaciones de la Reunión de Expertos del Tratado Antártico sobre las implicaciones del cambio climático para la gestión y administración de la Antártida (CPA-GCI)	• El GT 2 debe considerar las recomendaciones 7 y 8		• El GT 2 debe considerar las recomendaciones 4 a 6 • El GT 2 debe considerar los resultados del taller conjunto del SC-CCAMLR y el CPA		

	Prioridad	RCTA 39 (2016)	Intersesional	RCTA 40 (2017)	RCTA 41 (2018)	RCTA 42 (2019)
10.	Analizar la implementación del Programa de trabajo de respuesta para el cambio climático (CCRWP)			• El GT2 debe considerar la actualización anual del CPA sobre la implementación del CCRWP	• El GT2 debe considerar la actualización anual del CPA sobre la implementación del CCRWP	• El GT2 debe considerar la actualización anual del CPA sobre la implementación del CCRWP
11.	Modernización de las estaciones antárticas en el contexto del cambio climático			• El GT2 debe analizar el asesoramiento sobre intercambio de información y del COMNAPe		
12.	Fortalecer la colaboración entre las Partes sobre las operaciones aéreas y marítimas actuales y específicas de la Antártida, así como las prácticas de seguridad, e identificar, además, cualquier asunto que pueda plantearse en el futuro a la OMI y la OACI, si resultase apropiado	• La RCTA recibió el asesoramiento del CPA	• La Secretaría debe comunicarse por escrito con la OACI y la OMI para informar las inquietudes de la RCTA acerca de la seguridad aérea y marítima en la Antártida, y para solicitar sus opiniones para debatir durante la próxima RCTA	• El GT 2 debe considerar el asesoramiento en materia de UAV del CPA y / o del COMNAP • El GT 2 debe considerar todos los puntos de vista presentados por la OACI y la OMI en materia de seguridad aérea y marítima	• Debate específico sobre UAV	
13.	Relevamientos hidrográficos en la Antártida				• Consideración de los relevamientos hidrográficos en la Antártida	
14.	Revisar y evaluar la necesidad de aprobar medidas adicionales con respecto a la gestión de zonas e infraestructura permanentes relacionadas con el turismo, así como las cuestiones relacionadas con el turismo terrestre y de aventura, y atender las recomendaciones del estudio sobre turismo del CPA			• Considerar un informe de la Secretaría en relación con la Recomendación 1 del Estudio sobre Turismo del CPA de 2012		
15.	Elaboración de un enfoque estratégico en torno al turismo y las actividades no gubernamentales gestionado de manera responsable en lo medioambiental en la Antártida	• La RCTA consideró el informe del GCI sobre el trabajo en el desarrollo de un enfoque estratégico en torno al turismo y las actividades no gubernamentales gestionado de manera responsable en lo medioambiental en la Antártida	• La Secretaría debe proporcionar una actualización sobre el estado actual de las recomendaciones del Estudio sobre turismo de 2012 del CPA	• El GT2 debe considerar la actualización de la Secretaría • Desarrollar una visión estratégica para el turismo y las actividades no gubernamentales en la Antártida		

	Prioridad	RCTA 39 (2016)	Intersesional	RCTA 40 (2017)	RCTA 41 (2018)	RCTA 42 (2019)
16.	Seguimiento de sitios para visitantes				• Debatir sobre el asesoramiento del CPA en relación con las mejoras en el seguimiento de los sitios para visitantes derivadas de la Recomendación 7 del Estudio sobre Turismo del CPA.	

Nota: Los grupos de trabajo de la RCTA citados antes nos son permanentes, pero se establecieron por consenso al término de cada Reunión Consultiva del Tratado Antártico.

3. Resoluciones

Lineamientos revisados para la Evaluación de Impacto Ambiental en la Antártida

Los Representantes,

Recordando los requisitos formulados en virtud del Artículo 8 del Protocolo al Tratado Antártico sobre Protección del Medio Ambiente ("el Protocolo") y su Anexo I en relación con las evaluaciones de impacto ambiental de las actividades propuestas en la zona del Tratado Antártico;

Reconociendo que, en consecuencia, las Partes ya deberían aplicar procedimientos nacionales para la implementación del Protocolo en conformidad con el Artículo 1 del Anexo I;

Teniendo en cuenta que, según la Resolución 1 (1999), la Reunión Consultiva del Tratado Antártico (RCTA") aprobó los Lineamientos para la Evaluación de Impacto Ambiental en la Antártida ("las Directrices");

Teniendo en cuenta también que, según la Resolución 4 (2005), la RCTA aprobó los Lineamientos revisados para la Evaluación de Impacto Ambiental en la Antártida;

Observando que el Comité para la Protección del Medioambiente refrendó los Lineamientos revisados;

Deseando actualizar los Lineamientos para que reflejen las actuales prácticas recomendables para la Evaluación de Impacto Ambiental revisada de las actividades propuestas en la Antártida;

Recomiendan que:

1. los Lineamientos para la Evaluación de Impacto Ambiental en la Antártida anexos a esta Resolución reemplacen a los Lineamientos aprobados en virtud de la Resolución 4 (2005); y

2. la Secretaría publique el texto de la Resolución 4 (2005) en su sitio web de manera que deje en claro que ya no tiene vigencia.

Lineamientos para la Evaluación de Impacto Ambiental en la Antártida

1. Introducción

El Artículo 3 del Protocolo al Tratado Antártico sobre Protección del Medio Ambiente (el Protocolo) establece en su Artículo 3 una serie de principios medioambientales que pueden ser considerados como una guía para lograr la protección de la Antártida y de sus ecosistemas dependientes y asociados. El Artículo establece que "la protección del medio ambiente antártico y los ecosistemas dependientes y asociados, así como del valor intrínseco de la Antártica, incluidos sus valores de vida silvestre y estéticos y su valor como área para la realización de investigaciones científicas, en especial aquellas investigaciones esenciales para la comprensión del medioambiente global, serán consideraciones fundamentales para la planificación y realización de todas las actividades en el área del Tratado Antártico".

Para dar efecto al principio general mencionado, el Artículo 3.2 (c) demanda que "las actividades en el área del Tratado Antártico deberán ser planificadas y realizadas sobre la base de una información suficiente, que permita evaluaciones previas y un juicio razonado sobre su posible impacto en el medio ambiente antártico y en sus ecosistemas dependientes y asociados, así como sobre el valor de la Antártida para la realización de investigaciones científicas". Por otra parte, este párrafo establece que "tales juicios deberán tomar plenamente en cuenta:

i) el alcance de la actividad, incluida su área, duración e intensidad;

ii) el impacto acumulativo de la actividad, tanto por sí misma como en combinación con otras actividades en el área del Tratado Antártico;

iii) si la actividad afectará perjudicialmente a cualquier otra actividad en el área del Tratado Antártico;

iv) si se dispone de medios tecnológicos y procedimientos adecuados para realizar operaciones que no perjudiquen el medioambiente;

v) si existe la capacidad de observar los parámetros medioambientales y los elementos del ecosistema que sean claves, de tal manera que sea posible identificar y prevenir con suficiente antelación cualquier efecto perjudicial de la actividad, y la de disponer modificaciones de los procedimientos operativos que sean necesarios a la luz de los resultados de la observación o el mayor conocimiento sobre el medioambiente antártico y los ecosistemas dependientes y asociados; y

vi) si existe capacidad para responder con prontitud y eficacia a los accidentes, especialmente a aquellos que pudieran causar efectos sobre el medio ambiente'.

El Artículo 8 del Protocolo introduce el término *Evaluación de Impacto Ambiental* (EIA), y establece tres categorías de impactos al medioambiente (*impacto menor que mínimo o transitorio, impacto no mayor que mínimo o transitorio e impacto mayor que mínimo o transitorio*), de acuerdo con su relevancia. El Artículo demanda también que las actividades propuestas para llevarse a cabo en la Antártida se sometan a los procedimientos de evaluación previa establecidos en el Anexo I al Protocolo.

El Anexo I ofrece una explicación más pormenorizada de las diferentes categorías de impacto al medioambiente, y establece un conjunto de principios básicos para realizar una EIA de las actividades planificadas en la Antártida.

Asimismo, establece una fase preliminar para evaluar el impacto ambiental de las actividades antárticas, que apunta a determinar si un impacto producido por una determinada actividad es o no menor que mínimo o transitorio. Tal determinación debe realizarse por medio de los procedimientos nacionales apropiados.

De acuerdo con los resultados de la fase preliminaro de las evaluaciones posteriores, si fueran requeridas, la actividad puede:

* proceder (si los impactos previstos de la actividad son probablemente menores que mínimos o transitorios);
* ir precedida de una Evaluación Medioambiental Inicial (EMIEMI), si es presumible que los impactos previstos serán no mayores que mínimos o transitorios; o
* ir precedida por una Evaluación Medioambiental Global (EMG), si se espera que los impactos previstos serán mayores que mínimos o transitorios.

Aunque la clave para decidir si una actividad debería ir precedida de una EMI o una EMG es el concepto de "*impacto menor que mínimo o transitorio*", la definición de este término aún no ha logrado consenso. La dificultad para definir este término parece radicar en la dependencia de una serie de variables asociadas a cada actividad y a cada contexto medioambiental. Por lo tanto, la interpretación de dicho término debe ser realizada sobre la base de un análisis caso a caso de cada sitio específico. Como consecuencia, este documento no apunta a lograr una definición clara de "*impacto menor que mínimo o transitorio*", sino que constituye un intento de ofrecer elementos básicos para el desarrollo del *proceso* de EIA.

En el Artículo 8 y el Anexo I al Protocolo se establecen los requisitos para las evaluaciones de impacto ambiental (EIA) para las actividades propuestas en la Antártida. Los presentes lineamientos para EIA en la Antártida no enmiendan ni modifican o interpretan los requisitos dispuestos en el Artículo 8 y el Anexo I al Protocolo, así como tampoco los requisitos de las legislaciones nacionales que puedan incluir procedimientos y lineamientos para la elaboración de una EIA en la Antártida. Estos lineamientos fueron elaborados con el fin de ayudar a los responsables de la preparación de EIA para las actividades propuestas en la Antártida.

2. Objetivos

El objetivo general de estos lineamientos es lograr transparencia y eficacia en el proceso de evaluación de los impactos en el medioambiente durante las etapas de planificación de posibles actividades en la Antártida, así como coherencia en el enfoque hacia el cumplimiento de las responsabilidades del Protocolo.

En lo específico, estos lineamientos aspiran a:

- asistir a los proponentes de actividades que tengan escasa experiencia en la elaboración de EIA en la Antártida;
- asistir en la determinación del nivel apropiado del documento de EIA a elaborar (conforme a lo establecido en el Protocolo);
- facilitar la cooperación y la coordinación en el proceso de EIA para actividades conjuntas;
- facilitar la comparación de diferentes EIA para actividades similares y/o desarrolladas en condiciones medioambientales comparables;
- proporcionar asesoramiento tanto a operadores gubernamentales como no gubernamentales;
- si corresponde, asistir a los proponentes para que consideren las posibles implicaciones del cambio climático en las actividades propuestas, y sus impactos medioambientales asociados;
- si corresponde, asistir a los proponentes para que consideren los posibles riesgos de la introducción de especies no autóctonas asociada a las actividades propuestas, o su propagación;
- asistir en la consideración de los impactos acumulativos relevantes a la propuesta; e iniciar un proceso de mejora continua de las EIA.

3. El proceso de EIA

La EIA es un proceso que tiene como objetivo fundamental proporcionar a las instancias decisorias la información que les permita conocer las consecuencias medioambientales de la actividad propuesta (fig. 1).

El *proceso* de pronosticar los impactos ambientales de una actividad y evaluar su relevancia, independientemente de la aparente magnitud de la actividad, es el mismo. Algunas actividades no necesitarán más que un simple examen para determinar sus impactos asociados, aunque debe tenerse en cuenta que el nivel de evaluación es relativo a la relevancia de los impactos, y no a la escala o complejidad de la actividad. El proceso de preparación de una EIA dará como resultado una mejor comprensión de los probables impactos en el medioambiente. Así, el panorama que surge en relación con los impactos de la actividad determinará hasta dónde debe llegar el proceso de EIA y qué tan complejo será.

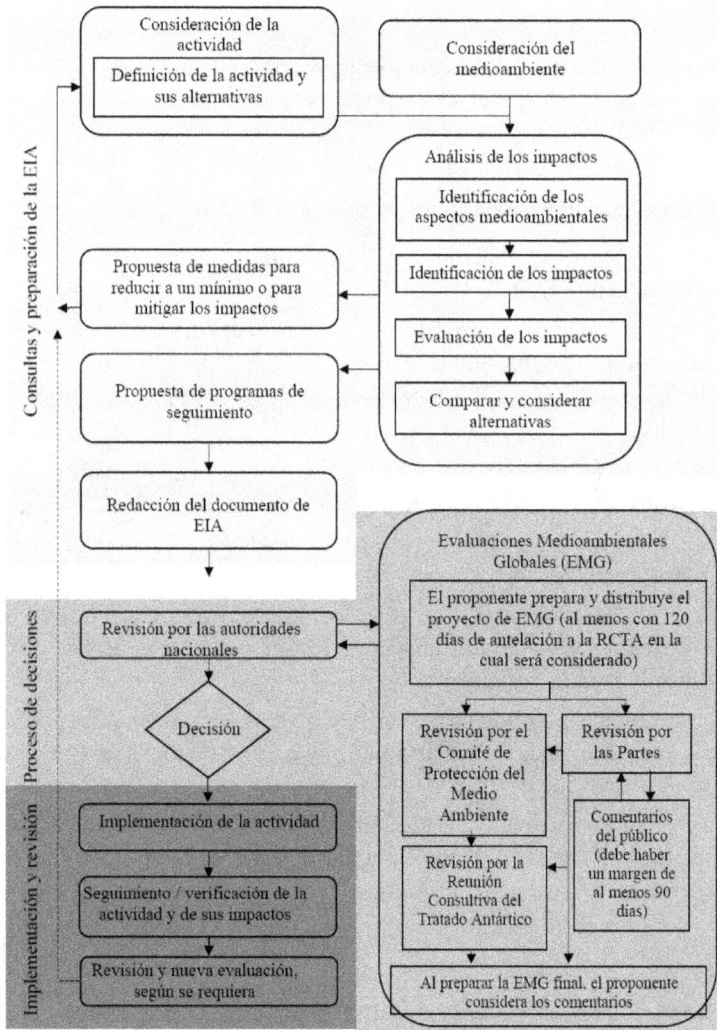

Figura 1: Pasos del proceso de EIA para actividades en la Antártida

Los responsables de un proceso de Evaluación de Impacto Ambiental deberán asegurarse de consultar, en la medida de lo posible y necesario, todas las fuentes de información disponibles, con el objeto de obtener datos confiables y asesoramiento profesional que contribuyan a mejorar la calidad del producto final. Varios participantes diferentes pueden estar involucrados a lo largo de este proceso, desde aquellos comprometidos en los detalles de casi todos los pasos del proceso (por ejemplo, el funcionario ambiental, el proponente de la actividad) hasta quienes, como expertos en su campo, aportan información sobre asuntos particulares (por ejemplo, investigadores, personal logístico, personas con experiencia en el área o en actividades similares).

Asimismo, las EIA que se hayan realizado antes para otras actividades en la Antártida pueden representar una valiosa fuente de información. La *Resolución 1(2005)* recomienda que las Partes informen anualmente a la Secretaría del Tratado Antártico sobre las EMI y EMG pque preparen o presenten (por ejemplo, ofrecer una breve descripción del desarrollo de la actividad; el tipo de evaluación de impacto ambiental que se ha llevado a cabo (EMI o EMG); la ubicación (nombre, latitud, y longitud) donde se realizará la actividad; la organización responsable de la EIA; y cualquier decisión que se tome tras la consideración de la Evaluación de Impacto Ambiental). Esta información, incluida una copia en formato electrónico del documento sobre EIA, si está disponible, puede encontrarse en la *Base de datos de EIA* en el sitio web de la STA. El *Directorio Antártico Maestro* también puede representar una útil fuente de metadatos.

Evaluaciones Medioambientales Globales (EMG)

De acuerdo con el Anexo I, deberá prepararse un proyecto de EMG si la Parte proponente de una actividad, o una Parte a la cual se haya presentado una propuesta de actividad, ha determinado que es probable que una actividad tenga un impacto mayor que mínimo o transitorio. Esta determinación se tomará de conformidad con los procedimientos nacionales correspondientes, y en referencia a las disposiciones y objetivos establecidos en el Protocolo.

El proyecto de EMG deberá ponerse a disposición del público y distribuirse entre las Partes, las cuales, a su vez, lo pondrán a disposición del público con objeto de recibir comentarios (fig. 1) Las Partes tendrán un plazo de noventa días para efectuar comentarios. Al mismo tiempo que es distribuida a las Partes, el proyecto de EMG deberá presentarse al Comité para la Protección del Medio Ambiente (CPA) al menos 120 días antes de la siguiente RCTA para que sea analizado convenientemente.

De conformidad con los *Procedimientos para la consideración por el CPA de proyectos de EMG en el período entre sesiones*, el Presidente del CPA establecerá un grupo de contacto intersesional de composición abierta (GCI) para considerar los proyectos de EMG, y consultará a los miembros del CPA para definir a un coordinador adecuado y para acordar sus términos de referencia. El GCI presentará un informe ante la siguiente reunión del CPA, en la que se debatirá el proyecto de EMG y se entregará asesoramiento a la RCTA.

El Artículo 3.5 del Anexo I establece que no se tomará una decisión definitiva con respecto a iniciar la actividad propuesta en la zona del Tratado Antártico a menos que la Reunión Consultiva del Tratado Antártico haya tenido la oportunidad de considerar el proyecto de evaluación medioambiental global con el asesoramiento del Comité, y siempre que la decisión de iniciar dicha actividad no se retrase más de quince meses desde la comunicación del proyecto de EMG.

Una evaluación medioambiental global definitiva examinará e incluirá o resumirá los comentarios recibidos sobre el proyecto de EMG. La versión final de EMG, junto al anuncio de cualquier decisión tomada en relación con ella, así como cualquier evaluación sobre la importancia de los impactos previstos en comparación con las ventajas de la actividad propuesta, se distribuirá entre las Partes, las que, a su vez, pondrán dichos documentos a disposición pública, al menos 60 días antes del comienzo de la actividad propuesta en la zona del Tratado Antártico.

3.1. Consideración de la actividad

3.1.1 Definición de la actividad

Una actividad es un evento o proceso que resulta de (o está asociado a) la presencia humana en la Antártida o que puede conducir a esa presencia. Una actividad puede consistir en diversas *acciones*; por ejemplo, una *actividad* de perforación de hielo puede requerir *acciones* tales como transporte de equipos, la instalación de un campamento, la generación de energía para la perforación, la gestión del combustible, las operaciones de perforación, la gestión de residuos, etc. La actividad debería ser analizada considerando todas las acciones que involucra cada fase (por ejemplo, fase de construcción, de operación y de desmantelamiento).

La actividad y las acciones individuales que la componen deberían ser definidas por medio de un proceso de planificación en el que se consideren los elementos físicos, técnicos y económicos y demás elementos, tanto del proyecto propuesto como de sus alternativas. Una parte importante de este proceso de definición de alcance es la consulta con expertos relevantes a fin de identificar adecuadamente todos esos elementos. Es importante definir de manera exacta todos los elementos de la actividad que podrían interactuar con el medioambiente y generar impactos. El resto del proceso de EIA se basa en esta descripción inicial, la cual debe ser realizada durante el proceso de planificación.

Deberían identificarse claramente los siguientes elementos de la actividad propuesta y sus alternativas:

- el propósito y la necesidad de la actividad. Los fundamentos tras la actividad propuesta son un componente esencial de cualquier EIA, y, si corresponde, debería considerarse la forma en que la actividad contribuirá a impulsar los objetivos del Tratado Antártico y del Protocolo. En particular, debe destacarse si se espera que la actividad dé como resultado beneficios para el medioambiente o para la ciencia. Si corresponde, sería conveniente incluir en la descripción de las actividades científicas una referencia práctica sobre los planes científicos estratégicos nacionales o internacionales más generales;

- las principales características de la actividad propuesta que puedan causar impacto sobre el medioambiente. Por ejemplo, características de diseño, requerimientos de construcción (tipos de material utilizado, tecnología empleada, uso de energía, tamaño de las instalaciones, personal involucrado, construcciones provisorias), requerimientos de transporte (tipo y número de vehículos utilizados, frecuencia de uso, tipos de combustible empleados), tipo y volumen de residuos generados durante las distintas etapas de la actividad y su disposición final (en referencia al Anexo III al Protocolo), desmantelamiento de construcciones provisorias, cesación de la actividad si fuera necesario, como también todos aquellos aspectos que puedan resultar de la etapa operacional de la actividad;

- las relaciones entre la actividad propuesta y otras actividades anteriores relevantes, en curso o razonablemente previsibles. En este sentido, y si corresponde, la EIA debe explicar con claridad los resultados previstos para la actividad propuesta, teniendo en cuenta actividades similares que se hayan llevado a cabo en la zona (por ejemplo, la forma en que las instalaciones científicas o de apoyo a la ciencia servirán de complemento a las actividades que se realicen en las instalaciones cercanas, o la forma en que una actividad propuesta para fines educacionales fomentará el valor y la importancia de la Antártida);

- una descripción del lugar y del área geográfica donde se desarrollará la actividad, incluidos los medios de acceso y la infraestructura asociada. Esta debería incluir una descripción de cualquier característica que vaya a incidir en la extensión geográfica completa que recibirá el impacto de la actividad, incluidos los elementos físicos, visibles y audibles. El uso de mapas facilitará el proceso de evaluación y, por ende, será de gran utilidad para documentar la EIA;

- cronograma de la actividad (incluido el rango de fechas del cronograma de la construcción, además de la duración general, los períodos de operación de la actividad y su desmantelamiento. Esto podría ser importante en relación con los ciclos de reproducción de la vida silvestre, por ejemplo); y

- el lugar de la actividad en relación con áreas que tienen requisitos especiales de gestión (ZAEP, ZAEA, SMH, sitios del Programa de Monitoreo del Ecosistema de CCRVMA, ZAEP o ZAEA propuestas, entre otros). Esta información se encuentra disponible en la *Base de datos de las Zonas Antárticas Protegidas* que mantiene la Secretaría del Tratado Antártico.

A fin de garantizar que la EIA presente una descripción exacta y completa de la actividad, y que se traten los aspectos medioambientales posiblemente importantes, debe prestarse particular atención a lo siguiente:

- adoptar un enfoque integral en la definición del alcance de la actividad; Se debe realizar un minucioso examen para determinar el alcance de la actividad en su totalidad, de modo que los impactos puedan ser evaluados en la forma adecuada. Esto es necesario a los fines deevitar la preparación de EIA parciales para acciones que indiquen un impacto aparentemente bajo cuando, en realidad, al considerarse en su conjunto, la actividad puede producir impactos de mucha mayor relevancia. Por ejemplo, una propuesta para la construcción de una nueva estación debería, además, analizar en profundidad la logística asociada, la principal infraestructura científica, y las instalaciones auxiliares tras el edificio principal de la estación (por ejemplo, caminos, helipuertos o pistas de aterrizaje, instalaciones de comunicación, entre otros). Esto es particularmente común si se realizan varias actividades en el mismo sitio, tanto en el mismo espacio o lapso de tiempo.. En los casos en que las actividades vayan a realizarse en sitios que reciben visitas de uno o más operadores en forma reiterada, se deberá tener en cuenta el impacto acumulativo de las actividades pasadas, presentes y razonablemente previsibles.

- considerar, y en la medida de lo posible, proporcionar información acerca de la fase de desmantelamiento, incluida su duración, costo y probable impacto. Desde el punto de vista del medioambiente, y en concordancia con el Anexo III al Protocolo, es preferible el retiro completo de la infraestructura, si bien se admite que en ciertas circunstancias esto no será posible o puede ocasionar impactos adversos mayores en el medioambiente. La EIA debería describir si tras el desmantelamiento se dejarán elementos en el lugar, y en caso afirmativo, explicar con claridad los motivos por los que no serán retirados. También debe observarse que, en función de las circunstancias (por ejemplo, tiempo transcurrido, cambios en la actividad o uso de la instalación, cambios en el medioambiente) en ese momento podría ser necesario preparar una nueva EIA para tratar las actividades de desmantelamiento; y

- entregar una descripción pormenorizada de las actividades relevantes a la posible transferencia de especies no autóctonas hacia la Antártida y entre los distintos lugares al interior de esta (por ejemplo, transporte de vehículos, equipos, suministros o personal). En este sentido, puede tener particular relevancia el transporte de equipos y maquinaria pesada entre distintas ubicaciones que tienen un clima similar, como por ejemplo, el Ártico o las islas subantárticas.

Al indicar los límites espaciales y temporales de la EIA, los proponentes deberán señalar otras actividades que se realicen en la región en el marco de la EIA.

Cuando se define una actividad en la Antártida, la experiencia obtenida en proyectos similares realizados dentro o fuera de la zona del Tratado Antártico (por ejemplo, en el Ártico o en las islas subantárticas) puede representar una valiosa fuente de información complementaria.

Una vez que se define la actividad, debe identificarse claramente cualquier modificación, especificando el momento en que se producen dentro del proceso de EIA (por ejemplo, si el cambio se ha producido una vez que la EIA se ha terminado, entonces se deberá adjuntar una enmienda, o bien puede ser necesario que todo el documento deba reescribirse, dependiendo de cuán significativo sea el cambio). En todo caso, es importante que la modificación y sus implicaciones (en términos de impactos) sean evaluadas de la misma manera en que fueron evaluados los impactos identificados antes en el proceso de EIA (fig. 1).

3.1.2 Alternativas a la actividad

Tanto la actividad propuesta como sus posibles alternativas deberían estudiarse en conjunto a fin de que la instancia decisoria pueda comparar con mayor facilidad su potencial de impacto sobre el medioambiente antártico y sus ecosistemas dependientes y asociados. De conformidad con el Artículo 3 del Protocolo, esto debería incluir la consideración de los impactos sobre el valor intrínseco de la Antártida, incluidos sus valores estéticos y de vida silvestre, y su valor como zona para la realización de investigación científica.

Algunos ejemplos de alternativas a considerar podrían incluir:

- uso de diferentes ubicaciones y sitios para la actividad. Los impactos generales pueden reducirse mediante le selección de un lugar que evite las interacciones adversas entre la actividad y el medioambiente (por ejemplo, apartado de colonias de fauna silvestre, de áreas con vegetación, de sitios donde se realizan proyectos científicos, de sitios vírgenes importantes para estudios sobre microbiología, o de sitios históricos). Por similares razones, se debe considerar la alternativa de llevar a cabo la actividad en un lugar que ya haya sido modificado antes como resultado de la actividad humana;

- alternativas al uso de la ubicación propuesta, incluida la distribución de las instalaciones. Por ejemplo, un edificio de varios pisos podría reducir la superficie de la zona que sería alterada por las pisadas. Sin embargo, también debería considerarse la visibilidad de las estructuras;

- posibilidades de cooperación internacional en el uso de las instalaciones, la investigación y la logística. Si corresponde, pueden obtenerse ventajas científicas y económicas, así como beneficios para el medioambiente gracias a los acuerdos de cooperación con otras naciones como, por ejemplo, compartir el uso de las estaciones de investigación u otras infraestructuras que ya existen, unir los programas científicos en curso o previstos, o coordinar el uso de transporte marítimo, aéreo o terrestre establecido;

- uso de diferentes tecnologías con el fin de reducir los productos de la actividad (o su intensidad); Por ejemplo, uso de fuentes de energía renovables, uso de equipos con capacidades de ahorro energético y sistemas de control de edificios que ayuden a reducir las emisiones a la atmósfera, plantas de tratamiento de aguas residuales que permitan la reutilización de las aguas tratadas, uso de vehículos aéreos no tripulados (UAV) que puedan reducir el impacto directo del ser humano en medioambientes frágiles, o equipos de estudio alternativos que puedan reducir el ruido submarino;

- uso de instalaciones preexistentes. Esto puede implicar, por ejemplo, el compartir o ampliar las instalaciones de operaciones, incluida la colaboración internacional, o la reapertura, rehabilitación y reutilización de instalaciones abandonadas o cerradas provisoriamente;

- alternativas que puedan reducir o evitar los costos y el esfuerzo del desmantelamiento, así como su impacto en el medioambiente. De ser posible, la EIA debería considerar una combinación de las alternativas antes identificadas, incluida la ubicación, la distribución, la cooperación internacional o las tecnologías; y

- la diferente calendarización de la actividad (por ejemplo, evitar el acceso de vehículos durante la temporada de reproducción de aves o mamíferos autóctonos, o en épocas del año en que el suelo temporalmente libre de hielo puede estar expuesto al tráfico vehicular).

La alternativa de no proceder con la actividad propuesta (es decir, la alternativa de "no acción") debería incluirse siempre en todo análisis de impacto ambiental de dicha actividad.

La EIA debería describir los factores o criterios considerados cuando se evalúan alternativas (por ejemplo, impacto al medioambiente, consideraciones relativas a logística, consideraciones relativas a seguridad, costo), y explicar claramente los fundamentos y el proceso para evaluar e identificar la opción preferida.

3.2. Consideración del medioambiente

Una profunda comprensión del estado del medioambiente antes de la actividad es una base esencial para pronosticar y evaluar los impactos, y para identificar las medidas de mitigación que sean relevantes y eficaces. Si se propone que la actividad se realice en varios lugares, deben considerarse todos los lugares en cuestión.

La consideración del medioambiente requiere de la tipificación de todos los valores o recursos físicos, biológicos, químicos y antrópicos de relevancia presentes en un área dada, en el momento y lugar en que se propone la actividad. El término "relevancia" se refiere a todos aquellos elementos del medioambiente sobre los que la actividad propuesta puede influir, o que pueden influir sobre la actividad, incluidos los ecosistemas dependientes y asociados.

Esta información debería ser cuantitativa (por ejemplo, concentración de metales pesados en organismos o en caudales de ríos, el tamaño de una población de aves), cuando se disponga de ella y resulte adecuado. El registro de metadatos (es decir, información importante acerca de un conjunto de datos, como por ejemplo dónde, cuándo y cómo se recolectaron dichos datos) puede ser valioso para las comparaciones futuras, incluido el seguimiento y la verificación de los impactos previstos. Es posible que deban utilizarse descripciones cualitativas en muchos casos, como por ejemplo, la descripción del valor estético de un paisaje. Los mapas, las publicaciones, los resultados de investigaciones científicas y la consulta con científicos constituyen diferentes y valiosas fuentes de información a ser identificadas y tenidas en cuenta.

La consideración del medioambiente debería incluir, si corresponde:

- el reconocimiento del estatus especial que el STA otorga a la Antártida, incluida su condición de reserva natural consagrada a la paz y la ciencia;
- los rasgos físicos y biológicos que pudieran resultar directa o indirectamente afectados, incluidos:
    - los rasgos físicos (tales como topografía, batimetría, geología, geomorfología, suelos, hidrología, meteorología, glaciología, etc.;
    - la biota. Por ejemplo, inventarios de especies animales y vegetales terrestres y de agua dulce, poblaciones y comunidades presentes, además de otros rasgos de interés tales como la presencia de zonas de reproducción, y comunidades y hábitats microbianos); y
    - cualquier población dependiente, por ejemplo, presencia de áreas de nidificación relativas a zonas de alimentación;
- una evaluación, en la medida de lo posible, del estado de la vida silvestre en el lugar antes de la actividad propuesta. Si bien las Partes del Tratado Antártico no han acordado una definición para el término *vida silvestre*, por lo general se entiende como una medida de relativa ausencia, evidencia, o impacto producto de la actividad humana;
- una evaluación del valor del lugar como zona para la realización de investigación científica;

- variaciones naturales de las condiciones medioambientales que podrían producirse a escala diaria, estacional, anual y/o interanual;

- información acerca de la variabilidad espacial y temporal de la vulnerabilidad del medioambiente. Por ejemplo, diferencias en los impactos cuando una zona está cubierta por la nieve o por el hielo marino en comparación con cuando no lo está;

- identificación y consideración de cualquier vulnerabilidad particular asociada a los lugares en los que se llevará a cabo la actividad, o cualquier ecosistema dependiente y asociado, incluido cualquier rasgo y vulnerabilidad exclusivos en la región biogeográfica. Puede resultar conveniente una referencia a las Regiones Biogeográficas de Conservación Antártica y al Análisis de Dominios Ambientales de la Antártida);

- tendencias actuales en procesos naturales tales como el crecimiento de la población o el área de distribución espacial de especie en particular o los fenómenos geológicos o hidrológicos;

- el grado de confiabilidad de los datos (científicos, históricos, anecdóticos, etc.);

- elementos del medioambiente que pudieron haber sido modificados o que puedan estar modificándose como resultado de otras actividades anteriores o en curso;

- valores especiales de la zona (si se han identificado con anterioridad); Estos pueden incluir, a título enunciativo aunque no limitativo, la presencia de ZAEP, ZAEA o SMH – véase la *Base de datos de las Zonas Antárticas Protegidas*;

- la existencia de zonas con potencial de sufrir impactos indirectos y acumulativos;

- la posible influencia de la actividad sobre los ecosistemas dependientes y asociados;

- las actividades que están siendo llevadas a cabo en la zona o en el sitio, o que se prevé que se llevarán a cabo, en particular las actividades científicas, habida cuenta de su importancia intrínseca como valor que requiere de protección especial en la Antártida; y

- los parámetros específicos que se utilizarán en el seguimiento de los cambios previstos.

Es esencial considerar en forma adecuada el estado del medioambiente antes del inicio de la actividad (información de referencia inicial) a fin de garantizar un pronóstico válido de los impactos y definir los parámetros de seguimiento, en caso necesario. Si no se dispusiera de tal información de referencia, se deberían realizar estudios de campo con objeto de obtener datos confiables acerca del estado del medioambiente antes del inicio de la actividad. Los datos obtenidos mediante teledetección, tales como imágenes satelitales o aéreas, también pueden ser una provechosa fuente de información. En el Apéndice 1 se presenta un modelo de lista de verificación para ayudar a orientar el proceso de obtención y registro de información de referencia. La sección Recursos, al final de este documento, ofrece orientaciones sobre un abanico de recursos de información que también pueden utilizarse al considerar el medioambiente.

En el mayor grado posible, se deben considerar las consecuencias del cambio climático anticipadas/posibles sobre el medioambiente en el lugar donde se realizará la actividad propuesta, y abarcar toda su duración, incluida la fase de desmantelamiento, si corresponde. Con este fin, las fuentes relevantes de información general incluirán, a título enunciativo mas no limitativo, el Informe sobre el cambio climático y el medioambiente antártico del SCAR de 2009, y sus posteriores actualizaciones periódicas realizadas por el SCAR. Los proponentes deberían investigar además las fuentes de información que puedan ofrecer una visión de los cambios relativos al clima observados o previstos en la región particular en cuestión.

Es también importante identificar lagunas en los conocimientos y los factores de incertidumbre hallados al recabar la información. La EIA debería considerar el grado en el cual las limitaciones en la comprensión del medioambiente afectarán la exactitud y relevancia de la evaluación del impacto, y si corresponde, indicar los medios a través de los cuales podrían abordarse las lagunas en los conocimientos y los factores de incertidumbre (por ejemplo, realizar nuevos estudios del sitio, investigación de campo, teledetección, entre otros).

Si un operador planifica una actividad que se realizará en varios sitios, se deberá describir cada uno de esos sitios utilizando la metodología antedicha.

3.3. Análisis de los impactos

3.3.1 Identificación de los impactos en el medioambiente

Comprender las formas en las que una actividad propuesta puede interactuar con el medioambiente (es decir, sus *aspectos* medioambientales) es un paso importante en la identificación y el abordaje de los potenciales impactos en el medioambiente.

Un aspecto medioambiental podría incluir un resultado o adición al medioambiente (por ejemplo, emisión de contaminantes, ruido o luz, presencia humana, transferencia de especies no autóctonas, contacto directo con la vida silvestre o la vegetación, fugas o derrames de sustancias peligrosas, etc.) o una extracción desde el medio (por ejemplo, uso de aguas lacustres, recolección de muestras de musgo, extracción de piedras). Identificar los aspectos medioambientales involucra la determinación del tipo de interacción (por ejemplo, emisiones, descargas, extracción) y qué componentes del medioambiente pueden participar en la interacción con la actividad (por ejemplo, descarga de aguas residuales hacia el océano o descarga de aguas residuales sobre el hielo, o emisión de ruidos hacia el aire / o emisión de ruidos dentro del agua).

En una actividad individual pueden participar diversas partes o *acciones* componentes, cada una de las cuales puede tener asociados diversos aspectos medioambientales (véase la Figura 2). Por ejemplo, la actividad general de construir y operar una estación de investigación puede implicar el uso de vehículos, los cuales pueden interactuar sobre el medioambiente de manera directa al compactar los suelos, producir emisiones a la atmósfera, generar ruidos, etc.). Construir y operar una estación de investigación puede implicar. Además,

350

otras acciones, tales como la gestión de los desechos y de combustibles, cada una de las cuales puede interactuar con el medioambiente. De manera similar, actividades o acciones diferentes pueden tener aspectos medioambientales similares. Por ejemplo, en la actividad de perforación del hielo, el aspecto "emisiones a la atmósfera" puede estar asociado al uso de vehículos, al uso de equipos de perforación, o la generación eléctrica. A su vez, cada aspecto medioambiental tiene el potencial de provocar uno o más impactos en el medioambiente (véase la Sección 3.3.2).

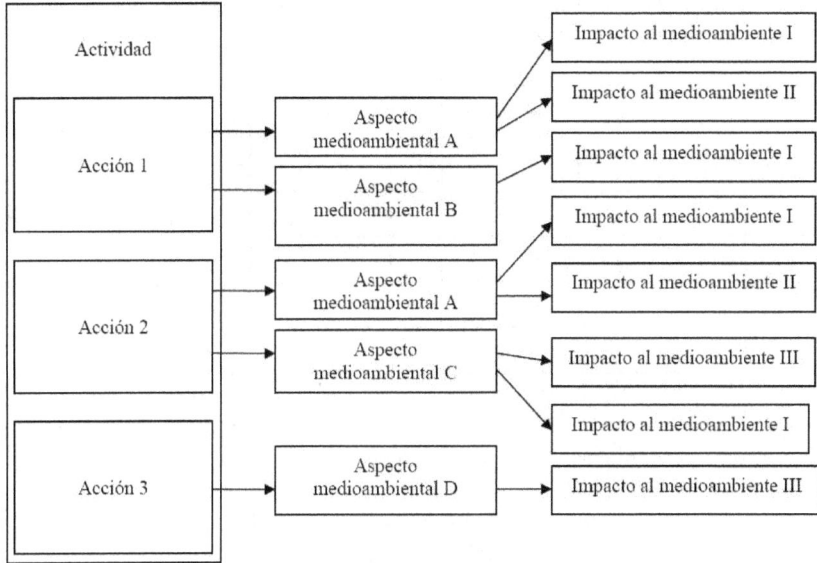

| Considerar si la actividad puede involucrar la participación de diversas partes o "acciones" componentes que podrían interactuar con el medioambiente | Identificar las formas en que la actividad (incluidas sus partes componentes) puede interactuar con el medioambiente: estos son los "aspectos medioambientales" | Identificar las consecuencias de cada interacción entre la actividad y el medioambiente: estos son los 'impactos al medioambiente' |

Figura 2: Modelo conceptual del proceso de identificación de aspectos
e impactos medioambientales

La identificación de los aspectos debería incluir no solo las condiciones normales de operación, sino que también tendría que contemplar, en el mayor grado posible, las condiciones de anormalidad (por ejemplo, el inicio o cierre) y las situaciones de emergencia.

En este proceso podría resultar conveniente confrontar las acciones y los aspectos en una matriz. A modo de ejemplo, el cuadro que sigue identifica algunos de los aspectos medioambientales que podrían presentarse a partir de algunas de las diversas acciones asociadas a la construcción de una nueva estación de investigación. Esto aprovecha un ejemplo anterior presentado en el documento *"Monitoring of Environmental Impacts from Science and Operations in Antarctica" (SCAR/COMNAP, 1996)* (*Vigilancia de los impactos en el medioambiente generados por la ciencia y las operaciones en la Antártida*), y no se propone ser representativo de todas las acciones y aspectos de todas las posibles actividades que se realizan en la Antártida.

ACCIONES	POSIBLES ASPECTOS MEDIOAMBIENTALES									
	Emisiones a la atmósfera (incl. polvo)	Presencia	Residuos	Ruido	Derrames de combustible	Acción mecánica sobre el terreno	Acción mecánica dentro del agua	Calor	Luz	Transferencia de especies
Vehículos										
- Terrestres	X	X	-	X	X	X	-	X	X	X
- Aeronaves	X	X	-	X	X	X	-	-	-	X
- Embarcaciones	X	X	-	X	X	-	X	-	-	X
Generación de energía	X	-	-	X	X	-	-	X	-	-
Construcción de edificios	X	X	X	X	X	X	-			
Almacenamiento de combustible	-	X	-	-	X	-	-	-	-	-
Tratamiento de aguas	X	-	X	X	-	-	-	-	-	X

Los aspectos pueden variar en función de las diferentes alternativas, ya que algunas alternativas pueden implicar un tipo particular de interacción con el medioambiente, en tanto otras no. Una forma adecuada de evitar los impactos que se presenten es modificar la actividad propuesta de manera tal que no se produzca la posible interacción con el medioambiente (el aspecto medioambiental). Por ejemplo, el reciclado de las aguas residuales para su uso en las estaciones puede evitar su descarga en el medio marino, y a su vez, evitar los impactos sobre las especies y los hábitats marinos cercanos a la costa.

Debe estimarse de manera exacta la dispersión geográfica de un aspecto para así determinar hasta qué punto el medioambiente puede resultar afectado.

3.3.2 Identificación de impactos

En el contexto de la evaluación de impacto ambiental, un **impacto** ambiental (sinónimo: **efecto**) es un cambio en los valores o recursos del medioambiente que puede atribuirse a la actividad humana. Es la consecuencia de una interacción entre una actividad y el medioambiente, y no la interacción en sí. Un impacto puede también definirse como el resultado de la interacción entre una actividad y un valor o recurso medioambiental. Por ejemplo, el aspecto medioambiental de "pisoteo" puede dar como resultado el impacto de una "reducción de la cobertura vegetal".

Identificar los impactos potenciales implica determinar qué componente(s) del medioambiente son susceptibles de ser afectados por una actividad o acción. Una actividad no tendrá como resultado un impacto de un valor o recurso medioambiental si no se produce un proceso de interacción o "exposición". Recurriendo al ejemplo de la sección anterior, la gestión de las aguas residuales no tendrá como resultado impactos en las especies o hábitats marinos cercanos a la costa si todas las aguas residuales son tratadas para su uso en la estación, puesto que no hay interacción entre la actividad y el medio marino cercano a la costa.

La superposición de información espacial (es decir, el uso de un Sistema de Información Geográfica, o SIG) puede ser una herramienta valiosa para asistir en tal determinación. Por ejemplo, una actividad que tiene el aspecto medioambiental de "descarga de sustancias peligrosas" podría tener como resultado impactos en los invertebrados de agua dulce si la actividad se realiza en un lugar donde hay lagos, pero no si esta se realiza en un lugar alejado de los lagos.

La correcta identificación de la intensidad de exposición de una actividad es un paso crucial para elaborar una predicción de impactos confiable. Algunos elementos que pueden contribuir a tal identificación son los siguientes:

- Variación temporal. Las interacciones entre una actividad y un valor o recurso medioambiental pueden variar en función del cronograma de la actividad, a causa de ciclos climáticos, hábitos de reproducción, etc. Por ejemplo, el ruido generado por una actividad puede provocar perturbaciones en la vida silvestre si es que la actividad se realiza durante el período de reproducción, pero no lo hará si no hay presencia de vida silvestre.

- Deben determinarse las relaciones de causa y efecto entre la actividad y los valores o recursos medioambientales, en especial en aquellos casos en que las relaciones son indirectas, donde la actividad tiene diversos tipos de interacción con un valor o recurso, o donde se produce de manera reiterada un único tipo de interacción.

También debería considerarse que un único aspecto medioambiental podría tener varios impactos medioambientales relacionados (Figura 2). Por ejemplo, la descarga de aguas residuales en el medio marino podría tener como resultado impactos en las comunidades bénticas, en las focas y en la calidad del agua. El Apéndice 2 presenta una lista ilustrativa de los aspectos e impactos potenciales de las actividades antárticas. No se concibió para ser exhaustiva o prescriptiva, pero puede utilizarse como una práctica referencia al momento de planificar una actividad.

La identificación de impactos ambientales consiste en caracterizar todos los cambios operados en los valores o recursos medioambientales producto de una actividad. Solo cuando se identifica el impacto puede hacerse una evaluación de su **relevancia**.

La identificación de los impactos debería considerar si estos podrían cambiar en el transcurso de la actividad propuesta. Por ejemplo, los impactos al medioambiente de una actividad de largo plazo pueden variar en función del tiempo debido a la interacción con la respuesta del medioambiente a los cambio en el clima, o debido a cambios en la actividad para reaccionar o adaptarse a los cambios en el clima.

Un impacto puede ser identificado por su naturaleza, extensión espacial, intensidad, duración, reversibilidad y retardo.

Naturaleza*: tipo de cambio impuesto al medioambiente debido a la actividad (por ejemplo, contaminación, erosión, mortalidad).*

Extensión espacial*: área o volumen donde los cambios son probablemente detectables.*

Intensidad*: medida del cambio ocasionado al medioambiente debido a la actividad (puede medirse o estimarse por medio de, por ejemplo, número de especies o individuos afectados, concentración de algún contaminante en un cuerpo de agua, índices de erosión, tasas de mortalidad, etc.).*

Duración*: período durante el cual es posible que se produzcan los cambios en el medioambiente.*

Reversibilidad/resiliencia*: posibilidad del sistema para retornar a sus condiciones medioambientales iniciales una vez que el impacto se ha producido.*

Retardo*: lapso de tiempo entre el momento en que se produce una interacción con el medioambiente y el momento en que se produce el impacto.*

Asimismo, una adecuada identificación del impacto debería definir también los impactos directos, indirectos y acumulativos, junto con los impactos inevitables.

Un *impacto directo* es el cambio en los valores o recursos medioambientales como resultado de las consecuencias de la interacción entre el medioambiente expuesto y una actividad o acción (por ejemplo, la disminución de una población de lapas debida a un derrame de petróleo, o la disminución de una población de invertebrados de agua dulce debida a la extracción de agua lacustre). Un *impacto indirecto* es un cambio en los valores o recursos medioambientales a causa de la interacción entre el medioambiente y otros impactos, tanto directos como indirectos (por ejemplo, la alteración en una población de gaviotas causada por la disminución de la población de lapas que, a su vez, fue causada por un derrame de petróleo).

Un *impacto acumulativo* es el impacto combinado de actividades pasadas, presentes, y razonablemente previsibles. Estas actividades pueden superponerse en el tiempo y/o en el espacio, y pueden ser aditivas o interactivas/sinérgicas (por ejemplo, disminución de una población de lapas debido al efecto combinado de las descargas de combustible de una base y de buques). Véase también la sección sobre "Consideración de los impactos acumulativos", a continuación.

Un *impacto inevitable* es un impacto para el cual no es posible ninguna medida de mitigación. Por ejemplo, sería posible reducir la superficie desde la que podrá ser vista una nueva infraestructura propuesta, pero es inevitable que dicha infraestructura sea vista sobre alguna superficie.

3.3.3 Consideración de impactos acumulativos

Deben considerarse los aspectos y los impactos medioambientales de una actividad propuesta en conjunto con aquellos aspectos e impactos pasados, actuales y razonablemente previsibles en el futuro. Por lo tanto, deben tenerse en cuenta las potenciales interacciones aditivas, sinérgicas o antagónicas (las que pueden tener como resultado importantes impactos en el medioambiente). Como se señaló en la Sección 3.3.2, es posible que la identificación de los impactos deba considerar, además, los efectos del cambio climático, en particular en las actividades de largo plazo.

Los impactos acumulativos suelen ser una de las categorías de impacto más difíciles de identificar adecuadamente en el proceso de EIA. Cuando se trata de identificar impactos acumulativos, es importante considerar tanto los aspectos temporales como los espaciales, e identificar también otras actividades que han ocurrido, ocurren en la actualidad o podrían ocurrir en el mismo lugar o dentro de la misma zona. Cuando se consideran los aspectos espaciales, debe prestarse atención a la distribución de ese tipo de medioambiente en el entorno más amplio de la Antártida, en particular si ese tipo de medioambiente podría ser exclusivo de ciertos lugares, o limitado en su extensión geográfica (por ejemplo, sitios geotérmicos o formaciones geológicas singulares). También es importante identificar y considerar las actividades o acciones de otros proponentes que puedan sumarse al efecto acumulativo. En algunos casos, los impactos acumulativos potenciales de las actividades realizadas por varios operadores podrían considerarse de mejor manera por medio de la elaboración de una EIA común.

La evaluación exacta de los impactos acumulativos reales o previstos es aún un campo incipiente. Existen, sin embargo, diversos métodos para identificar impactos, a saber: superposición de mapas, listas de verificación, matrices, etc. La selección de la metodología dependerá del carácter de la actividad así como del medioambiente con probabilidad de resultar afectado. Se deberían reconocer los datos científicos relevantes, si están disponibles, y los resultados de los programas de seguimiento. Si hay disponibles datos espaciales relativos a otras actividades realizadas en el pasado, en curso, o previstas, estos tienen particular relevancia. Tales datos pueden encontrarse en bases de datos tales como la *Base de datos de EIA*, o se puede obtener acceso a estos consultando directamente con los demás operadores relevantes.

En resumen, algunas de las preguntas importantes que deben formularse al considerar el potencial de impactos acumulativos de una actividad propuesta incluyen las siguientes:

- ¿Qué actividades han sido realizadas, se realizan en la actualidad, o es probable que se realicen en la zona de la actividad propuesta?
- ¿Existe alguna superposición espacial o temporal (o una combinación de ambas) con otras actividades que se realizan en la zona que podrían originar impactos acumulativos específicos?
- ¿Cuáles son las vías o procesos de acumulación de los impactos evaluados para la actividad propuesta?
- ¿Cuáles son los efectos que podrían resultar de la actividad propuesta y contribuir a los impactos acumulativos?
- ¿Cuáles son los impactos acumulativos con probabilidad de producirse en la zona?

3.3.4 Evaluación de impactos

El objeto de la evaluación de impacto ambiental es asignar una relevancia relativa a los impactos previstos asociados a una actividad (y para las distintas alternativas identificadas).

Relevancia: Es un juicio de valor acerca de la gravedad e importancia de un cambio en un valor o recurso medioambiental determinado.

Según lo que se establece en el Protocolo y en el Anexo I, los impactos deberán ser evaluados teniendo en cuenta tres niveles de relevancia:

- impacto menor que mínimo o transitorio;
- impacto no mayor que mínimo o transitorio; o
- impacto mayor que mínimo o transitorio.

La interpretación de estos términos debería realizarse sobre la base de un análisis específico de cada caso. Podría resultar provechoso, sin embargo, considerar la forma en que impactos similares han sido evaluados en EIA anteriores en sitios similares o para tipos de actividades similares (como se señaló antes, la información acerca de EMI y EMG anteriores puede obtenerse fácilmente en la *Base de datos de EIA*).

Un elemento inherente al juicio de relevancia es que puede conllevar un componente subjetivo considerable y este hecho debe ser tenido en cuenta. Si existe la posibilidad de que un impacto cobre importancia, se debería consultar con distintos expertos para así lograr un juicio lo más objetivo e informado posible. Esto tiene particular importancia si se depende de datos incompletos o cuando existen lagunas en los conocimientos.

La asignación de la relevancia de un impacto no debería basarse solamente en los impactos directos, sino también en los posibles impactos indirectos y acumulativos. Esta evaluación debería determinar la magnitud y la importancia del efecto acumulativo.

La importancia de los impactos inevitables (aquellos para los cuales no es posible aplicar medidas de mitigación) representa una consideración importante para que las instancias decisoras evalúen si, al analizarse en su conjunto, se justifica llevar a cabo la actividad.

Al evaluar impactos ambientales, pueden surgir algunos inconvenientes debido a una mala interpretación o a que se pasan por alto algunos aspectos de la evaluación de impactos, como por ejemplo:

- confusión entre duración del impacto y duración de la actividad;
- confusión entre los aspectos medioambientales (es decir, las interacciones entre una actividad y el medioambiente) de las actividades con los impactos (es decir los cambios en el medioambiente que se producen como resultado de dichas interacciones); y
- limitación del análisis a la consideración de impactos directos, sin tener en cuenta los impactos indirectos y acumulativos.

- Para permitir la verificación/análisis independiente de la evaluación, el documento de EIA debería describir con claridad los métodos y criterios utilizados para evaluar la importancia de los impactos pronosticados.

3.4. Comparación de impactos

Una vez que los impactos ambientales de un proyecto han sido evaluados, es necesario resumir y compilar de manera adecuada los impactos significativos de las distintas alternativas de una manera adecuada que facilite la comunicación a las instancias decisoras. Es esencial que tal compilación permita una sencilla comparación entre las distintas alternativas.

3.5. Medidas para reducir a un mínimo o para mitigar los impactos

El proceso de EIA debería considerar medidas para disminuir, evitar o eliminar alguno de los componentes de un impacto sobre el medioambiente, o sobre la realización de investigación científica, y sobre otros de los actuales usos o valores. Esto puede considerarse como un proceso de retroalimentación, y debería estar presente durante todo el proceso de EIA, no sólo como un paso final. Dichas medidas incluyen acciones de mitigación y de remediación.

La *mitigación* es el empleo de prácticas, procedimientos o tecnologías con el objeto de reducir al mínimo o prevenir los impactos asociados a las actividades propuestas. La modificación de algún componente de la actividad (y, por ende, la consideración de los aspectos e impactos medioambientales), así como el establecimiento de procedimientos de supervisión, son formas de mitigación eficaces.

Las medidas de mitigación variarán en función de la actividad y las características del medioambiente, y pueden incluir, entre otras:

- la selección del lugar apropiado (por ejemplo, evitar sitios vulnerables en lo medioambiental, si es posible) y la identificación de subáreas dentro del lugar que puedan requerir de protección o de gestión adicional;
- elaboración de procedimientos de control en el lugar (por ejemplo, disposiciones para el almacenamiento y la manipulación de combustibles, uso de sistemas de energía renovable y otros medios que reduzcan a un mínimo las emisiones a la atmósfera, suministro de agua, métodos adecuados de eliminación y gestión de desechos, metodologías para reducir a un mínimo las emisiones acústicas y lumínicas);
- aplicación de métodos adecuados para evitar la transferencia de especies hacia la Antártida o entre los distintos lugares de la Antártida (por ejemplo en relación con las directrices y recursos que se presentan en el *Manual sobre Especies No Autóctonas del CPA*);
- establecimiento del cronograma más adecuado para llevar a cabo la actividad (por ejemplo, para evitar la temporada reproductiva de pingüinos);
- tomar medidas para limitar la extensión espacial y temporal de los impactos (por ejemplo, el uso de infraestructura provisoria en lugar de permanente, situar las instalaciones en lugares que ya han sido alterados, reducir la dispersión

de elementos de infraestructura individuales, o considerar la disposición de la infraestructura dentro del paisaje a fin de reducir su visibilidad);

- proveer programas de educación y capacitación ambiental al personal o a los contratistas que participan en la actividad;

- medidas de prevención, y según sea necesario, de respuesta ante emergencias que pueden ocasionar impactos al medioambiente (por ejemplo, derrames de petróleo, incendios); y

- garantizar una adecuada supervisión *in situ* de la actividad a cargo del personal involucrado en el proyecto o especialistas medioambientales.

La *remediación* abarca todas las medidas que puedan tomarse una vez que los impactos se han producido, a fin de promover, tanto como sea posible, el regreso de las condiciones del medioambiente a su estado original.

La versión final de la actividad que debe evaluarse debería describir de igual manera las medidas de mitigación y las medidas de remediación previstas. Evitar impactos, como una forma de mitigación, puede contribuir a reducir las actividades de seguimiento, reducir costos de remediación y mantener el estado inicial del medioambiente.

Al considerar medidas de mitigación y remediación, deberían abordarse los siguientes asuntos:

- distinguir con claridad entre las medidas de mitigación y las medidas de remediación;

- definir con claridad el estado del medioambiente al cual se están orientando dichas medidas;

- considerar la posibilidad de que surjan nuevos impactos no previstos como resultado de una aplicación poco adecuada de medidas de mitigación;

- reconocer que las medidas de mitigación y remediación pueden necesitar considerar también el impacto acumulativo de las actividades pasadas, actuales y razonablemente previsibles;

- considerar el grado en que los trabajos de desmantelamiento podrían devolver al sitio al estado medioambiental que tenía antes de llevar a cabo la actividad;

- tener en cuenta que el medioambiente no siempre es capaz de retornar a su estado inicial, aun cuando se apliquen medidas de remediación; y

- considerar que una medida correctiva puede interactuar de manera antagónica o sinérgica con otras medidas correctivas.

Si dentro de una EIA hay referencias a documentos diferentes (por ejemplo, planes de gestión de residuos, planes de contingencia para eventos de derrame de petróleo, etc.), debe proporcionarse, si es posible, un enlace a tales documentos, o bien debe incluirse en la EIA información suficiente como para permitir la evaluación de la probable eficacia de las medidas que se prevén.

La sección Recursos, al final de este documento, identifica diversas fuentes de orientación e información, incluidas directrices refrendadas por el CPA, que podrían ayudar en la identificación de medidas de mitigación y remediación.

3.6. Seguimiento

El seguimiento consiste en la realización de mediciones u observaciones normalizadas de los parámetros clave (productos o su retiro, y variables medioambientales) en el tiempo, su evaluación estadística y la elaboración de informes sobre el estado del medioambiente con el objeto de definir calidad y tendencias. Para el proceso de EIA, el seguimiento debe estar orientado hacia la confirmación de la exactitud de los pronósticos de los impactos al medioambiente que resultarán de la actividad (por ejemplo, los impactos que se producen debido a la descarga de aguas residuales, la generación de ruidos o las emisiones a la atmósfera que se prevén), incluidos los impactos acumulativos, y la detección de impactos no previstos o de impactos que resultaron mayores que lo esperado. Teniendo esto en cuenta puede resultar práctico definir umbrales o estándares para una actividad, contra los cuales puedan compararse los resultados del seguimiento. Si se excedieran estos umbrales, sería necesaria una revisión o un nuevo análisis de las hipótesis en relación con los impactos ambientales o los sistemas de gestión asociados a la actividad.

El seguimiento puede también incluir otros procedimientos que pueden utilizarse para evaluar y verificar los impactos de la actividad. En aquellos casos en que no es necesaria, o no corresponde la medición de parámetros específicos, los procedimientos de evaluación y verificación podrían incluir la mantención de un registro de la actividad que se realizó realmente, y de cualquier cambio en la naturaleza de la actividad si estos difieren de manera importante de lo descrito en la EIA. Esta información puede ser muy útil para reducir o mitigar aún más los impactos, o para modificar, suspender e incluso cancelar la actividad de manera total o parcial, si resulta apropiado.

El seguimiento se trata de una medición precisa de algunas especies, procesos, u otros indicadores objetivo, seleccionados cuidadosamente sobre la base de criterios científicos válidos predeterminados. En los casos en que varios proponentes estén realizando actividades en los mismos sitios, deberían considerar la posibilidad de establecer programas de seguimiento regional en conjunto.

El proceso de selección de indicadores clave debería realizarse durante la etapa de planificación de la actividad una vez que se han identificado los aspectos medioambientales, se ha considerado el medioambiente y se han evaluado los impactos asociados, (incluidos los impactos sobre los ecosistemas dependientes y asociados, si corresponde) mientras que las actividades de seguimiento de parámetros medioambientales deberían comenzar, por lo general, antes del inicio de la actividad, si no se cuenta con la información de base adecuada.

El seguimiento debería diseñarse, siempre que sea posible, de manera tal que se adecúe y dé cuenta de los cambios asociados al clima durante el período que dure la actividad. Esto tendrá particular relevancia en actividades de larga duración, y en actividades que se llevan a cabo en lugares donde se sabe o se espera que estén sujetos a rápidos cambios.

En los casos en que la EIA identifica un potencial de que la actividad propuesta tenga como resultado la introducción de especies no autóctonas, las medidas de seguimiento deberían buscar la forma de comprobar la eficacia de las medidas preventivas previstas.

359

La planificación o realización de actividades de seguimiento puede verse entorpecida por una serie de situaciones, que incluyen:

- postergar la planificación de programas de seguimiento hasta que la actividad ya está en progreso;
- las actividades de seguimiento pueden ser costosas, en especial en proyectos o actividades de varios años de duración;
- no es posible someter a prueba algunas hipótesis relativas a los impactos en el medioambiente resultantes de la actividad;
- interrupción de las actividades de monitoreo;
- la falta de una definición adecuada del alcance del programa de seguimiento, por lo que este no abarca todos los elementos del medioambiente que pueden resultar afectados, o no cubre un área geográfica lo suficientemente amplia; y
- no distinguir entre la variabilidad natural y la variabilidad inducida por el ser humano en parámetros medioambientales.

Las orientaciones para el diseño de programas de seguimiento con relevancia para los rasgos medioambientales en la Antártida pueden obtenerse en:

- Directrices Prácticas para Desarrollar y Diseñar Programas de Vigilancia Ambiental en la Antártida de COMNAP
- Manual de Vigilancia Ambiental en la Antártida de COMNAP-SCAR
- Manual sobre Limpieza del CPA
- Manual sobre especies no autóctonas del CPA

4. Redacción del documento de EIA

El producto final de una EIA es un documento formal que presenta toda la información relevante acerca del proceso de EIA. El documento de EIA representa un nexo fundamental entre el proceso de EIA y las instancias decisorias, dado que las conclusiones que surjan del proceso de EIA las ayudarán a considerar los aspectos medioambientales de la actividad propuesta.

Del proceso de EIA surgen cuatro cuerpos de información derivados: *metodología, datos, resultados* y *conclusiones*. Dado que los *resultados* y las *conclusiones* son de interés particular para las instancias decisorias, estos capítulos deberían redactarse en un lenguaje accesible, y evitar el uso de términos muy técnicos. El uso de información gráfica, como mapas, cuadros y gráficos, es una manera eficaz de mejorar la comunicación.

El volumen de información y el nivel de detalle del documento dependerán de la importancia de los impactos que se hayan identificado a lo largo del proceso de EIA. Así, el Anexo I al Protocolo define dos formatos para su documentación: Evaluación Medioambiental Inicial (EMI) y Evaluación Medioambiental Global (EMG), para las cuales el Protocolo requiere la presentación de diferentes volúmenes de información (Anexo I, Artículos 2 y 3).

A menos que se haya determinado que una actividad tendrá un impacto menor que mínimo o transitorio, o que ya se haya determinado que se requiere una Evaluación Medioambiental Global, se deberá preparar una Evaluación Medioambiental Inicial (EMI). Si, en cambio, el proceso de EIA indica que es probable que una actividad propuesta tenga un impacto mayor que mínimo o transitorio, se deberá preparar una Evaluación Medioambiental Global (EMG).

De acuerdo con los requerimientos del Anexo I, se deberá elaborar antes un borrador de la EMG, que será distribuida a todas las Partes y al CPA para ser sometida a comentarios. Una vez incorporados los comentarios y sugerencias, se distribuirá a todas las Partes la versión final de la EMG.

El siguiente cuadro resume los pasos que deben considerarse en el proceso de EIA (los que se explican en la Sección 3 de estos Lineamientos). Asimismo, el cuadro enumera todos aquellos requisitos que surgen del Anexo I y que deberían formar parte del documento de EIA. En el caso de la EMI, algunos de los elementos marcados no se mencionan específicamente en el Artículo 2 del Anexo I. Sin embargo, su inclusión dentro del documento de EMI suele ser conveniente para comunicar de manera transparente los resultados del proceso. Dichos elementos se marcaron de manera distintiva en el cuadro (con una X).

Contenido de las EIA y requisitos del Anexo I	EMI	EMG
Nota de remisión		X
Índice	X	X
Autores de la EIA y personas consultadas	X	√
Resumen no técnico	X	√
Descripción de la actividad propuesta, incluido su propósito, lugar, duración e intensidad	√	√
Descripción de las posibles alternativas a la actividad propuesta	√	√
• Alternativa de no realización de la actividad	X	√
Descripción del estado de referencia inicial del medioambiente y pronóstico del estado del medioambiente en ausencia de la actividad propuesta	X	√
Descripción de los métodos y datos utilizados para pronosticar los impactos de la actividad propuesta	X	√
Estimación de la naturaleza, alcance espacial, duración e intensidad de los impactos directos	√	√
Consideración de los posibles impactos indirectos o de segundo orden	X	√
Consideración de los impactos acumulativos	√	√
Identificación de los impactos inevitables	X	√
Efectos de la actividad sobre la investigación científica y otros usos o valores	X	√
Medidas de mitigación	X	√
• Programas de seguimiento	X	√
Identificación de lagunas en los conocimientos	X	√
Conclusiones	X	X
Referencias	X	X
Glosario		X

√ Requeridas por el Anexo I.

X A menudo conveniente(s).

El texto que sigue aborda brevemente cómo se deberían referir en un documento de EIA los elementos enumerados en el cuadro. En secciones anteriores ya se ha descrito otra información técnica.

Descripción del propósito y la necesidad de la actividad propuesta (véase también la Sección 3.1)

Esta sección debería incluir una breve descripción de la actividad propuesta junto con una explicación de la intención de la actividad, incluidos los beneficios que aportará (por ejemplo, protección del medioambiente, comprensión científica, fines educacionales). Debería incluir información suficientemente pormenorizada como para que quede claro por qué se propone la actividad y cuál es la necesidad de llevarla a cabo (por ejemplo, referencia a los planes científicos estratégicos nacionales o internacionales). Asimismo, debe proporcionar información sobre el proceso mediante el cual se definió el alcance de la actividad. Esto contribuirá a garantizar que se incluya el alcance total de la actividad, de modo que los impactos puedan ser evaluados apropiadamente. Si para lograrlo se utilizó algún proceso formal (una reunión formal, o una solicitud del público o de otros grupos), ese proceso y sus resultados deberían tratarse en esta sección.

Descripción de la actividad propuesta y posibles alternativas, y consecuencias de dichas alternativas (véanse también las Secciones 3.1.1 y 3.1.2)

Esta sección debería incluir una descripción detallada de la actividad propuesta y de las alternativas razonables. La primera alternativa que debe describirse es la actividad propuesta. La descripción debería ser tan global y pormenorizada como sea posible (véase la sección 3.1).

En esta sección puede ser de gran utilidad ofrecer una comparación de las distintas alternativas. Por ejemplo, para un proyecto de una nueva base científica, las alternativas pueden incluir diferencias en el tamaño de la base, así como el número de personas que podría alojar. Estas diferencias implicarían las diferentes cantidades de material empleado, de combustible consumido o de emisiones o residuos generados. Los cuadros donde se muestren comparaciones en forma correcta pueden ser de gran ayuda para el lector del documento de EIA.

Alternativa de no realización de la actividad (véase también la Sección 3.1.2)

Se debería describir la alternativa de no realización de la actividad (es decir, la alternativa de "no acción") con el objeto de enfatizar las ventajas y desventajas de no realizar la actividad. Si bien el Protocolo solo requiere su inclusión en las EMG, resulta conveniente incluir también la alternativa de "no acción" en las EMI, a fin de justificar de manera más clara la necesidad de proceder con la actividad propuesta.

Descripción del estado de referencia inicial del medioambiente y pronóstico del estado del medioambiente en ausencia de la actividad propuesta (véase también la Sección 3.2)

Tal descripción no debería limitarse a una tipificación de los elementos físicos, biológicos, químicos y antrópicos relevantes presentes en el medioambiente, sino que debería también tener en cuenta la existencia y el comportamiento de tendencias y procesos dinámicos con el objeto de pronosticar el estado del medioambiente en ausencia de la actividad propuesta. Por ejemplo, las herramientas de modelización pueden ser de ayuda en la consideración de los cambios en el medioambiente relacionados con el clima, con y sin la actividad propuesta (por ejemplo, futuras proyecciones de la vida silvestre y la vegetación, y aumento o retroceso del hielo). Una adecuada descripción del estado de referencia inicial del medioambiente ofrece elementos con los cuales deben compararse los cambios observados.

Descripción de los métodos y datos utilizados en el pronóstico de impactos (véase también la Sección 3.3)

El propósito de esta sección es explicar y, si fuera necesario, defender el diseño de la evaluación, y proporcionar luego suficiente información como para que un nuevo evaluador pueda comprender y reproducir el procedimiento. Es muy importante redactar cuidadosamente la metodología, ya que esta determina que los resultados puedan ser reproducibles y/o comparables.

Estimación de la naturaleza, extensión, duración e intensidad de los impactos (incluida la consideración de posibles impactos indirectos y acumulativos) (véanse también las Secciones 3.3.2 y 3.3.3)

Esta sección debería incluir una descripción clara de los aspectos y los impactos medioambientales identificados. Debe establecer claramente la importancia asignada a cada impacto y la justificación de tal asignación. Asimismo, y con objeto de resumir esta sección, puede ser de gran utilidad incluir un cuadro donde se muestren los impactos ambientales sobre cada componente del medioambiente.

Se debe prestar especial atención a la consideración de los posibles impactos indirectos y acumulativos, dado que las relaciones causa-efecto que determinan la existencia de tales impactos muestran, por lo general, un grado de complejidad mayor.

Programas de seguimiento (véase también la Sección 3.6)

De ser necesario, esta sección debería definir claramente los objetivos del seguimiento, establecer hipótesis comprobables, seleccionar los parámetros clave a los que se hará seguimiento, evaluar los métodos de toma de datos, diseñar un programa de muestreo estadístico y decidir sobre la frecuencia y el cronograma de la recopilación y registro de datos. La implementación de tales programas de seguimiento es un paso ulterior, que puede comenzar una vez que la etapa de planificación esté completa, aun cuando la actividad no se haya iniciado.

Medidas de mitigación y remediación (véase también la Sección 3.5)

Un importante propósito del proceso de EIA es tomar medidas para evitar o reducir a un mínimo los probables impactos por medio de la aplicación de medidas de mitigación y remediación. Por este motivo, una parte fundamental del documento de EIA es la descripción de las medidas de mitigación previstas (de acuerdo con la naturaleza de la actividad y el nivel de la EIA). Dado que tales medidas normalmente apuntan a corregir algunos aspectos de la actividad, la comunicación de tales medidas debe ser concreta, e indicar las acciones propuestas y sus cronogramas, así como los beneficios asociados a cada medida por separado.

Identificación de impactos inevitables (véase también la Sección 3.3.2)

En todo análisis de impacto debería incluirse un reconocimiento de la existencia de impactos inevitables. La consideración de tales impactos tiene suma importancia, ya que la incidencia de impactos inevitables puede afectar la decisión de proceder o no con la actividad propuesta.

Efectos de la actividad sobre la investigación científica y otros usos o valores (véase también la Sección 3.3)

Teniendo en cuenta que el Protocolo designa a la Antártida como una zona consagrada a la paz y a la ciencia, cuando se lleva a cabo un análisis de impactos ambientales, una consideración fundamental debe ser el efecto de la actividad propuesta sobre la investigación científica en curso, o sobre el potencial de un sitio para la futura investigación científica (por ejemplo, como sitio de referencia científica). Si corresponde, también es importante considerar los efectos de la actividad propuesta sobre los demás usos y valores actuales.

Identificación de lagunas en los conocimientos (véase también la Sección 3.2)

El proceso de evaluación se apoya sobre variadas fuentes de conocimiento (es decir, datos e información empírica, teórica o anecdótica). Sin embargo, estas fuentes de conocimientos pueden estar incompletas o pueden tener distintos grados de incertidumbre. En la evaluación, es crucial entonces identificar de manera explícita dónde se encuentran tales deficiencias o incertidumbres y cómo se ha tenido en cuenta en el proceso de evaluación la existencia de tales deficiencias o incertidumbres. Esta información será útil en el proceso de evaluación, ya que podrá identificar claramente dónde se necesita más información. Si corresponde, también deben describirse los planes para abordar las lagunas en los conocimientos y los factores de incertidumbre.

Conclusiones

Si bien no es un requisito explícito del Anexo I, una EIA debería describir brevemente las conclusiones del proceso de EIA, recogiendo los términos utilizados en el Artículo 8 y en el Anexo I del Protocolo (por ejemplo, si la actividad propuesta se evaluó probablemente con un impacto menor que mínimo o transitorio, un impacto no mayor que mínimo o transitorio, o un impacto mayor que mínimo o transitorio). Las conclusiones deberían incluir, además, una declaración clara acerca de los motivos por los que la actividad propuesta, con sus impactos potenciales al medioambiente, debería seguir adelante.

Autores y asesores

Esta sección contiene una lista de todos aquellos expertos que hayan sido consultados para preparar la evaluación, así como sus áreas de especialización, y la información de contacto correcta. También debe identificar a los responsables de la preparación efectiva del documento. Esta información será útil para garantizar a los revisores y a las instancias decisoras que se ha recurrido a los expertos adecuados para evaluar el tipo y el grado de impacto de la actividad propuesta. Dicha información es también de utilidad para futuras evaluaciones de actividades o asuntos con similares características.

Referencias

Esta sección debería mencionar todas las referencias utilizadas en la preparación de la evaluación. Puede incluir investigaciones u otros documentos usados en el análisis de impactos, o bien datos de seguimiento utilizados para establecer las condiciones del estado de referencia de la zona donde se propone realizar la actividad. Las referencias pueden también incluir otras evaluaciones medioambientales de actividades similares en otros lugares o en lugares comparables.

Índice

Dado que un documento de EIA puede llegar a tener una extensión considerable, incluir un índice puede ser de gran ayuda para el lector.

Glosario

Esta sección contendrá una lista de términos, definiciones, y abreviaturas que puedan ser de ayuda para el lector, en particular si se trata de términos poco habituales.

Nota de remisión

Una EMG debería incluir una nota de remisión o carátula que contenga nombre y la dirección de la persona u organización que haya preparado la EMG y la dirección a la cual deberían dirigirse los comentarios y sugerencias (solo para la versión borrador de EMG).

Resumen no técnico

Una EMG debe incluir también un resumen no técnico de los contenidos del documento. Este resumen debería estar escrito en un lenguaje fácil de comprender e incluir información pertinente al propósito y la necesidad de la actividad propuesta, los asuntos y alternativas tenidos en consideración, las características generales del medioambiente actual y los impactos asociados a cada alternativa. La inclusión de un resumen no técnico puede también ser de utilidad en una EMI.

Por último, al redactar un documento de EIA (EMI o EMG) se deberían tener en cuenta los siguientes aspectos:

- evitar la inclusión de información descriptiva irrelevante;
- documentar todos los pasos relevantes al proceso;
- describir claramente la metodología de identificación de impactos;
- distinguir claramente entre resultados (identificación de impactos, medidas de mitigación, etc.) y el juicio de valor final acerca de la relevancia del impacto; y
- conectar adecuadamente los resultados y las conclusiones.

5. Procesos de retroalimentación de la EIA

Es importante tener en cuenta que el proceso de EIA no se detiene una vez que el documento de EIA ha sido aprobado y la actividad comienza. Sigue existiendo la necesidad de verificar los impactos previstos de la actividad, y de evaluar la eficacia de las medidas de mitigación, lo que incluye decidir si es necesario modificar la actividad o prepara una nueva EIA. Los siguientes son tres componentes principales del proceso de retroalimentación, los que deberían considerarse durante la realización de la actividad en cuestión y tras su finalización. Se relacionan con: seguimiento; modificación de la actividad, y revisión.

5.1. Seguimiento

Tal como quedara registrado en la Sección 3.6 anterior y en la Figura 1, con frecuencia se requerirá la realización de un seguimiento de los parámetros claves. Esta es una parte importante en el proceso de EIA, y tiene por objeto: comprobar la escala de los impactos previstos; proporcionar alertas tempranas de todo impacto no previsto; y evaluar la eficacia de las medidas de mitigación.

Estas labores de seguimiento deberían formar parte del proceso de retroalimentación de las EIA. La información que se recabe con el seguimiento puede evaluarse comparándola con las medidas de mitigación que se han previsto, y la actividad debe ajustarse en consecuencia a fin de mantener los impactos reales dentro de los límites aceptables o aprobados.

Esta metodología es coherente con las disposiciones estipuladas en el Artículo 3 del Protocolo, que establece que el seguimiento ha de ser "*de tal manera que sea posible identificar y prevenir con suficiente antelación cualquier efecto perjudicial de la actividad, y la* [capacidad] *de disponer modificaciones de los procedimientos operativos que sean necesarios a la luz de los resultados de la observación*" (Artículo 3[c][v]), y que "*se llevará a cabo una observación regular y eficaz que permita la evaluación del impacto de las actividades en curso, inclusive la verificación de los impactos previstos*" (Artículo 3[d]).

Si la información que se obtiene gracias al programa de seguimiento identifica un desvío importante respecto a la naturaleza, tipo o escala de los impactos previstos, o si se observan impactos no previstos significativos, es posible que se requiera una revisión de la EIA, y que sea necesario identificar nuevas medidas de mitigación.

5.2. Modificación de la actividad

Como se señaló en la Sección 3.1.1 anterior, los cambios que se introduzcan en la actividad pueden requerir, además, una reconsideración o revisión de la EIA. Esto es coherente con el Artículo 8(3) del Protocolo, donde se establece que "*los procedimientos de evaluación previstos en el Anexo I se aplicarán a todos los cambios de actividad, bien porque el cambio se deba a un aumento o una disminución de la intensidad de una actividad ya existente, bien a otra actividad añadida, al cierre de una instalación, o a otras causas*".

Los cambios introducidos a una actividad que pueden requerir la rectificación de una EIA o una nueva EIA pueden incluir, por ejemplo:

- cambios en el cronograma y duración de una actividad;
- cambios en los métodos o materiales que se utilizarán;
- cambios en el tamaño de una instalación;
- cambios en el uso principal de una instalación;
- el establecimiento de instalaciones o de zonas protegidas en las cercanías;
- un aumento o disminución evidentes en la población de una instalación de un año a otro o en el lapso de algunos años;
- una ampliación de la superficie utilizada por una instalación o actividad;
- un aumento o disminución en la cantidad de edificios, o el reemplazo de edificios;
- el aumento de la intensidad o de la diversidad de las actividades turísticas o de los programas antárticos nacionales en sitios en particular; y
- proyectos que no se ajustan al plan y que experimentaron retrasos importantes.

Por lo mismo, es importante que vuelvan a evaluarse las implicaciones de estos cambios a fin de identificar aquellos cambios en los impactos previstos y en las medidas de mitigación que es necesario aplicar. Si se proponen cambios importantes a una actividad, es posible que sea necesario repetir el proceso de EIA en su totalidad.

En circunstancias en que el seguimiento indique que se requiere una revisión de una EIA, y cuando se ha introducido un cambio importante en una actividad que también pueda requerir del examen de la EIA o una nueva EIA, será importante consultar con otros participantes y partes interesadas. Entre tales participantes pueden incluirse, por ejemplo:

- los proponentes del proyecto o actividad que deberán considerar: los impactos al medioambiente asociados a las implicaciones operacionales y financieras que resultarán del ajuste del programa; y la necesidad de adecuar las nuevas medidas que puedan surgir tras la revisión de la EIA;
- la autoridad nacional relevante a quien deberá consultarse acerca del grado en que una EIA deba corregirse o modificarse, y el proceso que debe seguirse; y
- los terceros, incluidos otros programas antárticos nacionales con interés en la actividad, o que podrían resultar afectados por los cambios realizados en la

actividad, y los examinadores independientes que se hayan contratado para realizar un asesoramiento de la actividad conforme a la EIA (véase a continuación).

En muchos casos será necesario comunicar la necesidad de examinar o modificar la EIA a todos los que tengan algún interés en la actividad y en su regulación.

5.3. Revisión

La revisión del proceso de EIA en el momento oportuno, por ejemplo, al completar la actividad en cuestión, aporta ventajas considerables. Un proceso de revisión ofrecerá una oportunidad para evaluar la eficacia del proceso de EIA y de identificar dónde puede haber posibilidad de mejora para las futuras EIA.

Dichas revisiones pueden basarse en el proceso de EIA que se describe en los presentes lineamientos y considerar, a su vez, a cada parte para determinar lo que resultó bien y las mejoras que pueden implementarse en los futuros procesos de EIA.

Las Partes del Tratado Antártico han alentado la revisión de las actividades evaluadas a nivel de EMG. A través de su Resolución 2 (1997), la RCTA ha alentado a las Partes a:

1. Incluir una disposición sobre la revisión de las actividades realizadas tras la finalización de una EMG en sus procedimientos de evaluación de los impactos al medioambiente para sus actividades en la Antártida.

2. Adoptar el siguiente proceso para el seguimiento de la EMG:

    a) Revisión de las actividades realizadas tras la finalización de la EMG, incluido el análisis tendientes a determinar si las actividades se realizaron de acuerdo con lo propuesto, si se implementaron las medidas de mitigación correspondientes, y si los impactos de la actividad se ajustaron a lo pronosticado en la evaluación;

    b) Registro de todos los cambios en las actividades descritas en la EMG, el motivo de dichos cambios, y sus consecuencias medioambientales; e

    c) Informar a las Partes sobre los resultados de (a) y (b) *supra*.

6. Definición de términos asociados al proceso de EIA

Acción: cualquier paso que forma parte de una actividad.

Actividad: un evento o proceso que resulta de (o está asociado a) la presencia humana en la Antártida o que puede conducir a esa presencia (adaptado de *SCAR/COMNAP Monitoring Workshop*) [*Talleres sobre vigilancia ambiental, organizados por el SCAR y el COMNAP*]).

Aspecto: cualquier elemento de una actividad o acción que pueda tener interacción con el medioambiente (por ejemplo, a través de un resultado o de una adición al medioambiente, o a través de la eliminación de algo del medioambiente);

Proyecto de Evaluación Medioambiental Global (EMG): un documento que trata el impacto al medioambiente, y que se requiere para la propuesta de actividades que pueden causar un impacto mayor que mínimo o transitorio sobre el medioambiente antártico (*Anexo I, artículo 3, Protocolo de Madrid*).

Impacto acumulativo: impacto combinado de actividades pasadas, presentes o razonablemente previsibles. Estas actividades pueden producirse en el tiempo y/o el espacio, y pueden ser aditivas, interactivas o sinérgicas (adaptado del *Taller sobre impactos acumulativos de la UICN*). Estas actividades podrían consistir en la visita de varios operadores o en visitas repetidas del mismo operador al mismo sitio.

Impacto directo: un cambio en los componentes medioambientales que resulta de las consecuencias de causa y efecto directas de la interacción entre el medioambiente expuesto y una actividad o acción.

Evaluación de impacto ambiental (EIA): proceso empleado para identificar, pronosticar, evaluar y mitigar los efectos biofísicos y sociales, así como cualquier otro impacto relevante causado por las actividades propuestas antes que se tomen decisiones o se adopten compromisos importantes al respecto (adaptado de *Guidelines for Environmental Impacts Assessment (EIA) in the Arctic* [*Directrices para la evaluación del impacto medioambiental en el Ártico*]).

Exposición: el proceso de interacción entre un producto o introducción y un valor o recurso medioambiental (adaptado de *SCAR/COMNAP Monitoring Workshop*) [*Talleres sobre vigilancia ambiental, organizados por el SCAR y el COMNAP*]).

Impacto: un cambio en los valores o recursos que puede atribuirse a la actividad humana. Es la consecuencia (por ejemplo, la reducción de la cobertura vegetal) de un agente de cambio y no el agente en sí (por ejemplo, el incremento del pisoteo de la superficie). Sinónimo: efecto (de *SCAR/COMNAP Monitoring Workshop*) [*Talleres sobre vigilancia del medioambiente, organizados por el SCAR y el COMNAP*].

Impacto indirecto: cambio en un componente del medioambiente que resulta de la interacción entre el medioambiente y otros impactos (directos o indirectos) (de *Guidelines EIA in the Arctic (Directrices para la evaluación del impacto medioambiental en el Ártico)*).

Evaluación ambiental inicial (EMI): un documento que trata el impacto al medioambiente y que se requiere para aquellas actividades que podrían causar un impacto no mayor que mínimo o transitorio sobre el medioambiente antártico (del *Anexo I, Artículo 2 del Protocolo*).

Mitigación: el empleo de prácticas, procedimientos o tecnologías con el objeto de reducir al mínimo o prevenir los impactos asociados a las actividades propuestas. (*COMNAP Practical Guidelines [Directrices prácticas del COMNAP]*)

Seguimiento: consiste en la realización de mediciones u observaciones normalizadas de parámetros clave (productos y variables medioambientales) en el tiempo, su evaluación estadística y elaboración de informes sobre el estado del medioambiente, con objeto de definir la calidad y tendencias (adaptado de *SCAR/COMNAP Monitoring Workshop*) [*Talleres sobre vigilancia del medioambiente, organizados por el SCAR y el COMNAP*]).

Operador: personas u organizaciones que realizan actividades dirigidas a la Antártida o dentro del Continente Antártico que producen un impacto.

Producto: un cambio físico (por ejemplo, movimiento de sedimentos por el paso de vehículos, ruido) o una entidad (por ejemplo, emisiones, introducción de una especie) impuesta sobre el medioambiente o liberada al mismo como resultado de una *acción* o una *actividad*. (*SCAR/COMNAP Monitoring Workshop*) [*Talleres sobre vigilancia del medioambiente, organizados por el SCAR y el COMNAP*]).

Fase preliminar (FP): un proceso que considera el nivel de impactos ambientales de las actividades propuestas, antes de su inicio, a las que se hace referencia en el Artículo 8 del Protocolo, de acuerdo con los procedimientos nacionales correspondientes (del *Anexo I, Artículo 1, Protocolo*).

Proponente: una persona o programa nacional que promueve la actividad y es responsable de la preparación del documento de EIA.

Remediación: consiste en todas las medidas que se toman una vez que los impactos se han producido, cuyo fin es promover el regreso de las condiciones del medioambiente a su estado original tanto como sea posible.

Impacto inevitable: impacto para el cual no es posible ninguna medida de mitigación.

7. Referencias

Documento de Información IP 23 de la XXXV RCTA, CEP Tourism Study. Tourism and Non-Governmental Activities in the Antarctic: Environmental Aspects and Impacts [Estudio sobre turismo del CPA. El turismo y las actividades no gubernamentales: Turismo y actividades no gubernamentales en la Antártida: aspectos e impactos en el medioambiente], presentado por Nueva Zelandia.

RCTA. 1991. Protocolo al Tratado Antártico sobre Protección del Medio Ambiente (más los Anexos). XI Reunión Consultiva del Tratado Antártico. Madrid, 22-30 de abril, 17-23 de junio de 1991.

COMNAP. 1992. The Antarctic Environmental Assessment Process, Practical Guidelines [El proceso de evaluación del medioambiente en la Antártida]. Bolonia (Italia) 20 de junio de 1991, revisado en Washington D.C. (EE. UU.), 4 de marzo de 1992.

UICN – Unión Internacional para la Conservación de la Naturaleza. 1996. "Cumulative Environmental Impacts in Antarctica. Minimisation and Management" [Los impactos acumulativos en la Antártida: su reducción y gestión]. Editado por M. de Poorter y J.C. Dalziell. Washington, D.C., EE. UU. 145 pp.

SCAR/COMNAP. 1996. "Monitoring of Environmental Impacts from Science and Operations in Antarctica" [Vigilancia de los impactos en el medioambiente generados por la ciencia y las operaciones en la Antártida]. Informe del taller. 43 pp y Anexos, talleres realizados en 1996.

8. Acrónimos

ZAEA: Zona Antártica Especialmente Administrada

ZAEP: Zona Antártica Especialmente Protegida

RCTA: Reunión Consultiva del Tratado Antártico

PCTA: Partes Consultivas del Tratado Antártico

STA: Sistema del Tratado Antártico

CCRVMA: Convención sobre la Conservación de los Recursos Marinos Vivos

EMG: Evaluación Medioambiental Global

CEMP: Programa de Seguimiento del Ecosistema de la CCRVMA

CPA: Comité para la Protección del Medio Ambiente

COMNAP: Consejo de Administradores de Programas Antárticos Nacionales

EIA: Evaluación de Impacto Ambiental

SIG: Sistema de Información Geográfica

HSM: Sitios y Monumentos Históricos

EMI: Evaluación Ambiental Inicial

UICN: Unión Internacional para la Conservación de la Naturaleza

SCAR: Comité Científico de Investigación Antártica.

9. Recursos

No resulta práctico referirse a todos los lineamientos y recursos que podrían tener relevancia para el proceso de EIA, y los proponentes deberían identificar y aprovechar las fuentes de información que sean relevantes a la actividad propuesta en cuestión. La siguiente lista ofrece indicaciones sobre el material de orientación que podría tener relevancia general. Si bien la lista era exhaustiva al momento de la preparación de los Lineamientos para EIA, sería importante comprobar la existencia de material complementario o actualizado. Existe, además, una gran cantidad de bibliografía académica sobre la EIA, también en el contexto de la Antártida.

- *Sitio web de la Secretaría del Tratado Antártico*: la Secretaría del Tratado Antártico mantiene un completo sitio web que contiene una variedad de información que podría resultar provechosa para quienes participan en el proceso de EIA, que abarca:
    - *Base de datos sobre Zonas Antárticas Protegidas*: contiene el texto de los planes de gestión para las Zonas Antárticas Especialmente Protegidas y las

371

Zonas Antárticas Especialmente Administradas, su situación jurídica, su ubicación en el continente antártico y un breve resumen del propósito de su designación. Además, la base de datos contiene información relacionada con la lista y ubicación de los Sitios y Monumentos Históricos en la Antártida.

- *Base de datos del Tratado Antártico*: en esta base de datos pueden encontrarse los textos de todas las Recomendaciones, Medidas, Decisiones y Resoluciones aprobadas por la RCTA, acompañados de sus documentos adjuntos e información acerca de su situación jurídica.

- *Base de datos sobre EIA (Evaluación de Impacto Ambiental)*: contiene información pormenorizada acerca de las EMI y EMG realizadas en virtud del Anexo I al Protocolo, además de una versión en formato electrónico del documento de EIA, si está disponible.

- *Sistema Electrónico de Intercambio de Información*: permite que las Partes puedan satisfacer sus requisitos de intercambio de información del Tratado Antártico, y funciona como un repositorio central para dicha información.

- *Manual del CPA*: es una compilación de referencias claves para su uso por los representantes del CPA durante a reuniones o al realizar labores relativas al trabajo del CPA. Contiene los instrumentos del Sistema del Tratado Antártico que orientan el trabajo del Comité, copias de los procedimientos y directrices aprobados que explican la manera en que el CPA lleva a cabo su actividad, otros documentos que el CPA ha elaborado o refrendado para ayudar a las Partes del Tratado en la protección del medioambiente, además de enlaces hacia otras referencias prácticas

- *Manual sobre limpieza del CPA:*[*] ofrece orientaciones que contemplan, entre otros, los principios rectores claves y enlaces a directrices y recursos prácticos que los operadores pueden aplicar y utilizar, según resulte conveniente, para ayudar a abordar los requisitos claves del Protocolo, en particular los del Anexo III.

- *Manual sobre Especies No Autóctonas del CPA:*[**] ofrece a las Partes del Tratado Antártico orientaciones sobre conservación de la biodiversidad y los valores intrínsecos de la Antártida mediante la prevención de las introducciones no intencionales de especies que no son autóctonas en la región antártica y del traslado de especies entre una región biogeográfica y cualquier otra al interior de la Antártida. El manual incluye los principios rectores fundamentales y enlaces hacia directrices y recursos prácticos recomendados que los operadores pueden aplicar y utilizar, según resulte conveniente, para cumplir sus responsabilidades en virtud del Anexo II al Protocolo.

[*] Resolución 2 (2013)
[**] Resolución 6 (2011)

- *Directrices generales para visitantes a la Antártida:** proporcionan recomendaciones generales para las visitas a cualquier lugar, con el objeto de garantizar que las visitas no produzcan impactos adversos en el medioambiente antártico ni en sus valores científicos y estéticos.

- *Guía para los visitantes a la Antártida:*** se concibió para garantizar que todos los visitantes estén informados y, por ende, que estén en condiciones de cumplir con lo establecido por el Tratado y el Protocolo.

- *Directrices para Sitios que reciben visitas*: el propósito de estas directrices es proporcionar instrucciones específicas para la realización de actividades en los sitios antárticos visitados con mayor frecuencia. Esto incluye orientaciones prácticas para los operadores turísticos, además de guías sobre la forma de visitar esos sitios teniendo presentes sus valores medioambientales y vulnerabilidad.

- *Datos y productos del Comité Científico de Investigación Antártica (SCAR)*: para ayudar a los científicos del SCAR y a la comunidad en general, el SCAR pone a su disposición diversos productos que apoyan el trabajo de sus científicos, si bien los pone también a disposición de otros interesados. El SCAR fomenta el acceso libre y sin restricciones a los datos e información sobre la Antártida mediante la promoción de prácticas de archivo abiertas y accesibles. El SCAR aspira a convertirse en un portal para los repositorios de datos e información científica sobre la Antártida.

- *Publicaciones del Consejo de Administradores de Programas Antárticos Nacionales (COMNAP)*: contiene enlaces a las directrices sobre operaciones elaboradas por los grupos y redes de expertos del COMNAP con el objeto de asistir a los programas nacionales en la implementación de procedimientos comunes que mejoren la eficacia y la seguridad de sus operaciones, además de manuales y guías que ofrecen orientación en ámbitos de actividad especializados a los programas nacionales y otros interesados.

- *Directrices y recursos de la Asociación Internacional de Operadores de Turismo en la Antártida (IAATO)*: contiene enlaces a información y materiales de orientación relevantes a las actividades de turismo y no gubernamentales.

- *Portal de Medioambientes Antárticos:* ofrece un importante vínculo entre la ciencia y las políticas relativas a la Antártida. Toda la información científica disponible a través del Portal se basa en información científica publicada, revisada por expertos, y ha pasado por rigurosas revisiones durante su proceso editorial.

---

* Resolución 3 (2011)
** Recomendación XVIII-1 (1994)

Apéndice 1

Ejemplo de lista de verificación para la recopilación y registro de información de referencia sobre el estado del medioambiente en el lugar de la actividad propuesta

(Modificado a partir del Manual sobre Limpieza del CPA, Anexo 1: Lista de verificación para la evaluación preliminar de sitios)

INFORMACIÓN SOBRE EVALUACIONES Y ELABORACIÓN DE INFORMES				
Título del informe / evaluación				
Fecha del informe		Preparado por:		Información de contacto:
Fecha de la visita al sitio (si corresponde)		Evaluador(es):		Información de contacto:

CARACTERÍSTICAS GENERALES DEL SITIO				
Nombre del lugar				
Uso que se prevé para el sitio (por ejemplo, construcción, área de almacenamiento, eliminación de aguas residuales, caminos, lugar para el uso de vehículos, etc.)				
Ubicación (coordenadas de punto)				
Ubicación (coordenadas del polígono circundante)	Norte:	Sur:	Este:	Oeste:
Estación operacional antártica más cercana		Distancia desde Estación:		Accesibilidad:
Descripción general del sitio				
Consideraciones sobre la salud y la seguridad humanas				
Tipo de sitio (terreno libre de hielo estacional, lago, nieve/ hielo permanente, marino)				

Hielo marino (si corresponde)	
Glaciología (si corresponde)	
Geomorfología (pendiente, aspecto, características del paisaje, etc.)	
Geología (tipo de roca, fractura de roca, etc.)	
Regolito (profundidad y tipo de suelo/sedimento si existiese, profundidad de permafrost, etc.)	
Estado de la zona protegida (lista de ZAEA y ZAEP en las cercanías)	
Región biogeográfica (según Terauds *et al.* 2012).	
Fauna o flora presentes	

INVENTARIO DE FLORA Y FAUNA				
Tipo	Especie	Ubicación	Cronología de su presencia (es decir, constante, estacional, etc.)	Otra información
Aves reproductoras				
Mamíferos reproductores				
Aves errantes				
Mamíferos errantes				
Especies costeras				
Especies marinas				
Flora				

INVENTARIO DE COMUNIDADES MICROBIANAS			
Ubicación	Fecha	Especies registradas	Otra información

CLIMA Y FENÓMENOS METEOROLÓGICOS	
Indicador	**Datos**
Patrones meteorológicos	
Datos sobre temperatura (media estacional, mín/máx)	
Datos sobre nevadas y precipitaciones (frecuencia, total acumulado)	
Cubierta de nubes (%)	
Vientos (velocidad promedio, mín/máx, dirección)	
Más información relevante	

ACTIVIDADES HUMANAS				
Tipo	**Cantidad de participantes**	**Duración**	**Frecuencia**	**Otra información**
Investigación				
Turismo				
Otros				

HISTORIAL DE USO DEL SITIO Y EVENTOS DE CONTAMINACIÓN	
Historial de uso y actividad en el sitio	
Fuentes de información (estación / viaje Informes del director personas entrevistadas, fotografías, etc.)	
Historial de contaminación (actividades y eventos operacionales, tales como derrames y respuesta ante derrames si corresponde – véase en el Manual sobre limpieza del CPA orientación pormenorizada sobre evaluación de sitios para sitios contaminados)	

377

VALORES/RECEPTORES CON POSIBILIDAD DE IMPACTO O CON IMPACTO REAL			
Valores/Receptores	**Información sobre valores/receptores específicos del sitio y vías de exposición (incluye estimaciones de distancia respecto de los contaminantes)**	**¿Impactos potenciales o reales?**	**¿Es acumulativo o se produjo en una única ocasión?**
Fauna y flora			
Científicos			
Históricos			
Estéticos			
Vida silvestre			
Geológico y geomorfológico			
Otros medioambientes (atmosférico, terrestre (incluye glacial)			
Medio marino (si corresponde)			
Zonas protegidas			
Otros valores/receptores (como suministro de agua de la estación)			

PRONÓSTICO DEL FUTURO ESTADO DEL MEDIOAMBIENTE EN CASO DE QUE LA ACTIVIDAD NO SE REALICE	
Aspecto del sitio	**Pronóstico**
Flora	
Fauna	
Medioambiente terrestre	
Medio marino	

Aspectos e impacto potencial de las actividades en la Antártida

(Modificado a partir del Documento de Información IP 23 de la XXXV RCTA *CEP Tourism Study Tourism and Non-governmental Activities in the Antarctic: Environmental Aspects and Impacts: Table 2. Aspects and potential impacts of Antarctic tourism (Estudio sobre Turismo del CPA. Turismo y actividades no gubernamentales en la Antártida. Aspectos e impactos medioambientales. Aspectos y potenciales impactos del turismo en la Antártida*]. Nota: este cuadro presenta ejemplos con fines ilustrativos solamente y no fue concebido como una lista exhaustiva).

Aspecto medioambiental	Posible impactos
1. Presencia • La presencia de personas y objetos confeccionados por el ser humano en la Antártida.	• Modificación de, o riesgo para, el valor intrínseco de la Antártida, incluidos sus valores estéticos y de vida silvestre y su valor como zona para la realización de actividad científica.
2. Emisiones a la atmósfera • Descarga de emisiones a la atmósfera (incluidos los gases de efecto invernadero y material particulado) generados por motores, generadores e incineradores, y dispositivos de señalización y marcado.	• Contaminación del medio marino y de los medioambientes terrestres, de agua dulce, y atmosféricos.
3. Anclaje • Interacción con el fondo marino o con sitios de fondeo costero producto del uso y la recuperación de anclas y cadenas de anclaje.	• Perturbación y daño de especies, comunidades o hábitats bentónicos.
4. Emisiones lumínicas • Descarga/escape de luz desde ventanas y otras fuentes durante las horas de oscuridad.	• Daños o mortalidad de aves marinas que colisionan con buques (véase la interacción con la vida silvestre).
5. Generación de ruido • El ruido producido durante las actividades acuáticas, terrestres o aéreas por la operación de buques, lanchas, aeronaves, equipos o personas o grupos de personas.	• Perturbación de la vida silvestre.
6. Descarga de desechos • La descarga o pérdida de basura, aguas residuales, sustancias químicas o sustancias nocivas, elementos contaminantes, equipos o presencia de revestimientos tóxicos (por ejemplo, pintura antiincrustante en los cascos de buques).	• Contaminación del medio marino y de los medioambientes terrestres y de agua dulce. • Introducción de agentes patógenos. • Toxicidad y otros impactos crónicos a nivel de especies, hábitats y ecosistema.
7. Liberación de combustibles, petróleo o mezclas oleosas • Fuga o derrame de petróleo o desechos oleosos en el medioambiente, incluido el posterior traslado de dichas sustancias.	• Contaminación del medio marino y de los medioambientes terrestres y de agua dulce. • Toxicidad y otros impactos crónicos a nivel de especies, hábitats y ecosistema.

Aspecto medioambiental	Posible impactos
8. Interacción con el agua y el hielo • Perturbación de la columna de agua debido al movimiento o a la propulsión de embarcaciones. • Acción de onda alterada. • Ruptura directa del hielo marino por la acción de una embarcación.	• Mezclado de la columna de agua que produce la alteración del sedimento o la alteración del ecosistema. • Erosión del litoral debido a la acción de las olas. • Ruptura del hielo marino con elementos reforzados.
9. Interacción con suelos libres de hielo • Contacto directo o indirecto con el suelo debido al tránsito peatonal, de vehículos o al equipo de campamento, entre otros.	• Cambios físicos en el paisaje (por ejemplo, erosión, senderos). • Cambios físicos en los cursos de agua. • Introducción de especies no autóctonas. • Modificación de la distribución, abundancia o biodiversidad de las especies o de poblaciones de especies de fauna y flora. • Funcionamiento alterado del ecosistema.
10. Interacción con la vida silvestre • Contacto directo o indirecto con la vida silvestre, o aproximación a esta.	• Cambios en el comportamiento, la fisiología y el éxito reproductivo de la vida silvestre. • Riesgo aumentado de especies o poblaciones de tales especies amenazadas o en peligro de extinción.
11. Interacción con la vegetación • Contacto directo o indirecto con vegetación o controles de la abundancia de vegetación (por ejemplo, disponibilidad de agua alterada).	• Daño físico a la flora. • Modificación de la distribución, abundancia o productividad de especies o de poblaciones de especies de flora. • Riesgo aumentado de especies o poblaciones de tales especies amenazadas o en peligro de extinción.
12. Interacción con sitios históricos • Contacto directo o indirecto con sitios, monumentos o artefactos históricos, y toma de artefactos.	• Cambios perjudiciales a los valores históricos de las zonas o elementos con importancia histórica. • Deterioro potenciado o daño de sitios o monumentos históricos por medio del contacto físico.
13. Interacción con estaciones científicas o de investigación científica • Contacto directo o indirecto con equipos científicos o sitios de vigilancia o investigación y con las actividades de la estación.	• Degradación de los valores científicos. • Interrupción de la actividad de la estación. • Interrupción de, o interferencia con, la experimentación.
14. Transferencia de especies o propágulos no autóctonos (a través del agua de lastre, cascos de buques, anclas, vestimenta, calzado, o suelo no estéril) • Introducción no intencional hacia la región antártica de especies que no son autóctonas de esa región y el traslado de especies entre una región biogeográfica y cualquier otra al interior de la Antártida.	• Introducción de especies no autóctonas. • Modificación de la distribución, abundancia o biodiversidad de las especies o de poblaciones de especies de fauna y flora. • Funcionamiento alterado del ecosistema. • Riesgo aumentado de especies o poblaciones de tales especies amenazadas o en peligro de extinción.

Directrices para Sitios que reciben visitas

Los Representantes,

Recordando la Resoluciones 5 (2005), 2 (2006), 1 (2007), 2 (2008), 4 (2009), 1 (2010), 4 (2011), 3 (2013) y 4 (2014) que aprobaron listas de sitios sujetos a Directrices para Sitios que reciben visitas ("Directrices para sitios");

Reconociendo que las directrices para sitios refuerzan las disposiciones establecidas en la Recomendación XVIII-1 (1994) Orientaciones para aquellos que organizan y llevan a cabo actividades turísticas y no gubernamentales en la Antártida;

Confirmando que el término " visitantes" no incluye a los científicos que realizan investigaciones en dichos sitios, ni a las personas que participan en actividades gubernamentales oficiales;

Observando que las Directrices para Sitios fueron desarrolladas en base a los actuales niveles y tipos de visitas en cada sitio específico, y conscientes de que las Directrices para Sitios podrían requerir una revisión si hubiesen cambios significativos en los niveles o tipos de visitas a un sitio;

Convencidos de que las Directrices para Sitios de cada sitio deben examinarse y revisarse de manera oportuna en respuesta a los cambios en el nivel y el tipo de visitas, o en respuesta a cualquier impacto en el medioambiente que pueda demostrarse o ser probable;

Deseando mantener actualizada la lista de sitios sujetos a las Directrices para Sitios, y las Directrices del sitio;

Recomiendan que las Partes:

1. Punta Wild, isla Elefante, y las islas Yalour, archipiélago de Wilhelm, sean incluidas en la lista de sitios sujetos a Directrices para Sitios que se anexa a esta Resolución, y que las Directrices para Sitios que se aplican para tales

sitios se incorporen a las Directrices para Sitios según lo aprobado por la Reunión Consultiva del Tratado Antártico;

2. la Secretaría del Tratado Antártico ("la Secretaría") actualice en conformidad su sitio web;

3 sus Gobiernos insten a todos los posibles visitantes a garantizar que están plenamente familiarizados con las recomendaciones de estas Directrices para Sitios, y que se regirán por ellas; y

4. la Secretaría publique el texto de la Resolución 4 (2014) en su sitio web de manera que deje en claro que este ya no tiene vigencia.

Lista de sitios sujetos a las Directrices para Sitios

Directrices para sitios	Aprobación original	Última versión
1. Isla Pingüino (Lat. 62° 06' S, Long. 57° 54' O)	2005	2005
2. Isla Barrientos, islas Aitcho (Lat. 62° 24' S, Long. 59° 47' O)	2005	2013
3. Isla Cuverville (Lat. 64° 41' S, Long. 62° 38' O)	2005	2013
4. Punta Jougla (Lat 64° 49' S, Long 63° 30' O)	2005	2013
5. Isla Goudier, puerto Lockroy (Lat 64° 49' S, Long 63° 29' O)	2006	2006
6. Punta Hannah (Lat. 62° 39' S, Long. 60° 37' O)	2006	2013
7. Puerto Neko (Lat. 64° 50' S, Long. 62° 33' O)	2006	2013
8. Isla Paulet (Lat. 63° 35' S, Long. 55° 47' O)	2006	2006
9. Isla Petermann (Lat. 65° 10' S, Long. 64° 10' O)	2006	2013
10. Isla Pleneau (Lat. 65° 06' S, Long. 64° 04' O)	2006	2013
11. Punta Turret (Lat. 62° 05' S, Long. 57° 55' O)	2006	2006
12. Puerto Yankee (Lat. 62° 32' S, Long. 59° 47' O)	2006	2013
13. Farallón Brown, península Tabarin (Lat. 63° 32' S, Long. 56° 55' O)	2007	2013
14. Cerro Nevado (Lat. 64° 22' S, Long. 56° 59' O)	2007	2007

Directrices para sitios	Aprobación original	Última versión
15. Caleta Shingle Cove, isla Coronación (Lat. 60° 39' S, Long. 45° 34' O)	2008	2008
16. Isla Devils, isla Vega (Lat. 63° 48' S, Long. 57° 16.7' O)	2008	2008
17. Caleta Balleneros, isla Decepción, islas Shetland del Sur (Lat. 62° 59' S, Long. 60° 34' O)	2008	2011
18. Isla Media Luna, islas Shetland del Sur (Lat. 60° 36' S, Long. 59° 55' O)	2008	2013
19. Baily Head, isla Decepción, islas Shetland del Sur (Lat. 62° 58' S, Long. 60° 30' O)	2009	2013
20. Bahía Telefon, isla Decepción, islas Shetland del Sur (Lat. 62° 55' S, Long. 60° 40' O)	2009	2009
21. Cabo Royds, isla Ross (Lat. 77° 33' 10.7" S, Long. 166° 10' 6.5" E)	2009	2009
22. Casa Wordie, isla Winter, islas Argentine (Lat. 65° 15' S, Long. 64° 16' O)	2009	2009
23. Isla Stonington Island, bahía Marguerite, Península Antártica (Lat. 68° 11' S, Long. 67° 00' O)	2009	2009
24. Isla Horseshoe, Península Antártica (Lat. 67° 49' S, Long. 67° 18' O)	2009	2014
25. Isla Detaille, Península Antártica (Lat. 66° 52' S, Long. 66° 48' O)	2009	2009
26. Isla Torgersen, puerto Arthur, isla Anvers del Sudoeste (Lat. 64° 46' S, Long. 64° 04' O)	2010	2013
27. Isla Danco, canal Errera, Península (Lat. 64° 43' S, Long. 62° 36' O)	2010	2013
28. Seabee Hook, cabo Hallett, Tierra Victoria del Norte, Mar de Ross, Sitio para visitantes A y Sitio para visitantes B (Lat. 72° 19' S, Long. 170° 13' E)	2010	2010
29. Punta Damoy, isla Wiencke, Península Antártica (Lat. 64° 49' S, Long. 63° 31' O)	2010	2013

Directrices para sitios	Aprobación original	Última versión
30. Valle Taylor, Zona de visitantes, Tierra Victoria Meridional (Lat. 77° 37.59' S, Long. 163° 03.42' E)	2011	2011
31. Playa al noreste de la isla Ardery (Lat. 62° 13' S; Long. 58° 54' O)	2011	2011
32. Cabañas de Mawson y cabo Denison, Antártida Oriental (Lat. 67° 01' S; Long. 142 ° 40' E)	2011	2014
33. Isla D'Hainaut, puerto Mikkelsen, isla Trinity (Lat. 63° 54' S, Long. 60° 47' O)	2012	2012
34. Puerto Charcot, isla Booth (Lat. 65° 04'S, Long. 64 °02'O)	2012	2012
35. Caleta Péndulo, isla Decepción, islas Shetland del Sur (Lat. 62°56, Long. 60°36' O)	2012	2012
36. Puerto Orne, Sector al sur del puerto Orne, Estrecho de Gerlache (Lat 64° 38'S, Long. 62° 33'O)	2013	2013
37. Islas Orne, estrecho de Gerlache (Lat. 64° 40'S, Long. 62° 40'O)	2013	2013
38. Punta Wild, isla Elefante (Lat. 61° 6'S, Long. 54°52'O)	2016	2016
39. Islas Yalour, atchipiélago Wilhelm (Lat. 65° 14'S, 64°10'O)	2016	2016

Código de Conducta para la realización de actividades en los medioambientes geotérmicos terrestres en la Antártida

Los Representantes,

Recordando el Artículo 3 del Protocolo al Tratado Antártico sobre Protección del Medio Ambiente ("el Protocolo") que requiere que las actividades en la zona abarcada por el Tratado Antártico se planifiquen y realicen de manera tal que se limiten los impactos adversos en el medioambiente antártico y sus ecosistemas dependientes y asociados;

Reconociendo que los sitios geotérmicos terrestres en la Antártida pueden contener excepcionales características glaciológicas y geológicas, y que albergan comunidades biológicas singulares y diversas, y que, por consiguiente, pueden tener un alto valor científico para un amplio espectro de disciplinas;

Reconociendo, además, que algunos sitios ya han estado sometidos a niveles de visitas relativamente elevados, y que el foco de las directrices contenidas en el Código de Conducta para la realización de actividades en los medioambientes geotérmicos terrestres en la Antártida ("Código de Conducta del SCAR") se refiere a sitios no visitados o relativamente inalterados;

Reconociendo que esos medioambientes pueden verse en riesgo debido al impacto asociado a las actividades humanas, incluida la introducción de especies no autóctonas;

Acogiendo con agrado la elaboración por parte del SCAR, a través de una amplia consulta, que incluyó el Consejo de Administradores de los Programas Nacionales Antárticos ("COMNAP"), del Código de Conducta del SCAR que las Partes pueden aplicar y utilizar, según resulte conveniente, para ayudarles a cumplir sus responsabilidades en virtud del Protocolo;

Recomiendan que sus Gobiernos:

1. refrenden el Código de Conducta no obligatorio del SCAR como representante de las prácticas recomendables actuales en la planificación y realización de sus actividades, según corresponda, en los ambientes geotérmicos terrestres de la Antártida;

2. consideren el Código de Conducta del SCAR cuando lleven a cabo sus procesos de evaluación de impacto ambiental al interior de las zonas geotérmicas terrestres, y que insten a todos los posibles visitantes a considerar este Código de Conducta cuando lleven a cabo sus planificaciones; y

3. alienten a todos los visitantes a los ambientes geotérmicos terrestres a que se familiaricen plenamente con las directrices contenidas en el Código de Conducta del SCAR y se ciñan a ellas.

Código de Conducta del SCAR para la realización de actividades en los medioambientes geotérmicos terrestres en la Antártida

Antecedentes

1. Este Código de conducta del SCAR ofrece directrices a la hora de planificar o realizar actividades de campo en medioambientes geotérmicos terrestres.[*]

2. Este Código de conducta se elaboró a partir de los debates que tuvieron lugar en el taller celebrado en agosto de 2014, en Auckland, que se centró en la necesidad de diseñar directrices para trabajar en las zonas geotérmicas de la Antártida (véanse los documentos XXXVIII RCTA [2015] IP024 y XXXVIII RCTA [2015] WP035) y se ha finalizado tras amplias consultas con diversos organismos, incluido el Consejo de Administradores de los Programas Antárticos Nacionales (COMNAP).

3. El *Código de conducta ambiental del SCAR para las investigaciones científicas de campo sobre el terreno de la Antártida* (2009) continúa ofreciendo orientaciones acerca de las medidas prácticas para reducir al mínimo los impactos ocasionados por los científicos que realizan trabajo de campo en medioambientes terrestres, y es de aplicación en toda la Antártida.

4. Este Código de conducta para las actividades realizadas en medioambientes geotérmicos terrestres fue elaborado en reconocimiento de una necesidad específica de directrices para operar y llevar adelante actividades científicas que no estén contempladas en las directrices de aplicación general, dado que los sitios geotérmicos terrestres en la Antártida representan un caso singular, ya que la protección de sus valores demanda no solo directrices más específicas y personalizadas, sino también medidas que van más allá de las que se requieren en la mayoría de las zonas donde se llevan a cabo actividades.

5. Este Código de conducta se actualizará y perfeccionará a medida que surjan nuevos resultados científicos e informes sobre impacto ambiental a partir de próximas investigaciones realizadas en los medioambientes geotérmicos terrestres.

---

[*] "Geotérmico" se define como "perteneciente o relativo al calor interno de la Tierra", y "medioambientes geotérmicos terrestres" se define como "ambientes glaciales, terrestres, acuáticos o atmosféricos no marinos en la superficie terrestre o cerca de ella que reciben la influencia perceptible del calor geotérmico".

Introducción

6. Los medioambientes geotérmicos terrestres en la Antártida tienen un gran valor científico para un amplio abanico de disciplinas que van desde la geología, la glaciología y la biología a las ciencias atmosféricas, entre otras.

7. Estudios recientes ofrecen evidencias de que los sitios geotérmicos terrestres de la Antártida son el hogar de comunidades biológicas singulares y diversas, y que han desempeñado un importante papel como refugios biológicos en algunas regiones del continente en los que las especies autóctonas han sobrevivido a ciclos glaciales y desde los cuales tuvo lugar la recolonización de la región.

8. Estos medioambientes, en particular aquellos que hasta ahora no se han sometido a un gran número de visitas, pueden verse en riesgo a causa de la introducción de especies no autóctonas o de otros daños ocasionados por las actividades humanas. Las comunidades microbiológicas de estos medioambientes son altamente vulnerables a las perturbaciones y requieren de medidas de protección rigurosas y específicas.

9. Es posible que, en los suelos calentados geotérmicamente existan plantas, comunidades de fauna microscópica y suelos frágiles, o estructuras geológicas o de hielo que sean delicadas (p. ej., respiraderos de vapor o fumarolas), que pueden ser particularmente susceptibles a los daños producidos por el pisoteo.

10. Es sabido que algunos sitios geotérmicos terrestres en la Antártida ya han estado expuestos a altos niveles de actividades humanas de distinta índole, por ejemplo en ciertos sitios ubicados en la isla Decepción o en las cercanías de la cima del monte Erebus y, probablemente ya cuenten con instalaciones permanentes necesarias para monitorear la actividad geotérmica por cuestiones de seguridad que requieren visitas y mantenimiento regulares. En dichos sitios, la vigilancia responsable que se lleva adelante durante las visitas deberá coincidir con el Protocolo al Tratado Antártico, que minimiza posibles efectos en el futuro y protege, en la medida de lo posible, el valor de los sitios.

11. La aplicación de este Código de conducta deberá considerarse antes de visitar cualquier medioambiente geotérmico terrestre. En los sitios geotérmicos que ya han estado expuestos a niveles relativamente altos de actividades humanas de distinta índole, las reglas generales con arreglo al Protocolo al Tratado Antártico sobre Protección del Medio Ambiente y las directrices incluidas en el *Código de conducta del SCAR para las investigaciones científicas de campo sobre el terreno de la Antártida* deberán ser suficientes. En los sitios geotérmicos que todavía no han sido visitados o que se mantienen relativamente inalterados en lo que respecta a las actividades humanas, existen razones científicas (p. ej., microbiológicas, geoquímicas y geológicas) y medioambientales de peso por las cuales deberán tomarse precauciones adicionales antes de que sus valores se degraden o se pierdan. En esos casos, deberá considerarse este Código de conducta. Un claro ejemplo son los medioambientes geotérmicos que, se sabe, no han sido visitados con anterioridad y, por esa razón, al final de este Código de conducta se incluyen recomendaciones más estrictas aplicables a esa clase de sitios geotérmicos terrestres.

12. En este momento, los sitios geotérmicos de la Antártida no han sido evaluados ni clasificados de acuerdo con su nivel de alteración o en términos de su valor científico. Por lo tanto, se recomienda que, por razones prácticas, los programas nacionales se consulten entre sí y acudan a los expertos apropiados con relación al grado y el lugar de aplicación de este Código de conducta. Además, se sugiere que tales decisiones, así como la ubicación de los sitios, se pongan a disposición del público.

Principios rectores

13. Antes de realizar investigaciones en un medioambiente geotérmico terrestre, se requiere una planificación cuidadosa y deben considerarse las medidas apropiadas para ayudar a mantener la integridad de los sitios, las cuales deberán incluir:

- La selección cuidadosa del sitio que se visitará. Deberán utilizarse los sitios geotérmicos que, se sabe, han sido visitados antes, a menos que el uso de un sitio que no haya sido visitado con anterioridad sea indispensable para satisfacer alguna necesidad científica.

- Coordinar, en la mayor medida posible, las actividades planificadas con otros investigadores interesados en la zona.

14. De acuerdo con las disposiciones del Anexo I al Protocolo al Tratado Antártico sobre Protección del Medioambiente, y como parte del proceso de planificación, las decisiones acerca del nivel de evaluación de impacto ambiental (EIA) que se aplicará deberán tener plenamente en cuenta el grado de las visitas anteriores al sitio geotérmico, así como los efectos previstos que surgen de las actividades planificadas en el sitio.

15. Las decisiones sobre si se implementarán o no medidas de asepsia* deberán evaluarse como parte de la EIA, y deberá considerarse la probabilidad de que haya algún beneficio para la conservación o la investigación científica por el hecho de mantener un régimen estéril en un sitio geotérmico particular que haya sido visitado previamente. Si tales beneficios se consideran probables, deberán implementarse medidas de asepsia.

16. La ubicación de los sitios visitados y la naturaleza de las actividades realizadas deberán documentarse y guardarse en registros públicos, y deberán incluir datos precisos registrados por GPS para que, en el futuro, los investigadores puedan distinguir más fácilmente los sitios visitados de los no visitados.

Código de conducta

Acceso

17. Se deberá acceder a un medioambiente geotérmico terrestre a través de rutas o sitios de aterrizaje designados sobre los cuales se tenga conocimiento o que hayan sido utilizados

---

* Las "medidas de asepsia" son medidas "tendientes a excluir los microorganismos que no son autóctonos del medioambiente geotérmico local".

en el pasado. A su vez, este tema deberá ser tratado con todos los integrantes del grupo, incluso con los pilotos o los choferes, antes de partir.

18. Todo desplazamiento por tierra de los visitantes al interior de los sitios geotérmicos terrestres deberá hacerse a pie.

19. En la mayor medida posible, no deberán operarse vehículos ni aeronaves tripuladas en los medioambientes geotérmicos terrestres ni en sus cercanías debido al riesgo de dañar vegetación vulnerable y de introducir especies no autóctonas. Como orientación, se recomienda que las aeronaves tripuladas eviten aterrizar o sobrevolar a menos de 100 m de los sitios geotérmicos.

20. Deberán evitarse las zonas con vegetación visible o suelos húmedos, tanto en suelos libres de hielo como, en la medida de lo posible, en las áreas de suelos calentados por fuentes geotérmicas.

21. Deberá reducirse al mínimo la cantidad de visitantes que ingresan a un sitio geotérmico, sin comprometer la seguridad ni la capacidad de realizar las investigaciones previstas. Los visitantes deberán seguir los senderos/rutas establecidos, allí donde los hubiera, y deberán saber que los ambientes geotérmicos son dinámicos y que pueden estar sujetos a cambios frecuentes; si bien pudo haber sido seguro acceder o viajar a un sitio durante una visita anterior, es posible que ya no lo sea.

22. El desplazamiento de los peatones en una zona geotérmica terrestre deberá mantenerse en el mínimo indispensable, de conformidad con los objetivos de la visita, y deberán hacerse todos los esfuerzos razonables por reducir al mínimo los efectos de las caminatas, lo que incluye instruir a los miembros del grupo visitante, por las siguientes razones:

• Es posible que haya plantas o comunidades microbianas frágiles, incluso bajo las superficies de nieve o hielo. Se debe prestar atención y evitar caminar sobre ellas o cerca de ellas.

• Caminar sobre la zona puede provocar que el suelo se compacte, que se alteren las gradientes de temperatura (lo cual puede modificar los índices de emanación de vapor) y que se rompa la delgada corteza de hielo que suele formarse sobre los suelos calentados por fuentes geotérmicas, lo que afectaría al suelo y a la biota que se encuentra debajo de este.

• La presencia de superficies de nieve o hielo no es un indicador que garantice una vía adecuada para caminar.

23. Los vehículos operados remotamente, incluso los sistemas aéreos no tripulados (UAS) (conocidos también como vehículos aéreos no tripulados [UAV], aeronaves dirigidas por control remoto [RPA], drones, etc.), pueden ofrecer practicidad con relación a las actividades científicas y de otro tipo realizadas en los medioambientes geotérmicos terrestres en la Antártida, y es posible que reduzcan el impacto ambiental. Los UAS deberán utilizarse en cumplimiento con las directrices pertinentes, y deberá dársele la debida consideración a su uso en los procedimientos operativos de los programas antárticos nacionales, incluidos los procedimientos que se implementarían en caso de que falle un UAS.

Campamentos

24. En los casos en los que sea necesario instalar un campamento en apoyo de las actividades, estos deberán ubicarse, de ser posible, al menos a 100 m de distancia del sitio geotérmico.

25. Para reducir al mínimo la contaminación de los sitios geotérmicos como producto de las actividades de los campamentos (p. ej., gases de las cocinas, partículas de alimentos, entre otros), los campamentos deberán ubicarse, cuando sea posible, viento abajo de los sitios geotérmicos, siempre que no exista el riesgo de emanaciones de gases nocivos desde los sitios geotérmicos.

26. En la medida de lo posible, se usarán los campamentos designados existentes o que ya hayan sido utilizados.

Vestimenta, calzado y equipos

Antes del acceso:

27. Como mínimo, deberán limpiarse a fondo la ropa, el calzado y el equipo personal (como bolsas o mochilas, y equipos de seguridad tales como cuerdas y tornillos para hielo) que se lleven a los sitios geotérmicos; y dichos elementos deberán mantenerse en esta condición antes de ser utilizados en el sitio geotérmico. Deberá considerarse la utilización de ropa y calzado limpios* inmediatamente antes de ingresar a un sitio geotérmico.

28. Siempre deberá considerarse el uso de prendas protectoras y calzado estériles antes de comenzar a trabajar en los sitios geotérmicos. Las prendas protectoras deberán ser aptas para trabajar en un amplio rango de temperaturas y deberán estar compuestas, como mínimo, por overoles estériles para cubrir los brazos, las piernas y el cuerpo, un gorro para cubrir la cabeza y guantes (podría ser necesario que estas prendas sean aptas para uso encima de la ropa para clima frío). En los sitios donde se considere apropiado, el calzado deberá ser esterilizado mediante el lavado de las superficies expuestas en una solución de etanol en agua al 70 %. Los pies no deberán cubrirse con botas estériles/protectoras desechables que puedan desintegrarse debido a las condiciones del terreno.

29. En la mayor medida posible, deberán utilizarse ropa y equipos que estén en buenas condiciones y hayan sido confeccionados con telas tejidas o de punto que no desprendan fibras.

Después del acceso:

30. En la mayor medida posible, los visitantes deberán estar cubiertos con prendas protectoras limpias o estériles, incluidos cubrecabezas, mientras realizan sus actividades en los sitios geotérmicos sobre los cuales se haya determinado que el Código de conducta tiene aplicación.

---

* "Limpio" se define como "sin partículas visibles de material biológico, tierra, suciedad, restos, alimentos, moho u hongos".

31. Deberán tomarse precauciones para prevenir la transferencia de biota a través de agentes humanos, desde una zona geotérmica a otra. El calzado deberá limpiarse para quitar toda la tierra y el material biológico, preferentemente mediante una solución de etanol en agua al 70 %. Antes de entrar a una nueva zona geotérmica, se deberá llevar puesta ropa de uso externo nueva, limpia o recién lavada. Como mínimo, el equipo deberá limpiarse minuciosamente, aunque lo ideal es que se esterilice, antes de utilizarlo en otro sitio geotérmico.

Alimentos

32. De ser factible, en función del tamaño del sitio y de la duración de la visita, deberá evitarse ingerir bebidas o alimentos mientras se está en un sitio geotérmico.

33. Si es necesario consumir alimentos o bebidas para preservar la salud y la seguridad, alimentos tales como geles, barras comprimidas de frutos secos o trozos pequeños de chocolate, entre otros, ayudarán a reducir al mínimo la dispersión de polvos, migas y hojuelas. Deberán evitarse los alimentos que contengan levaduras, mohos (como el queso) u otros microbios. Los alimentos y las bebidas deberán estar contenidos de forma segura mientras no sean consumidos.

34. Si corresponde, en los sitios geotérmicos más grandes, deberán establecerse puntos de parada para limitar el consumo de alimentos y bebidas a esos lugares únicamente. Será necesario asegurarse de que la ubicación de dichos puntos esté registrada. Si es posible, deberá cubrirse el suelo en el punto de parada mientras está en uso y retirar la cubierta (teniendo cuidado de no dejar migas u otros residuos) al concluir el trabajo.

Desechos

35. Todos los desechos, incluidos los líquidos y sólidos de origen humano, deberán retirarse de los sitios geotérmicos.

Combustibles/energía

36. En los sitios geotérmicos, deberá evitarse el uso de herramientas que funcionan a base de combustibles fósiles, ya que los gases de escape o los derrames pueden afectar al medioambiente microbiano.

37. En caso de ser necesario utilizar herramientas que funcionen a base de electricidad en un sitio geotérmico a fin de contribuir a actividades científicas, se preferirán las máquinas eléctricas que funcionen con baterías o con un generador o fuente de energía renovable ubicado al menos a 100 m de distancia del sitio y, en lo posible, viento abajo de este.

Materiales/productos químicos:

38. Deberán evitarse las actividades que puedan dar como resultado el derrame o la dispersión de materiales en los sitios geotérmicos (p. ej., el uso de combustibles, glicol, productos químicos e isótopos, rociadores, desembalado de cajas, entre otros). Si dichas actividades son necesarias, deberán realizarse al menos a 100 m de distancia de los sitios

geotérmicos y, preferiblemente, dentro de una tienda o estructura de modo que el viento no disperse los materiales hacia los sitios geotérmicos.

39. Deberán evitarse los materiales que puedan fracturarse a bajas temperaturas (p. ej., plásticos en base a polietileno), así como también se evitarán los materiales que puedan derretirse debido a las altas temperaturas que pueden producirse en los sitios geotérmicos.

40. No deberán almacenarse materiales/productos químicos en los sitios geotérmicos, a excepción de aquellos que se requieran con fines científicos o de gestión.

41. No deberán utilizarse explosivos en los sitios geotérmicos.

42. Fumar puede introducir agentes contaminantes, por lo que deberá evitarse en los sitios geotérmicos.

Instalaciones/equipos

43. A menos que sea esencial para la seguridad o los programas científicos o de vigilancia a largo plazo, deberán evitarse las instalaciones permanentes (p. ej., sensores, antenas, refugios, entre otros) en los sitios geotérmicos, debido al riesgo asociado al deterioro de los materiales, el cual podría comprometer el medioambiente microbiano.

44. Todas las instalaciones y otros equipos científicos llevados a los sitios geotérmicos deberán, como mínimo, limpiarse a fondo previamente y mantenerse en esa condición antes de ser utilizados en el sitio. Siempre deberá considerarse la esterilización de los equipos antes de su instalación en los sitios geotérmicos.

45. Las instalaciones deberán colocarse de manera cuidadosa y segura, y deberán poder removerse con facilidad cuando ya no sean necesarias. Las instalaciones y los equipos deberán estar fabricados con materiales duraderos capaces de resistir las condiciones en los sitios geotérmicos y, en el mayor grado posible, deberán presentar un riesgo mínimo de emisiones dañinas al medioambiente (p. ej., celdas de gel u otras baterías antiderrame).

46. El total de señalizadores e instalaciones puestos para su servicio a largo plazo deberán estar claramente identificados por país, nombre del investigador principal, año de instalación y duración que se prevé para su uso. Las instalaciones y los equipos deberán ser desmantelados por quien los haya instalado o por otra autoridad competente al momento de terminar la actividad que motivó su instalación o antes de su conclusión.

Muestreo

47. En los sitios donde se considere adecuado implementar medidas de asepsia, todos los equipos de muestreo, sondas o señalizadores deberán limpiarse de manera adecuada y mantenerse en esa condición antes de su uso en sitios geotérmicos.

48. Si se toman muestras de una zona geotérmica terrestre, será necesario asegurarse de que las muestras tengan el tamaño mínimo requerido para cumplir con los requisitos

científicos y se deberá contar con el permiso necesario para tomar dichas muestras, el cual será otorgado por una autoridad nacional competente.

Directrices complementarias para los sitios geotérmicos terrestres sin visitar

49. Se espera que los sitios geotérmicos terrestres en la Antártida sobre los cuales se sabe o se presume que no han sido visitados anteriormente se hayan conservado casi intactos (a excepción de los bajos niveles de contaminantes transportados a través de la atmósfera o, quizás, por las aves), y se considera que tienen un valor científico excepcional, especialmente para los estudios sobre microbiología y geoquímica. Por lo tanto, se requieren controles más estrictos para mantener sus valores científicos y medioambientales. En los sitios que no han sido visitados antes, siempre deberán aplicarse las medidas de asepsia.

Acceso

50. Deberán inspeccionarse y limpiarse rigurosamente el interior y el exterior de las aeronaves, las lanchas y los vehículos tripulados antes de ser utilizados para acceder a los sitios geotérmicos que no han sido visitados.

51. De ser posible, las aeronaves, las lanchas y los vehículos tripulados deberán acercarse a una distancia no menor que 200 m respecto de los sitios geotérmicos que no han sido visitados anteriormente.

Vestimenta, alimentos y desechos

52. Siempre deberán utilizarse prendas y calzado protectores estériles en los sitios geotérmicos que no han sido visitados antes.

53. No deberán introducirse ni consumirse alimentos en los sitios geotérmicos que no han sido visitados, a menos que sea esencial por cuestiones de seguridad debido a la duración de la visita o el tamaño o las características del sitio.

54. Deberán retirarse de la zona todos los desechos, incluidos los de origen humano.

Equipos, materiales/productos químicos, instalaciones y muestreos

55. Al acceder a un sitio geotérmico que no ha sido visitado antes, se recomienda firmemente utilizar solo equipos, instalaciones y materiales nuevos.

56. Al desplazarse de un lugar específico a otro en un mismo sitio geotérmico que no ha sido visitado, deberán utilizarse únicamente materiales/productos químicos nuevos o estériles en cada ubicación subsiguiente.

Manual sobre especies no autóctonas

Los Representantes,

Conscientes de que la introducción de especies no autóctonas a la región antártica, lo que incluye el traslado de especies entre los distintos lugares de la región, presenta un grave riesgo para la biodiversidad y para los valores intrínsecos de la Antártida;

Reconociendo la mayor posibilidad de introducción y establecimiento de especies no autóctonas en el contexto de un clima antártico cambiante;

Recordando que el objetivo general de las acciones de las Partes para abordar los riesgos que plantean las especies no autóctonas es proteger la biodiversidad y los valores intrínsecos de la Antártida previniendo la introducción no intencional hacia la región antártica de especies que no son autóctonas de esa región y el traslado de especies entre una región biogeográfica y cualquier otra al interior de la Antártida;

Señalando que, en virtud de la Resolución 6 (2011), la Reunión Consultiva del Tratado Antártico ("la RCTA") acordó difundir y alentar el uso del Manual sobre Especies No Autóctonas elaborado por el Comité para la Protección del Medio Ambiente ("el CPA");

Acogiendo de buen grado la revisión del Manual del CPA, así como la sugerencia del CPA de continuar elaborando y refinando el Manual a fin de que refleje las mejoras en la comprensión de los riesgos planteados para las especies no autóctonas y en las medidas de mejores prácticas para su prevención, vigilancia y respuesta;

Recomiendan que sus gobiernos:

1. alienten la difusión del Manual, anexo a esta Resolución, y su uso por todos aquellos que organicen, realicen y participen en actividades en la Antártida;

2. alienten al CPA a seguir desarrollando el Manual con los aportes del Comité Científico de Investigación Antártica ("el SCAR") y el Consejo de Administradores de Programas Antárticos Nacionales ("el COMNAP") en cuanto a los asuntos científicos y prácticos, respectivamente; y

3. soliciten a la Secretaría que publique el Manual en su sitio web.

Manual sobre especies no autóctonas

Comité para la Protección del Medio Ambiente (CPA)

EDICIÓN 2016

Comité para la Protección del Medio Ambiente (CPA)
Manual sobre especies no autóctonas. – 2.ª ed. – Buenos Aires: Secretaría
del Tratado Antártico, 2016
XX p.
ISBN XXX-XXX-XXXX-XX-X
Protección Ambiental. 2. Legislación internacional 3. Sistema del Tratado
Antártico

DDC XXX.X

La primera edición de este manual fue aprobada por la Reunión Consultiva del Tratado Antártico a través de la Resolución 6 (2011). El manual fue compilado y preparado por un Grupo de Contacto Intersesional (GCI) del Comité para la Protección del Medio Ambiente (CPA) entre 2009 y 2011. La segunda edición del manual fue elaborada por un GCI del CPA entre 2015 y 2016.

Contenidos

1. Introducción

a) Objetivos

El objetivo general de las acciones de las Partes para abordar los riesgos que plantean las especies no autóctonas es:

Proteger la biodiversidad y los valores intrínsecos de la Antártida previniendo la introducción no intencional hacia la región antártica de especies que no son autóctonas de esa región y el traslado de especies entre una región biogeográfica y cualquier otra al interior de la Antártida.

Evitar la introducción no intencional es una meta ambiciosa, en línea con los principios del Protocolo al Tratado Antártico sobre Protección del Medio Ambiente (1991). En la práctica, se deben tomar medidas para reducir a un mínimo el riesgo de los impactos de las especies no autóctonas en la Antártida, y deben tomarse todas las medidas de prevención posibles.

b) Propósito y antecedentes

El propósito de este manual es ofrecer orientación a las Partes del Tratado Antártico a fin de cumplir con el objetivo (planteado anteriormente), es decir, reducir a un mínimo el riesgo de introducción accidental o no intencional de especies no autóctonas, y responder con eficacia en caso de producirse una introducción. El presente manual incluye principios rectores fundamentales y enlaces a las directrices y recursos prácticos recomendados que los operadores pueden aplicar y utilizar, según corresponda, para ayudar a cumplir con sus responsabilidades en virtud del Anexo II al Protocolo. Las directrices tienen carácter de recomendación y no todas se aplican a todas las operaciones. Se trata de un documento dinámico, que se actualizará y ampliará a medida que se desarrollen nuevos trabajos, investigaciones y prácticas recomendables para ofrecer mayor orientación. Estas medidas se recomiendan por considerarse apropiadas para colaborar con los esfuerzos de las Partes por evitar dichas introducciones accidentales o no intencionales o para tratar las especies no autóctonas ya establecidas, y no deberían considerarse obligatorias.

Este manual se centra en la introducción accidental o no intencional de especies no autóctonas. En este documento no se trata el tema de la introducción de especies no autóctonas que se haya producido en virtud de un permiso (de conformidad con el Artículo 4 del Anexo II al Protocolo Ambiental). No obstante, pueden aplicarse las orientaciones para responder a la introducción no intencional en respuesta a cualquier propagación de especies introducidas intencionalmente en virtud de permisos.

Gracias a la gran cantidad de investigaciones científicas sobre especies no autóctonas realizadas en la Antártida durante los últimos años (véase Referencias e información de apoyo) existe una mayor comprensión de los riesgos asociados a la introducción de especies no autóctonas, aunque siempre es bueno contar con más información. También es necesario profundizar los estudios sobre el impacto en los ecosistemas antárticos y realizar nuevas investigaciones que sustenten una respuesta rápida y eficaz. Otro objetivo del presente manual es apoyar y alentar nuevos esfuerzos que permitan llenar las lagunas en nuestros conocimientos. Las Partes, al momento de llevar a cabo sus evaluaciones medioambientales y procesos de autorización, deberían considerar métodos para garantizar que los proponentes de actividades en la Antártida estén informados de la existencia de este manual y de los recursos que se le asocian, y que implementen prácticas preventivas para reducir a un mínimo el riesgo de introducción de especies no autóctonas.

c) Contexto[*]

Las invasiones biológicas constituyen en todo el mundo una de las amenazas más importantes a la biodiversidad, arriesgan la supervivencia de las especies y son responsables de grandes cambios en la estructura y el funcionamiento de los ecosistemas. Pese al aislamiento y a las duras condiciones climáticas de la Antártida, la invasión de especies se reconoce actualmente como un grave riesgo para la región: las áreas libres de hielo de la Antártida y las islas subantárticas que las circundan albergan una gran proporción de las especies de aves marinas del mundo, y sus biotas terrestres, pese a no contar con una gran cantidad de especies, incluyen una gran proporción de taxones endémicos y bien adaptados. La riqueza de especies en el Océano Austral es mayor que la del medio terrestre antártico, y existe un alto nivel de endemismo. El cambio climático se está manifestando a gran velocidad en algunos sectores de la Antártida, por lo que es probable el aumento de la cantidad de especies introducidas y que resulte favorecida la colonización por parte de especies no autóctonas, con el consiguiente aumento de su impacto sobre los ecosistemas, como ya puede apreciarse en las islas subantárticas. Además de la introducción de especies que no pertenecen a la Antártida, la contaminación cruzada entre zonas libres de hielo, que incluyen, entre otros, nunataks aislados, o entre las diferentes áreas marinas, amenaza también la diversidad biológica y genética de las regiones biogeográficas, y este riesgo debe ser abordado. El mayor desarrollo de la actividad humana en estas regiones (que incluye actividades científicas, logísticas, turísticas, de pesca y de recreación) aumentará el riesgo de introducción no intencional de organismos cuyas características de ciclo biológico los benefician durante las fases de transporte, establecimiento y expansión de la invasión, y que probablemente se vean favorecidos por las condiciones de calentamiento y posiblemente por otros efectos del cambio climático. El trabajo de gestión de los riesgos ocasionados por las especies no autóctonas se ha centrado en reducir el riesgo de transferencia de especies entre los distintos lugares de la Antártida. En 2012, la XV Reunión del CPA refrendó 15 Regiones Biogeográficas de Conservación Antártica diferentes. La demarcación de esas regiones diferentes en lo biogeográfico respalda la gestión de los riesgos producidos por las especies no autóctonas asociados a los traslados entre las regiones al interior de la Antártida.

La gran mayoría de especies no autóctonas del mundo no se vuelven invasoras, pero las que sí lo hacen constituyen una de las mayores amenazas a la diversidad global. Por consiguiente, la clave está en evitar la introducción de especies no autóctonas. Si fracasa la prevención, cobra suma importancia la detección temprana y una rápida respuesta para

---

[*] Esta sección se redactó con la contribución de varios científicos (D. Bergstrom, S. Chown, P. Convey, Y. Frenot, N. Gremmen, A. Huiskes, K. A. Hughes, S. Imura, M. Lebouvier, J. Lee, F. Steenhuisen, M.Tsujimoto, B. van de Vijver y J. Whinam) que participaron en el proyecto "Aliens in Antarctica" (especies exógenas en la Antártida) del Año Polar Internacional, y se adaptó tomando en consideración las observaciones de los miembros del GCI.

eliminar a estas especies. Es más fácil combatir la invasividad si el descubrimiento de las especies no autóctonas se realiza en forma precoz. Además, la presencia de especies no autóctonas solamente "transitorias" o "persistentes", pero que aún no se han vuelto "invasoras", también es sumamente inconveniente en términos de protección de los valores ambientales y científicos de la Antártida, en especial porque tales especies tienen el potencial de volverse invasoras. Los actuales cambios medioambientales que se están produciendo en la Antártida, al igual que en otras partes del mundo, pueden ser los responsables de la alteración de la biodiversidad local en las próximas décadas o siglos. Es responsabilidad de las Partes y demás actores que desarrollan actividades en la región reducir a un mínimo la posibilidad de que los seres humanos sean un vector directo del cambio debido a la introducción de especies no autóctonas o a la propagación de enfermedades en los ecosistemas terrestre y marinos del área del Tratado Antártico.

La Reunión de Expertos del Tratado Antártico de 2010 sobre las implicaciones del cambio climático para la gestión y la gobernanza de la Antártida puso de relieve la importancia de tomar medidas para reducir el riesgo y el impacto de las especies no autóctonas en los ecosistemas antárticos. En la reunión:

- se reconoció que deben realizarse los mayores esfuerzos para evitar la introducción de especies no autóctonas y reducir a un mínimo el riesgo de introducciones gracias a los seres humanos a través de los programas nacionales y las actividades turísticas. Se destacó la importancia de garantizar la implementación integral de nuevas medidas para abordar este riesgo (párrafo 111, informe del Copresidente).

- se recomendó que el CPA "considere la posibilidad de usar métodos consagrados para identificar a) los ambientes antárticos que corren gran riesgo de establecimiento de especies no autóctonas y b) las especies no autóctonas que presentan un gran riesgo de establecerse en la Antártida" (Recomendación 22).

- se recomendó instar a las Partes para que, de forma integral y sistemática, tomen medidas de gestión tendientes a responder a las implicaciones ambientales del cambio climático, en particular, medidas para evitar la introducción y el traslado de especies no autóctonas, e informen sobre su efectividad (Recomendación 23).

En 2015, el CPA acordó la elaboración de un Programa de trabajo de respuesta para el cambio climático (CCRWP) con el propósito de promover estas y otras recomendaciones de la RETA relacionadas con el medioambiente (Resolución 4 [2015]). En el CCRWP se describen los problemas que enfrenta el CPA como resultado del cambio climático en la Antártida, las acciones y tareas necesarias para abordar estos problemas, su priorización y sugerencias sobre cómo se deben llevar a cabo las acciones de la mejor manera, cuándo se deben llevar a cabo, y quién las debe llevar a cabo. Uno de los problemas asociados al cambio climático que se identificaron es el posible aumento de la introducción y establecimiento de especies no autóctonas. El CCRWP recomienda que los miembros del CPA continúen su desarrollo del Manual sobre especies no autóctonas, garantizando la inclusión de los efectos del cambio climático, específicamente en el desarrollo de metodologías de vigilancia, de una respuesta estratégica, y la inclusión de especies no autóctonas en los lineamientos para la Evaluación del Impacto Ambiental (véase también el Anexo a este Manual).

El Plan de trabajo quinquenal del CPA es un documento dinámico que se actualiza año tras año con las prioridades de trabajo del Comité. El asunto de las especies no autóctonas está identificado en dicho Plan de Trabajo como una prioridad principal a la que el CPA y el Plan de Trabajo deben prestar atención, y puede orientar el futuro trabajo en la materia.

El Portal de medioambientes (*www.environments.aq*) es una fuente de información medioambiental revisada por expertos e incluye resúmenes temáticos sobre las especies no autóctonas (por ejemplo, Newman *et al*., 2014; Hughes y Frenot, 2015).

d) Glosario

La terminología relativa a las especies no autóctonas e invasoras no ha sido normalizada a nivel internacional y algunos de los términos que figuran a continuación se definen en el contexto específico de la Antártida:

Región biogeográfica: una región de la Antártida que se distingue en el aspecto biológico de las demás regiones. Pueden presentarse riesgos de invasión de especies no autóctonas para la biodiversidad o para los valores intrínsecos debido (1) al traslado de especies autóctonas entre las diferentes regiones biogeográficas a causa de las actividades humanas, o (2) la distribución de especies no autóctonas ya establecidas en una región biogeográfica hacia otras regiones, ya sea por el ser humano o por mecanismos naturales.

Confinamiento: La aplicación de medidas de gestión para prevenir la propagación de especies no autóctonas.

Control: El uso de métodos prácticos para confinar o reducir la viabilidad de una especie no autóctona.

Endémicas: especies nativas restringidas a una región o ubicación específica de la Antártida.

Erradicación: la eliminación permanente de una especie no autóctona.

Introducción/introducida: traslado directo o indirecto de un organismo fuera de su rango natural por parte de un agente humano. Este término puede aplicarse al traslado intercontinental o intracontinental de especies.

Invasora/invasión: especies no autóctonas que están ampliando su rango en la región antártica colonizada, lo cual causa el desplazamiento de las especies autóctonas y ocasiona un daño significativo a la diversidad biológica o al funcionamiento de los ecosistemas.

Especies no autóctonas/exógenas: organismos que se manifiestan fuera de su actual o anterior rango y potencial de dispersión natural, cuya presencia y dispersión en cualquier región biogeográfica del área del Tratado Antártico se debe a una acción humana no intencional.

Persistentes/establecidas: especies no autóctonas que han sobrevivido, se han establecido y se han reproducido durante muchos años en un lugar restringido en la Antártida, pero que no han ampliado su área de distribución fuera de un lugar específico.

Transitorias: especies no autóctonas que han sobrevivido en la Antártida en pequeñas poblaciones durante un período breve, pero que han desaparecido naturalmente o han sido retiradas a través de la intervención humana.

2. Principios rectores fundamentales

Para enfocarse con mayor precisión en el riesgo ambiental asociado a la introducción no intencional de especies no autóctonas en la Antártida, y a fin de orientar las acciones de las Partes de conformidad con el objetivo general se desarrollaron 11 principios rectores fundamentales. Estos principios se clasifican conforme a los tres componentes principales de un marco de gestión de especies no autóctonas: prevención, seguimiento y respuesta. Varios de los principios rectores fundamentales se aplican por igual a la prevención de la introducción y la propagación de agentes patógenos que pueden provocar enfermedades en la vida silvestre antártica.

Prevención

La prevención es el medio más eficaz para reducir a un mínimo los riesgos asociados a la introducción de especies no autóctonas y su impacto, y es responsabilidad de todos quienes viajan a la Antártida.

1. Generar conciencia en distintos niveles y hacia los diferentes públicos es un componente fundamental de la gestión. Todas las personas que viajan a la Antártida deben tomar las medidas adecuadas para evitar la introducción de especies no autóctonas.

2. El riesgo de introducción de especies no autóctonas debe identificarse y abordarse en la planificación de todas las actividades, incluso a través del proceso de Evaluación de Impacto Ambiental (EIA), en virtud del Artículo 8 y el Anexo I al Protocolo.

3. En ausencia de datos científicos iniciales sólidos, se debe aplicar un enfoque cautelar a fin de reducir a un mínimo el riesgo de introducción de especies no autóctonas a través de agentes humanos, así como el riesgo de transferencia local e intrarregional de propágulos hacia regiones vírgenes.

4. Las medidas de prevención tienen mayores probabilidades de ser implementadas y de resultar eficaces si:

- se centran en abordar las actividades y áreas con mayor nivel de riesgo;
- se desarrollan de manera tal que puedan adecuarse a las circunstancias particulares de la actividad o área en cuestión y en la escala correspondiente;
- son simples desde el punto de vista técnico y logístico;

- son de fácil aplicación;
- son efectivas en función de los costos y no demandan demasiado tiempo.

5. En las cadenas de logística y suministro, la prevención debería centrarse en las medidas previas a la partida:

- en el punto de origen fuera de la Antártida (por ejemplo, cargas, indumentaria personal, paquetes),
- en puntos de acceso a la Antártida (puertos, aeropuertos),
- en medios de transporte (buques, aeronaves),
- en estaciones y campamentos antárticos que son puntos de partida para actividades en otros lugares del continente.

6. Se debe prestar especial atención en garantizar la limpieza de los elementos que anteriormente se utilizaron en climas fríos (por ejemplo, zonas árticas, subantárticas o montañosas) que pueden convertirse en medios de transporte para especies "previamente adaptadas" que pueden ayudar al establecimiento en el entorno antártico.

Seguimiento

El seguimiento puede hacerse a manera de observación pasiva (por ejemplo, esperar que surjan especies no autóctonas), o focalizada (es decir, un programa activo de identificación de posibles especies no autóctonas). Contar con buenos datos de referencia iniciales acerca de la fauna y flora autóctonas es importante para contribuir al seguimiento de las especies no autóctonas.

7. Se debe alentar el seguimiento regular/periódico, con una frecuencia adecuada al posible riesgo, de los sitios de alto riesgo (por ejemplo, la vigilancia del área que rodea las estaciones de investigación, sin limitarse a esta zona).

8. Se deberán examinar y revisar periódicamente las medidas preventivas.

9. Las Partes y otros actores interesados deben intercambiar la información y las prácticas recomendables vinculadas con las especies no autóctonas.

Respuesta

Será esencial responder rápidamente y evaluar la factibilidad y conveniencia de erradicar las especies no autóctonas. Si la erradicación no resulta viable o conveniente, debe analizarse la posibilidad de tomar medidas de control y/o confinamiento.

10. Para tener eficacia, debe considerarse prioritaria la respuesta a las introducciones a fin de evitar un aumento del rango de distribución de las especies y hacer que la erradicación sea más sencilla, más efectiva en función de los costos y que tenga mayores posibilidades de éxito.

11. La eficacia de los programas de control o erradicación debe evaluarse regularmente, incluso los estudios de seguimiento.

3. Directrices y recursos para ayudar a evitar la introducción de especies no autóctonas

(Incluida la transferencia de especies entre uno y otro sitio de la Antártida y la detección y respuesta ante las especies no autóctonas establecidas.)

En línea con el objetivo establecido para las acciones de las Partes en cuanto a abordar los riesgos que plantean las especies no autóctonas y con los principios rectores fundamentales (Secciones 1 y 2), se desarrollaron las siguientes directrices y recursos voluntarios que los operadores pueden aplicar y utilizar, según corresponda, para ayudar a cumplir con sus responsabilidades en virtud del Anexo II al Protocolo.

Prevención

1. El proceso de evaluación del impacto ambiental es un componente clave en la prevención de la introducción de especies no autóctonas y su posterior propagación.

Directrices

Lineamientos para la Evaluación del Impacto Ambiental en la Antártida
http://www.ats.aq/documents/ATCM39/att/atcm39_att013_rev1_e.doc

2. La prevención es el medio más eficaz para reducir a un mínimo los riesgos asociados a la introducción de especies no autóctonas.

Directrices

La siguiente lista proporciona orientaciones generales sobre cómo prevenir la introducción de especies no autóctonas en la Antártida. Más adelante se describe información más específica:

- Salvo que se trate de ropa nueva, cerciórese de que las prendas destinadas a su uso en la Antártida se limpien con procedimientos de tintorería normales antes de ser enviadas a la Antártida. El calzado previamente usado debería limpiarse cuidadosamente antes de su llegada a la Antártida o al desplazarse entre un sitio antártico y otro.
- Se debe considerar dotar a las estaciones de investigación con los medios necesarios para la limpieza y el mantenimiento de la indumentaria y el equipo que se utilizarán en el campo, particularmente cuando se trabaja en múltiples lugares o en lugares distintos.
- Se deben verificar las cargas para garantizar que no tengan contaminación visible (tierra, barro, vegetación, propágulos) antes de su carga en aeronaves o buques.
- Los vehículos deben limpiarse a fin de evitar la transferencia de especies no autóctonas a la Antártida y a sus alrededores.
- Antes de partir hacia la Antártida, se debe confirmar que no haya roedores en los buques.

- Las cargas se deben embalar, almacenar y cargar en un área con una superficie limpia y sellada (por ejemplo, brea, concreto libre de malezas, tierra, roedores y alejada de áreas de basurales). Estas áreas deben limpiarse e inspeccionarse en forma regular.

- No deben trasladarse contenedores, incluso contenedores conformes a las normas ISO, ni cajas o cajones de un sitio antártico a otro, salvo que se limpien antes de llegar a la nueva ubicación.

- Cerciórese de que las aeronaves intercontinentales se verifiquen y traten según sea necesario, cuando corresponda, para garantizar que se encuentren libres de insectos antes de partir hacia la Antártida.

- Los alimentos y residuos de alimentos se gestionan de manera estricta a fin de evitar que ingresen en el medioambiente (por ejemplo, se impide el acceso a estos por parte de la vida silvestre y se retiran de la Antártida o se incineran).

Durante la XV Reunión del CPA, el Comité reconoció la relevancia de las Regiones Biogeográficas de Conservación Antártica (RBCA) para su trabajo de hacer frente a los riesgos planteados por las especies no autóctonas, especialmente el riesgo de transferencia de especies entre lugares de la Antártida distintos en lo biológico. La descripción de las distintas Regiones Biogeográfica de Conservación Antártica se encuentra en: *http://www. ats.aq/documents/recatt/Att500_s.pdf*. El Mapa del Portal de Medioambientes Antárticos muestra en detalle las dimensiones de las Regiones Biogeográficas de Conservación Antártica y está disponible en: *https://environments.aq/map/*

Procedimientos para la limpieza de vehículos a fin de prevenir el traslado de especies no autóctonas hacia la Antártida y entre distintos lugares de la Antártida (Documento de Trabajo WP 8 de la XXXIII RCTA).
http://www.ats.aq/documents/ATCM33/wp/ATCM33_wp008_s.doc

Directrices para minimizar los riesgos de especies no autóctonas y enfermedades asociadas con instalaciones hidropónicas en la Antártida (Documento de Trabajo WP 25 de la XXXV Reunión de la RCTA).
http://www.ats.aq/documents/ATCM35/wp/ATCM35_wp025_rev1_s.doc
http://www.ats.aq/documents/ATCM35/att/ATCM35_att103_s.doc

Recursos

Checklists for supply chain managers of National Antarctic Programmes for the reduction in risk of transfer of non-native species (Listas de verificación para los gestores de cadenas de suministro de los Programas Antárticos Nacionales para la reducción del riesgo de transferencia de especies no autóctonas) (COMNAP, SCAR 2010)
https://www.comnap.aq/Shared%20Documents/nnschecklists.pdf

SCAR's environmental code of conduct for terrestrial scientific field research in Antarctica (Código de conducta ambiental del SCAR para las investigaciones científicas sobre el terreno en la Antártida). Documento de Información IP 4 de la XXXII RCTA)
http://www.ats.aq/documents/ATCM32/ip/ATCM32_ip004_e.doc

Código de conducta para la realización de actividades en los medioambientes geotérmicos terrestres en la Antártida. Resolución 3 (2016)
http://www.ats.aq/documents/ATCM39/att/atcm39_att018_s.doc

SCAR's code of conduct for the exploration and research of subglacial aquatic environments (Código de Conducta del SCAR para la Exploración e Investigación de Entornos Acuáticos Subglaciales) (Documento de Información IP 33 de la XXXIV RCTA)
http://www.ats.aq/documents/ATCM34/ip/ATCM34_ip033_e.doc

Generar conciencia acerca de la introducción de especies no autóctonas: Resultados del taller y listas de verificación para los gestores de cadena de suministro (Documento de Trabajo WP 12 de la XXXIV RCTA)
http://www.ats.aq/documents/ATCM34/wp/ATCM34_wp012_s.doc
http://www.ats.aq/documents/ATCM34/att/ATCM34_att014_e.pdf
http://www.ats.aq/documents/ATCM34/att/ATCM34_att015_e.pdf

Reducción del riesgo de introducción accidental de especies no autóctonas asociadas con la importación de frutas y vegetales frescos a la Antártida (Documento de Trabajo WP 6 de la XXXV RCTA)
http://www.ats.aq/documents/ATCM35/wp/ATCM35_WP006_s.doc

Biosecurity and quarantine guidelines for ACAP breeding sites (Directrices del ACAP sobre bioseguridad y cuarentena para los sitios de reproducción)
http://acap.aq/en/resources/acap-conservation-guidelines/2180-biosecurity-guidelines/file

Resultados del Programa del Año Polar Internacional (API): "Aliens in Antarctica" (Documento de Trabajo WP 5 de la XXXV RCTA)
http://www.ats.aq/documents/ATCM35/wp/ATCM35_wp005_s.doc

Continent-wide risk assessment for the establishment of non-indigenous species in Antarctica (Evaluación a nivel continental del establecimiento de especies no autóctonas en la Antártida) (Documento de antecedentes BP 1 de la XXXV RCTA)
http://www.ats.aq/documents/ATCM35/bp/ATCM35_bp001_e.pdf

3. Desarrollar y producir programas de sensibilización sobre los riesgos del traslado de especies no autóctonas hacia el continente y dentro de este, y sobre las medidas que se requieren para prevenir la introducción, para todas las personas que viajen hacia la Antártida o trabajen allí, incluido un conjunto normalizado de mensajes claves para estos programas de sensibilización. Los programas de educación y capacitación deben diseñarse de manera tal que se adecúen a las actividades y riesgos asociados con el público objetivo. En ciertos casos, esta adecuación debe contemplar los elementos claves de la información mencionada:

- Administradores de programas nacionales
- Responsables de logística/tripulación/contratistas
- Operadores turísticos/personal/tripulación
- Científicos

- Turistas
- Organizadores de expediciones privadas
- Operadores de buques pesqueros/personal/tripulación
- Personal de los proveedores/prestadores de servicios/depósitos
- Otros visitantes

Directrices

Directrices Generales para visitantes a la Antártida.
http://www.ats.aq/documents/recatt/Att483_s.pdf

Recursos

Video instructivo acerca de la limpieza (proyecto "Aliens in Antarctica", 2010).
http://academic.sun.ac.za/cib/video/Aliens_cleaning_video%202010.wmv

Folleto "Don't pack a pest" ("No empaques una plaga") (Estados Unidos).
http://www.usap.gov/usapgov/travelAndDeployment/documents/PackaPest_brochure_Final.pdf

Folleto "Don't pack a pest" ("No empaques una plaga") (IAATO).
http://iaato.org/en_GB/dont-pack-a-pest

Boot, clothing and equipment decontamination guidelines (Directrices sobre descontaminación de equipos, prendas y calzado) (IAATO).
http://iaato.org/documents/10157/14310/Boot_Washing07.pdf/2527fa99-b3b9-4848-bf0b-b1b595ecd046

Folleto "Know before you go" ("Infórmese antes de viajar") (ASOC).
http://www.asoc.org/storage/documents/tourism/ASOC_Know_Before_You_Go_tourist_pamphlet_2009_editionv2.pdf

COMNAP Practical training modules: Module 2 – non-native species (Módulos de capacitación práctica del COMNAP: Módulo 2, especies no autóctonas) (Documento de Información IP 101 de la XXXVIII RCTA)
http://www.ats.aq/documents/ATCM38/ip/ATCM38_ip101_e.doc
http://www.ats.aq/documents/ATCM38/att/ATCM38_att102_e.pdf

4. Incluir la consideración de las especies no autóctonas en los futuros planes de gestión de ZAEP y ZAEA y en la revisión de los actuales y futuros planes de gestión.

Directrices

Guía para la Preparación de Planes de Gestión para las Zonas Antárticas Especial-mente Protegidas (Resolución 2 [2011]).
http://www.ats.aq/documents/ATCM34/att/ATCM34_att004_s.doc

5. Gestionar el agua de lastre de conformidad con las "Directrices prácticas para el cambio de agua de lastre en el Área del Tratado Antártico(Resolución 3 [2006]).

Directrices

Directrices prácticas para el cambio de agua de lastre en el Área del Tratado Antártico, (Resolución 3 [2006]).
http://www.ats.aq/documents/recatt/Att345_s.pdf

Seguimiento

6. Registrar la introducción de especies no autóctonas y presentar los registros en la base de datos de especies exóticas gestionada por el Centro de Datos Antárticos de Australia (Australian Antarctic Data Centre, AADC), conforme a lo acordado por el CPA.

Base de datos para ingresar registros

Alien species database (Base de datos de especies exógenas) (Documento de Información IP 68 de la XXXIV RCTA).
http://data.aad.gov.au/aadc/biodiversity/index_aliens.cfm

Recursos

Colonisation status of known non-native species in the Antarctic terrestrial environment (Situación de la colonización de especies no autóctonas conocidas en el medioambiente terrestre de la Antártida: un examen). (Documento de Información IP 46 de la XXXVIII RCTA).
http://www.ats.aq/documents/ATCM38/ip/ATCM38_IP046_e.doc

Biological invasions in terrestrial Antarctica: what is the current status and how can we respond? (Invasiones biológicas en la Antártida: la situación actual y cómo podemos responder) (Adjunto A, Documento de Información IP 46 de la XXXVIII RCTA).
http://www.ats.aq/documents/ATCM38/att/ATCM38_att090_e.pdf

Información complementaria (Adjunto B, Documento de Información IP 46 de la XXXVIII RCTA).
http://www.ats.aq/documents/ATCM38/att/ATCM38_att091_e.doc

Monitoring biological invasion across the broader Antarctic: a baseline and indicator framework (Seguimiento de las invasiones biológicas en la Antártida: línea de referencia y marco indicador) (Documento de Información IP 93 de la XXXVIII RCTA).
http://www.ats.aq/documents/ATCM38/ip/ATCM38_IP093_e.doc

Estado de la introducción de especies no autóctonas conocidas y su impacto (Portal de Medioambientes).
https://www.environments.aq/resumenes-informativos/estado-de-la-introduccion-de-especies-no-autoctonas-conocidas-y-su-impacto/

Respuesta

Una especie aparentemente nueva en la Antártida puede corresponder a (i) colonizadores naturales recientemente introducidos (por ejemplo, transportado por el viento o por las aves), (ii) una introducción reciente a través de agentes humanos (por ejemplo, asociada a la carga, la indumentaria o las pertenencias personales) o (iii) un habitante que ha estado durante mucho tiempo y que la ciencia no había detectado antes. Es importante conocer la historia de la colonización por nuevas especies, ya que ese es un factor que afectará la forma en que se manejen

7. Desarrollar o emplear métricas de evaluación para ayudar a determinar si es probable que una especie recientemente descubierta haya llegado a través de vías de colonización natural o por medios humanos.

8. Cuando se detecte la posibilidad de una especie no autóctona, se debe solicitar el asesoramiento de expertos tan pronto como sea posible (esto incluye las enfermedades de especies silvestres).

Directrices

Directrices *para los visitantes* y responsables ambientales que encuentren una especie terrestre o de agua dulce presuntamente no autóctona en el Área del Tratado Antártico (Documento de Trabajo WP 15 de la XXXIII RCTA).
http://www.ats.aq/documents/ATCM33/att/ATCM33_att010_s.doc
http://www.ats.aq/documents/ATCM33/att/ATCM33_att011_s.doc

Recursos

El SCAR está bien posicionado para asistir en la identificación de los expertos que podrían aportar el asesoramiento adecuado de manera oportuna. El SCAR acordó identificar a un grupo de expertos que podría ser consultado en caso de detectarse una especie presuntamente no autóctona. Si se detectase una especie no autóctona, la comunicación con el grupo podría facilitarse a través del Director del Comité Permanente del SCAR en el Sistema del Tratado Antártico (SCATS, por sus siglas en inglés), quien coordinará y recabará las respuestas de los expertos.

Suggested framework and considerations for scientists attempting to determine the colonisation status of newly discovered terrestrial or freshwater species within the Antarctic Treaty Area (Propuesta de marco para los científicos que intentan determinar el estado de la colonización de áreas del Tratado Antártico por especies terrestres o de agua dulce recientemente descubiertas) (Documento de Información IP 44 de la XXXIII RCTA).
http://www.ats.aq/documents/ATCM33/ip/ATCM33_ip044_e.doc

Anexo: Directrices y recursos que requieren mayor atención o desarrollo

Además de las medidas, directrices y recursos que se han desarrollado (Sección 3), se han identificado los siguientes problemas asociados a especies no autóctonas que requieren de una mayor atención y de la elaboración de normativas. Se alienta el uso de estas directrices, recursos e información, así como el desarrollo de orientaciones más detalladas sobre estos asuntos para su inclusión en el Manual.

N.°	Directrices y recursos que requieren mayor atención o desarrollo	Actuales directrices, recursos o información
	Prevención	
1	Reducir la distribución de las especies autóctonas de la Antártida entre las distintas regiones biogeográficas al interior del continente: • Identificar las regiones con mayor riesgo de introducciones. • Identificar las actividades, vectores y rutas que presentan un riesgo elevado para las diferentes regiones biogeográficas • Proporcionar orientaciones en torno a qué constituye un portal entre las regiones biogeográficas antárticas (según el tipo de organismo). • Elaborar medidas prácticas para abordar los riesgos asociados al transporte de personal y equipos entre distintos lugares de la Antártida. • Desarrollar estudios de referencia.	Regiones biogeográficas de conservación de la Antártida (RBCA) *http://www.ats.aq/documents/recatt/Att500_s.pdf* El Mapa del Portal de Medioambientes Antárticos muestra las dimensiones de las Regiones Biogeográficas de Conservación Antártica, y está disponible en: *https://environments.aq/map/* Conocimientos actuales sobre la reducción de los riesgos planteados por especies terrestres no autóctonas: hacia un enfoque basado en datos probatorios (Documento de Trabajo WP 6 de la XXXIII RCTA) *http://www.ats.aq/documents/ATCM33/wp/ATCM33_wp006_s.doc* A framework for analysing and managing non-native species risks in Antarctica (Criterios para el análisis y la gestión del riesgo de especies no autóctonas en la Antártida (Documento de Información IP 36 de la XXXII RCTA). *http://www.ats.aq/documents/ATCM32/ip/ATCM32_ip036_e.doc* Documento de Trabajo WP 14 de la XXXIII RCTA (Reino Unido) 2010 – Traslado intrarregional de especies en áreas terrestres de la Antártida *http://www.ats.aq/documents/ATCM33/wp/ATCM33_wp014_s.doc*
2	Evitar la posterior distribución de especies no autóctonas hacia otros lugares de la Antártida: • Proporcionar orientaciones, y elaborar medidas prácticas de bioseguridad para reducir la transferencia antropogénica de especies no autóctonas al interior de la Antártida. • Proporcionar orientaciones sobre cómo reducir la transferencia natural de especies no autóctonas al interior de la Antártida.	Colonisation status of known non-native species in the Antarctic terrestrial environment (Situación de la colonización de especies no autóctonas conocidas en el medioambiente terrestre de la Antártida: un examen) Attachment A: Biological invasions in terrestrial Antarctica: what is the current status and how can we respond? (Adjunto A: Invasiones biológicas en la Antártida: la situación actual y cómo podemos responder) Attachment B. Supplementary information (Adjunto B: información complementaria) (Documento de Información IP 46 de la XXXVIII RCTA) *http://www.ats.aq/documents/ATCM38/ip/ATCM38_IP046_e.doc* *http://www.ats.aq/documents/ATCM38/att/ATCM38_att090_e.pdf* *http://www.ats.aq/documents/ATCM38/att/ATCM38_att091_e.doc*

3	Identificar posibles especies no autóctonas que presenten un riesgo elevado para los medioambientes antárticos: • Generar una lista, con descripciones adecuadas, de las posibles especies no autóctonas, basada en la experiencia de las islas subantárticas (u otros medios pertinentes) y las características biológicas y la adaptabilidad de los colonizadores "eficaces".	Conocimientos actuales sobre la reducción de los riesgos planteados por especies terrestres no autóctonas: hacia un enfoque basado en datos probatorios. Appendix 1 – Risk assessment protocol for springtails developed by Greenslade (Apéndice 1: Protocolo de evaluación del riesgo de colémbolos elaborado por Greenslade) (2002: página 341) (Documento de Trabajo WP 6 de la XXXIII RCTA) *http://www.ats.aq/documents/ATCM33/wp/ATCM33_wp6_s.doc* *http://www.ats.aq/documents/ATCM33/att/ATCM33_att005_e.doc*
4	Evitar la introducción de especies no autóctonas en el medio marino antártico: • Aumentar la comprensión de los riesgos y las rutas de introducción. • Llevar a cabo una evaluación de riesgos para identificar los hábitats marinos en riesgo de invasión. • Elaborar directrices específicas	
5	Abordar los riesgos de especies no autóctonas (incluidos los microorganismos) asociados a la descarga de aguas residuales, incluido el riesgo de enfermedades para la vida silvestre local (véase más adelante la sección sobre enfermedades): • Aumentar la comprensión de los riesgos y las rutas de introducción. • Desarrollar directrices específicas para reducir la liberación de especies no autóctonas asociada a las descargas de aguas residuales.	Nuevos registros de microorganismos asociados a la presencia humana en el medio marino antártico (Documento de Trabajo WP 55 de la XXXV RCTA) *http://www.ats.aq/documents/ATCM35/wp/ATCM35_wp055_s.doc* Discharge of sewage and grey water from vessels in Antarctic Treaty waters (Descarga de aguas residuales y aguas grises desde buques en aguas de la zona del Tratado Antártico) (Documento de Información IP 66 de la XXXVI RCTA) *http://www.ats.aq/documents/ATCM36/ip/ATCM36_ip066_e.doc* Assessment of environmental impacts arising from sewage discharge at Davis Station (Evaluación de los impactos en el medio ambiente ocasionados por la descarga de aguas residuales en la estación Davis) (Documento de Antecedentes BP 10 de la XXXV RCTA) *http://www.ats.aq/documents/ATCM35/bp/ATCM35_bp010_e.doc* Reducing sewage pollution in the Antarctic marine environment using a sewage treatment plant (Reducir la contaminación por aguas residuales en el medio marino antártico con el uso de una planta de tratamiento de aguas residuales) (Documento de Información IP 37 de la XXVIII RCTA) *http://www.ats.aq/documents/ATCM28/ip/ATCM28_ip037_e.doc* Wastewater treatment in Antarctica: challenges and process improvements (Tratamiento de aguas residuales en la Antártida: dificultades y mejoras en los procesos) (Documento de Información IP60 de la XXIX RCTA) *http://www.ats.aq/documents/ATCM29/ip/ATCM29_ip060_e.doc*
6	Limitar la introducción o redistribución de microorganismos que podrían afectar a las actuales comunidades microbianas en el medioambiente antártico: • Aumentar la comprensión de los riesgos y las rutas de introducción. • Desarrollar directrices más específicas para evitar la introducción o la redistribución de microorganismos en el medioambiente antártico.	Huella humana en la Antártida y conservación a largo plazo de los hábitats microbianos terrestres (Documento de Trabajo WP 39 de la XXXVI RCTA) *http://www.ats.aq/documents/ATCM36/wp/ATCM36_wp039_s.doc* SCAR's code of conduct for the exploration and research of subglacial aquatic environments (Código de Conducta del SCAR para la Exploración e Investigación de Entornos Acuáticos Subglaciales) (Documento de Información IP 33 de la XXXIV RCTA) *http://www.ats.aq/documents/ATCM34/ip/ATCM34_ip033_e.doc*

413

	Seguimiento	
7	Seguimiento de las especies no autóctonas en el medio marino y terrestre en la Antártida: • Desarrollar directrices para el seguimiento que tengan aplicación general. Es posible que en algunos lugares en particular se requiera un seguimiento más detallado o específico del sitio. • Implementar un seguimiento marino y terrestre tras el desarrollo de un marco de seguimiento. • Identificar a las personas que llevarán a cabo el seguimiento y la frecuencia con que se realizará. • Periódicamente debería presentarse al CPA un informe de estado acerca de las tareas de seguimiento establecidas.	Summary of environmental monitoring and reporting discussions (Resumen de los debates sobre vigilancia e informes sobre el medioambiente) (Documento de Información IP 07 de la XXXI RCTA) *http://www.ats.aq/documents/ATCM31/ip/ATCM31_ip007_e.doc*
8	Establecer las especies autóctonas presentes en los sitios antárticos para ayudar en la identificación de la escala y el alcance de las introducciones actuales y futuras (debido a que no resulta práctico realizar estudios en cualquier lugar deberían priorizarse los sitios en los que se lleva a cabo actividad humana [es decir, estaciones, sitios de campamentos científicos más visitados y sitios que reciben visitantes], y los sitios que tienen un alto valor o alta vulnerabilidad): • Compilar los datos actuales sobre biodiversidad (incluidos los ecosistemas terrestres, acuáticos y marinos). • Desarrollar directrices sobre la realización de estudios de referencia sobre biodiversidad.	Final report on the research project 'The impact of human activities on soil organisms of the maritime Antarctic and the introduction of non-native species in Antarctica' (Informe final sobre el proyecto de investigación "El impacto de las actividades humanas sobre los organismos edáficos de la Antártida Marítima y la introducción de especies no autóctonas en la Antártida) (Documento de Información IP 55 de la XXXVI RCTA) *http://www.ats.aq/documents/ATCM36/ip/ATCM36_ip055_e.doc* *http://www.umweltbundesamt.de/uba-info-medien/4416.htm*l
	Respuesta	
9	Responder rápidamente a la introducción de especies no autóctonas: • Elaborar directrices para una respuesta rápida, incluida información acerca de la erradicación práctica o confinamiento/control de plantas, invertebrados y otros grupos biológicos.	Eradication of a vascular plant species recently introduced to Whalers Bay, Deception Island (Erradicación de una especie de planta vascular introducida recientemente en la caleta Balleneros, isla Decepción) (Reino Unido, España, 2010) *http://www.ats.aq/documents/ATCM33/ip/ATCM33_ip043_o.doc* The successful eradication of *Poa pratensis* from Cierva Point, Danco Coast, Antarctic Peninsula (La erradicación exitosa de la especie *Poa pratensis* de la punta Cierva, costa Danco, Península Antártica) (Argentina, España y el Reino Unido, 2015) *http://www.ats.aq/documents/ATCM38/ip/ATCM38_ip029_e.doc* Eradication of a non-native grass *Poa annua* L. from ASPA No 128 Western Shore of Admiralty Bay, King George Island, South Shetland Islands (Erradicación de la hierba no autóctona *Poa annua* de la costa occidental de la bahía Almirantazgo (Bahía Lasserre), Isla 25 de Mayo (isla Rey Jorge), islas Shetland del Sur) (Polonia, 2015) *http://www. ats.aq/documents/ATCM38/ip/ATCM38_ip078_e.doc*
	Prevenir, detectar y responder ante las enfermedades de la vida silvestre que resultan de la actividad humana en la Antártida	

10	Tomar medidas para reducir el riesgo de introducción en la Antártida de patógenos vegetales y animales y su posterior propagación al interior de la región debido a la actividad humana: • Elaborar directrices (o aprobar formalmente las directrices existentes) para responder ante eventos de enfermedad. • Introducir medidas preventivas para disminuir los riesgos de introducción de enfermedades en la vida silvestre antártica, por ejemplo, directrices específicas para manejar los residuos originados en el campo y en las estaciones a efectos de reducir a un mínimo la introducción de especies no autóctonas. • Desarrollar los requisitos específicos de limpieza que podrían requerirse si existiese algún motivo para pensar que las personas, la indumentaria, los equipos o los vehículos han estado en contacto con animales enfermos o con agentes patógenos, o han estado en un área de riesgo de enfermedad reconocido.	Informe del Grupo del Contacto Intersesional Permanente sobre las Enfermedades de la Fauna Antártica. Informe 2: medidas prácticas para disminuir el riesgo (proyecto) (Australia, 2001) *http://www.ats.aq/documents/ATCM24/wp/ATCM24_wp011_s.pdf* Análisis de determinación de presencia de especies no nativas, ingresadas al continente Antártico por vías naturales (Argentina, 2015) *http://www.ats.aq/documents/ATCM38/wp/ATCM38_wp046_s.doc* Health of Antarctic Wildlife: A Challenge for Science and Policy (Salud de la vida silvestre antártica: un reto para la ciencia y las normativas) (Kerry y Riddle, 2009). Si bien los eventos poco habituales de mortalidad animal pueden producirse por una variedad de motivos, las enfermedades pueden ser una causa probable. Por ello, los siguientes recursos pueden resultar relevantes: Mass animal mortality event response plan (Plan de respuesta ante mortalidad animal masiva) (British Antarctic Survey). Disponible en el sitio web del BAS. *https://www.bas.ac.uk/* Plan de respuesta a eventos poco habituales de mortalidad (Australia), mencionado en: *http://www.ats.aq/documents/ATCM27/ip/ATCM27_ip071_e.doc* Procedures for reporting a high mortality event (Procedimientos para informar sobre un evento de mortalidad elevada) (IAATO). Disponible en el sitio web de la IAATO. *http://iaato.org/* *http://www.ats.aq/documents/ATCM39/ip/ATCM39_ip119_e.doc*

Referencias e información de apoyo

Nota: El Portal de Medioambientes (*www.environments.aq*) es una fuente de información medioambiental sobre la Antártida revisada por expertos que incluye resúmenes temáticos sobre las especies no autóctonas (por ejemplo, Newman *et al.*, 2014; Hughes y Frenot, 2015).

XXII RCTA - Documento de Información IP 04 (Australia) 1998 - Introduction of diseases to Antarctic wildlife: Proposed workshop (Introducción a las enfermedades de la fauna antártica: taller propuesto).

XXII RCTA - Documento de Trabajo WP 32 (Australia) 1999 - Informe a la XXIII RCTA sobre los resultados del Taller sobre enfermedades de la fauna antártica.

XXIV RCTA - Documento de Trabajo WP 10 (Australia) 2001 - Informe del Grupo del Contacto Intersesional Permanente sobre las Enfermedades de la Fauna Antártica. Informe 1 - Revisión y valoración de riesgo.

XXIV RCTA - Documento de Trabajo WP 11 (Australia) 2001 - Informe del Grupo del Contacto Intersesional Permanente sobre las Enfermedades de la Fauna Antártica. Informe 2: medidas prácticas para disminuir el riesgo (proyecto).

XXV RCTA - Documento de Información IP 62 (Australia) 2002 - Draft response plan in the event that unusual animal deaths are discovered (Borrador de un plan de respuesta en caso de encontrar muertes de animales poco habituales).

XXVII RCTA - Documento de Información IP 71 (Australia) 2004 - Australia's Antarctic quarantine practices (Prácticas de cuarentena en la Antártida de Australia).

XXVIII RCTA - Documento de Trabajo WP 28 (Australia) 2005 - Medidas para abordar la introducción no intencional y la propagación de biota no autóctona y enfermedades en la zona del Tratado Antártico.

XXVIII RCTA - IP37 (Reino Unido) 2005 - Reducing sewage pollution in the Antarctic marine environment using a sewage treatment plant (Reducir la contaminación por aguas residuales en el medio marino antártico con el uso de una planta de tratamiento de aguas residuales).

XXVIII RCTA - Documento de Información IP 97 (IAATO) 2005 - Update on boot and clothing decontamination guidelines and the introduction and detection of diseases in Antarctic wildlife: IAATO's perspective (Actualización de las directrices sobre descontaminación de prendas y calzado, y la introducción y detección de enfermedades en la fauna antártica: Perspectiva de la IAATO).

XXIX RCTA - Documento de Trabajo WP 05 Rev. 1 (Reino Unido) 2006 - Directrices prácticas para el cambio de agua de lastre en el Área del Tratado Antártico.

XXIX RCTA - Documento de Información IP 44 (Australia) 2006 - Principles underpinning Australia's approach to Antarctic quarantine management (Principios que sustentan el enfoque de Australia hacia la gestión de las cuarentenas).

XXIX RCTA - IP60 (Estados Unidos) 2006 - Wastewater treatment in Antarctica: challenges and process improvements (Tratamiento de aguas residuales en la Antártida: dificultades y mejoras en los procesos).

XXX RCTA - Documento de Información IP 49 (Australia, SCAR) 2007 - Aliens in Antarctica (Especies exógenas en la Antártida).

XXXI RCTA - Documento de Trabajo WP 16 (Australia) - Base de datos sobre especies no autóctonas en la Antártida.

XXXI RCTA - Documento de Información IP 07 (Australia) 2008 - Summary of environmental monitoring and reporting discussions (Resumen de los debates sobre vigilancia medioambiental y elaboración de informes).

XXXI RCTA - Documento de Información IP 17 (Australia, China, India, Rumania, Federación de Rusia) 2008 - Measures to protect the Larsemann Hills, East Antarctica, from the introduction of non-native species (Medidas para proteger a las colinas de Larsemann, Antártida Oriental, de la introducción de especies no autóctonas).

XXXI RCTA - Documento de Información IP 98 (COMNAP) - Survey on existing procedures concerning introduction of non native species in Antarctica (Estudio sobre los actuales procedimientos relativos a la introducción de especies no autóctonas en la Antártida).

XXXII RCTA - Documento de Trabajo WP 05 (Australia, Francia, Nueva Zelandia) 2009 - Programa de trabajo para la acción del CPA con respecto a las especies no autóctonas.

XXXII RCTA - Documento de Trabajo WP 23 (Sudáfrica) 2009 - El transporte de propágulos vinculado a las operaciones logísticas: evaluación sudafricana de un problema regional.

XXXIII RCTA – Documento de Trabajo WP 32 (Reino Unido) 2009 – Procedimientos propuestos para la limpieza de vehículos a fin de prevenir el traslado de especies no autóctonas a la Antártida y entre distintos lugares de la Antártida.

XXXII RCTA – Documento de Trabajo WP 033 (Reino Unido) 2009 – Examen de las disposiciones de los planes de gestión de ZAEP y ZAEA relativas a la introducción de especies no autóctonas.

XXXII RCTA – Documento de Información IP 4 (SCAR) 2009 - SCAR's environmental code of conduct for terrestrial scientific field research in Antarctica (Código de conducta ambiental del SCAR para las investigaciones científicas sobre el terreno en la Antártida).

XXXII RCTA – Documento de Información IP 012 (Reino Unido) 2009 – ASPA and ASMA management plans: review of provisions relating to non-native species introductions (Examen de las disposiciones de los planes de gestión de ZAEP y ZAEA relativas a la introducción de especies no autóctonas).

XXXII RCTA – SP 11 (ATS) 2009 - Resumen temático de las deliberaciones del CPA sobre las especies no autóctonas (ENA) en la Antártida.

XXXIII RCTA – Documento de Trabajo WP 4 (SCAR) 2010 - Resultados preliminares del programa del Año Polar Internacional: Especies exógenas en la Antártida.

XXXIII RCTA – Documento de Trabajo WP 06 (SCAR, Australia) - Conocimientos actuales sobre la reducción de los riesgos planteados por especies terrestres no autóctonas: hacia un enfoque basado en datos probatorios.

XXXIII RCTA – Documento de Trabajo WP 8 (Reino Unido) 2010 – Procedimientos propuestos para la limpieza de vehículos a fin de prevenir el traslado de especies no autóctonas a la Antártida y entre distintos lugares de la Antártida.

XXXIII RCTA – Documento de Trabajo WP 9 (Francia) 2010 - Informe 2009 - 2010 del Grupo de Contacto Intersesional de composición abierta sobre especies no autóctonas.

Documento de Trabajo WP 14 de la XXXIII RCTA (Reino Unido) 2010 – Traslado intrarregional de especies en áreas terrestres de la Antártida

XXXIII RCTA - Documento de Trabajo WP 15 (Reino Unido) 2010 - Orientación para los visitantes y responsables ambientales que descubran una especie presuntamente no autóctona en el medio ambiente terrestre y de agua dulce de la Antártida.

XXXIII RCTA- Documento de Información IP 43 (Reino Unido, España) 2010 - Eradication of a vascular plant species recently introduced to Whaler's Bay, Deception Island (Erradicación de una especie de planta vascular introducida recientemente en la caleta Balleneros, isla Decepción).

XXXIII RCTA - Documento de Información IP 44 (Reino Unido) 2010 - Suggested framework and considerations for scientists attempting to determine the colonisation status of newly discovered terrestrial or freshwater species within the Antarctic Treaty Area (Propuesta de marco para los científicos que intentan determinar el estado de la colonización de áreas del Tratado Antártico por especies terrestres o de agua dulce recientemente descubiertas).

XXXIV RCTA - Documento de Trabajo WP 12 (COMNAP y SCAR) 2011 - Generar conciencia acerca de la introducción de especies no autóctonas: resultados de los talleres y listas de verificación para los gestores de cadena de suministro.

XXXIV RCTA- Documento de Trabajo WP 34 (Nueva Zelandia) 2011 – Informe 2010-2011 del Grupo de Contacto Intersesional sobre especies no autóctonas.

XXXIV RCTA- Documento de Trabajo WP 53 (SCAR) 2011 - Medidas para reducir el riesgo de introducción de especies no autóctonas a la región antártica en relación con los alimentos frescos.

XXXIV RCTA - Documento de Información IP 26 (Alemania) 2011 - Progress report on the research project "The role of human activities in the introduction of non-native species into Antarctica and in the distribution of organisms within the Antarctic" (Informe de progreso del proyecto de investigación "El papel de las actividades humanas en la introducción de especies no autóctonas y la distribución de organismos en la Antártida).

XXXIV RCTA- Documento de Información IP 32 (Francia) 2011 – Report on the IPY Oslo Science Conference session on non-native species (Informe sobre la sesión de la Conferencia científica sobre especies no autóctonas del API en Oslo).

XXXIV RCTA - Documento de Información IP 50 (Reino Unido y Uruguay) 2011 – Colonisation status of known non-native species in the Antarctic terrestrial environment (update 2011) (Situación de la colonización de especies no autóctonas conocidas en el medioambiente terrestre de la Antártida (actualización 2011).

XXXIV RCTA- Documento de Información IP 68 (Australia y SCAR) 2011 - Alien species database (Base de datos de especies exógenas).

XXXV RCTA- Documento de Trabajo WP 05 (SCAR) 2012 – Resultados del Programa del Año Polar Internacional: Especies exógenas en la Antártida.

XXXV RCTA- Documento de Trabajo WP 06 (SCAR) 2012 – Reducción del riesgo de introducción accidental de especies no autóctonas asociadas con la importación de frutas y vegetales frescos a la Antártida.

XXXV RCTA- Documento de Trabajo WP 25 rev.1 (Australia y Francia) 2012 – Directrices para minimizar los riesgos de especies no autóctonas y enfermedades asociadas con instalaciones hidropónicas en la Antártida.

XXXV RCTA- Documento de Trabajo WP 55 (Chile) 2012 – Nuevos registros de microorganismos asociados a la presencia humana en el medio marino antártico.

XXXV RCTA - Documento de Información IP 13 (España, Argentina y el Reino Unido) 2012 – Colonisation status of the non-native grass *Poa pratensis* at Cierva Point, Danco Coast, Antarctic Peninsula (Estado de la colonización de la especie Poa pratensis en punta Cierva, costa Danco, Península Antártica).

XXXV RCTA - Documento de Información IP 29 (Reino Unido) 2012 – Colonisation status of known non-native species in the Antarctic terrestrial environment (update 2012) (Situación de la colonización de especies no autóctonas conocidas en el medioambiente terrestre de la Antártida (actualización 2012).

XXXV RCTA - Documento de Antecedentes BP 01 (SCAR) 2012 – Continent-wide risk assessment for the establishment of nonindigenous species in Antarctica (Evaluación a nivel continental del establecimiento de especies no autóctonas en la Antártida).

XXXV RCTA- BP 010 (Australia) 2012 – Assessment of environmental impacts arising from sewage discharge at Davis Station (Evaluación de los impactos en el medio ambiente ocasionados por la descarga de aguas residuales en la estación Davis).

XXXVI RCTA- Documento de Trabajo WP 19 (Alemania) 2013 - Informe sobre el proyecto de investigación "El impacto de las actividades humanas sobre los organismos edáficos de la Antártida Marítima y la introducción de especies no autóctonas en la Antártida".

XXXVI RCTA - Documento de Trabajo WP 39 (Bélgica, SCAR, Sudáfrica y el Reino Unido) 2013 - Huella humana en la Antártida y conservación a largo plazo de los hábitats microbianos terrestres.

XXXVI RCTA- Documento de Información IP 28 (Reino Unido) 2013 – Colonisation status of known non-native species in the Antarctic terrestrial environment (update 2013) (Situación de la colonización de especies no autóctonas conocidas en el medioambiente terrestre de la Antártida (actualización 2013).

XXXVI RCTA - Documento de Información IP 35 (Argentina, España y el Reino Unido) 2013 - The non-native grass *Poa pratensis* at Cierva Point, Danco Coast, Antarctic Peninsula – on-going investigations and future eradication plans (La especie no autóctona poa pratensis en punta Cierva, costa Danco, Península Antártica: investigación en curso y planes para su futura erradicación).

XXXVI RCTA - Documento de Información IP 55 (Alemania) 2013 - Final report on the research project "The impact of human activities on soil organisms of the maritime Antarctic and the introduction of non-native species in Antarctica" (Informe final sobre el proyecto de investigación "El impacto de las actividades humanas sobre los organismos edáficos de la Antártida Marítima y la introducción de especies no autóctonas en la Antártida).

XXXVI RCTA- Documento de Información IP 66 (ASOC) 2013 - Discharge of sewage and grey water from vessels in Antarctic Treaty waters (Descarga de aguas residuales y aguas grises desde buques en aguas de la zona del Tratado Antártico).

XXXVII RCTA - WP 04 (Alemania) 2014 - Informe sobre el debate informal sobre turismo y sobre el riesgo de introducir organismos no autóctonos.

XXXVII RCTA - Documento de Información IP 23 (Reino Unido) 2014 - Colonisation status of known non-native species in the Antarctic terrestrial environment (update 2014) (Situación de la colonización de especies no autóctonas conocidas en el medioambiente terrestre de la Antártida (actualización 2014).

XXXVII RCTA - Documento de Información IP 83 (Argentina) 2014 - Registro de observación de dos especies de aves no nativas en la Isla 25 de Mayo (isla Rey Jorge), Islas Shetland del Sur.

XXXVIII RCTA - Documento de Trabajo WP 37 (Noruega y el Reino Unido) 2015 – Informe del GCI sobre cambio climático.

XXXVIII RCTA - Documento de Trabajo WP 46 (Argentina) 2015 - Análisis de determinación de presencia de especies no nativas, ingresadas al continente Antártico por vías naturales.

XXXVIII RCTA - Documento de Información IP 29 (Argentina, España y el Reino Unido) 2015 - The successful eradication of *Poa pratensis* from Cierva Point, Danco Coast, Antarctic Peninsula (La erradicación exitosa de la especie Poa pratensis de la punta Cierva, costa Danco, Península Antártica).

XXXVIII RCTA - Documento de Información IP 46 (Reino Unido, Chile y España) 2015 - Colonisation status of known non-native species in the Antarctic terrestrial environment: a review. Attachment A: Biological invasions in terrestrial Antarctica: what is the current status and how can we respond? Attachment B: Supplementary information. (Situación de la colonización de especies no autóctonas conocidas en el medioambiente terrestre de la Antártida: un examen Adjunto A: Invasiones biológicas en la Antártida: la situación actual y cómo podemos responder, Adjunto B. Información complementaria).

ATCM XXXVIII - Documento de Información IP 78 (Polonia) 2015 - Eradication of a non-native grass *Poa annua* L. from ASPA No. 128 Western Shore of Admiralty Bay, King George Island, South Shetland Islands (Erradicación de la hierba no autóctona *Poa annua* de la costa occidental de la bahía Almirantazgo (Bahía Lasserre), Isla 25 de Mayo (isla Rey Jorge), islas Shetland del Sur).

XXXVIII RCTA - IP 93 (SCAR) Monitoring biological invasion across the broader Antarctic: a baseline and indicator framework (Seguimiento de las invasiones biológicas en la Antártida: línea de referencia y marco indicador).

XXXVIII RCTA - Documento de Información IP 101 (COMNAP) 2015 - COMNAP practical training modules: Module 2 - Non-native species (Módulos de capacitación práctica del COMNAP - Módulo 2: Especies no autóctonas).

Augustyniuk-Kram, A., Chwedorzewska, K.J., Korczak-Abshire, M., Olech, M., Lityńska–Zając, M. 2013 - An analysis of fungal propagules transported to the *Henryk Arctowski* Station. Pol. Polar Res. 34, 269–278.

Chown, S.L., Convey, P. 2007 - Spatial and temporal variability across life's hierarchies in the terrestrial Antarctic. Phil. Trans. R. Soc. B, 362, 2307–2331.

Chown, S.L., Lee, J.E., Hughes, K.A., Barnes, J., Barrett, P.J., Bergstrom, D.M., Convey, P., Cowan, D.A., Crosbie, K., Dyer, G., Frenot, Y., Grant, S.M., Herr, D., Kennicutt, M.C., Lamers, M., Murray, A., Possingham, H.P., Reid, K., Riddle, M.J., Ryan, P.G., Sanson, L., Shaw, J.D., Sparrow, M.D., Summerhayes, C., Terauds, A., Wall, D.H. 2012 - Challenges to the future conservation of the Antarctic. Science, 337, 158-159.

Chown, S.L., Huiskes, A.H.L., Gremmen, N.J.M., Lee, J.E, Terauds, A., Crosbie, K., Frenot, Y., Hughes, K.A., Imura, S., Kiefer, K., Lebouvier, M., Raymond, B., Tsujimotoi, M., Ware, C., Van de Vijver, B., Bergstrom, D.M. 2012 - Continent-wide risk assessment for the establishment of nonindigenous species in Antarctica. Proc. Nat. Acad. Sci. USA, 109, 4938-4943.

Chwedorzewska, K J., Korczak, M. 2010 - Human impact upon the environment in the vicinity of Arctowski Station, King George Island, Antarctica. Pol. Polar Res., 31, 45-60.

Chwedorzewska, K.J., Bednarek, P.T. 2012. - Genetic and epigenetic variation in a cosmopolitan grass *Poa annua* from Antarctic and Polish populations. Pol. Polar Res., 33, 63-80.

COMNAP, SCAR. 2010 - Checklists for supply chain managers of National Antarctic Programmes for the reduction in risk of transfer of non-native species. Available at: *https://www.comnap.aq/Shared%20Documents/nnschecklists.pdf*

Convey, P. 2011 - Antarctic terrestrial biodiversity in a changing world. Polar Biol., 34, 1629-1641.

Convey, P., Frenot, Y., Gremmen, N. & Bergstrom, D.M. 2006 - Biological Invasions. In Convey P., Huiskes A. & Bergstrom D.M. (eds) Trends in Antarctic Terrestrial and Limnetic Ecosystems. Springer, Dordrecht pp. 193-220.

Convey, P., Hughes, K. A., Tin, T. 2012 - Continental governance and environmental management mechanisms under the Antarctic Treaty System: sufficient for the biodiversity challenges of this century? Biodiversity. 13, 1–15.

Cowan, D.A., Chown, S. L., Convey, P., Tuffin, M., Hughes, K.A., Pointing, S., Vincent, W.F. 2011 - Non-indigenous microorganisms in the Antarctic - assessing the risks. Trends Microbiol., 19, 540-548.

Cuba-Díaz, M., Troncoso, J. M., Cordero, C., Finot, V.L., Rondanelli-Reyes, M. 2012 - *Juncus bufonius* L., a new alien vascular plant in King George Island, South Shetland Archipelago. Antarct. Sci., 25, 385–386.

Curry, C. H., McCarthy, J.S., Darragh, H.M., Wake, R.A., Todhunter, R., Terris, J. 2002. Could tourist boots act as vectors for disease transmission in Antarctica? J. Travel Med., 9, 190-193.

Dartnall, H.J.G. 2005 – Are Antarctic planktonic rotifers anthropogenic introductions? Quekett J. Microscopy, 40, 137-143.

De Poorter, M., Gilbert, N., Storey, B., Rogan-Finnemore, M. 2006 Final Report of the Workshop on "Non-native Species in the Antarctic", Christchurch, New Zealand, 10-12 April 2006.

Everatt, M.J., Worland, M.R., Bale, J.S., Convey, P., Hayward, S.A. 2012 - Pre-adapted to the maritime Antarctic? - Rapid cold hardening of the midge, *Eretmoptera murphyi*. J. Insect Physiol., 58, 1104-1111.

Falk-Petersen, J., Bohn, T., Sandlund, O.T. 2006. On the numerous concepts in invasion biology. Biological Invasions, 8, 1409-1424.

Frenot, Y., Chown S.L., Whinam, J., Selkirk P.M., Convey, P, Skotnicki, M., Bergstrom D.M. 2005 - Biological invasions in the Antarctic: extent, impacts and implications. Biological Rev., 80, 45-72.

Gielwanowska, I., Kellmann-Sopyla, W. 2015 – Generative reproduction of Antarctic grasses, the native species *Deschampsia antarctica* Desv. and the alien species *Poa annua*. Polish Polar Res. 36, 261-279.

Greenslade, P., Potapov, M., Russell, D., Convey, P. 2012 - Global Collembola on Deception Island. J. Insect Sci., 12, 111.

Headland, R. K. 2012 - History of exotic terrestrial mammals in Antarctic regions. Polar Rec., 48, 123-144.

Houghton, M., McQuillan, P.B., Bergstrom, D.M., Frost, L., Van Den Hoff, J., and Shaw, J. 2014 - Pathways of alien invertebrate transfer to the Antarctic region. Polar Biol., 39, 23-33.

Hughes, K.A., Convey, P. 2010 - The protection of Antarctic terrestrial ecosystems from inter- and intra-continental transfer of non-indigenous species by human activities: a review of current systems and practices. Global Environmental Change, 20, 96-112. DOI:10.1016/j. gloenvcha.2009.09.005.

Hughes, K.A., Worland, M.R. 2010 - Spatial distribution, habitat preference and colonisation status of two alien terrestrial invertebrate species in Antarctica. Antarct. Sci., 22, 221-231.

Hughes, K.A., Convey, P. 2012 - Determining the native/non-native status of newly discovered terrestrial and freshwater species in Antarctica - current knowledge, methodology and management action. J. Environ. Man., 93, 52-66.

Hughes, K.A., Convey, P. 2014 - Alien invasions in Antarctica – is anyone liable? Polar Res., *33*, 22103. *http://dx.doi.org/10.3402/polar.v33.22103*

Hughes, K.A., Frenot, Y. 2015 - Status of known non-native species introductions and impacts. Antarctic Environments Portal Information Summary Version 1.0. *https://environments.aq/information-summaries/status-of-known-non-native-species-introductions-and-impacts/*

Hughes, K.A., Ashton, G.V. 2016 – Breaking the ice: the introduction of biofouling organisms to Antarctica on vessel hulls. Aquat. Conserv. DOI: 10.1002/aqc.2625.

Hughes, K.A., Walsh, S., Convey, P., Richard, S., Bergstrom, D. 2005 – Alien fly populations established at two Antarctic research stations. Polar Biol., 28, 568-570.

Hughes, K.A., Convey, P., Maslen, N.R., Smith, R.I.L. 2010 - Accidental transfer of non-native soil organisms into Antarctica on construction vehicles. Biological Invasions, 12, 875-891. DOI:10.1007/s10530-009-9508-2.

Hughes, K.A., Lee, J.E., Ware, C., Kiefer, K., Bergstrom, D.M. 2010 - Impact of anthropogenic transportation to Antarctica on alien seed viability. Polar Biol., 33, 1123-1130.

Hughes, K.A., Lee, J.E., Tsujimoto, M., Imura, S., Bergstrom, D.M., Ware, C., Lebouvier, M., Huiskes, A.H.L., Gremmen, N.J.M., Frenot, Y., Bridge P.D., Chown, S. L. 2011 - Food for thought: risks of non-native species transfer to the Antarctic region with fresh produce. Biological Conservation, 144, 1682–1689.

Hughes, K.A., Fretwell, P., Rae, J. Holmes, K., Fleming, A. 2011 - Untouched Antarctica: mapping a finite and diminishing environmental resource. Antarct. Sci., 23, 537-548.

Hughes, K.A., Worland, M.R., Thorne, M., Convey, P. 2013 - The non-native chironomid *Eretmoptera murphyi* in Antarctica: erosion of the barriers to invasion. Biological Invasions, 15, 269-281.

Hughes, K.A., Huiskes, A.H.L, Convey, P. 2014 - Global movement and homogenisation of biota: challenges to the environmental management of Antarctica? In T. Tin, D. Liggett, P. Maher, and M. Lamers (eds). The Future of Antarctica: Human impacts, strategic planning and values for conservation. Springer, Dordrecht. DOI: 10.1007/978-94-007-6582-5_5

Hughes, K.A., Cowan, D.A., and Wilmotte, A. 2015 - Protection of Antarctic microbial communities – 'Out of sight, out of mind'. Front. Microbiol. DOI: 10.3389/fmicb.2015.00151

Hughes, K.A., Pertierra, L.R., Molina-Montenegro, M., Convey, P. 2015. Biological invasions in Antarctica: what it the current status and can we respond? Biodivers. Conserv., 24, 1031-1055.

Huiskes, A.H.L., Gremmen, N.J.M., Bergstrom, D.M., Frenot, Y., Hughes, K.A., Imura, S., Kiefer, K., Lebouvier, M., Lee, J.E., Tsujimoto, M., Ware, C., Van de Vijver, B., Chown, S.L. 2014 - Aliens in Antarctica: Assessing transfer of plant propagules by human visitors to reduce invasion risk. Biol. Conserv., 171, 278-284.

Kerry, K.R., Riddle, M. (Eds.) 2009 - Health of Antarctic Wildlife: A Challenge for Science and Policy, Springer Verlag, ISBN-13: 9783540939221.

Lee, J.E., Chown, S.L. 2009 – *Mytilus* on the move: transport of an invasive bivalve to the Antarctic. Mar. Ecol. Prog. Ser., 339, 307-310.

Lee, J.E., Chown, S.L. 2009 – Breaching the dispersal barrier to invasion: quantification and management. Ecol. Appl., 19, 1944-1959.

Lee, J.E., Chown, S.L. 2009 – Temporal development of hull-fouling assemblages associated with an Antarctic supply vessel. Mar. Ecol. Prog. Ser., 396, 97-105.

Lee, J.E., Chown, S.L. 2011 - Quantification of intra-regional propagule movements in the Antarctic. Antarct. Sci., 23, 337-342.

Lewis, P.N., Bergstrom, D.M., Whinam, J. 2006 – Barging in: A temperate marine community travels to the subantarctic. Biol. Invasions, 8, 787-795.

Lewis, P.N., Hewitt, C.L., Riddle, M., McMinn, A. 2003. Marine introductions in the Southern Ocean: an unrecognised hazard to biodiversity. Mar. Pollut. Bull., 46, 213-223.

Litynska-Zajac, M., Chwedorzewska, K., Olech, M., Korczak-Abshire, M., Augustyniuk-Kram, A. 2012 - Diaspores and phyto-remains accidentally transported to the Antarctic Station during three expeditions. Biodivers. Conserv., 21, 3411-3421.

McGeoch, M.A., Shaw, J.D., Terauds, A., Lee, J.E., Chown, S.L. 2015 - Monitoring biological invasion across the broader Antarctic: A baseline and indicator framework. Glob. Environ. Change. DOI: 10.1016/j.gloenvcha.2014.12.012

Molina-Montenegro, M., Carrasco-Urra, F., Rodrigo, C., Convey, P., Valladares, F., Gianoli, E. 2012 - Occurrence of the non-native annual bluegrass (*Poa annua*) on the Antarctic mainland and its negative effects on native plants. Conserv. Biol., 26, 717-723.

Molina-Montenegro, M., Carrasco-Urra, F., Acuna-Rodriquez, I., Oses, R., Torres-Díaz, C., Chwedorzewska, K.J. 2014 - Assessing the importance of human activities for the establishment of the invasive *Poa annua* in Antarctica. Polar Res., 33, 21425. *http://dx.doi. org/10.3402/polar.v33.21425*

Molina-Montenegro, M.A., Pertierra, L.R., Razeto-Barry, P., Díaz, J., Finot, V.L., Torres-Díaz, C. 2015 - A recolonization record of the invasive *Poa annua* in Paradise Bay, Antarctic Peninsula: modeling of the potential spreading risk. Polar Biol., 38, 1091-1096. DOI: 10.1007/s00300-015-1668-1

Newman, J., Coetzee, B.W.T., Chown, S.L., Terauds, A., McIvor, E. 2014 - The introduction of non-native species to the Antarctic. Antarctic Environments Portal Information Summary Version 1.0. *http://environments.aq/information-summaries/the-introduction-of-non-native-species-to-antarctica/*

Nielsen, U.N., Wall, D.H. 2013 - The future of soil invertebrate communities in polar regions: different climate change responses in the Arctic and Antarctic? Ecol. Lett., 16, 409-419.

Olech, M., Chwedorzewska, K.J. 2011 - The first appearance and establishment of an alien vascular plant in natural habitats on the forefield of a retreating glacier in Antarctica. Antarct. Sci., 23, 153-154.

Osyczka, P. 2010 - Alien lichens unintentionally transported to the "Arctowski" station (South Shetlands, Antarctica). Polar Biol., 33, 1067-1073.

Osyczka, P., Mleczko, P., Karasinski, D., Chlebicki, A. 2012 - Timber transported to Antarctica: a potential and undesirable carrier for alien fungi and insects. Biol. Invasions, 14, 15-20.

Pearce, D.A., Hughes, K.A., Lachlan-Cope, T., Harangozo, S.A., Jones, A.E. 2010 - Biodiversity of air-borne microorganisms at Halley station, Antarctica. Extremophiles, 14, 145-159.

Pertierra, L.R., Lara, F., Benayas, J., Hughes, K.A. 2013. *Poa pratensis* L., current status of the longest-established non-native vascular plant in the Antarctic. Polar Biol., 36, 1473-1481.

Potter, S. 2006 - The Quarantine Management of Australia's Antarctic Program. Australasian. J. Environ. Man., 13, 185-195.

Potter, S. 2009 - Protecting Antarctica from Non-Native Species: The Imperatives and the Impediments. In G. Alfredsson and T. Koivurova (eds), D. Leary sp. ed. The Yearbook of Polar Law, vol. 1, pp. 383-400.

Ranjith, L., Shukla, S.P., Vennila, A., Gashaw, T.D. 2012 - Bioinvasion in Antarctic Ecosystems. Proc. Nat. Acad. Sci. India Sect. B – Biol. Sci., 82, 353-359.

Reisinger, R. R., McIntyre, T., Bester, M. N. 2010 - Goose barnacles hitchhike on satellite-tracked southern elephant seals. Polar Biol., 33, 561-564.

Russell, D.J., Hohberg, K., Otte, V., Christian, A., Potapov, M., Brückner, A., McInnes, S.J. 2013 - The impact of human activities on soil organisms of the maritime Antarctic and the introduction of non-native species in Antarctica. Federal Environment Agency (Umweltbundesamt). *http://www.uba.de/uba-info-medien-e/4416.html*

Russell, D. J., Hohberg, K., Potapov, M., Brückner, A., Otte, V., Christian, A. 2014 - Native terrestrial invertebrate fauna from the northern Antarctic Peninsula: new records, state of current knowledge and ecological preferences – Summary of a German federal study. Soil Org., 86, 1-58.

SATCM XII - WP 6 (Australia) 2000 - Diseases of Antarctic Wildlife.

Smith, R.I.L. 1996 - Introduced plants in Antarctica: potential impacts and conservations issues. Biol. Conserv., 76, 135–146.

Smith, R.I.L., Richardson, M. 2011 - Fuegian plants in Antarctica: natural or anthropogenically assisted immigrants? Biol. Invasions, 13, 1-5.

Tavares, M., De Melo, G.A.S. 2004 – Discovery of the first known benthic invasive species in the Southern Ocean: the North Atlantic spider crab Hyas araneus found in the Antarctic Peninsula. Antarct. Sci., 16, 129-131.

Terauds, A., Chown, S.L., Morgan, F., Peat, H.J., Watts, D.J., Keys, H., Convey, P., Bergstrom, D.M. 2012 - Conservation biogeography of the Antarctic. Divers. Distrib., 18, 726-741.

Tin, T., Fleming, Z.L., Hughes, K.A., Ainley, D.G., Convey, P., Moreno, C.A., Pfeiffer, S., Scott, J., Snape, I. 2009 - Impacts of local human activities on the Antarctic environment. Antarct. Sci., 21, 3-33.

Tsujimoto, M., Imura, S. 2012 - Does a new transportation system increase the risk of importing non-native species to Antarctica? Antarct. Sci., 24, 441-449.

Tsujimoto, M., Imura, S. 2013 - Biosecurity measures being implemented at Australian Antarctic Division against non-native species introduction into Antarctica. Antarct. Rec., 57, 137-150.

Walther, G.-R., Roques, A., Hulme, P.E., Sykes, M.T., Pysek, P., Kühn, I., Zobel, M. 2009. Alien species in a warmer world: risks and opportunities. Trends Ecol. Evol., 24, 686-693. DOI:10.1016/j.tree.2009.06.008.

Whinam, J., Chilcott, N., Bergstrom, D.M. 2005 – Subantarctic hitchhikers: expeditioners as vectors for the introduction of alien organisms. Biol. Conserv., 21, 207-219.

Whinam, J. 2009 - Aliens in the Sub-Antarctic - Biosecurity and climate change. Papers and Proceedings of the Royal Society of Tasmania, 143, 45-52.

Wódkiewicz, M., Galera, H., Chwedorzewska, K.J., Gielwanowska, I., Olech, M. 2013 - Diaspores of the introduced species *Poa annua* L. in soil samples from King George Island (South Shetlands, Antarctica). Arct. Antarct. Alp. Res. 45: 415-419.

Wodkiewicz, M, Ziemianski, M., Kwiecien, K., Chwedorzewska, K.J., Galera, H. 2014 - Spatial structure of the soil seed bank of *Poa annua* L.- alien species in the Antarctic. Biodivers. Conserv., 23, 1339-1346.

Volonterio, O., de León, R.P., Convey, P., Krzeminska, E. 2013 - First record of Trichoceridae (Diptera) in the maritime Antarctic. Polar Biol., 36, 1125-1131.

Secretaría del Tratado Antártico
Maipú 757 Piso 4 (C1006ACI) - Buenos Aires - Argentina
http://www.ats.aq
ats@ats.aq

Guía revisada para la presentación de Documentos de Trabajo que contengan propuestas relativas a Zonas Antárticas Especialmente Protegidas, Zonas Antárticas Especialmente Administradas o Sitios y Monumentos Históricos

Los Representantes,

Observando que el Anexo V al Protocolo al Tratado Antártico sobre Protección del Medio Ambiente ("el Protocolo") establece que la Reunión Consultiva del Tratado Antártico ("RCTA") apruebe propuestas para designar una Zona Antártica Especialmente Protegida ("ZAEP") o una Zona Antártica Especialmente Administrada ("ZAEA"), apruebe o modifique un Plan de Gestión para dicha Zona, o designe un Sitio o Monumento Histórico ("SMH") a través de una Medida en conformidad con el Artículo IX(1) del Tratado Antártico;

Conscientes de la necesidad de garantizar la claridad en relación con el actual estado de cada ZAEP y ZAEA y su Plan de Gestión, y de cada SMH;

Recordando la Resolución 3 (2008), que recomienda que se utilice el Análisis de Dominios Ambientales para el continente antártico, anexo a esta, en forma coherente y junto con otros instrumentos acordados en el Sistema del Tratado Antártico como modelo dinámico para la selección de zonas que pudieran ser designadas como ZAEP conforme a los criterios ambientales y geográficos sistemáticos a los cuales se hace referencia en el Artículo 3(2) del Anexo V al Protocolo;

Recordando, además, la Resolución 6 (2012), que recomienda que las Regiones Biogeográficas de Conservación Antártica se utilicen en conjunto con el Análisis de Dominios Ambientales y otros instrumentos aprobados en el Sistema del Tratado Antártico para apoyar las actividades relevantes a los intereses de las Partes, incluso como un modelo dinámico para la identificación de áreas que podrían ser designadas como ZAEP según el criterio ambiental y geográfico sistemático mencionado en el artículo 3(2) del Anexo V al Protocolo;

Recordando, además, la Resolución 5 (2015), y el informe sobre Áreas importantes para la conservación de las aves en la Antártida;

Recordando también la Resolución 1 (2008), que recomendó que la Guía para la Presentación de Documentos de Trabajo que contengan propuestas relativas a Zonas Antárticas Especialmente Protegidas, a Zonas Antárticas Especialmente Administradas o a Sitios y Monumentos Históricos ("la Guía"), anexo a esta, sea utilizada por quienes participan en la preparación de dichos Documentos de Trabajo;

Deseando actualizar la actual versión de la Guía anexa a la Resolución 5 (2011), a fin de reflejar los nuevos instrumentos que pueden utilizarse en la identificación de zonas protegidas en el marco de los criterios ambientales y geográficos sistemáticos;

Recomiendan que :

1. la Guía revisada para la Presentación de Documentos de Trabajo que contengan propuestas relativas a Zonas Antárticas Especialmente Protegidas, a Zonas Antárticas Especialmente Administradas o a Sitios y Monumentos Históricos anexa a esta Resolución, sea utilizada por quienes participan en la preparación de dichos Documentos de Trabajo; y

2. la Secretaría publique el texto de la Resolución 5 (2011) en su sitio web de manera que deje en claro que ya no tiene vigencia.

Guía para la presentación de Documentos de Trabajo que contengan propuestas relativas a Zonas Antárticas Especialmente Protegidas, Zonas Antárticas Especialmente Administradas o a Sitios y Monumentos Históricos

A. Documentos de trabajo sobre ZAEP o ZAEA

Se recomienda que este Documento de Trabajo contenga dos partes:

i) una **NOTA DE REMISIÓN** que explica los efectos previstos para la propuesta y la historia de las ZAEP y ZAEA usando la Plantilla A a modo de guía. **Esta Nota de Remisión no forma parte de la Medida** aprobada por la RCTA, por lo que no se publicará en el Informe Final e la RCTA ni en el sitio web de la STA. Su único propósito es facilitar la consideración de la propuesta y la redacción de las Medidas por parte de la RCTA.

y

ii) un **PLAN DE GESTIÓN,** redactado en la forma de una versión final, puesto que su propósito es su publicación. **Este se anexará a la Medida y se publicará en** en el Informe Final y en el sitio web de la Secretaría.

Sería conveniente que el plan se redacte *en su versión final*, listo para su publicación. Por cierto, se tratará de un borrador en su primera presentación al CPA, y podrá ser corregido por el CPA y por la RCTA. Sin embargo, la versión aprobada por la RCTA debería tener ya su formato listo para publicación, y no debería requerir de más ediciones por la Secretaría, aparte de la inserción de referencias cruzadas hacia otros instrumentos aprobados durante la misma Reunión.

Por ejemplo, en su formato final, el plan no debería contener expresiones tales como:

- "esta zona *propuesta*";
- "este *proyecto de* plan";
- "este plan, *si fuese aprobado*, sería…";
- dar cuenta de los debates en el seno del CPA o de la RCTA o entregar información sobre trabajo intersesional (a menos que se refiera a información importante, como por ejemplo, acerca de procesos de consulta o de actividades que se han realizado en la Zona desde la última revisión);
- opiniones de las delegaciones individuales sobre el borrador o sus versiones intermedias;
- referencias a otras zonas protegidas con la utilización de designaciones anteriores a la aprobación del Anexo V.

Se debe utilizar la "Guía para la Preparación de Planes de Gestión para las Zonas Antárticas Especialmente Protegidas" si la propuesta se refiere a una ZAEP (la actual versión de esta Guía se anexa a la Resolución 2 (2011) y está contenida en el Manual del CPA).

Existen varios planes de gestión de alta calidad, entre los cuales se cuenta el plan de la ZAEP n.° 109: isla Moe, que puede usarse como modelo para la preparación de planes nuevos y revisados.

B. Documentos de Trabajo sobre Sitios y Monuments Históricos (SMH)

Los SMH no tienen planes de gestión, a menos que sean designados también como ZAEP o ZAEA. Toda la información esencial sobre los SMH se incluye en la Medida. El resto del Documento de Trabajo no se anexa a la Medida; si se desea mantener antecedentes adicionales en registro, este material puede adjuntarse al informe del CPA para su inclusión en el Informe Final de la RCTA. Para garantizar la entrega de toda la información necesaria, se recomienda el uso de la Plantilla B a continuación a modo de guía al redactar el Documento de Trabajo.

C. Presentación de proyectos de Medidas sobre ZAEP, ZAEA y SMH a la RCTA

Cuando se presenta a la Secretaría un proyecto de Medida para hacer efectivo el asesoramiento del CPA sobre una ZAEP, ZAEA o SMH para su presentación a la RCTA, se solicita a la Secretaría que, además, proporcionea la RCTA copias de la nota de remisión del Documento de Trabajo original que reseña la propuesta, sujeto a las revisiones por el CPA.

La siguiente es la secuencia de eventos:

- El proponente prepara y presenta un Documento de Trabajo, que consiste en un proyecto de proyecto de Plan de Gestión y una nota de remisión explicativa.
- La Secretaría prepara un proyecto de Medida antes de la RCTA;
- El proyecto de Plan de Gestión es debatido por el CPA, junto con toda modificación que se le aplique (por el proponente en conexión con la Secretaría);
- Si el CPA recomienda su aprobación, el Plan de Gestión (según lo acordado) más la nota de remisión (según lo acordado) son remitidos por el Presidente del CPA al Presidente del Grupo de Trabajo sobre Asuntos Jurídicos e Institucionales;
- El Grupo de Trabajo sobre Asuntos Jurídicos e Institucionales revisa el proyecto de Medida;
- La Secretaría presenta formalmente el proyecto de Medida más la Nota de renisión acordada;
- La RCTA considera el proyecto y toma una decisión.

PLANTILLA A: NOTA DE REMISIÓN DE UN DOCUMENTO DE TRABAJO SOBRE UNA ZAEP O ZAEA

Cerciórese de proporcionar la siguiente información en la Nota de remisión:

1) ¿Se propone la designación de una nueva ZAEP? Sí/No

2) ¿Se propone la designación de una nueva ZAEA? Sí/No

3) ¿Está la propuesta vinculada con una ZAEP o una ZAEA que existe en la actualidad?

En tal caso, se debe incluir todas las Recomendaciones, Medidas, Resoluciones y Decisiones relevantes a la ZAEP/ZAEA, incluida toda designación anterior de la zona como SPA, SEIC u otro tipo de zona protegida:

En particular, debe incluirse la fecha y la Recomendación/Medida de lo siguiente:

- Designación original:
- Primera aprobación del Plan de gestión
- Revisiones del Plan de gestión
- Plan de gestión actual
- Prórrogas a la fecha de caducidad del Plan de Gestión:
- Cambio de nombre y número a ....en virtud de la Decisión 1 (2002).

(Nota: se puede obtener esta información en el sitio web de la STA, en la Base de datos de Documentos usando el nombre de la zona como criterio de búsqueda. Si bien la STA ha realizado todos los esfuerzos para garantizar la integridad y exactitud de la información contenida en su base de datos, es posible que haya algunos errores u omisiones. Los proponentes de cualquier revisión de una zona protegida son quienes están en la mejor posición en lo que se refiere a conocimientos sobre la zona, y se les pide encarecidamente que se comuniquen con la Secretaría si notan alguna discrepancia entre la historia regulatoria, pues la comprenden, así como comprenderán también lo que se muestra en la base de datos de la STA)

1) Si la propuesta contiene una modificación de un Plan de Gestión existente, indique las características de las modificaciones:

i) ¿Rectificación importante o de menor importancia?

ii) ¿Se introducen cambios en los límites o en las coordenadas?

iii) ¿Se introducen cambios en los mapas? En caso afirmativo, ¿afectan los cambios solo a las leyendas o también a los gráficos?

iv) ¿Hay algún cambio en la descripción de la Zona que resulte pertinente para identificar su ubicación o sus límites?

v) ¿Hay algún cambio que afecte a otra ZAEP, ZAEA o a un SMH que se encuentre dentro de esta área o junto a ella? Explique, en particular, si se ha producido alguna fusión con, incorporación de, o cancelación de un sitio o zona existentes.

(vi) Otros: breve resumen de otros tipos de cambios, con indicación de los párrafos del Plan de Gestión donde se establecen (especialmente útiles si el plan es extenso).

2) Si se propone una nueva ZAEP o ZAEA, ¿contiene esta alguna área marina? Sí/No

3) En caso afirmativo, ¿ requiere la propuesta la aprobación previa de la CCRVMA, de conformidad con la Decisión 9 (2005)? Sí/No

4) En caso afirmativo, ¿se ha obtenido la aprobación previa de la CCRVMA? Sí/ No (en caso afirmativo, debe proporcionarse la referencia al parrafo relevante del Informe Final de la CCRVMA).

5) Si la propuesta está vinculada con una ZAEP, ¿cuál es la razón primordial de la designación (es decir, qué sección, según el Artículo 3.2 del Anexo V)?

6) Si corresponde, ¿se ha identificado el principal Dominio Ambiental representado por la ZAEP/ZAEA? (véase el "Análisis de Dominios Ambientales para el Continente Antártico" adjunto a la Resolución 3 [2008]) Sí/No (si la respuesta es afirmativa, se debe indicar aquí el Dominio ambiental principal).

7) Si corresponde, ¿se ha identificado la principal Región Biogeográfica de Conservación Antártica (RBCA) representada por la ZAEP/ZAEA? (véase el documento "Regiones Biogeográficas de Conservación Antártica" anexo a la Resolución 6 [2012]) Sí/No (si la respuesta es afirmativa, se debe indicar aquí la principal Región Biogeográfica de Conservación Antártica).

8) Si corresponde, ¿se han identificado áreas importantes para la conservación de las aves en la Antártida (Resolución 5 [2015]) representadas por la ZAEP/ZAEA? (véase el resumen anexo al Documento de Información IP 27 de la XXXVIII RCTA, "Important Bird Areas in Antarctica 2015 Summary" (Resumen de las Áreas importantes para la conservación de las aves en la Antártida) y el informe completo en: *http://www.era.gs/resources/iba/*) Sí/No (si la respuesta es afirmativa, se debe indicar aquí el Área Importante para la Conservación de las Aves).

El formato mencionado puede utilizarse a modo de plantilla o de lista de cotejo para la Nota de remisión a fin de garantizar la entrega de toda la información solicitada.

PLANTILLA B: NOTA DE REMISIÓN DE UN DOCUMENTO DE TRABAJO SOBRE UN SITIO O MONUMENTO HISTÓRICO

Cerciórese de proporcionar la siguiente información en la Nota de remisión:

1) ¿Ha sido el sitio o monumento histórico designado antes como Sitio o Monumento Histórico en una RCTA anterior? Sí/No (En caso afirmativo, incluya una lista de todas las Recomendaciones y Medidas relevantes).

2) Si la propuesta se refiere a un nuevo Sitio o Monumento Histórico, incluya la siguiente información, redactada para su inclusión en la Medida:

i)   Nombre del SMH propuesto para su incorporación en la lista anexa a la Medida 2 (2003);

ii) Descripción del SMH que se incluirá en la Medida, incluidas suficientes características como para permitir el reconocimiento de la zona por los visitantes;

iii) Coordenadas, expresadas en grados, minutos y segundos;

iv) Parte proponente original;

v)   Parte a cargo de la gestión

3) Si la propuesta se refiere a la designación de un SMH que ya existe, incluya una lista con las Recomendaciones y Medidas anteriores.

El formato mencionado puede utilizarse a modo de plantilla o de lista de cotejo para la Nota de remisión a fin de garantizar la entrega de toda la información solicitada.

Reiteración del continuo compromiso con la prohibición de actividades relativas a los recursos minerales antárticos con fines distintos a la investigación científica; respaldo a la prohibición de la minería en la Antártida

Los Representantes,

Reconociendo que el Protocolo al Tratado Antártico sobre Protección del Medio Ambiente ("el Protocolo"), suscrito veinticinco años atrás, es un elemento esencial de las actuales iniciativas para proteger el medioambiente antártico;

Observando que el Artículo 7 del Protocolo estipula que, en la zona del Tratado Antártico, debe prohibirse cualquier actividad relacionada con recursos minerales que tenga fines distintos a la investigación científica;

Considerando que fuera de la zona abarcada por el Sistema del Tratado Antártico hay una gran cantidad de personas entre el público y los medios que piensan equivocadamente que el Protocolo expira en 2048;

Recordando que, en conformidad con su Artículo 25, el Protocolo no expira en 2048;

Recordando que en el párrafo 5 de la Declaración Ministerial de Washington sobre el Quincuagésimo Aniversario de la firma del Tratado Antártico, las Partes Consultivas reafirmaron su compromiso con el Artículo 7 del Protocolo;

Recomiendan que sus Gobiernos:

1. reconozcan los beneficios para el medioambiente antártico y sus ecosistemas dependientes y asociados alcanzados como resultado de la prohibición de

actividades relativas a los recursos minerales antárticos con fines distintos a la investigación científica, de conformidad con el Artículo 7 del Protocolo;

2. reafirmen su compromiso con el Artículo 7 del Protocolo; y

3. declaren su firme compromiso de mantener y continuar implementando esta disposición como un asunto de la más alta prioridad, a fin de lograr la protección integral del medioambiente antártico y sus ecosistemas dependientes y asociados.

XXXIX REUNIÓN CONSULTIVA
DEL TRATADO ANTÁRTICO
SANTIAGO · CHILE 2016